Joseph Wiel

Diätetisches Koch-Buch

mit besonderer Rücksicht auf den Tisch für Magenkranke

Joseph Wiel

Diätetisches Koch-Buch
mit besonderer Rücksicht auf den Tisch für Magenkranke

ISBN/EAN: 9783743313934

Hergestellt in Europa, USA, Kanada, Australien, Japan

Cover: Foto ©Lupo / pixelio.de

Manufactured and distributed by brebook publishing software
(www.brebook.com)

Joseph Wiel

Diätetisches Koch-Buch

Diätetisches

Koch - Buch

mit besonderer Rücksicht

auf den

Tisch für Magenkranke

von

Dr. Josef Wiel.

Dritte, vermehrte und verbesserte Auflage.

~~~~~~~~

Freiburg i. Br.

Fr. Wagner'sche Buchhandlung.

1876.

Voressen.

Der Verfasser dieser Schrift möchte vor Allem beichten
nd bekennen, dass er — ein Feinschmecker ist. Wie alle
nderen ist auch er durch Zufall es geworden und — aufrichtig
estanden — bereits soweit gekommen, dass er die Fein-
chmeckerei nicht nur für kein Laster, sondern für eine ganz
esondere Tugend hält. Ohne Zweifel würde Alles dieser An-
cht sein, wenn nicht Feinschmecker und Schlemmer so oft
iit einander verwechselt würden.

Die Schlemmer sind ganz andere Leute. Prachtexemplare
rifft man in den italienischen Kellern. Unter der sonst uner-
uicklichen Narkose eines stark negativen Aroma üben sie
ch in Lobhudeleien über halbfaule Dinge, denen man — oft
hne allen Grund —: den Namen „Delicatessen" zu geben pflegt,
ewöhnlich gehören die Schlemmer jener Classe von Menschen
n, die ohne alles eigene Schaffen reich sind. Bei allem Ueber-
usse leben sie doch nie recht glücklich; ihre Verhältnisse haben
ei ihnen eine so ungezügelte Selbstliebe aufkommen lassen,
ass sie im Genusse weder eine besonnene Wahl zu treffen,
och viel weniger das richtige Mass inne zu halten vermögen.

So die Schlemmer! Ganz anders sieht es bei den Fein-
hmeckern aus. Der originelle Gastrosoph Brillat-Savarin
klärt die Feinschmeckerei als die grösste Feindin der Ex-
esse, sie sei die wohlüberlegte Vorliebe für wohl-
hmeckende Dinge und wisse mit grosser Sachkenntniss
uszuwählen und sogar selbst zu kochen. Eins bringt das
ndere: der Feinschmecker wird schliesslich zum Koch. So
lt es auch dem Verfasser ergangen.

Gewöhnlich interessiren sich aber die Feinschmecker nur
n die „feine Küche", wissen in der Regel nichts davon, wie
bei dem Armen und Kranken aussieht. Der Verfasser macht
erin eine Ausnahme, sein Beruf und allerhand Lebensschick-
le haben ihn einen tiefen Blick auch in solche Verhältnisse
erfen lassen. Ohnedem würde er sich nicht zur Herausgabe
eses Buches verstanden haben.

Der Verfasser hält es für den grössten Fortschritt in der
eilkunde, dass in neuester Zeit die Aerzte sich oft mehr um

*

die deutsche als um die lateinische Küche kümmern, dass sie
nicht selten den ganzen Schwerpunkt der Therapie auf die
Diät legen. Auch die Ansicht des Laien ist eine bessere geworden. Wenn man gleich nicht in Abrede stellen kann, dass
es ausser China noch manche Länder gibt, wo die Leute
glauben, es sei Alles gethan, wenn nur recht viele Arzneien
verschrieben und verschluckt sind, so lässt sich dennoch
nicht verkennen, dass schon seit einer längeren Reihe von
Jahren in allen besseren Kreisen jene Richtung in der Behandlung der Krankheiten an Boden gewinnt, bei welcher die
Diät eine Hauptrolle spielt. Immerhin ist noch des Unfuges
genug und zwar bei Hoch und Nieder. Kaum ist der Mensch
geboren, so rückt ihm diese oder jene Hebamme oder eine
andere Frau Base auf den Leib mit einem Mannasäftchen,
einem Kamillenthee u. dgl. Und hat der Mensch das Zeitliche
gesegnet, so umstehen seine Bahre wieder allerlei Pathen: Allo-
pathen, Homöopathen, Hydropathen und wie sie alle heissen
mögen. Wer kann widerlegen, dass durch den Unfug mit
Arzneien schon oft für ein kleines Uebel ein grosses verursacht wurde, dass das Arzneisiechthum tausend Mal schlimmer
war, als die Krankheit, gegen welche „medicinirt" wurde?

„So haben wir mit höllischen Latwergen
In diesen Thälern diesen Bergen
Weit schlimmer als die Pest getobt.
Ich habe selbst den Gift an Tausende gegeben.
Sie welkten hin; ich muss erleben,
Das man die frechen Mörder lobt!"   Goethe.

Wenn aber so schonungslos der Stab gebrochen wird über
die Arzneien — wir möchten lieber sagen: über den Unfug
mit Arzneien, — was bleibt dann noch übrig, was bietet man
zum Ersatz? Wer ein X für ein U machen kann, werde Hydro-
path, wer aus Nichts Etwas zu machen im Stand ist, fange
Homöopathie an u. s. f. Zur Ehre unseres Standes sei es gesagt: bei weitem die meisten Aerzte bleiben ehrlich und suchen
den Ausfall damit zu decken, dass sie den Schwerpunkt der
Krankenbehandlung in der Diät suchen.

Nur ausnahmsweise werden aber die dessfallsigen Anord-
nungen in genügender Ausführlichkeit gegeben. Die Meister
begnügen sich damit, dem Kranken die zuträglichen Speisen
einfach zu nennen; Anweisungen über deren Zubereitung werden
selten gegeben. Wer wüsste nicht, dass viele von den s. g.
Krankenspeisen oft so unrichtig zubereitet werden, dass sie
gerade das Gegentheil von Dem sind, was sie heissen? Unter
solchen Umständen schien es dem Verfasser verdienstlich, ein
diätetisches Kochbuch zu schreiben.

Der Verfasser hat das Material zu dem Werke auf ver-

chiedenen Wegen zusammengebracht: Das Meiste sammelte
r am eigenen Herd, auf dem Wege des Experiments. Dann
as er zur Abwechslung auch Kochbücher. Nur zu bald hat
r aber die Wahrnehmung gemacht, dass es eigentlich ganz über-
lüssig ist, mehrere Kochbücher durchzugehen, dass alle neueren
loch nur Abschriften der älteren sind, ohne alle denkende
Eintheilung und Ordnung des Materials. Man darf überzeugt
ein, dass man jedem recht complicirten und verzwickten Re-
epte, welches in einem alten Kochbuche gefunden wird, in
allen neueren wiederum begegnet. Das ist eben der grosse
Fehler fast aller Kochbücher, dass sie die unsinnigen Durcheinander à l'imperatrice, à la Figaro, à la reine etc. mit weit
grösserer Vorliebe behandeln, als die wichtigen alltäglichen
Speisen. Es ist aber auch kein Wunder! Wann nehmen unsere
Hausfrauen die Kochbücher zur Hand! Antwort: Nur dann,
wenn sie eine Einladung gegeben haben. Da muss eben ein
noch nie dagewesenes, jedenfalls sehr complicirtes Backwerk
den Glanz der Tafel bilden. Lieber Leser! Bist Du nicht auch
schon in Gesellschaften gesessen, wo man nur anstandshalber
einstimmte in das unehrliche Lob über eine kunstreiche Mehl-
talkerei, während die Suppe, der Braten, kurz alle gewöhnlichen Speisen nur aus Rücksicht hinunter gewürgt wurden!
Dieses Kochbuch will sich nun in erster Reihe mit denjenigen
Speisen befassen, welche alle Tage und in jedem Hause
auf den Tisch kommen und mit den Krankenspeisen.

Den meisten Kochbüchern fehlt es ferner an der Küche-
Waarenkunde. Der Verfasser weiss zwar wohl, dass die
Chemie und Mikroscopie die zuverlässigsten Mittel zur Entdeckung von Verfälschungen lehren und dass dies keine ob-
ligaten Lehrgegenstände jener Schulen sind, in welchen das
Küchenpersonal seine Bildung holt; allein es gibt doch auch
so viele allgemein verständliche Merkmale und die Sache ist
practisch so wichtig, dass es jedem Kochbuche gut ansteht,
wenn es wenigstens das Nöthigste und Allgemeinste davon
jedem Capitel vorausgehen lässt.

Anstatt Kochrecepte will der Verfasser Kochregeln
geben; nur bei einigen, ganz wichtigen Krankenspeisen ist die
Zubereitung receptmässig beschrieben. Die Kochregeln stehen
auf chemischer und physiologischer Basis, sie sind insgesammt
geleitet von dem bestimmten Vorsatze, weniger auf das schöne
Aussehen der Speisen, auf die Eleganz der Platten zu sehen,
als auf den Wohlgeschmack, die Verdaulichkeit und den Nährwerth der Speisen.

Nach dem Gesagten sind also die einzelnen Gegenstände
auf folgende Weise behandelt:

Voran geht die Waarenkunde (Gewinnung der Stoffe,

Kennzeichen der ächten, guten Waare, Verfälschungen). Dann folgt die Verwendung in der Küche (die gebräuchlichsten Gerichte und hie und da — bei wichtigen Krankenspeisen — auch ein Kochrecept). Den Schluss bildet die Heilkunde (Verdaulichkeit und Nährwerth der Speisen und ihr Einfluss auf die Gesundheit).

Der Verfasser ist sich wohlbewusst, dass er, trotz aller Vorsicht. die Grenzen eines diätetischen Kochbuches manchmal überschritten. dass er oft bis an die Grenzen der Gastrosophie vorgedrungen ist. Um den begangenen Fehler wieder gut zu machen, hat er am Schlusse des Buches eine Sammlung von Speisezetteln für Kranke gegeben. Da ist diese Grenze vorsichtig gewahrt! Es wird zwar mancher, der diese Speisezettel durchliest, dies nicht recht glauben wollen; dieselben enthalten in der That manchmal eine Reichhaltigkeit, welche man bisher bei der Krankenkost nicht zu finden gewohnt war; bei genauerer Prüfung wird er aber doch merken, dass lauter Zuträgliches aufgezählt wurde. Der Grund zur Aufstellung so üppiger Speisezettel war diplomatischer Natur: Dem Verfasser ist es im Verlaufe der Zeit entleidet, den Kranken immer nur zu verbieten, zumal da das Meiste doch nicht befolgt wird; er hat desshalb den Stiel umgekehrt, er hat sich in allen Winkeln der Küche und des Kellers umgesehen und alle Capitel der Kochbücher durchstöbert, um ja recht Vieles zu finden, was er. den Kranken erlauben darf. So brachte er diese reichhaltigen Krankenspeisezettel zusammen, welche in der That oft solche Raritäten enthalten, dass zu befürchten ist, es werden sich am Ende auch Feinschmecker krank melden. Wie dem auch sei: ein Bündniss zwischen Kranken und Feinschmeckern ist jedenfalls wohlthätiger für die Menschheit, als ein Bündniss zwischen Arzt und Apotheker!

· 1871. **Wiel.**

Vorwort zur 2. Auflage.

Wie Pfeffer und Salz auf den Magen, so haben die zahlreichen brieflichen Anerkennungen und die günstigen Recensionen über das Kochbuch auf das Gemüth des Verfassers gewirkt; sie haben ihn angetrieben, jede freie Stunde der zeitgemässen Renovation des Buches zu widmen. Man wird finden, dass alles Neue, was die Literatur in der kurzen Zeit, seit dem Erscheinen der ersten Auflage, geboren, sei es in Sachen der Kochkunst oder der Arzneimittellehre, sei es in Betreff der Chemie oder der Physiologie der Verdauung, für diese neue Auflage in der Ausdehnung verwerthet wurde, wie es für ein solches Buch passt.

Im Besonderen hat diese zweite Auflage folgende Vermehrungen erhalten: Für's Erste sind mehr Kochrecepte aufgestellt. Der Verfasser hat, namentlich in den letzten Jahren, öfters beobachtet, dass gerade die allerwichtigsten Küchenartikel meistens sehr fehlerhaft zubereitet werden. Man denke z. B. nur an die elende Schinkenfabrikation auf dem Lande! Selbst dem gemüthlichsten Schlucker muss die Galle überlaufen, wenn er sieht, wie diese herrliche Gabe Gottes so ehrlos verpfuscht wird. Und so verhält es sich noch mit vielen anderen Dingen. Um nun diesem bedauerlichen Missstande nach Kräften abzuhelfen, sind an allen geeigneten Stellen neue, vielfach durchprobirte Kochvorschriften eingeschaltet worden.

Zweitens hat bei denjenigen Küchenstoffen, welche auch als Heilmittel dienen, wie z. B. viele Salat- und Gemüsepflanzen, viele Speisezusätze und Gewürze, dieses Verhältniss eine umständlichere Berücksichtigung erfahren.

Drittens ist, und zwar auf mehrfache Aufmunterung hin, den s. g. Hausthee ein eigenes Capitel gewidmet worden. Die Gedanken, welche den Verfasser hierbei leiteten, sind in dem betreffenden Capitel (34) selbst näher auseinander gesetzt.

Endlich hat der III. Theil (Speisezettel für Kranke) eine bedeutende Erweiterung erfahren; kurzum, es ist in dieser zweiten Auflage, etwas mehr als in der ersten, dem Koch ein Heilkünstler auf dem Buckel gesessen.

1873.   Wiel.

Vorwort zur 3. Auflage.

Diese neue Auflage erhielt desshalb keine wesentlichen Aenderungen, weil das Buch, so wie es ist, überall gut aufgenommen wird. (Auch die holländische Uebersetzung ist sehr verbreitet). Dagegen durften verschiedene Neuigkeiten aus der Chemie und Physiologie sowie aus der Waarenkunde nicht übergangen werden.

Bekanntlich tritt in der neuesten Zeit die Fälscherei der Nahrungs- und Genussmittel mit so frecher Stirne auf, dass man eigentlich jede Gelegenheit benutzen sollte, davor zu warnen. Trotzdem hat dieser Gegenstand hier an etlichen Stellen eher eine Vereinfachung als eine Erweiterung erfahren. Es geschah dies desshalb, weil der Verfasser inzwischen die Wahrnehmung gemacht hat, dass manche Fälschungen, welche in den Lehrbüchern immer wieder aufgeführt werden, vielleicht noch gar nie vorgekommen sind!

Der dritte Theil (die Speisezettel für Kranke) wäre allerdings einer Erweiterung fähig gewesen, aber einer so grossen, dass dadurch das Buch eine ganz sonderbare Gestalt bekommen hätte; ein einziges Capitel würde grösser geworden sein, als alle anderen zusammen genommen. Desshalb hat sich der Verfasser dazu entschlossen, im Verlaufe der Zeit die diätetische Behandlung aller Krankheiten, welche sich überhaupt hiefür eignen, in einzelnen Monographien zu schildern, etwa in der Ausführlichkeit, wie im „Tisch für Magenkranke" von welchem Buche in ganz kurzer Zeit eine zweite Auflage sowie eine Uebersetzung ins Holländische erschienen ist. Sowie aber die Pharmacopoe mit der Arzeimittellehre unzertrennlich verbunden, ebenso wird auch dieses Kochbuch für alle derartigen diätetischen Schriften die Grundlage zu bilden haben.

Zürich, 3. Mai 1876.   Dr. Wiel.

Inhalts-Uebersicht.

4. Capitel. Rindfleisch.

5. Capitel. Kalbfleisch.

6. Capitel. Schweinefleisch.

7. Capitel. Schaf- und Ziegenfleisch.

19. Capitel. Thee.

20. Capitel. Chocolade.

21. Capitel. Mehl und mehlartige Stoffe.

22. Capitel. Brod.

23. Capitel. Backwerk.

24. Capitel. Mehlspeisen.

IV. Schluss.

Wer das Titelblatt mit der nöthigen Aufmerksamkeit gelesen, wird
n diesem Buch keine erschöpfende Beschreibung einer Kücheneinrichtung
uchen, wohl aber alle wichtigen s a n i t ä t s - polizeilichen Verordnungen.
Diese sind:

I. Abschnitt.

Die Küche betreffend.

In einem Hause, das nur von einer Familie bewohnt wird, gehört
lie Küche in den Souterrain; so werden die Bewohner des Hauses am
wenigsten genirt durch Dasjenige, was in der Küche vorgeht und — um-
;ekehrt. Auf der einen Seite der Küche soll die V o r r a t h s k a m m e r sein
lit 2 Abtheilungen: die nächste bei der Küche eignet sich zum G e m ü s e-
e l l e r, die entlegenere zum F l e i s c h k e l l e r. Auf der andern Seite
er Küche soll der Platz sein für das Brennmaterial. In einem Hause mit
lehreren Wohnungen gehören alle Küchen auf die Nordseite und müssen
isgesammt separate Eingänge haben. Die Küchen sollen nicht durch
'hüren mit dem Speisesaal oder sonst einem Wohnzimmer in Verbindung
tehen; auch etwa vorhandene Schiebfenster sind zu vermauern, damit man
veder sieht noch hört, was draussen vorgeht und keinerlei „Gerüche"
.ereinkommen können. Der Boden der Küchen muss von Brettern sein;
.ur der Platz, auf welchem der Herd steht, ist mit Stein-Platten zu be-
egen. Die Küchen können nicht genug Licht haben. Nur da, wo man alle
'eränderungen an den Speisen sieht, wird exact gekocht. Die wahre
üchenpolizei hat folgende §§:·

§. 1. Die Küchen müssen alle Frühjahr ausgeweisselt werden.

§. 2. Nach jedem Essen muss nicht nur alles gebrauchte Geschirr
ofort gereinigt und an seinen Platz gestellt, sondern auch der Herd ge-
utzt und das Feuer gelöscht werden.

§. 3. Alle Morgen muss der Kücheboden f e u c h t gereinigt werden.
iieht gar selten werden in der Küche Stiefel gewichst, Kleider ausgeklopft
. dgl. Das kommt gewöhnlich in jenen Häusern vor, wo die Köchin, das
iimmermädchen und der Hausknecht aus einem Stücke bestehen. Dass
a den Speisen nicht selten ungeeignete Würzen zufliegen, ist ohne
'eiteres klar.

1 *

§. 4. In der Vorrathskammer sowohl wie im Küchekasten muss von Zeit zu Zeit Visitation gehalten und alles Faulende entfernt werden. Eine übertriebene Sparsamkeit macht da schlechte Geschäfte; lässt man das Faulende liegen, so steckt es seine Nachbarschaft an oder verleiht ihm doch den unangenehmen Geruch.

§. 5. u. 6. Mäuse und Schwaben sollen ein für alle Mal aus der Küche vertrieben werden. Die Mittel gegen Mäuse sind: Katzen, Mausfallen, Gift. Die Katzen sind weniger geeignet, weil sie sich Competenzüberschreitungen erlauben, die Schätze des Küchenkastens unsicher machen, und weil Katzenhaare ins Essen fliegen können. Auch die Mäusefallen sind nicht zu empfehlen, weil ihre Leistungen hinter ihrem Preise zurückstehen. Das beste Mittel ist das Mäusegift, da es in kurzer Zeit gründlich aufräumt. Man kann dasselbe (Phosphor) angemacht in jeder Apotheke bekommen. Der Phosphor ist zwar ein sehr gefährliches Ding, giftig und brennbar über alle Massen; es hat aber die Natur dafür gesorgt, dass der Mausgiftkäufer nicht beschädigt wird. Bei weitem in den meisten Fällen geben nämlich die Apothekergehilfen ohne Weiteres eine so ausführliche Belehrung über die Behandlung des Giftes, dass nicht leicht Etwas passiren kann.

Weit verhasster als die Maus ist der Schwabenkäfer. Die Schwaben haben es hauptsächlich auf die Backmulden abgesehen; mancher Schwabe findet auch in der Suppenschüssel seinen Tod. Das beste und zugleich billigste Mittel gegen die Schwaben ist das persische Insectenpulver, welches man in jeder Apotheke haben kann.

In neuester Zeit wird auch fein gepulverter Chlorkalk als Mittel gegen Ratten, Mäuse, Schwaben und Consorten angewandt. Man muss das Mittel bei trockener Witterung reichlich auf die Plätze streuen, wo sich das Ungeziefer aufhält. Da der Chlorkalk viel billiger ist als die andern Mittel, mag man weitere Versuche anstellen.

II. Abschnitt.

Den Herd und das Brennmaterial betreffend.

Es liegt nicht im Bereiche dieser Schrift, auch über die Herdeinrichtungen für Gasthöfe, Heilanstalten, Zuchthäuser u. dgl. Betrachtungen anzustellen, wir haben es nur mit jener Sorte von Herden zu thun, welche man in Privathäusern braucht. Ein solcher Herd muss haben:

1) einen Heizkanal, darunter der Aschenbehälter,
2) mindestens 2 Kochlöcher hintereinander, unmittelbar über dem Heizkanal,
3) ein Kochloch in der Mitte über dem Bratofen:
4) einen Brat-Ofen,

5) ein Wasserschiff,

6) einen Dörrofen, zum Dörren von Obst und auch zum Warm-
stellen der fertigen Speisen (nicht zum Dörren des Holzes zu verwenden!)

Wer einen „Sparherd" hat, der den Namen „Holzfresser" verdient,
ersetze ihn sofort durch einen besseren. Schon im ersten Jahre zahlt sich
in guter Herd durch Holzersparniss ab. Damit Du aber nicht wieder vom
Regen in die Traufe kommst, musst Du den neuen Herd auf Probe nehmen und beobachten, ob er gut zieht, d. h. ob das Feuer bald brennt
und ob die Hitze an alle Stellen der obern Platte und an alle
Kochlöcher hinspielt.

Auf einem gut ziehenden Herde zu kochen ist ein wahres Vergnügen:
man weiss in kurzer Zeit die Kochfristen für die verschiedenen Speisen
auswendig; es wird also selten etwas angebrannt oder versotten; man hat
ferner nicht nöthig, fortwährend die thränenden Augen zu wischen und —
braucht sehr wenig Holz.

Das beste Brennmaterial ist Holz. Sein gleichmässiges Brennen er-
möglicht auch ein gleichmässiges Kochen, Braten u. dgl. Torf stinkt und
gitt von dieser Eigenschaft auch an die Speisen ab. Gegen die Stein-
kohlen ist man mit Unrecht so eingenommen; bei guter Feuerung stiftet
der Kohlenstaub lange nicht so viel Unheil, wie man glaubt. In England
kennt man kaum ein anderes Brennmaterial und doch sind die englischen
Küchen Muster von Reinlichkeit und Eleganz.

Mit Coaks lässt sich schnell eine grosse Hitze erzeugen.
Trotzdem sind sie für den Kochherd kaum geeignet, weil sie eine gar zu
ungleichmässige Hitze verbreiten.

Ausser dem Herd in der Küche sollte man auch noch einen Koch-
apparat im Speise-Zimmer haben. Am geeignetsten sind die Gas-
kochapparate. Ohne viel Umstände kann man darauf schnell ein Beefsteak,
Thee, Kaffee, harte Eier etc. bereiten; ausserdem können sie zum Warmhalten der Speisen benützt werden. Für Junggesellen wären solche Apparate
seit bequemer als die gewöhnlichen vorsündfluthlichen Kaffeemaschinen
mit Spiritusheizung.

In neuester Zeit werden auch Petroleum-Kochapparate empfohlen;
es wird ihnen nachgerühmt, dass man damit in jedem Zimmer ohne Rauch,
Russ und Dampf kochen könne.

III. Abschnitt.

Das Küchengeschirr betreffend.

In einem guten Hause wird mit Recht viel auf das Kochgeschirr
gehalten; manche Köchin hält ihre Pfannen reinlicher als sich selbst. Es
liegt nicht im Bereiche dieser Schrift, auch über die Eleganz des Koch-

geschirrs Betrachtungen anzustellen; nur auf einen Punkt muss aufmerksam gemacht werden: alle Verzierungen in Rippen und Rinnen, in erhabenen Figuren und Gravirungen sind eigentlich nichts Anderes als — Schlupfwinkel für Unreinlichkeiten. Kaufe daher nur glattes Geschirr! Dies gilt ganz besonders von den Essgabeln. Auch zu viele Zinken taugen nichts; Gabeln mit zwei Zinken würden die gleichen Dienste thun und wären leichter rein zu halten. Der Erfinder der dreizinkigen Essgabel stammt sicherlich nicht von reinlichen Eltern!

Das Kochgeschirr kann unter Umständen Krankheiten, ja sogar Vergiftungen veranlassen. Man beachte desshalb folgende §§:

§. 1. Alles Geschirr muss alsbald nach gemachtem Gebrauche gereinigt, mit warmem Wasser abgespült und gut abgetrocknet werden. Wenn dies regelmässig geschieht, so wird selbst das schlimmste Kochgeschirr, das kupferne, nicht leicht Schaden stiften.

§. 2. Gefässe von Holz, welche nicht angestrichen und rein gehalten sind, geben nie schädliche Stoffe an die Speisen ab. Man gebraucht deshalb namentlich zur Aufbewahrung von Kochsalz keine anderen Geschirre als hölzerne. Die Unsitte, solches Geschirr mit Sand abzureiben, anstatt mit einer groben Bürste, muss mit der Zeit aufhören, weil weder die Klänge, welche auf den Zähnen entstehen, wenn auf ein Sandkorn gebissen wird, noch die Dialoge, welche sich desshalb zwischen Köchin und Herrschaft entspinnen, besonders erquicklich sind.

§. 3. Ebenso sicher geht man mit den gebrannten Thonwaaren, mit dem Glas, kurz mit allem Geschirr, welches von verdünnten Säuren nicht angegriffen wird.

Die wichtigste Sorte von derartigem Geschirre sind die gebrannten Thonwaaren. Es gibt 2 Sorten, eine mit porösen Scherben (hierher gehört das gemeine Töpfergeschirr und die Fayence (sog. Gesundheitsgeschirr), die andere mit dichten Scherben (Steinzeug [Krugwaare] und Porcellan).

Da die Grundlage der gemeinen Töpferwaare, der Thon, immer so porös bleibt, dass Flüssigkeiten durchtreten können, so muss das Geschirr mit einer Glasur überzogen werden. Nur das ächte Porcellan und das sog. Gesundheitsgeschirr haben eine Glasur, von der gar nichts zu fürchten ist. Sonst ist Bleioxyd — ein Gift — der Hauptbestandtheil der meisten Glasuren und die Sache hat eine so hohe Bedeutung für die Gesundheitspflege, dass viele Regierungen ausführliche Verordnungen darüber erlassen haben — kannst also ruhig sein.

§. 4. Die Glasur haftet in der Regel so fest, dass nichts davon in die Speisen übergehen kann. Nur bei neuem Geschirr ist einige Vorsicht nöthig. Es können Theilchen von der Glasur so locker anhängen, dass sie wenigstens die ersten Speisen, welche darin aufbewahrt werden, zu vergiften vermögen. Man soll desshalb jedes neu angeschaffte Geschirr eine halbe Stunde lang auskochen in einem Wasser, das mit Salz und Essig versetzt ist; es gehört zu der Menge Wasser, welche man für das zu reinigende Gefäss braucht, der 20te Gewichtstheil Salz und der 30te Gewichtstheil Essig. Nachher wird das Geschirr mit lauwarmem Wasser mehrmals ausgespült. Auf diese Weise wird derjenige Theil der Bleiglasur beseitigt, welcher nur locker mit dem Geschirr verbunden war.

§. 5. Mit der Zeit wird aber auch die beste Glasur schadhaft, d. h. rissig und kann Schaden stiften. Wenn in dergleichem Geschirre gesalzene und saure Speisen lange gekocht werden, so löst sich von der Glasur ab und vergiftet die Speisen. Das kommt gar nicht so selten vor; es gibt viele Küchen, wo entweder die Armuth oder der Geiz das Heft in Händen hat. Beide vermögen es nicht, schadhaftes Geschirr früher zu beseitigen, als bis der Schaden offen zu Tage tritt, bis das ganze Haus über Bauchweh klagt.

§. 6. Wir haben also gesehen, dass von irdenem Geschirre, wenn es recht behandelt wird, kein Nachtheil für die Gesundheit zu fürchten ist. Dessenungeachtet sucht manche Hausfrau nach und nach möglichst viel metallenes Kochgeschirr anzuschaffen. Sie wird hiezu genöthigt, weil es in der That viele Mägde gibt, welche es im Zertrümmern von Tellern u. dgl. zu einer erstaunlichen Fertigkeit gebracht haben.

§. 7. Von den verschiedenen Metallgeschirren erheischt das kupferne die grösste Vorsicht; da gilt es namentlich den §. 1 zu halten. Wenn organische Substanzen daran hängen geblieben sind, so bildet sich leicht eines der heftigsten Gifte, der Grünspahn. Man lässt, um die Gefahr abzuwenden, das Kupfergeschirr verzinnen. Aber auch bei der Verzinnung ist nicht Alles sicher. Für's Erste kann die Verzinnung bleihaltig sein. Da haben wir wieder die Gefahr, welche bei der Glasur irdener Geschirre erwähnt wurden. Da dieser Missstand nicht so selten vorkommt, wie man vielleicht glaubt, wird es am Platze sein, die Unterschiede zwischen einer fehlerfreien und einer bleihaltigen Verzinnung zu bezeichnen:

a) Die reine Verzinnung hat lebhaften Metallglanz; die bleihaltige ist matt.

b) Die reine Verzinnung ist silberhell, die unreine bläulich.

c) Die reine Verzinnung färbt nicht ab, reibt man dagegen an einer bleihaltigen mit dem Finger, so wird er schwarzblau.

Seltener, aber noch schlimmer als die bleihaltige Verzinnung ist die arsenik- und die zinkhaltige.

Für's Zweite geht mit der Zeit die beste Verzinnung weg und wenn mit bereits roth gewordenem Geschirre fortgewirthschaftet wird, so kann es schlimme Folgen haben; lasse also rechtzeitig die schadhafte Verzinnung erneuern!

§. 8. Vor Altem hatte man auch Kochgeschirr ganz von Zinn. Man sieht hierlands jetzt noch solches auf grossen Bauernhöfen. Da wird es seit unfürdenklichen Zeiten fortgeerbt und schon wegen seines ehrwürdigen Alters mit besonderem Wohlgefallen betrachtet.

Das Zinngeschirr ist nicht viel nutz. Abgesehen davon, dass es — wie wir oben (§. 7) bemerkt haben — Blei, Zink und sogar Arsenik enthalten kann, ist es so weich, dass es leicht Risse und Eindrücke bekommt — Schlupfwinkel für Unreinlichkeiten! Mehrere chemische Autoritäten warnen ganz entschieden vor dem englischen Zinn, weil es immer Arsenik oder Blei enthalte. Saure und fette Speisen, die in solchem Geschirre aufbewahrt werden, können Vergiftungen hervorrufen. (Sollte Dir je ein solches Unglück passiren, so hast Du an der Milch ein gutes Gegengift.)

§. 9. Die Küchengeschirre aus Messing (einer Legirung von Kupfer und Zink) bedürfen nach dem bis jetzt Gesagten keiner weiteren Verurtheilung mehr.

§. 10. Die Kochgeschirre von Blei sowie jene von Zink kommen ganz in Abgang und zwar mit Recht. Beide Metalle werden von den Speisen leicht angegriffen und theilen denselben sehr gefährliche Gifte mit.

§. 11. Geschirre aus Neusilber (Argentan) sind auch zu den schlimmeren zu zählen. Neusilber ist eine Legirung von Kupfer, Zink und Nikel. Es ist schon besprochen worden, was erstere Metalle schaden können.

§. 12. Das Silbergeschirr des Handels ist durchschnittlich 12- bis 16löthig, kann also niemals Schaden stiften. Nur bei geringerem Silbergeschirr können jene Zufälle auftreten, welche bei der Besprechung des Kupfergeschirrs genannt worden sind.

§. 13. Sehr zu empfehlen ist das Christoffle-Geschirr. Die Grundlage des Christoffle bilden zwar unedle Metalle, es ist diesen aber durch galvanische Versilberung eine so starke Decke gegeben, dass sie sich nicht oxydiren können. Nur bei den geringeren Sorten Christoffle ist die Versilberung so dünn, dass sie nicht genügend schützt.

Mit der Zeit geht auch bei der guten Waare die Versilberung weg. In Häusern, wo man Alles gedankenlos hängen lässt, wie's hängt, lässt man erst dann frisch versilbern, wenn fast nach jedem Essen die ganze Familie über Bauchweh klagt.

Wenn ein schadhaft gewordenes Geschirr der Art Kupfer zur Grundlage hat, dann ist die Gefahr am grössten; bei einer Grundlage von Eisen ist nichts zu fürchten.

§. 14. Eisernes Kochgeschirr macht keine Vergiftungen; dagegen verleiht es, wenn es rostig wird, den Speisen einen widerlichen Tintengeschmack und verdirbt manchmal ihre Farbe. Um dem vorzubeugen, wird es verzinnt oder emaillirt.

Ueber die Verzinnung ist schon gesprochen worden, wir wissen, dass sie nicht immer fehlerfrei und namentlich nicht von ewiger Dauer ist. Die Emaillirung ist viel dauerhafter. Nur das gering emaillirte Geschirr bekommt Risse. Vorausgesetzt, dass das Email bleifrei ist, kann man dieses Geschirr als das beste empfehlen; es hat sicherlich die grösste Zukunft!

(In meiner Küche wird schon lange solches Geschirr benutzt; man hat schon alles Mögliche darin gekocht und noch nie einen Nachtheil beobachtet. Das Geschirr ist sehr leicht rein zu halten, nicht zerbrechlich wie las irdene, mit welchem es allenfalls concurrirt und bei allen Vorzügen auch noch ziemlich wohlfeil.)

Der §. 15 soll nun eine kurzgefasste Belehrung darüber bringen, wie man die Krankheitserscheinungen erkennen kann, welche von schädlichem Kochgeschirr herrühren:

Gewöhnlich kommt man erst dann auf den Gedanken, es müsse Etwas an den Speisen nicht in der Ordnung sein, wenn zu gleicher Zeit mehrere Tischgenossen unter den gleichen Erscheinungen erkranken.

Diese Erscheinungen treten bald acut und deutlich, bald allmählig und verschwommen auf.

Die acuten Erscheinungen sind meistens die eines Magencatarrhs, oder, um ein bekannteres Beispiel zu wählen, die eines Katzenjammers. Eigenthümlich ist nur ein widerlich zusammenziehender Geschmack im Munde. Bald folgen dann Magenschmerz, Brechneigung und wirkliches Erbrechen, Leibschneiden und Diarrhoe, und endlich die narkotischen Erscheinungen. Die gefährlichsten Vergiftungen der Art, welche bis jetzt vorgekommen sind, hatten Kupfergeschirre bewirkt.

(Der Verfasser weiss von einem Sängerfeste, bei welchem durch einen Abends zuvor! angemachten und in einem kupfernen!! Gefäss aufbewahrten Salat nicht weniger als 20 Personen krank gemacht wurden, von welchen 3 starben.)

In der Regel sind die Quantitäten des auf einen Sitz verschluckten Giftes klein; es treten desshalb auch die warnenden Zeichen selten rasch und deutlich auf. Weit häufiger kommen langsam und unvermerkt: allgemeine Abmagerung mit Nervenzittern, gelbliche Färbung der Haut, Krämpfe, Kurzathmigkeit mit kleinem unregelmässigen Pulse, mit einem Worte lauter Erscheinungen, die zu einer richtigen Ansicht über das Wesen und die Ursache des Unwohlseins nicht hinleiten. Schon oft wurde deshalb monatelang an „verkapptem Wechselfieber“, „Bandwurm“, „Auszehren“ etc. etc. curirt, bis endlich ein Zufall die wahre Ursache des Uebels verrieth. Die Zertrümmerung des schadhaften Geschirrs ging dann unter Einem mit dem Zerschlagen der irrthümlich verschriebenen Arzneiflaschen und bald nach diesem lustigen Acte kehrte die langersehnte Gesundheit wieder.

§. 16. Der Schluss dieses unterhaltlichen Capitels kann wohl nicht würdiger gemacht werden, als wenn man noch die Kochgeräthe lobt, welche sehr oft verkannt werden und daher mehr in den Küchen fehlen als es im Interesse des guten und gesunden Kochens sein sollte:

a) Die grösste Sorge einer denkenden Köchin geht darauf hinaus, dass die Speisen beim Kochen Nichts von ihrer „Kraft“ verlieren; sie begnügt sich deshalb heut zu Tage nicht mehr mit einem Deckel auf der Pfanne, sie will unter allen Umständen einen hermetisch schliessenden Kochtopf. In der That gehört auch ein papinianischer Topf oder eine ähnliche Einrichtung in jede Küche. Man hat zwar öfters dagegen eingewandt, dass es gefährlich sei, ein explosionsfähiges Instrument den Köchinnen anzuvertrauen; allein die Erfahrung hat gelehrt, dass noch nie ein solcher Topf gesprungen ist. Man muss von der Intelligenz der Köchinnen doch nicht gar zu gering denken und zu Alldem hat ja der Topf ein Sicherheitsventil. Eine neuere Erfindung der Art ist der englische Dampfkochtopf, welcher sich bereits viele Verehrer erworben hat. Es werden darin die Speisen ohne Wasser in kurzer Zeit und mit geringem Aufwand von Brennmaterial gar gekocht; auch behalten sie Saft und Kraft beisammen. Der norwegische Kochtopf hat ebenfalls seine Vorzüge und verdient desshalb weitere Verbreitung.

b) Merkwürdiger Weise findet man in den Küchen selten einen Rost und wenn je einer vorhanden, so liegt er in einem Winkel. Da die Hammelscoteletten, welche auf dem Roste gebraten wurden, zu dem Feinsten gehören, was die Küche zu liefern vermag, so muss diesem Mangel abgeholfen werden. Früher verfertigte man solche Roste aus Blech. Es ist dies desshalb ungeeignet, weil Blechplatten grössere Flächen am Braten verdecken und der raschen Einwirkung der Flamme entrücken. Weit besser sind die Roste von Eisendraht.

c) Zu verschiedenen Küchenoperationen hat man einen AufgussApparat nöthig: so zur kalten Fleischbrühe, zum Aufgusskaffee u. s. f. Die irdenen sind weit besser, als die von Metall, da zu manchen Aufgüssen Säure gebraucht wird.

d) Etwas von den Pfannen:

Nicht selten trifft man es, dass die Pfannen tiefer in den Löchern stecken, als die darin kochende Flüssigkeit hinaufreicht. Es ist wahr, die Sache kocht so allerdings schneller (Holzersparniss), allein es sind dabei zwei Aber: erstens wird derjenige Theil der Pfanne, welcher nicht von der Flüssigkeit bespült ist, so heiss, dass die Verzinnung Noth leidet und zweitens bekommen viele der gekochten Speisen dadurch einen brenzligen Geschmack, wenn sie über die oft glühend heisse Fläche der Pfannen abgeschüttet werden. Die Bratpfannen, welche man zum langsamen Braten verwendet, sollten dickere Böden haben, nicht bloss desshalb, weil sie dann länger halten, sondern weil darin der Braten nicht so leicht anbrennt. Dagegen können wiederum jene Pfannen nicht dünn genug sein, wo es sich um eine schnelle Einwirkung der Wärme, um rasche Gerinnung der Oberfläche von eiweissreichen Speisen handelt. So sind z. B. die weltberühmten beefsteaks à l'anglaise nur aus einer dünnen Pfanne ganz ächt zu bekommen.

e) Der Hackstock kann sehr grossen Schaden an der Gesundheit anrichten, wenn er nicht nach jedesmaligem Gebrauche die gründlichste Reinigung erfährt. Im Sommer ist dies besonders nöthig, da entwickeln sich sowohl die ruhigen wie die fortlaufenden Produkte der Fäulniss (Würmer) in der Wärme sehr schnell. Es ist ferner der Fall denkbar, dass, wenn etwa trichinöses Schweinefleisch auf dem Hackstock behandelt worden, anderes Fleisch, welches nachfolgt und das man sonst ohne Bedenken auch halbroh verspeisen kann, angesteckt wird. Das Gleiche kann passiren, wenn der Metzger zu allem Fleische das gleiche Hackmesser und len gleichen Hackstock benutzt. Wo es exact hergeht, werden jedenfalls für Schweinefleisch besondere Messer etc. gebraucht.

f) Man sollte ferner anstatt der hölzernen Nudelbretter — w e i s s e M a r.m o r p l a t t e n anschaffen. Holz nimmt immer etwas von den Flüssigkeiten auf, lässt manchmal Spänchen los, ist nie so glatt und jedenfalls schwerer rein zu halten als eine Marmorplatte.

g) In jede Küche gehört eine Säge, ein sog. F u c h s s c h w a n z; auch von den geschicktesten Händen geführt, macht das Hackmesser Splitter an den Knochen. Die Verwirrung, welche entsteht, wenn an einem Tische Jemand „ein Bein geschlucht hat", lässt sich nicht beschreiben; jedenfalls steht sie in keinem Verhältnisse zu dem Verdrusse, welcher die Anschaffung einer Säge bereitet.

h) In jede Küche gehört eine W a g e; wo diese fehlt, wird nicht nur schlecht gewirthschaftet, sondern auch schlecht gekocht. Man braucht nämlich die Wage nicht allein zur Controle der Metzig und des Kaufladens, sondern auch zur exacten Ausführung der meisten Kochrecepte. In allen besseren Kochbüchern sind die zu einer Speise nöthigen Stoffe nicht nach „Handvoll", „Esslöffel" etc., sondern nach dem Gewichte angegeben. — Wie in den chemischen Laboratorien, können auch in der Küche für viele Fälle M e s s g e s c h i r r e die Wage ersetzen.

i) Ebenso nothwendig ist die U h r f ü r d i e K ü c h e. Das Zählen bis auf so und so viel und das Rechnen nach Vaterunser, wie es viele Köchinnen z. B. beim Eiersieden machen, ist zu variabel; die Gemüthsart hat einen zu grossen Einfluss auf das Tempo.

II.

Geniessbarer Theil.

1. Capitel.

Milch.

Sonst fangen die Kochbücher, wie die Mahlzeiten, gewöhnlich mit den Suppen an. Dieses Buch hat unter anderen Sonderbarkeiten auch die, dass es anders anfängt — nämlich mit der Milch. Ist ja die Milch einst auch die erste Nahrung des Verfassers und — was noch wichtiger ist — des geneigten Lesers gewesen! Beide haben längere Zeit nichts Anderes bekommen und sind doch gesund geblieben und gewachsen. Es muss demnach die Milch für sich allein im Stande sein, den Menschen zu erhalten: eine Eigenschaft, welche kein anderes Nahrungsmittel besitzt.

Die Milch hat fast die gleichen chemischen Bestandtheile wie das Blut: Wasser; Milchzucker; Albuminate, besonders Casein, auch etwas Eiweiss; unbekannte Extractivstoffe; Gase.

Von den Milchsorten, welche im alltäglichen Leben besondere Bedeutung haben, sind vorab zu nennen: Die Kuh- und die Ziegen-Milch. Letztere ist reicher an Zucker (süsser), dagegen ärmer an den zwei wichtigsten Bestandtheilen, an Käse und Butter. Die Frauen und die Eselinnen geben fast die gleiche Milch, die süsseste von allen.

Der wahre Werth der Michsorten erhellt aus dem Wassergehalte. Dieser beträgt

bei der Ziegenmilch	85	%
— — Kuhmilch	87	„
— — Frauenmilch	89	„
— — Eselinnenmilch	90	„

Somit wäre die Milch der Eselinnen die geringste. Es hängt natürlich Vieles von der Fütterung, Behandlung und Gesundheit des Milchthieres ab. Der Wechsel ist so gross, dass dieses Schema nur untergeordneten Werth hat.

Die Kühe werden täglich 2 Mal (Morgens und Abends), frischmelkige auch noch Mittags gemolken.

Die Milch wird alsbald geseiht. Die Seiher bestehen aus einem abgeschnittenen Weissblechtrichter, welcher unten mit einem groben leinenen Tuch überspannt ist. Die Seihtücher müssen jedesmal wieder im frischen Wasser ausgewaschen und getrocknet werden.

Die geseihte Milch kommt in die Milchgefässe — flache Gefässe von Holz oder Milchbecken von Steingut.

Alle Milchgefässe müssen sehr rein gehalten werden; der kleinste Rest Milchsäure gibt Veranlassung zur raschen Gährung und Verderbniss der Milch.

Der Milchschrank, in welchem diese Milchgefässe quadrerartig aufgestellt werden, gehört an einen luftig-kühlen Ort. In den Thüren und in der Rückwand muss er grössere, mit Drahtnetzen überspannte Oeffnungen haben, damit immer frische Luft durchziehen kann. Nachdem die Milch an dem kühlen Orte 1—2 Tage gestanden (bis eben die Rahmdecke sich zu bilden angefangen hat) kommt sie in die Nähe des Ofens.

In 3—4 Tagen ist die Milch vollständig gestanden, d. h. es hat sich auf der Oberfläche eine Fettschichte (Rahm) gebildet, die Milch darunter ist fest geworden (geronnen).

Die Gerinnung bewirkte die Milchsäure, in welche sich der Milchzucker verwandelte. So lange die Milch alkalisch war, blieb der Käsestoff darin gelöst; nachdem sie auf besagte Art sauer geworden, schied sich derselbe als eine mehr weniger compacte Masse aus.

Die geronnene Milch (auch Sauermilch genannt) wird grösstentheils als solche verspeist, bildet namentlich mit Kartoffeln das Abendessen der Dienstboten und derjenigen Bauern, welche Abends nicht ins Wirthshaus gehen. Seltener wird der s. g. Kuhkäse daraus gemacht. (17. Capitel.)

Der Rahm (Idel) wird in einem eigens construirten holzernen Gefässe (Rahmkübel) gesammelt. Wenn man eine genügende Menge hat, so wird er im s. g. Butterfass ausgerührt (Butterfabrikation). Zuerst bilden sich kleine Flöckchen von Butter, welche sich in kurzer Zeit zusammenballen.

Das Ganze dauert je nach der Beschaffenheit des Rahms und des Rührapparats eine halbe bis ganze Stunde.

Nun werden Butter und Buttermilch getrennt. Die Butter wird mehrfach geknetet, ausgedrückt und mit frischem Wasser gut ausgewaschen, um die Buttermilch gründlich zu beseitigen. Weiteres über die Butter steht im 29. Capitel.

Die Buttermilch, auch Fass- oder Rührmilch genannt, enthält noch ziemlich Käse und ist desshalb nicht ohne allen Nährwerth, trotzdem wird sie gewöhnlich dem Vieh in die Tränke gegeben. Nur in ärmeren Häusern wird Buttermilch theils für sich allein getrunken,

heils Suppen oder — ein grässlicher Einfall! — Salaten
ugesetzt.

Wir haben jetzt gesehen, wie mannigfaltig die Producte
ind, welche aus der Milch gezogen werden, wir haben dabei
iber auch wahrgenommen, wie rasch die Milch Veränderungen
iingeht. Für die Milchsuppen, Milchmehlspeisen, ferner zum
Kaffee, Thee etc. sucht man desshalb möglichst frische Milch
u bekommen; die Milchhändler dagegen suchen nach Mitteln,
.twa entstandene Schäden an der Milch auszubessern oder zu
verdecken. Das Küchenpersonal hat sich demnach folgende
Kennzeichen einer guten Milch zu merken:

Ein Milchtropfen sinkt im Wasser unter, gute Milch ist
also spezifisch schwerer als Wasser.

Der Milchtropfen behält auf dem Fingernagel die halb-
:ugelige Gestalt bei; wässrige Milch zerfliesst.

Gute Milch ist dickweiss, nicht bläulich oder durchscheinend.

Zwischen den Fingern gerieben spürt man, ob die Milch
tett ist oder nicht.

Beim Verdampfen bildet gute Milch alsbald eine Haut auf
i.er Oberfläche.

Der- süssliche Geschmack bekundet einen richtigen Gehalt
in Milchzucker.

Eine Milch, die unangenehm riecht, enthält gesundheits-
schädliche Zersetzungsproducte.

Man gibt mit Recht der Morgenmilch den Vorzug, denn
iese Milch ist viel fetter als die unter Tags gemolkene. (Zu
iemerken ist, dass erstere sauer reagirt, d. h. Lackmuspapier
öthet, letztere nicht).

Dies sind so ziemlich die Anhaltspunkte, welche man im
ewöhnlichen Leben zur Prüfung der Milch hat. Bessere Mittel
vären allerdings gewisse Instrumente (die Milchwage, der
Rahm-Messer), allein die Kenntnisse, welche die Handhabung
ieser Instrumente erfordert, sind nicht vereinbarlich mit 80 fl.
Lohn und am Neujahr ein „Trinkgeld"!

Den grössten Einfluss auf die Beschaffenheit der Milch
at begreiflicher Weise die Fütterung. Die beste Milch gibt
ine Kuh, welche gar kein anderes Futter bekommt als gut
gewittertes Heu. Beim Grünfutter wird die Milch wässerig;
m dünnsten beim Rübenfutter. Manche Pflanzen geben der
Milch besondere Eigenschaften: Ist Anis im Futter, so riecht
ie Milch darnach; Wermuth gibt ihr einen bitteren Ge-
chmack; Gnadenkraut macht sie abführend; Wolfsmilch
charf; von Safran wird sie gelb; von der Hundzunge und
i.em ausdauernden Bingelkraut wird die Milch blau.

Sehr viel kommt auch auf die Behandlung der Thiere
n. Eine Kuh, welche zum Ziehen gebraucht oder gar miss-

handelt wurde, namentlich kurz vor der Melkzeit, gibt keine gute Milch.

Wenn das Milchthier in Form von Arzneien Mineralgifte (Arsenik, Quecksilber) bekommen, wenn im Futter Giftpflanzen enthalten waren, wenn es endlich von gewissen Krankheiten (Milzbrand, Klauen- und Mundfäule etc.) befallen wurde, dann gibt es gefährliche Milch.

Der Genuss der rohen Milch von Kühen, welche an der Maul- und Klauenseuche leiden, kann eine fieberhafte Krankheit zur Folge haben, welche mit Anschwellung der Mandeln und Submaxillardrüsen, namentlich aber mit einem Bläschenausschlag auf den Lippen und der Zunge verbunden ist.

Wie der Genuss des gründlich gekochten oder gebratenen Fleisches von Kühen, welche an Maul- und Klauenseuche erkrankt sind, ohne Nachtheil geschehen kann, so verhält es sich auch mit der gekochten Milch solcher Thiere.

Dass die Milch von einer Kuh, welche eben gekalbt hat, die s. g. „Priestermilch“, ungeniessbar sei, wird von unsern Bauern, welche diese Milch mit grossem Behagen und ohne Nachtheil geniessen, praktisch widerlegt.

Eine hochträchtige Kuh gibt geringe und zuletzt gar keine Milch mehr.

Die gewöhnlichsten Verfälschungen der Milch sind Zusätze von Mehl und Wasser. Hat so ein Spitzbube zu etwa 3 Liter Milch noch einen Liter Wasser gegossen und merkt er nun, dass die Milch nun doch etwas zu dünn aussieht, so rührt er noch einige Löffel voll Mehl darein. Seltenere Milch-Verfälschungen sind Mandel- und Hanfsaamen-Emulsionen.

Man kann mit allem Rechte das Küchenpersonal beschuldigen, dass es sich um die Aufbewahrung der Milch zu wenig bekümmert und gar zu viel Gleichmuth behält, wenn die Herrschaft beim Frühstück über die Milch loszieht. Im Sommer ist die Aufbewahrung der Milch besonders schwierig. Am schlimmsten ist die Gewitterluft; diese hat schon oft einen ganzen Kasten voll Milch in kurzer Zeit verdorben. Der beste Ort zur Aufbewahrung der Milch ist ein trockener, kühler Keller von 8—10° R. Wo man keinen Keller zur Verfügung hat, stelle man wenigstens das Milchgefäss in frisches Wasser. Auf den Bauernhöfen des Schwarzwaldes, wo man anerkanntermassen ebenso vorzügliche Milch findet wie auf den Alpen, sind die Milchbehälter über den Brunnentrögen angebracht. Man merke sich wohl, dass es besonders der Einfluss der Luft ist, welcher die Zersetzung der Milch verursacht, lasse demnach die Milch immer nur in einem gut schliessenden Gefässe holen und aufbewahren. Die Milchgefässe dürfen nicht aus Metallen bestehen, welche oxydirbar sind und giftige Salze an die Milch abgeben können: Kupfer, Zink etc. Die besten Milchgefässe sind aus Porcellan, Steingut oder Glas.

Man sucht die Milch auch durch Abkochen haltbarer zu machen. Gekochte Milch ist aber nicht so gut wie ungekochte; durch den Verlust der Kohlensäure hat sie an Wohlgeschmack eingebüsst und ist schwerer zu verdauen; auch scheidet sich Eiweiss aus, so dass die Milch an Nährwerth verliert. Desshalb darf die Milch, welche wir am Morgen zum Kaffee nehmen, nicht gekocht werden; desshalb ist zu Heilzwecken, worüber wir sogleich zu sprechen kommen werden, nur frische Milch zu verwenden u. s. f.

Die gleichen Mittel, welche man zur Verbesserung eines sauer gewordenen Bieres verwendet, müssen oft auch zur Auffrischung von sauer gewordener Milch dienen: Soda, Potasche, Kalk etc. Solche Milch hat die nämliche schädliche Wirkung auf den Magen und Darmcanal, wie ein renovirtes Bier; sie bewirkt Magen- und Darmcatarrh.

Die condensirte Milch aus Cham ist für jene Fälle und für jene Gegenden, wo man keine gute frische Milch bekommen kann, ein sehr schätzbares Ersatzmittel; sie repräsentirt nach Liebig eine reine Kuhmilch mit etwas grösserem Zuckergehalt.

Milchcuren

werden bei verschiedenen langwierigen Krankheiten der Lunge und des Magens gemacht. Von den Lungenkrankheiten ist es namentlich die Lungenschwindsucht, bei welcher unter Anderem immer auch noch eine Milchcur versucht wird; von den Magenkrankheiten ist vorab das perforirende Geschwür zu nennen. Es hat aber auch beim Magenkrampf und selbst beim Magenkrebs die Milchdiät schon oft so gut gethan, dass es der Mühe werth wäre, bei jeder langwierigen Magenkrankheit einmal einen Versuch damit zu machen.

Für die Milchcuren bei Magenleiden gelten ungemein viel Regeln, wenn man damit etwas Rechtes erzielen will. Es würde zu weit führen, wenn wir Alldies hier aufzählen wollten; wir verweisen desshalb auf den „Tisch für Magenkranke" 2. Aufl. Seite 7. Ueber die Milch als Kindernahrung ist ebenfalls Manches zu bemerken. Siehe hierwegen den 17. Speisezettel im III. Theile dieses Buches.

2*

Molken.

Im Allgemeinen sind die Molken, welche in den Curanstalten (im Grossen) fabricirt werden, besser als die hausgemachten. Wer also eine Molkencur machen will, gehe in eine solche Anstalt; was die Molken allenfalls nicht nützen, bewirkt der Aufenthalt an einem günstig gelegenen Curorte und die exactere Lebensweise.

Oft kann aber der Kranke nicht fort und ist genöthigt, sich die Molken zu Hause bereiten zu lassen. Für diesen Fall sei folgende Aufklärung über die Molkenfabrikation gegeben:

Das Präparat zur Bereitung der süssen Molken ist in jeder Apotheke zu haben, es heisst Laabessenz. Man rechnet auf einen halben Liter Milch einen Theelöffel voll. Die Laabessenz scheidet den Käsestoff vom Serum ab. Man verwende nur frische Milch, wo also noch keine Gährung des Milchzuckers zu Milchsäure stattgefunden hat. Der ausgefällte Käsestoff hat dann auch noch den Rahm beigemengt (Rahmkäsefabrikation). — Die Milch wird mit dem genannten Zusatze langsam erwärmt, aber nicht mehr als auf 30^0 R. Dann lässt man sie eine halbe Stunde lang stehen und schüttet hierauf die Molken von dem Niederschlag (Käse) ab. — Je klarer die Molken sind, desto besser werden sie ertragen. Das sind sie aber selten! Meistens ist der Käsestoff und auch die Butter nicht gründlich entfernt; daher das unansehnlich trübe Aussehen der Molken.

Ausser den süssen Molken sind noch folgende Abarten im Gebrauche:

Saure Molken werden aus abgerahmter Milch mit Weinstein bereitet. (Ausserdem erhält man saure Molken als Nebenprodukt bei der Handkäsebereitung, wovon im 17. Capitel die Rede sein wird. Es ist die Flüssigkeit, welche nach Gerinnung der Milch und nach Auspressen des Käses zurückbleibt).

Die Alaunmolken, mit Alaun bereitet, sollen an die Reihe kommen, wenn Diarrhoe vorhanden; die Tamarindenmolken, mit rohem Tamarindenmuss zubereitet, treten ein, wenn das Gegentheil der Fall ist. Verursachen die Molken überhaupt Leibweh, so wird irgend ein aromatisches Wasser (Fenchel-, Pfeffermünz-Wasser) zugesetzt. Helf', was helfen mag!

Die sog. künstliche Molke ist ein Gemisch von Wasser, Milchzucker, Salz, Essig und Kreuzdornsyrup. Da deren Erfinder nicht bekannt ist, kann er nicht gesteinigt werden.

Was nun die Heilkraft der Molken anbelangt, so ist Folgendes zu bemerken: Bei näherer Untersuchung ergibt sich, dass den Molken gerade die wichtigsten Bestandtheile der Milch abgehen, sie enthalten nichts mehr als den Milchzucker und die Salze der Milch. Da der Milchzucker einst für ein Hauptheilmittel bei Lungen- und Magenkatarrhen galt, so verschrieb man derartigen Kranken die Molkencur. Nun haben aber in neuester Zeit viele unbefangene Beobachter darauf aufmerksam gemacht, dass man es oft nicht erwarten könne, bis der Hustenreiz gemildert, die vermehrte Schleimsecretion in den Luftwegen oder auf der Magenschleimhaut reducirt, kurzum irgend ein Symptom der Lungen- oder Magenleiden beseitigt sei. Die Molken haben ferner gar keinen Einfluss auf die Harnausscheidung, und wenn jemals eine Vermehrung eingetreten ist, so war lediglich die übergrosse Menge Flüssigkeit, welche in der Form von Molken verschluckt wurde, daran Schuld. Auch die etwa vorgekommene Vermehrung der Hautausdünstung (Schweiss) hatte die gleiche Ursache. Dem Einen machen die Molken Verstopfung, dem Andern dagegen Diarrhoe. Das Letztere wird wohl hauptsächlich dann der Fall sein, wenn der Kranke einen sehr empfindlichen Magen und Darmkanal besitzt oder wenn unmässige Mengen getrunken werden. Jedenfalls ist eine Diarrhoe für jene Sorte von Kranken, welche man in die Molkenanstalt zu schicken pflegt, mindestens eine sehr überflüssige Errungenschaft; die meisten haben keine vermehrte Ausgabe nöthig und sinken bei aller scheinbaren „Erleichterung auf der Brust" rasch zusammen. Trotzdem gibt es solche Kranke genug, welche sich in ihrer Einfalt darüber freuen, wenn die Molken recht „wirken" und andere, welche darob in Verzweiflung gerathen, wenn sie „verstopfen". In vielen Molkenanstalten werden solch' alberne Ansichten gepflegt und — ausgebeutet. Wenn bei Alldem hie und da doch eine gute Cur in einer Molkenanstalt gemacht wird, so ist dies nach dem Gesagten wohl mehr dem Aufenthalt in gesunder, reiner Luft und der strenger eingehaltenen Lebensweise zuzuschreiben als den Molken.

Mit Fug und Recht wenden sich daher in neuerer Zeit viele Kranken, die man in Molkenanstalten schickt, einem andern Mittel zu — der Milch, namentlich der Ziegenmilch. Wir haben zur Genüge angegeben, dass die Milch als ein kräftiges und doch mildes Nahrungsmittel viel Gutes zu stiften vermag und können desshalb diesen Umschwung nur loben. Wenn man bedenkt, welche vortreffliche Milch in den Molkenanstalten zu haben ist, so kann man nicht bezweifeln, dass die Zukunft derselben glänzender sein wird, wenn sie den alten Schild einziehen und unter dem Titel: „Milchcuranstalt" weiter fortwirthschaften.

Kumys.

Schwacher Kumys: Abgerahmte, mit Sauerteig versetzte Stutenmilch wird etwa 12 St. bis zur Gerinnung des Caseins hingestellt und wiederholt umgerührt.

Krut: Der säuerliche Niederschlag im Kumys.

Starker Kumys erfordert eine fortschreitende Veränderung der Milchbestandtheile bis zur Alkoholgährung, die etwa binnen 10—12 Tagen erfolgt und durch Zusatz von Rosinen, Honig und Gewürzen befördert wird.

Der schwache Kumys scheint der Sauermilch, der Krut der Buttermilch zu entsprechen, während der starke Kumys mit moussirenden Weinen verglichen wird („donischer Champagner").

Der Kumys ist nicht nur in Russland das Modemittel, sondern auch bereits in Deutschland vielfach im Gebrauche bei verschiedenen Krankheiten der Athmungsorgane, bei fehlerhaften Blut- und Säftemischungen, sowie bei verschiedenen Magenleiden.

2. Capitel.

Suppen.

Das wichtige Capitel von den Suppen hat den Verfasser oft fuchsteufelswild gemacht. In allen Kochbüchern steht es ganz am Eingang, wahrscheinlich weil die Mahlzeiten meistens mit den Suppen beginnen. Will man an der alten Regel festhalten, so stösst man auf Schwierigkeiten. In die Suppen kommen alle möglichen Stoffe aus allen Reichen der Natur. Diese Stoffe sollten also zuerst beschrieben sein, bevor es an die Suppen geht; sonst bekommt man keine richtige Vorstellung von dem Werthe der Suppen.

Die Voransetzung der Milch hat höchst wahrscheinlich schon sehr alarmirt; was würde der Verfasser erst für einen Rumor verursachen, wenn er auch noch die Suppen zuletzt brächte? Nach mehreren schlaflosen Nächten hat er sich nun dazu entschlossen, den alten Gang zu gehen. Um aber doch die Beschreibung der einzelnen Suppen möglichst vollständig zu machen, sah er sich genöthigt, auffallend oft auf die anderen Capitel zu verweisen, bekanntlich kein Kennzeichen eines gutgeordneten Buches. Diese offene, tief gerührte Darlegung des

Sachverhaltes wird, so Gott will, die Aussöhnung der Gemüther herbeiführen!

Eine gute Suppe hat alle möglichen Vorzüge:

sie ist sehr nahrhaft, weil die kräftigsten Nährstoffe dazu ausgezogen werden;

sie ist sehr leicht verdaulich, weil Alles dazu gründlich zerstossen, verkocht und in die flüssige Form gebracht wird;

sie ist sehr schmackhaft, weil alle Feinheiten der Natur dazu genommen werden können.

Leider verdienen aber lange nicht alle Suppen dieses Lob; die Kochbücher, der Eigensinn der Köchinnen und die Fehler an den Suppenstoffen verderben Vieles. So haben namentlich die sog. Krankensuppen den schönen Namen sehr oft mit Unrecht; entweder sind sie kraft- und saftlose Brühen oder sie enthalten irgend ein gewürzartiges Küchenkraut (Petersilie, Kerbelkraut, Sellerie etc.), welchem der Aberglaube das Prädicat „blutreinigend" beizulegen pflegt, in verschwenderischer Menge. Eine Classe von Suppen hat den Namen „Kraftbrühe", obgleich dazu weniger eine kräftig nährende Brühe als vielmehr eine solche Unmasse scharfer Gewürze (in der Regel auch eine Geflügelfarce) verwendet wird, dass der Name Reizbrühe richtiger wäre.

Nachdem wir uns nun durch diese einleitenden Bemerkungen gestärkt haben, wollen wir an die Herkulesarbeit gehen; wir wollen einen Versuch machen, die zahlreichen Arten von Suppen nach ihrem Nährwerthe zu classificiren, eine Arbeit, an welche sich bis jetzt noch kein Kochbuchmacher gewagt hat. Der Verfasser macht sich keine Illusion; er weiss wohl, dass ihm eine Mischung von Anerkennung und Spott, von Bewunderung und Geringschätzung zu Theil werden wird, allein es muss sein, es geschieht ihm recht, warum hat er nicht — nach dem Abc classificirt? Das wäre unverfänglicher und bequemer gewesen!

In der gewöhnlichen Suppensprache bedient man sich der Namen: Bouillon (einfache Fleischbrühe), Consommé (Kraftbrühe, doppelte Fleischbrühe), Potage (zusammengesetzte Suppe), und Jeder versteht unter diesen Namen — was er mag. Es dürfte desshalb vor Allem verdienstlich sein, bessere Bezeichnungen zu wählen.

An jeder Suppe kann man eine Grundlage und eine Einlage unterscheiden. Wir wollen dies an einem Beispiele erörtern: Nehmen wir dazu die als Krankenspeise mit Recht beliebte Kalbsbriesle-Suppe. An dieser Suppe ist eine kräftige, ziemlich entfettete Fleischbrühe die Grundlage, während das vorher grob zerhackte und mit der Fleischbrühe gekochte Kalbsbriesle als Einlage figurirt.

Nach den Grundlagen sollen nun die Gattungen der Suppen, nach den Einlagen die Arten benannt werden.

Nach den Grundlagen eingetheilt, gibt es folgende Gattungen von Suppen:

I. Fleischbrühsuppen;
II. Milchsuppen; ·
III. Wassersuppen;
IV. Wein- und Biersuppen.

I. Fleischbrühsuppen.

Bevor wir an die Beschreibung der einzelnen in diese Gattung gehörenden Suppen gehen, müssen wir die Grundlage derselben, die Fleischbrühe, einer eingehenden Betrachtung unterziehen. Nach den Methoden, welche die Küche für ihre Bereitung hat, kann man folgende Arten unterscheiden:

a) **Warm bereitete Fleischbrühe.** Um Wiederholungen zu vermeiden, wird auf das 4. Capitel verwiesen, wo die Bereitung einer kräftigen Fleischbrühe und eines saftigen Rindfleisches unter Einem gelehrt ist.

Anstatt jedesmal eine frische Fleischbrühe zu kochen, hält man — namentlich in grösseren Häusern, Wirthschaften, Anstalten u. dgl. — das Material dazu vorräthig in der Form von Bouillontafeln. Wir geben hier ein hinreichend erprobtes Recept zu deren Bereitung:

R. 7 Kilo saftiges, nicht fettes Rindfleisch;
4 Kilo Kalbfleisch;
einige alte Hühner;
1 Kilo mageren Schinken;
Salz (nur nicht zu viel);
einige Zwiebeln;
etwas Sellerie;
einige gelbe Rüben;
hinreichend Wasser — 6 Stunden lang kochen — gut abschäumen. Giesse die Brühe durch ein Haarsieb und lasse sie dann in einem irdenen Topf erkalten. Nimm alles Fett ab und lasse wieder so lange kochen, bis die Flüssigkeit einem aufgeweichten Leim ähnlich ist. Hernach bringe sie in Formen und lasse sie in einem frischen Luftzug erkalten.

Will man eine Bouillon haben, so wird einfach eine solche Tafel in der nöthigen Menge kochenden Wassers aufgelöst.

Die Bouillontafeln des Handels stehen diesen selbstgemachten in vielen Beziehungen nach. Abgesehen davon, dass letztere überhaupt appetitlicher sind als die Fabrikwaare, zeich-

nen sie sich auch durch grösseren Nährwerth und Wohlgeschmack aus. Zu den Fabrik-Bouillontafeln sucht man in der
Regel die billigsten leimgebenden Substanzen zusammen; bei
den nach obigem Recept bereiteten ist an nichts Gutem gespart.

b) **Kalt bereitete Fleischbrühe (Liebig)** hat für die
Krankenküche eine besondere Bedeutung, weil sie nahrhafter
und jedenfalls leichter zu verdauen ist, als die vorgenannte.

R. 200 Grm. frisch geschlachtetes Fleisch (Ochsen- oder auch
Hühnerfleisch wird fein verwiegt, hernach übergossen mit
¼ Liter destillirten Wassers;
dazu Kochsalz (nur nicht zu viel);
reine Salzsäure — 3 Tropfen.

Lasse Alles eine Stunde lang stehen, seihe dann durch ein
Haarsieb (ohne Druck) ab, schütte nachher noch ⅛ Liter
destillirtes Wasser auf den Rückstand nach. Die Flüssigkeit muss
k l a r sein, von röthlicher Farbe und angenehmem Fleischgeschmack.
Sie darf nicht erwärmt werden, weil sonst das Eiweiss ausfällt
unter Trübung der Flüssigkeit. —

Diese kalt bereitete Fleischbrühe geht namentlich im Sommer bald in Gährung über; sie muss desshalb an einem kühlen
Ort aufbewahrt und für jeden Tag frisch bereitet werden. —
Für eine Mahlzeit genügt eine Tasse. — Ist eine leicht verdauliche, kräftige Nahrung, ganz geeignet für Reconvalescenten aller Art, insbesondere auch für Kranke mit Magen-
geschwüren und Magenkrebs sehr zu empfehlen.

Anfänglich habe ich die Sache streng nach Liebig's Vorschrift gemacht; mit der Zeit wurde mir der M e t a l l s e i h e r zuwider und überhaupt
das ganze S e i h e r g e s c h ä f t. Da fand ich in einer Geschirrhandlung einen
Apparat aus Gesundheitsgeschirr, der die Sache viel bequemer machte. Im
Wesentlichen ist es eine Art Kaffeemaschine, bestehend aus 2 Gefässen; der
Boden des obern ist der Seiher. Nachdem in einem beliebigen andern Gefässe der Ansatz eine Stunde lang gestanden, wird derselbe einfach in
diesen Apparat geschüttet; in kurzer Zeit hat sich in den untern Theil die
klare Brühe abgesetzt.

Bis jetzt war nur von den Grundlagen der Fleischbrühsuppen die Rede. Für diese Suppen eignet sich eine
ganze Menge von Einlagen sowohl aus dem Thier- als auch
aus dem Pflanzenreiche. Die Fleischbrühsuppen mit Einlagen
aus dem Thierreiche gehören zu dem Besten, was die Küche
zu liefern vermag.

A. Suppen mit Einlagen aus dem Thierreiche.

Fleischhäckselsuppen. In der alltäglichen Küchensprache
sind diese Suppen unter dem Namen: Purée-Suppen bekannt,

obgleich Purée auf deutsch nichts Anderes heisst als „durchgeschlagenes Gemüse." Die Einlage bildet das zerhackte (zerstossene, verwiegte) vorher leicht gebratene Fleisch verschiedener Vögel (Hühner, Jäcken, Raben, Krametsvögel, Lerchen) und manches Wildpret. Bekanntlich werden alle diese Fleischsorten auch zu (feineren) Suppenbrühen verkocht.

Die berühmteste Suppe der Art ist die Soupe à la reine, zu welcher jedes neuere Kochbuch ein Recept hat. Diese delicate Suppe kann jedoch nicht wohl als Krankenspeise dienen; der übliche Zusatz von süssen Mandeln und hartgekochten Eiern, von meist überwürzten Klöschen oder aus dem Schmalz gebackenen Brodkrumen machen sie schwer verdaulich. Würde man die Sache vereinfachen, alles soeben Genannte weglassen, mit Ausnahme der Hühnerklöschen, welche aber nur mässig gewürzt sein dürfen, so würde man immer noch eine sehr gute Suppe erhalten, eine Suppe, die zu den ersten Speisen für den Reconvalescententisch gerechnet werden könnte.

Die Wildprethäckselsuppen sind, weil mager, besonders zuträglich. Ein junger Hase liefert das Feinste. Die übliche Zugabe von Schinkenschnittchen ist für den diätetischen Tisch ungeeignet.

Schildkrötensuppe. Nachdem der lebendigen Schildkröte Kopf und Füsse abgeschnitten und die Eingeweide herausgenommen sind, pflegt man sie in laues Wasser zu legen, um das Blut auszuziehen. Hierdurch verliert diese Suppe bedeutend an Nährwerth. Handelt man dagegen nach den Grundsätzen, welche im Capitel 4, wo von der Bereitung einer kräftigen Fleischbrühe die Rede war, näher angegeben und begründet sind, so erhält man eine viel nahrhaftere und dennoch wohlschmekende Schildkrötensuppe. Leider ist diese feine Suppe hauptsächlich nur in den Seestädten und hie und da in einer Hofküche zu finden.

Falsche Schildkrötensuppe (Mockturtlesuppe) enthält keine Spur von einer Schildkröte; ihr Name ist desshalb ebenso unsinnig wie noch viele andere Küchenausdrücke. Trotzdem geht er einmal und die Suppe ist berühmter als die wirkliche Schildkrötensuppe. Als Einlage benützt man — einen Kalbskopf und eine solche Menge von Würzen, namentlich Cayennepfeffer, dass von einer Empfehlung dieser Speise für Kranke keine Rede sein kann. Ein sonst ganz gesunder Mensch, der zufällig einmal im Besitze eines Katzenjammers ist, wird dagegen von dieser Suppe rasch und auf die angenehmste Weise wieder in den normalen Zustand versetzt werden.

Froschschenkelsuppe ist eine der besten Speisen für Magenkranke, sehr leicht verdaulich, sehr nahrhaft und von recht feinem Geschmack. Man hat aber wohl zu beachten, dass die Froschschenkel gut gedämpft werden.

Fischsuppen sind als eine ungeeignete Speise zu bezeichnen. Auf jede andere Weise lassen sich die Fische besser verwenden als in Suppen! Wer aber durchaus eine Suppe mit einem Fischgeschmack haben will, der opfere wenigstens nur geringere Fische; diese leisten hier die gleichen Dienste. Wie alle aussergewöhnlichen Suppen werden auch diese in der Regel überwürzt. Weil der Nährwerth nicht besonders gross ist, mag diese Gattung von Suppen allenfalls für vollsaftige Feinschmecker mit rothen Köpfen und Hämorrhoidalknoten angerichtet werden.

Krebssuppe. Die verschiedenen Anweisungen zur Bereitung dieser sehr beliebten Suppe laufen in zwei Richtungen aus: Nach der einen werden die gesottenen und zerstossenen Krebse ohne Weiteres der Suppe eingelegt; nach den andern Vorschriften macht man Krebsklöschen. Die erste Methode ist appetitlicher und lässt jedenfalls den feinen arthaften Geschmack der Krebse besser zu Tage treten als wenn sie in einer Teigmasse eingehüllt sind. Der Verfasser — ein grosser Freund dieser Suppe — kocht sie nach keinem Kochbuch, sondern ganz nach denselben Regeln wie er die Hühnersuppe kocht. Die Krebse werden vorher sorgfältig ausgenommen. Dieses Geschäft lässt sich ebenso leicht an Krebsen ausführen, welche in heissem Wasser rasch getödtet wurden als an lebenden. Man soll nie mehr als ein Dutzend Krebse, auf einmal in's kochende Wasser werfen, da eine grössere Zahl das Wasser abzukühlen und damit den Martertod der Thiere zu verlängern vermag

   Quäle nie ein Thier aus Bosheit oder Scherz;
   Denn es fühlt wie Du die — Qual!

Die Krebssuppen stehen nicht im besten Ruf in Betreff ihres Einflusses auf die Gesundheit. Soviel ist sicher, dass Viele davon Nesselsucht bekommen. Die Nesselsucht ist weitaus in den meisten Fällen Symptom eines verdorbenen Magens; es mag somit an der gangbaren Ansicht, dass die Krebssuppen einen guten Magen erfordern, etwas Wahres sein. Lies auch im 13. Capitel nach!

Austernsuppe fällt in der Regel etwas mager aus, da man auf die Person gewöhnlich nicht mehr als 3 Stück nimmt; es möchte das Doppelte leiden. Bald werden die Austern ohne Weiteres in Fleischbrühe gekocht, bald vorher mit Butter, Zwiebeln und Petersielen gedämpft. Die erstere Methode ist mehr zu empfehlen. da so die Austern leichter zu verdauen sind.

Ueber den Nährwerth der Austern lies im 13. Capitel. Soviel ist sicher, dass sie in keiner Form so zuträglich sind

wie roh und frisch. Gekochte Austern, also auch die Austern-
suppen, haben die Schattenseiten vom geronnenen Eiweiss.

Kalbsbriesle-Suppe. Die Kalbsmilch ist wegen ihres hohen
Nährwerths und wegen ihrer zarten Structur wohl eine der
besten Suppeneinlagen, welche man für Reconvalescentensuppen
wählen kann. Entweder wird das Briesle vorher weich gedämpft, dann fein zerhackt und durch ein Sieb getrieben, der
Fleichbrühe eingelegt, oder es wird das ungekochte Briesle
in grössere Stücke zerschnitten und in der Fleischbrühe selbst
gekocht. Bei einem so zarten Gebilde mag man Jedem die
Wahl lassen, wie er diese Suppe bereiten lässt. Die erstere
ist vielleicht etwas leichter zu verdauen, die letztere dagegen
appetitlicher.

Lebersuppe gehört zu den fetten Speisen. Sie ist dann
leichter zu verdauen, wenn die gekochte Leber in einem Mörser
zerstossen und endlich durch ein Haarsieb getrieben wurde.
Gebräuchlicher, aber lange nicht so zuträglich sind die Suppen
mit einer Einlage von Leberklösschen, wovon später die
Rede sein wird — bei den Einlagen aus der Familie der
Cerealien. Wohl zu beachten ist, dass die Leber als sehr
fettreiches Gebilde nur eine ganz spärliche anderweite Anfettung der Suppe erheischt.

Hirnsuppen kommen mit Unrecht so oft auf den Krankentisch. Es hat das Hirn zwar ein sehr zartes Gefüge, aber so
viel Fett, dass namentlich Magenkranke schlecht damit fahren.

Wer Lunge, Herz und Milz als Suppen-Einlage verwerthet ist — ein Koch für Wilde. Zur Brühe verkocht geht
es eher noch an.

Die Nieren lassen sich auf jede andere Art besser verwerthen als in den Suppen.

Eiersuppen sind mit Recht am gebräuchlichsten. Häufiger
verwendet man nur das Eigelb als das ganze Ei. Die meisten
Eiersuppen, welche nach den Vorschriften der Kochbücher
bereitet sind, gehören zu den schwerverdaulichen Speisen, weil
sie das Eiweiss im hartgesottenen Zustande enthalten. Es gibt
viele Köchinnen, welche überhaupt nicht denken und noch
viel mehr, welche nie an den wichtigsten Satz der Küchen-
chemie denken: dass nämlich das Eiweiss bei 60^0 R. gerinnt
und dass geronnenes Eiweiss schwer verdaulich ist. Desshalb
wird bis ans Ende der Welt die allbekannte Einlaufsuppe
fabricirt werden, obgleich man in derselben die schwerverdaulichen Eiweissflöckchen ohne Vergrösserungsglas sehen kann.

Es wären harte Eier noch eher als Suppeneinlage zu
empfehlen, wenn es überhaupt gebräuchlich wäre die Eiersuppen
sauer zu machen; bei Gegenwart von Säuren ist nämlich das
Eiweiss etwas leichter zu lösen.

Auf das Vorgetragene gestützt, rathen wir also an, die Eier immer erst dann zu den Suppen zu rühren, wenn diese bereits fertig, vom Feuer genommen sind. Am sichersten geht Derjenige, welcher in die fertige Suppe ganze (rohe) Eier gibt, ein Stück auf die Portion.

Vor der Karpfeneier- (Karpfenrogen- vulgo Beuschel-) Suppe sind die Feinschmecker mit schwachen Mägen besonders zu warnen. Diese sonst sehr gut schmeckende Suppe ist ausserordentlich schwer zu verdauen und hat schon oft die grössten Stürme im Magen hervorgerufen. Der Verfasser ist auch schon auf den Leim gegangen.

B. Suppen mit Einlagen aus dem Pflanzenreiche.

Die grössere Gattung dieser Einlagen sind stärkmehlreiche Cerealien; die kleinere Gattung umfasst die s. g. Suppenkräuter. Bevor wir diese Suppeneinlagen einzeln besprechen, müssen wir auf gewisse Vorgänge im Magen hinweisen, welche für die Wahl dieser Suppenstoffe von höchster Bedeutung sind.

Bekannt ist das Sodbrennen; es entsteht dann, wenn im Magen zu viel Säure vorhanden ist. Dass zu dieser Zeit Nahrungsmittel, welche das Zeug zur Säurebildung enthalten, zu meiden sind, versteht sich von selbst; zu dieser Zeit wären die aus stärkmehlreichen Cerealien bestehenden Suppeneinlagen schädlich, da Stärkmehl bekanntlich in Säure umgewandelt werden kann. Wenn das auch nicht so schnell geht, so ist es doch durch die Erfahrung am Krankenbette hinreichend bewiesen. Da passen die Einlagen aus dem Thierreiche besser; Suppen mit Fleischhäcksel, Froschschenkel, Kalbsbriesle u. dgl. bekommen ausgezeichnet, vorausgesetzt, dass sie nicht fett sind, denn Fett ist selber wieder ein Säurefabrikant.

Umgekehrt kommt im Magen auch ein Zustand vor, wo Alles, was Fleisch heisst, schlecht verdaut wird und Rumor macht. Das unverdaute geht allerlei Zersetzungen ein, von denen ein Theil (die übelriechenden Gase) unter Aufstossen nach oben entleert werden. Wer jemals vis à vis von einem solchen Kranken zu sitzen kam, wird besagte Erscheinung betätigen! Für solche Fälle passen nun die Suppeneinlagen aus dem Reiche der Cerealien ausgezeichnet. Die wichtigsten Suppen der Art sind:

Mehl-Suppe, auch eingebrannte Mehlsuppe, schlechtweg Brennsuppe genannt, hat als Haupteinlage geröstetes Mehl. In der Regel nimmt man auch noch gebähte Brodschnitten dazu und würzt mit Salz und Kümmel.

Diese Suppe macht leicht Sodbrennen, somit ist ihr Name

in zweifacher Beziehung richtig. Sonst wird diese Suppe häufig als Mittel gegen Diarrhoe gegeben.

Wir haben hier natürlich nur jene Brennsuppe gemeint, welche Fleichbrühe zur Grundlage hat. Es gibt auch eine Art, zu welcher blos Wasser genommen wird; armer Leute Kost! Sehr oft säuert man die kraftlose Brühe auch noch mit Essig an, wo dann die Uebersäurung des Magens noch bälder eintritt.

Griessuppe sieht etwas appetitlicher aus als die kleisterartige Suppe von gewöhnlichem Mehl; sonst theilt sie alle Eigenschaften mit derselben.

Hafergrütze-Suppe, hierlands mehr bekannt unter dem Namen „Hafermuss“, ist eine Nahrung für — Drescher, nicht für Knabenseminarien!

Gerstensuppe. Suche feine Kochgerste aus und koche sie gründlich. Gerste, welche zu einem Schleim für Kranke dienen soll, muss schon Abends vorher in Wasser eingeweicht werden. (Das Gleiche mag auch beim Reis und den Graupen geschehen). Wenn der Gerstenschleim auch noch so gründlich gekocht wurde, so ist doch der Zellstoff nicht weich geworden und kann Magen und Darm belästigen. Desshalb muss der Gerstenschleim durch ein Sieb getrieben werden. Damit der Gerstenschleim als Nahrungsmittel auch einige Bedeutung bekommt, muss die dazu verwendete Fleischbrühe kräftig, unter Umständen noch mit Fleischextract versetzt sein (Bohnengross auf einen Teller voll). Mit Vorliebe verkocht man dazu ein altes Huhn. Angenehm ist auch der Zusatz von einem Esslöffel voll Bratenjus.

In manchen Küchen wird der Gerstenschleim mit verschiedenem Gewürz zubereitet: Sellerie, gelbe Rüben, Petersilie, Porriwurzeln und sogar Laucharten. Dass dies bei einer Krankenspeise nicht geht, ist ohne Weiteres klar.

Wir haben nun gesehen, dass es bei dem Gerstenschleim ziemlich viele Häckchen hat. Für die Gerste spricht höchstens der Umstand, dass sie billig ist und nicht verfälscht wird. Sonst wäre der Reis-, Sago-, Tapioca-Schleim unbedingt vorzuziehen.

Ueber den Gebrauch des Gerstenschleims als Krankenspeise ist zu bemerken:

In allen Reizzuständen des Magens und Darmcanals, bei Diarrhoeen aller Art gilt der Gerstenschleim allgemein als die rechte Diät und nützt vielleicht mehr als Oelmixturen mit Opium. Dagegen wird der Gerstenschleim oft gedankenlos fortgegeben, auch wenn die Diarrhoe dadurch keine Abnahme erfährt. Wo der Gerstenschleim zu helfen vermag, hilft er bald; im anderen Fall macht er durch Säurebildung den Schaden noch grösser. Der Gerstenschleim soll höchstens 3 Tage lang versucht werden; zeigt sich keine Besserung; dann ist damit auszusetzen. Nicht selten mahnt ein bald eintretender Degoût des Kranken hiezu. Da eignet sich zur Abwechslung ein gerbstoffreicher Rothwein mit mageren Braten (Hühner, Tauben, ohne Sauce und in Spitalportionen). Vielleicht kehrt dann der Appetit nach Gerstenschleim wieder; ein Zeichen dafür, dass er auch wieder passt.

Der Gerstenschleim wird ferner auch als Hausmittel bei Katarrhen der Athmungswege gebraucht. Doch gilt in diesen Fällen und zwar mit Recht die Malzabkochung mehr. Man weiss ja zu welchen Titeln und Schätzen es viele Malzextractfabrikanten gebracht haben. Ueber das Bier, das sich als Hausmittel auch hier anreiht, handelt das 32. Capitel.

Suppe von grünen Körnern. Dies ist eine der schmackhaftesten und gesündesten Suppen der ganzen Classe, wenn sie nur aus grünen Körnern, nicht mit einem Zusatz von Mehl zubereitet wurde. Gründliches Kochen ist vor Allem nöthig. Wenn die Körner recht weich sind, müssen sie durchgetrieben werden. Näheres über die grünen Körner steht im 21. Cap.

Reisschleim. Suche schön weissen Carolina-Reis prima (21. Cap.). Weit leichter als der Gerstenschleim kocht sich der Reisschleim. Trotzdem ist es angezeigt, den Reis vor dem Kochen mindestens 12 Stunden im Wasser einzuweichen. Wenn man, wie dies nur zu häufig geschieht, den Reis kaum eine Stunde vor dem Anrichten in die Fleichbrühe schüttet, dann bekommt man erstens keinen kräftigen Schleim und zweitens sind die Körner noch so hart, dass sie schwer im Magen liegen.

Die Reissuppe mit einem alten Huhn ist eine sehr wohlschmeckende und zugleich sehr nahrhafte Speise, die häufig und mit Recht auf den Krankentisch kommt. Ausser einer Selleriewurzel, einer jungen gelben Rübe und dem nöthigen Salz sollten keine Gewürze dazu genommen werden. Eine Hauptsache ist, dass Huhn und Reis recht weich gekocht werden. Auch ist sie mit heller Fleichbrühe zu verdünnen; ohnedem wäre sie unappetitlich dick und schwer zu verdauen.

Die s. g. italienische Reissuppe zeichnet sich durch nichts Anderes als durch den unzweckmässigen Zusatz von Parmesankäse aus.

Sago-Suppe. Man suche vor allem ächten Perlsago zu bekommen — hüte sich, mit Kartoffelsago angeschmiert zu werden (siehe 21. Capitel).

Die gewöhnlichen Sagosuppen, wie man sie in den Gasthöfen bekommt, sind meistens Kartoffelsago.

Bereitungsart die der vorigen Suppe.

Tapioca-Suppe. Näheres über die Tapioca steht im 21. Capitel.

Man verschaffe sich vor Allem gute Waare.

Ist die Tapioca gekocht, so wird sie durch ein Sieb getrieben und die nicht aufgelösten, mehr minder grossen Bröckelchen geradezu weggeschüttet, Nur von jener Sorte Tapioca, welche von Frankreich in gelben Päckchen in den Handel kommt, wird Alles aufgetragen.

In der Regel wird die Tapioca, wie die mit ihr verwandten Suppen von Sago oder Reis zu dick eingekocht. Der Verfasser kann beschwören, dass er auswärts kaum einmal eine gute Tapioca-Suppe angetroffen hat. So delicat diese Suppe schmeckt und so gut sie bekommt, wenn sie eine dünnflüssige Syrupconsistenz hat, ebenso widerlich, ja ekelerregend ist sie als — Kleister. Je dicker diese Suppe, desto sicherer verursacht sie Verschleimung des Magens und Sodbrennen.

Leguminosenbrühe ist leicht verdaulich und sehr nahrhaft, eignet sich in vielen Fällen als Kranken- und Reconvalescentenspeise, so namentlich bei Magen- und Darmleiden, wo es nicht den geringsten Reiz dieser Organe leiden mag. Die Leguminosenbrühe bekömmt ferner immer mehr Verbreitung als Nahrungsmittel für Kinder im Alter von über 4 Monaten.

Eine Anweisung zur Zubereitung der Leguminosenbrühe ist den Päckchen beigegeben, in welchen der Stoff im Handel vorkommt.

Es wird hier der rechte Platz sein, auf eine Thatsache hinzuweisen, welche bis jetzt Niemand beachtet zu haben scheint: Die Erfahrung hat schon längst zur Genüge dargethan, dass alle Leguminosen bei Gegenwart von Säuren leichter verdaut werden. Desswegen sollte man die Leguminosensuppe immer etwas ansäuren (mit Weinessig), desswegen eignet sich andererseits diese Suppe, in nicht angesäuerter Form, ganz vortrefflich zu jener Zeit, wo im Magen Pyrose besteht. (Ich habe in meiner Heilanstalt für Magenkranke nun mehr als 1½ Jahre lang Versuche mit der Leguminose angestellt und kann dieselbe in gedachtem Sinne nur empfehlen).

Brodsuppen. (Näheres über das Brod im 22. Cap.). Einige Arten sind von allgemeinem Gebrauche:

Die geriebene Röstbrodsuppe ist die zuträglichste von allen und überdies so einfach construirt, dass sie in jeder Küche recht gemacht werden kann. Die Zugabe von Eigelb ist sehr zweckmässig. Man rechnet auf eine Person das Gelbe von zwei Eiern, rührt dasselbe mit etwas Wasser in der Schüssel an und giesst dann die fertige Suppe dazu. Es darf eben das Eiweiss nicht gerinnen!

Die Fleischbrühsuppe mit gebähten Brodschnitten dient häufig als Krankenspeise. Eine Hauptsache ist, dass man feine Schnitten (von Weissbrod) macht und, dieselben schön gelb bäht. Eierzusatz wie bei der vorigen.

Die Fleischbrühsuppe mit in Schmalz gebackenen Brodschnitten ist zwar schmackhafter aber weniger zuträglich; sie macht leicht Sodbrennen.

Schwarzbrod-Suppe. Die klein geschnittenen Brodschnitten müssen einige Mal aufgekocht werden, sonst behält diese Suppe immer etwas Rauhes. Wenn nicht herkömmlich für jede Person ein ganzes Ei dazu verwendet würde, so träfe diese Suppe auch noch der Vorwurf der Kraftlosigkeit.

Knöpfle- und Nudeln-Suppen. Im Capitel von den Mehlspeisen (24) ist ausführlicher über Knöpfle und Nudeln gesprochen. Alle Gattungen von festen Nudeln, Nokerln, Spätzle, Knödeln sind schwer verdaulich, schon aus mechanischen Gründen. Wenn man den gleichen Teig locker macht, namentlich durch Zusatz von zu Schaum geschlagenen Eiern, werden alle diese Suppen gut ertragen.

Es gibt Kochbücher, welche 50 und noch mehr Recepte haben für Suppeneinlagen der genannten Art und in ganzen Gegenden glauben die Leute an das Ende aller Dinge, wenn einmal diese Speise fehlt.

Im Besondern sind zu nennen:

Die Spätzchen- (Knöpfle-) Suppe gehört zu den besseren Suppen dieser Art.

Zum Spätzchenteig nehme man:

Mehl ¼ Kilo,
Eier 3 Stück,
Wasser so viel nöthig.

Viele ziehen die von Hand gemachten den Modelspätzchen vor. Die Hauptsache ist, dass sie in kochendes (nur leicht gesalzenes) Wasser kommen und fleissig aufgerührt werden, dass man sie herausnimmt, sobald sie einmal aufgekocht haben und in eine Schüssel mit lauwarmem Wasser gibt, damit sie nicht „auf einander sitzen." Wenn alle fertig sind, so werden sie auf einem Seiher vom anhaftenden Wasser befreit und sogleich in siedende Fleischbrühe in die Suppenschüssel gegeben. Zu warnen ist vor dem gebräuchlichen Zusatz von Parmesankäs, der die Suppe zwar pikanter aber schwer verdaulich macht.

Die beliebtesten, aber nicht immer die zuträglichsten Klöse für Suppen sind jene, welche eine Beigabe aus dem Thierreiche haben: Hirnklöse (gerne, aber mit Unrecht zu Krankensuppen gebraucht), Butterklöse, Krebsklöse, Klöse von Hühnerfleisch (sehr kräftig), Griesklöse (gut zum Mästen) Leberklöse (k. bayer. Landgericht), Markklöse (fein aber

3

fett). — Ordinär sind die Kartoffeln-, Weissmehl- und Weck-Klöse.

Eiergerste-Suppe hat schon einen lügenhaften Namen; es ist keine Spur von Gerste darin. Die Einlage bildet vielmehr ein harter, auf dem Reibeisen zart geriebener Mehlteig mit Eiern. Sonst ist diese Suppe allgemein bekannt und beliebt, obgleich die Einlage nichts weniger als leicht verdaulich genannt werden kann.

Flädlein-Suppe ist eine von den wenigen Suppen, welche zur Einlage einen in Schmalz gebackenen Teig haben (siehe Cap. 24). Die Zubereitung dieser Suppe ist allbekannt; besser wäre es, wenn niemand etwas davon wüsste. Alle in Schmalz gebackenen Mehlspeisen sind ungesund (machen leicht Sodbrennen). Dazu kommt noch, dass die in Schmalz gebackenen Flädlein immer etwas von dem Bratfett an die Brühe abgeben und ihr einen unangenehmen brenzligen Goût verleihen.

Von den Suppeneinlagen aus der Familie der **Hülsenfrüchte** sind zu nennen (Leguminose s. S. 32):

Die grüne Erbsenpurée-Suppe, sehr nahrhaft und immerhin noch leicht zu verdauen; dagegen ist die Suppe von gedörrten Erbsen, namentlich wenn sie so dick ist, dass der Löffel darin stecken bleibt, ein Bauernfutter.

Auch die Linsenpurée-Suppe ist schwer zu verdauen. Ueberhaupt lies über die Hülsenfrüchte im 25. Capitel nach.

Kartoffel-Suppe ist und bleibt ein geringes Essen; nur der übliche Zusatz von Eiern und natürlich auch die Fleischbrühe verleihen ihr einigen Nährwerth. Das Schlimmste daran ist, dass sie so leicht Sodbrennen verursacht.

Ueber den Nährwerth und die Verdauung der Kartoffeln lies das 25. Capitel.

Kräuter-Suppen. Die gebräuchlichsten s. g. Suppenkräuter sind: Sellerie, Pastinak, Petersilie, gelbe Rüben, kleine weisse Rüben, Kohlrabe, Kartenkerbel, Garten-Sauerampfer, Portulack und die Magenfeinde: Zwiebel, Lauch und Schnittlauch. Ausser diesen allgemein gebräuchlichen Suppenkräutern verwendet man noch manche Gemüse- und Salat-Pflanzen: Kohl, Blumenkohl, Wirsingkraut, Kopfsalat, Endivien, Spargeln.

Näheres über die Suppenkräuter findest Du im 25. Capitel.

Bei mehreren Gemüsen, z. B. Spargeln, Blumenkohl u. dgl. ist nicht einzusehen, wie man die appetitliche Form in einem Suppenbrei verdecken kann. Wahrscheinlich ist nur der berüchtigte Küchengeiz daran Schuld, wenn man die etwa von gestern übrig gebliebenen (?) Gemüse nochmals — in einer Suppe auftischt.

Als feinere Repräsentanten dieser Suppenfamilie sind zu
ennen: die allbekannte Julienne, die delicate Printanière
id endlich die in Süddeutschland als besonders „blutreinigend"
erühmte Kerbelsuppe.

Schöner sind die Kräutersuppen, wenn die Pflanzen blos
ərschnitten, besser, wenn sie durch ein Sieb getrieben wurden.

Die zu einer Suppe verwendeten Gemüse müssen tüchtig
əkocht sein — behufs der Zerstörung des darin enthaltenen
ellstoffs — sonst verursachen sie Blähungen.

Besonders zu erwähnen, aber nicht zu loben, ist die
wiebelsuppe. Nach der gangbarsten Vorschrift werden
wiebeln einfach quer zerschnitten und mit „Schwarzbrod-
nklein" in die Suppenschüssel gelegt, mit heisser Fleisch-
ühe begossen und dann zugedeckt. So sollen sie weich
erden. Zugleich wird eine zweite Portion Zwiebeln geschnit-
n, im Butter gelb gebrannt und in die Suppe eingelegt.
ndlich werden noch Eier eingeschlagen, eins auf die Person.

Dieses culturhistorisch werkwürdige Fabrikat musste er-
ähnt werden, weil es in der Krankenküche und bei gewissen
euten seit Aegypten im höchsten Ansehen steht, obgleich die
aucharten schädlich und harte Eier schwer verdaulich sind.

Zu bemerken ist noch, dass man auch in die meisten andern
ippen gerne gebratetene Zwiebeln einlegt, obgleich die
ippen davon eine unläugbar widerliche Schärfe bekommen.

II. Milchsuppen.

Die Milchsuppen werden häufig und mit Recht als Speisen
ir Kranke gewählt. Die Hauptkochregel lautet: Nimm nicht
itrahmte Milch und koche sie so schnell als möglich.

Als Würze diene nichts Anderes als ein Stückchen Zucker
id ein wenig Salz. Alle anderen Gewürze, welche noch ge-
ımmen zu werden pflegen (Vanille, Citronen, Orangen, Zimmt)
id nicht zuträglich und haben nicht einmal einen erheblichen
nfluss auf die Verbesserung des Geschmackes dieser Suppen.
ər unverdorbene Milchgoût ist wohl der angenehmste. —

Als Einlagen für die Milchsuppen dienen:

Chocolade — vorzüglich.

Geröstete Brodschnitten — sehr gut.

Reis, Gries u. dgl. — gut.

Weissmehl — ziemlich gut.

Knöpfle und Nudeln — mittelmässig.

Kartoffeln — schlecht.

III. Wassersuppen.

Diese meist kraftlosen Brühen gibt man hauptsächlich jenen
 anken, welche eine Nahrungsentziehung nöthig haben, damit
: das Essen nicht verlernen. Man beachte wohl, dass diese

Brühen keine schädlichen Einlagen bekommen. Gewöhnlich enthalten sie verkochtes Brod und das lässt sich am Ende noch verantworten. Nur wenn das Brod in Butter geröstet und fein gerieben wurde, hat die Suppe einen wenigstens halbwegs anziehenden Geschmack und wird gut ertragen. Manche setzen beim Anrichten ein Ei und etwas Rahm zu, was gerade nicht zu loben ist. Wenn sich der Kranke wieder so erholt hat, dass er eine kräftige Nahrung (Eier) erträgt, stehe man lieber von den Wassersuppen ganz ab und gebe ihm etwas Gutes aus einem anderen Capitel.

Weissmehl, Gries und Reis sind keine zweckmässigen Einlagen für diese Suppen, weil sie dieselben zu wahrem Buchbinderkleister machen, der schlecht schmeckt und schwer im Magen liegt.

Zu den Wassersuppen sind auch die Suppen mit saurem Rahm zu rechnen, da dieser eigentlich nur eine Einlage zu einer mit Wasser abgekochten Röstbrodsuppe bildet. Diese Suppen schmecken angenehm und verderben den Magen nicht. Sie sind desshalb allgemein als Speise für Fieberkranke eingeführt.

IV. Wein- und Biersuppen.

Sogar die geistigen Getränke müssen herhalten zu Suppen. Je nachdem ein Mensch in einem Bier- oder Weinlande lebt, bekommt er in der Reconvalescenz Bier- oder Weinsuppen. Das Possierliche an der Sache ist, dass in der Biergegend die Weinsuppen als schädlich bezeichnet werden und umgekehrt. In München gibt man den Reconvalescenten vom Typhus sehr gewöhnlich Biersuppen; hierlands hält man diese Suppen für schädlich, wahrscheinlich weil unser Bier etc. —

Zu Einlagen für diese Suppen verwendet man Sago, Salep, Gries, Semmel, Schwarzbrod. Ueber alle diese Dinge ist im 21. und 22. Capitel ausführlicher gesprochen.

Sowohl zu den Wasser- als auch zu den Wein-, seltenen zu den Biersuppen, werden ferner als Einlagen verwendet: Kirschen, Pflaumen, Himbeeren, Erdbeeren, Heidelbeeren (letztere Suppe gilt als ein Mittel gegen die Diarrhoe!), Hagebutten (Mittel gegen Harnverhaltung!), Aepfel und Birnen. Das muss den Mann wieder auf den Damm bringen, ob er will oder nicht!

Schlusswort.

So wäre denn das Suppencapitel glücklich abgehandelt; es geschah wahrlich mit vielen Mühen und Sorgen! Ein so grosses Material zu ordnen, welches in allen Kochbüchern wie Heu und Stroh durcheinander liegt, war keine Kleinigkeit! Allein die Sache war im höchsten Grade lohnend. Da trat erst der wahre Werth der einzelnen Gattungen und Arten deutlich zu Tage. Bisher waren die Wasser-, Bier- und Weinsuppen zwischen die Fleischbrühsuppen versteckt und Wenige merken ihre Nichtswürdigkeit. Nun sind sie wenigstens aus ihrer guten Nachbarschaft verdrängt, liegen beisammen auf einem Haufen — am Ende des Capitels. Am besten wäre es gewesen, sie ganz zu streichen. Nicht allein desshalb, weil sie einen zweifelhaften Nährwerth haben, sondern hauptsächlich desshalb, weil sie direct nachtheilige Bestandtheile enthalten, gehört ihnen der Ruf als Krankenspeise ein für alle Mal genommen; es gehört ihnen mit einem Worte der Garaus gemacht!

Die eine Gattung dieser Suppen, die Wassersuppen; gelten als Fieberdiät, weil sie kaum etwas Nährstoff enthalten. Handelt es sich wirklich um eine Reduction der Nahrungszufuhr, so ist doch gewiss besser, eine wohlschmeckende leicht verdauliche Speise zu wählen, z. B. eine schwache, gründlich entfettete, Bouillon, und die Quantität zu beschneiden, als den Kranken mit einem nutzlosen Ballast zu stopfen.

Die andere Gattung dieser Suppen, die Weinsuppen, bereitet man den Reconvalescenten, um sie wieder auf den Damm zu bringen. Nun gibt es aber der Wein bekanntlich keine Kraft, nur Muth; sein Alkoholgehalt regt auf. Es ist gezeigt worden, dass beim Kochen dieser Alkoholgehalt zum Schornstein hinaus fährt; was bleibt also an einer Weinsuppe noch übrig? Gibt es denn nicht hundert und abermals hundert Speisen und zwar gerade in der Klasse der Suppen, welche sich durch einen sehr hohen Nährwerth auszeichnen und trotzdem leicht verdaulich und von angenehmem Geschmacke sind? Man denke nur an die trefflichen Fleischhäcksel-Suppen. — Hoffentlich hat diese gereizte Standrede etwas genützt. Man kann nicht genug predigen, wenn es sich um Ausrottung von Vorurtheilen handelt.

„So lange währt der Menschheit Harm,
So lange wird die Menschheit noch gekränkt —
Bis an der letzten Köchin Darm
Das letzte Kochbuch hängt.“

---

3. Capitel.

Fleisch im Allgemeinen.

Als die wichtigste Nahrung für alle Menschen — die Vegetarianer ausgenommen — gilt mit Recht die Fleischnahrung und Jedermann weiss, dass dieselbe den Menschen kräftiger macht als die Nahrung aus dem Pflanzenreiche. Das Fleisch derjenigen höheren Thiere, welches man isst, enthält fast alle Stoffe, aus denen unser Körper zusammengesetzt ist. Die Kochkunst hat sich immer am meisten um diesen Artikel interessirt und daraus eine Menge der schmackhaftesten und gesündesten Speisen zu bereiten gelehrt.

Andererseits sind auch viele Kochrecepte für Fleischspeisen im Gebrauche, welche den besten Magen verderben und sogar das Leben in Gefahr bringen können. Dieser Misstand würde sicherlich nicht obwalten, wenn das Küchenpersonal genauer unterrichtet wäre über die chemische Zusammensetzung des Fleisches und die Veränderungen, welche dasselbe unter dem Einflusse der Luft, der Wärme,¡ des Wassers eingeht, sowie über die Kennzeichen des Fleisches von kranken Thieren. Unter solchen Umständen kann es nur verdienstlich sein, dieses Thema möglichst gemeinverständlich zu besprechen.

Bestandtheile des Fleisches: Man unterscheidet am Fleisch als Hauptbestandtheile die Fleischfaser und den Fleischsaft, als Nebenbestandtheile das Fett, das Bindegewebe, die Sehnen, die darin verlaufenden Nerven und Blut- und Lympfgefässe mit ihrem Inhalte. Diese Gebilde geben folgende Nährstoffe: Faserstoff, Eiweiss, Käsestoff, Leimstoff, Fett, Zucker, Eisen, Schwefel, Phosphor, Kali, Natron, Chlor. Der Wassergehalt schwankt zwischen 70—80%.

Das Fleisch wird vornehmlich nach seiner Faser taxirt. Wir werden bei den einzelnen Fleischgattungen hierauf zu sprechen kommen.

Für die Kochkunst ist es besonders wichtig zu wissen, dass die Fleischfaser durch Säuren weicher gemacht werden kann. Desshalb eignen sich zu vielen Fleischspeisen saure Beigaben; desshalb gehört zum Braten ein Salat, vorausgesetzt, dass man keinen Seewein auf dem Tisch hat. Ferner wird vieles Fleisch, namentlich altes, einer sauren Beize unterworfen und wie! Nur ein leiser Anflug von Säure ist dem Magen zuträglich. Ist die Speise so sauer, dass der Mann bei der Arbeit schwitzt, dass Lippen und Zunge weiss werden, dann wehe dem Magen! Man denke nur an die gebeizten Wildbraten der Gasthöfe. Manchem wird deren Einfluss auf seinen Magen noch so gut im Gedächtniss sein, dass er nicht wünscht, weitere Schilderungen darüber zu hören.

Fleisch, das einige Tage alt geworden, hat einen eigenthümlichen Prozess durchgemacht — die Mortifikation. Bei diesem Prozesse, welcher im Wesentlichen nichts Anderes ist, als der erste Grad der Fäulniss, hat sich im Fleisch eine

äure gebildet, die Milchsäure. Diese Säure leistet nun das
gleiche, was der Essig, mit dem man das Fleisch beizt, sie
löst den Kalk der Fleischfasser auf und macht das Fleisch
mürbe. Zu mehreren sehr wichtigen Speisen, z. B. zum eng-
ischen Beefsteak, ist nur mortificirtes Fleisch gut. Die Küche
muss also diesen Prozess kennen und zu verwerthen verstehen.
Die Mortification kommt nur zu Stande bei einem Fleische,
das in einer Temperatur über 0^0 aufbewahrt wird. Unter 0^0
gefriert das Fleisch. Wenn gefrorenes Fleisch aufthaut, so
kommt es viel bälder zur Erweichung und selbst zur Fäulniss.
Die Mortification kömmt nicht bei allen Fleischsorten in gleicher
Frist zu Stande. Bei manchen Thieren, z. B. bei der Wasser-
ente, ist das Fleisch schon in einigen Stunden mürbe, beim
Ochsenfleisch dauert es im Sommer einige Tage, im Winter
durchschnittlich eine Woche, bis die Mortification vollständig ist.

Der Fleischsaft ist eigentlich nichts Anderes, als eine
kräftige Lösung von Eiweisskörpern, somit sehr nahrhaft und
wenn die beim Kochen geronnenen Eiweisskörper auf irgend
eine Art (Zerstossen, Klopfen) fein zertheilt wurden, auch sehr
leicht zu verdauen.

Der Fettgehalt des Fleisches hat für die Krankenküche
ganz besondere Bedeutung. Fettes Fleisch verdirbt den Magen
(lies das 3. Capitel); mageres ist nicht so nahrhaft; es enthält viel mehr Wasser als das Mastfleisch. So hat z. B.

	Schwein	Ochs	Schaaf	
nicht gemästet	70%	72%	74%	Wasser;
gemästet	39%	46%	40%	—

Jenes Fleisch ist am zuträglichsten, welches von einem
Thiere kommt, das den richtigen Grad von Mastung erreicht
hat. Dieser ist nicht überschritten, so lange das Thier noch
jene Lebhaftigkeit hat, welche die Gesundheit beurkundet.

Der Fettgehalt der wichtigsten Fleischarten beträgt (annähernd):

Huhn 1,4%,
Ochse 2,5;
Kalb 2,9;
Hammel 3,0;
Schwein 6,0;

Der Blutgehalt des Fleisches ist in doppelter Beziehung
wichtig: erstens fault das Fleisch bälder, wenn alles Blut darin
gelassen wurde und zweitens ist das Blut vorzugsweise der
Träger von Krankheitskeimen. Mit Recht hat also die mosaische
Gesetzgebung das Schächten eingeführt, mit Recht wird auch
sonst in jeder guten Metzig darauf gesehen, dass sich das
Schlachthier möglichst verblute. Und wenn Du jemals selbst

eine Gans oder ein Huhn schlachtest, so vergiss ja dass Gesetz Mosis nicht! Wie leicht man vom Blute Einquartirung bekommen kann, lehrt folgender Fall: Eine Köchin litt am Bandwurm. Dieselbe hatte in ihrem Leben nie ein englisches Becfsteak oder so etwas gegessen. Dagegen hatte sie die Gewohnheit, beim Zerlegen des Fleisches das blutige Messer in den Mund zu nehmen, gerade wie es die — bandwurmreichen — Metzger machen. Diese Köchin, obgleich sie die Lehre von den Eingeweidewürmern nirgends studirt hatte, gab doch die richtige Antwort: dass sie sich auf keine andere Weise dem Bandwurm Eingang in ihren Leib verschafft habe, als durch die besagte Gewohnheit. Der Bandwurm ist abgetrieben, die Köchin lebt noch und hat die Mähr schon so oft erzählt, dass sie in ihrer Gegend den Beinamen: „Wurmseppa" bekam.

Gemein-verständliche Unterscheidungsmerkmale zwischen gutem und schlehtem Fleisch:

1. Die blassröthliche Farbe ist ein Anzeichen dafür, dass das Tkier krank (anämisch) gewesen.
2. Die tiefpurpurrothe Farbe beweist, dass das Thier nicht geschlachtet wurde, sondern — crepirt ist.
3 Das marmorirte Aussehen, herrührend von zwischenliegendem Fett, hat nur gutes Mastfleisch.
4. Das Fett am gesunden Fleisch ist hart, am kranken dagegen weich, wässrig oder gallertartig.
5. Gesundes Fleisch fühlt sich fest an und macht den Finger kaum nass; krankes dagegen ist weich und lässt Flüssigkeit austreten.
6. Gutes Fleisch riecht kaum, krankes „mufft", oder hat auch manchmal einen Arzneigeruch, weil bekanntlich in der Thierheilkunde stark „verordnet" wird.
7. Gutes Fleisch schrumpft beim Kochen wenig ein und verliert nicht viel am Gewicht; schlechtes schrumpft zusammen und zerkocht oft in Stücke. 100 Theile gesundes Fleisch bei 107° C. getrocknet, verlieren 69 bis 74 Theile von ihrem Gewicht, bei krankem Fleisch beträgt der Gewichtverlust 75 bis 80.
   Die letztgenannten Verhältnisse rühren davon her, dass in der Krankheit Fett und Muskelsubstanz geschwunden sind, so dass also das leimbildende Element und das Wasser vorwiegen.
8. Der Saft vom gesunden Fleisch reagirt schwach sauer, vom kranken dagegen oft alkalisch.

Allgemeine Kochregeln.

Civilisirte Menschen essen nur ausnahmsweise rohes oder

halbrohes Fleisch. Abgesehen davon, dass die Kochkunst dem Fleische allerlei feinere Geschmäcke zu geben vermag, ist auch desshalb rohes Fleisch nicht zu empfehlen, weil man damit allerlei Ungeziefer in den Leib einführen kann. Sobald das Fleisch den Siedpunkt des Wassers ausgehalten hat, ist nichts mehr zu fürchten; dieser Wärmegrad tödtet jegliche Brut.

Das Fleisch wird in der Küche auf verschiedene Arten behandelt:

1) Das Sieden nimmt dem Fleische immer etwas von seiner Kraft. auch wenn ganz nach den Regeln der Kochkunst verfahren wird. Um Wiederholungen zu vermeiden, ist das Nähere über das Fleischsieden bei der Besprechung des Rindfleisches angegeben worden, weil diese Fleischgattung sehr oft durch Sieden zubereitet wird.

2) Das Braten ist weit zweckmässiger als das Sieden. Wenn nur einigermassen vernünftig verfahren wird, verliert das Fleisch wenig oder nichts von seinem Saft.

Als Hauptregel ist zu merken, das man die ganze Oberfläche des Fleischstücks rasch zum Gerinnen bringt. Diese bildet dann eine Hülle, in welche Saft und Kraft eingeschlossen sind. Bei der ältesten Art zu Braten — beim Braten am Spiess — wird dies am sichersten erreicht. Wenn der Spiess über einem frisch lodernden Feuer gleichmässig gedreht wird, so gerinnt die Oberfläche des Fleischstückes allenthalben rasch und umschliesst den Inhalt wie bei einer Wurst der Darm, Kraft und Saft bleiben darin. Sowohl zum Braten am Spiess als zum Braten auf dem Rost eignet sich Buchenholz besser als tannenes, da dieses keine so starke Hitze gibt, unruhig brennt, namentlich wenn es nicht ganz trocken ist, spritzt, so dass oft Kohlentheilchen abspringen und den Braten verunreinigen.

Da bei dieser Art zu Braten keine Bratensauce (Jus) gewonnen wird, so muss diese appart zubereitet werden; hierzu eignet sich geringeres, sehnenreiches Kalbfleisch am besten. Dasselbe wird in einer Kachel vollständig ausgebraten, d. h. es wird während es bratet, an verschiedenen Stellen mit einer dicken Gabel wiederholt gestochen oder es werden ihm gar mit einem Messer Querschnitte versetzt, so dass nach und nach aller Saft aussickert. Heut zu Tage wird diese Jus nicht selten noch durch einen Zusatz von Fleischextract kräftiger gemacht. Früher verwandte man mehr die Rindsjus. Dieser Lieblingsartikel der „feineren" Küche enthält weniger Gelée aber mehr von den wichtigeren Nährstoffen des Fleisches, ist also mit einem Worte kräftiger als die Kalbsjus. In ihrer chemischen Zusammensetzung steht sie dem Liebig'schen Fleischextract ziemlich nahe; ja es ist anzunehmen, dass die

Kochbücher vielleicht nicht so viel Recepte zur Rindsjus überliefert haben würden, wenn das Fleischextract früher bekannt geworden wäre. Es behandeln namentlich die von Hofköchen verfertigten Kochbücher den Artikel mit einer gewissen Vorliebe, geben aber Recepte, welche schon in öconomischer Beziehung den Schweiss austreiben. Wenn man ausserdem noch die Unmasse von scharfem Gewürz bedenkt, die da zusammengewürfelt wird, so muss man Mitleid bekommen mit den armen Mägen der vornehmen Herrschaften! Desshalb folgt hier ein Recept, bei welchem nicht nur an den pikanten Geschmack der Speise, sondern auch an ihre Zuträglichkeit gedacht ist:

Lasse 100 Grm. Butter in einem grösseren Casserol vergehen. Lege ein: 500 Grm. mageren Schinken, in Scheiben zerschnitten, darauf 2 Kilo Rindfleisch und ebensoviel Kalbfleisch, sowie etwa vorhandene Abfälle von Geflügel (sehniges Rindfleisch eignet sich am besten, das Kalbfleisch soll vom Schlegel, und beides ebenfalls quer in Scheiben zerschnitten sein). Als Kräuterwerk werden dazu gegeben: 3 Möhren, 1 gelbe Rübe, 1 Selleriekopf, 3 grosse mit Gewürznelken gespickte Zwiebeln, einige Estragonblätter, 1 Kaffeelöffel voll weisse Pfefferkörner und etwas Macis. Salz wird nur in sehr mässiger Menge zugesetzt, da der Schinken auch seine Pflicht thut und wenn's gefehlt ist, leicht nachgeholfen werden kann. Lasse Alles etwa $\frac{1}{2}$ Stunde lang schmoren, unter fleissigem Hin- und Herschieben! Sobald es sich auf dem Boden des Casserols hellbraun ansetzt, wird soviel Wasser zugegossen, bis dasselbe über dem Fleische steht. Nun wird das Ganze unter stetigem gelindem Feuer gründlich gekocht. Man braucht dazu ungefähr 5 Stunden. Abschäumen! Filtrirt wird, wie gewöhnlich, durch eine Serviette. Ein Zusatz von einem Esslöffel voll Fleischextract macht die Jus bedeutend pikanter und erhöht ihren Nährwerth um Vieles. In der Kälte lässt sich diese Jus ziemlich lange aufbewahren.

Die Speise findet ihre Hauptverwerthung bei Saucen und bei Fleischbrühsuppen, die gar zu dünn und zu kraftlos ausgefallen sind, ferner ist sie kalt eine vortreffliche Beigabe zu allen kalten Braten.

Die nämlichen Vorzüge, welche hier dem Spiessbraten nachgerühmt sind, hat auch der Rostbraten und es ist sehr zu loben, dass in neuester Zeit die dazu nöthigen Apparate bedeutend verbessert wurden.

In den meisten bürgerlichen Küchen ist weder der Rostnoch der Spiessbraten bekannt, man weiss eben von nichts Anderem als vom Braten des Fleisches in Kacheln, Pfannen u. dgl. Nur zu oft hat man Ursache genug, sich der Bratensauce mehr zu freuen als des Bratens selbst. Bei dieser Art zu Braten geht nämlich Folgendes vor sich: Während die untere Fläche des Fleischstücks anfängt zu braten, sickert aus allen andern Stellen Fleischsaft heraus, man erhält also zwar eine kräftige Brühe (Jus), aber mit dem Braten selbst sieht es scheu aus, er gleicht einem Korbe Austern, wo keine mehr darin ist. Da es aber aus vielen Gründen nie gelingen wird, diese Methode ganz zu verdrängen, so dürfte es am Platze sein, wenigstens auf alle jene Momente aufmerksam zu machen, wodurch dem Kachelbraten noch möglichst viel Kraft und Saft erhalten bleibt. Vor Allem soll der Bratofen die gehörige Hitze haben und das Fleischstück erst eingelegt werden, wenn die Butter heiss ist. Dies hilft zur raschen Gerinnung der Oberfläche des Fleischstückes. Damit diese an allen Stellen rasch zu Stande gebracht wird, darf nicht, wie dies gewöhnlich geschieht, die untere Schicht zuerst ganz fertig gebraten und dann gekehrt werden; es soll der Braten, wie man sich in der Küchensprache auszudrücken pflegt, gleich auf allen Seiten „angebräunt" werden. Das Anbräunen muss längstens in 10 Minuten fertig sein. Auf diese Weise wird auch beim Kachelbraten das oben angedeutete wichtigste Problem des Bratens so gut als möglich gelöst. Erst dann, wenn dieses Anbräunen vorüber ist, wird das Fleischstück gar gebraten. Dies muss langsam geschehen; behufs dessen ist die Hitze zu mässigen. Stete Beaufsichtigung nöthig! Das war die Grundregel für den Kachelbraten! Ausserdem sind aber noch einige andere Vorschriften zu beachten:

a. Sei sparsam mit dem Gewürz! Sehr häufig trifft man Braten, die zu stark gesalzen sind, namentlich kommt dies bei den Wirthshausbraten so häufig vor, dass man sich veranlasst sieht, eine unedle Absicht zu vermuthen. Für den Magen ist solcher Braten schädlich, auch wenn man ordentlich „daran schüttet".

In der diätetischen Küche halte man sich an die Regel, immer schwach zu salzen; nöthigenfalls kann ja bei der schon fertigen Speise nachgeholfen werden. Diese Regel ist namentlich nicht zu übersehen bei Speisen, welche längere Zeit zu kochen oder zu braten haben; wo also immer ein Theil Flüssigkeit sich verflüchtet, die rückbleibende Brühe concentrirter und schärfer wird.

Der Braten für Kranke braucht ausser Salz kein Gewürz. Aromatische Würzen sind schon desshalb nichts nutz, weil beim Braten das meiste Aroma entweicht. Dass scharfe Würzen, namentlich die unvermeidliche „mit Nägelein gespickte Zwiebel", wegzulassen sind, ist ohne Weiteres klar.

Der gespickte und in Essig gebeizte Braten ist zwar pikanter als der gewöhnliche, aber keine Speise für den Tisch der Kranken. Die Gründe für diese Ansicht findest Du im 29. Capitel näher angegeben.

b. Stupfe nie mit einer Gabel in den Braten hinein! Es ist gewiss etwas Grässliches, wenn man in eine Küche hineinschaut und darin eine m a g e r e Köchin erblickt, absonderlich, wenn dieselbe auch noch Tabak schnupft. Weit peinlicher ist aber für den Sachkenner das Bild einer Köchin, welche, mit einem Bratspiess bewaffnet, von Zeit zu Zeit in den Braten hineinsticht — um zu sehen, ob er gar sei! So kann man jeden Braten in einer Weise entkräften, dass er nicht viel mehr Werth hat als gebratene Sägspäne. Durch jede neue Wunde fliesst wieder Saft und Kraft aus. Das Umwenden des Bratens hat also in Zukunft nicht mehr mit der Gabel, sondern mit einem Spatel zu geschehen!

Die Braten, welche in der Kachel, im Bratofen oder — schlechte Kocherei! — auf dem Herd in einer Pfanne gemacht werden, geben immer einen schönen Theil ihres Saftes ab an die Bratensauce. Dies geschieht um so mehr, wenn man dessen äussere, bereits geronnene Fläche von Zeit zu Zeit mit Wasser oder Fleischbrühe begiesst, so dass die Bratenhülle aufgeweicht und an einzelnen Stellen vollständig permeabel gemacht wird.

Die Bratenhülle erhält sich am besten, wenn brav Fett (Butter) genommen wurde. Bei magerem Fleisch ist dies natürlich um so mehr zu berücksichtigen; mageres Federwild z. B. muss förmlich auf Speckschwarten gebraten werden.

c. L a s s e d e n B r a t e n s a t z n i e a n b r e n n e n ! Sobald der Braten aus dem Geschirr genommen ist, muss dem Bratensatz etwas Bouillon (Wasser ist — zu wässerig!) zugegossen und nochmals schwach aufgekocht werden, unter fleissigem Umrühren. Dass die Bratensauce dem Braten nur durch ein Sieb beigegossen werden darf, wird jeder Köchin einleuchten, welche Sinn für das appetitliche Aussehen der Speisen hat. Sehr empfehlenwerth, aber gerade nicht sehr öconomisch ist es, das Fett, in welchem gebraten wurde, abzuschöpfen und durch frische Butter zu ersetzen, da das erstere oft einen brenzligen Goût erhält.

Auf den Tischen der Gasthöfe sieht man selten schöne Bratensaucen; bei weitem die meisten sind zu dunkel, sehen aus wie vorbrannter Kaffee. Es wird nämlich so lange fortgebraten, bis sich Kohle gebildet hat. Von dieser rührt die schwarze Farbe der Bratensauce her. Abgesehen davon, dass eine solche Sauce schon unappetitlich aussieht, belästigt sie auch durch einen widerlichen brenzligen Geruch und Geschmack und liegt schwer im Magen. Die rechte Farbe für die Bratensauce ist h e l l k a s t a n i e n b r a u n.

d. S t e c k' d a s W ä r m e n d e s B r a t e n s a u f ! In einer Haushaltung, wo man im Stande ist, kalten Braten aufzuwärmen, regiert kein wohlgezogener Küchensinn. Durch das Aufwärmen verliert der Braten noch mehr Saft und Kraft und die Bratenjus wird dick, schmierig und räss. Das Alles ist um so schlimmer, wenn der Braten schon in Stücke zerschnitten war.

Damit ist aber nicht gesagt, dass man den kalten Braten wegwerfen soll; man lasse ihn, wie er ist und gebe ihn als Vorspeise zum Thee, da schmeckt er vortrefflich.

Auch für die Krankenküche ist der kalte Braten gut zu verwenden: Fieberkranke, welche der Classe der Schlemmer angehören, ertragen die mageren Wassersuppen selten gut, sie fallen dabei bald zusammen. Gibt man ihnen dagegen von Zeit zu Zeit kalten Braten, versteht sich in kleiner Dosis, mit etwas Citronensaft. so geht es ihnen besser.

Auch für Reconvalescenten ist kalter Braten zuträglich, besonders wenn noch ein Gläschen alter Weisswein dabei steht. Das wirkt oft besser als Chinin und Stahlpulver.

3. Dem Backen des Fleisches in Teighüllen muss man ganz entschieden das Wort reden. Diese Methode liefert weitaus das saftigste Fleisch. Bis jetzt wird dieses Verfahren aber höchstens an Schinken probirt. Wer jemals von einem allso gebackenen Schinken gegessen, wird damit einverstanden sein, dass diese Methode Vorzügliches liefert und dass die Zeit kommen muss. wo man sie weiter ausdehnt.

Die Hauptregeln, welche man dabei zu beobachten hat, sind:

Eine zu grelle Ofenhitze kann den Teigmantel zersprengen, wo dann der Schinken Saft verliert. Der Brodteig darf nicht angesäuert sein. Selbst einen mässig gesalzenen Schinken muss man einige Stunden ins Wasser legen, bevor man ihn im Teig in den .Ofen gibt. Sonst bleibt er zu salzig (beim Sieden ist dies desshalb nicht nöthig, weil da ein grosser Theil Salz in die Brühe abgeht).

Die Fleischpasteten sind auch ein Beispiel der eben gelobten Art, das Fleisch zuzubereiten. Bekannt ist deren hoher Nährwerth, bekannt wie rasch sie sättigen. Leider gehören diese delicaten Speisen nicht in ein diätetisches Kochbuch. Ohne die vielen Würzen sind sie Dasjenige nicht, was man davon erwartet; mit den Würzen ruiniren sie den Magen.

4. Die Klopsfabrikation. Unter „Klops" versteht man gebratene Kugeln oder Kuchen aus zerhacktem Fleisch. Gewöhnlich werden mehrere Fleischsorten zusammen verhackt, so z. B. Rind- und Schweinefleisch oder Kalb- und Schweinefleisch. Magerem Fleische wird der Vorzug gegeben. Das Fleisch muss von allem „Weissen" (Sehnen, sehnige Häute, Knochen, Fett) sorgfältig befreit sein. Immer werden eingeweichte und wieder ausgedrückte Semmel und — eine Hauptsache! — Eier dazu gemischt. Als Würzen dient, ausser Salz, Pastetenpulver. Nachdem der sorgfältig gemischte Teig entweder in der Form von apfelgrossen Kugeln oder beefsteak-

grossen Scheiben gebracht ist, wird er in Butter gelbbraun
gebraten. Citronenscheiben dienen als Garnitur. Eine pikante
Sauce mit gebratenen Kartoffeln erhöht den Genuss.
Selbstverständlich ist dieses Gericht besonders Jenen zu
empfehlen, deren Zahnregister Lücken hat. Sonst aber kann
es oft wegen Ueberwürzung für den Magen weniger zuträglich sein.

Anhang: Liebig's ches Fleischextract.

Das Fleischextract hat bereits eine grosse Verbreitung erlangt. Man findet es bald in jeder Küche und hört darüber
nur eine Stimme:

"Guter So und So gib's endlich billiger!"
Die erste Fabrik gründete eine englische Compagnie in
Südamerika. Ihr Fabrikat wird jetzt noch vorzugsweise
"Liebig's ches Fleischextract" genannt, obgleich bereits
weitere Compagnieen nach dem gleichen Verfahren fabriciren.
Die Geschäfte mit dem Fleischextract gehen so gut, dass
wahrscheinlich in kurzer Zeit noch mehr Fabriken auftauchen
werden; die nächste jedenfalls sachgemässe Folge davon wird
eine Herabsetzung des Preises sein.
Es gibt Leute, welche aus Gewinnsucht sagen, und andere,
welche aus Dummheit glauben, das Fleischextract sei Fleisch
in allen seinen Bestandtheilen, Fleisch in nuce. Dem
ist nicht so. Das Fleischextract enthält von den verschiedenen
Bestandtheilen des Fleisches: viel Chlornatrium, etwas phosphor-
saures Kali, von den Natronsalzen sehr wenig, dagegen Eisen
und Kalk- und Magnesiaphosphat in beträchtlicher Menge,
endlich Extractivstoffe. Es fehlen also ganz die Eiweisskörper,
das Fett und der Leimstoff. Das Fleischextract ersetzt somit
das Fleisch nicht vollständig, bleibt aber immerhin ein Nahrungsmittel von hohem Nährwerth. Die Erfahrung hat hinreichend gezeigt, dass dasselbe vom Magen gut ertragen wird;
es haben sich sogar schon oft Magenkranke gut befunden,
wenn sie dasselbe in mässigen Quantitäten und zu den geeigneten Speisen zusetzten. Wir werden hierauf jeweils in den
betreffenden Capiteln zu reden kommen.
Die Küche macht vom Fleischextract bereits einen sehr
ausgedehnten Gebrauch, betrachtet dasselbe aber weniger vom
Standpunkte des Nährwerths als der Schmackhaftigkeit und
benützt dasselbe so zu sagen mehr als Geschmackverbesserer
denn als Gewürz. In dieser Beziehung leistet es in der That so
ausgezeichnete Dienste, dass z. B. der Verfasser nicht Koch
sein möchte, wenn es kein Fleischextract gäbe. Wie oft kommt
der Fall vor, dass ein culinarisches Kunstwerk trotz aller Sorgfalt doch nicht den fein würzigen Geschmack hat, welchen man

sich versprach! Da hilft nun das Fleischextract in den meisten Fällen vortrefflich aus der Verlegenheit, so zwar, dass die Köchinnen häufig in das bekannte Laster verfallen, d. h. zuviel nehmen. Dies macht die Speisen nicht nur widerlich scharf für den Geschmackssinn, sondern auch reizend für den Magen, ja es kann sogar der Gehalt an Kalisalzen förmliche Vergiftungserscheinungen hervorrufen. Desshalb wird in diesem Kochbuche von dem Fleischextract nie die Rede sein, ohne dass die richtige, durch vielfaches Versuchen erprobte Dosis angegeben.

Der Verfasser hat in zahlreichen Fällen das Fleischextract als ein mindestens ebenso wirksames wehenförderndes Mittel erprobt wie das giftige, unter Umständen dem Leben des Kindes sehr feindliche Secale cornutum. Ein Physiolog vom Fache wird ausrufen: Siehe, da haben wir wieder den angezweifelten Einfluss der Kalisalze auf die Fasern der unwillkürlichen Muskeln! Mag dem sein, wie ihm will, die Sache ist einer weiteren Untersuchung um so mehr werth, als das Mittel alsgemach in jedem Hause als Küchenartikel vorräthig gehalten wird.

In einer halben Tasse warmen (40° R.) Wassers wird ein halber Kaffeelöffel voll Fleischextract aufgelöst, die Brühe mit Pfeffer und Salz q. s. gewürzt und mit einem baumnussgrossen Stücke Butter gefettet. S.: Alle 10 Min. 2 Esslöffel v. z. n.

---

4. Capitel.

Rindfleisch.

Das Rindfleisch wird unterschieden in Ochsenfleisch und Schmalfleisch. Zu letzterem rechnet man das Kuhfleisch, das Fleisch von männlichen und weiblichen Rindern und das Farrenfleisch. Das Rindfleisch ist ebenso verschieden wie die Benennungen des Rindes. Hierüber gelten folgende Bauernregeln:

Ein männliches Kalb erhält nach dem ersten wichtigen Ereignisse seines Lebens, nach der Castration, welche gewöhnlich in der 6. bis 8. Woche vorgenommen wird, den Namen Rind; erst im 4. Jahre nennt man es Ochs. Wird es nicht castrirt, dann behält es den Namen: Farren (Wucherstier) vom Anfang bis zum End. Ein weibliches Kalb erhält nach dem ersten Kälbern den Namen Kuh; nicht trächtig werdende Kälber heissen Kalbinnen.

Junges Rindfleisch gibt saftige Braten und gutes Siedfleisch aber schwache Fleischbrühe. Altes Fleisch ist zäh, saftlos und schwerverdaulich, liefert aber bessere Suppen. Junges Fleisch ist schön roth, mit weissem Fett durchzogen; altes Fleisch ist bläulichroth, sein Fett hat einen Stich ins Gelbliche.

Das Rindfleisch, welches für die Krankenküche bestimmt ist, muss sich vor Allem durch eine zarte Faser auszeichnen. Ein solches Fleisch haben jung verschnittene, völlig ausgewachsene, gut gemästete Ochsen. Auch die Kühe, welche nicht älter sind als 5 Jahre, liefern nach richtiger Mastung ein zartes Fleisch. Dagegen ist das Fleisch von einer alten Kuh oder von einem Farren, der alles Vieh einer ganzen Gemeinde zu seiner Nachkommenschaft zählt, fast unverdaulich.

Nicht trächtig werdende Rinder liefert man bald an's Messer. Das Fleisch steht in der Mitte zwischen dem Mastochsen- und Kalbfleisch, ist zarter, aber nicht so nahrhaft wie das erstere.

Gutes Mastochsenfleisch wird von keinem anderen Fleische weder an Wohlgeschmack noch an Nährwerth übertroffen.

So wenig Erhebendes auch der Gedanke hat: keine Fleischart vermag den Stoffersatz im menschlichen Körper so gut zu besorgen wie der Ochs. Einige Stücke sind überdies so leicht verdaulich, dass sie für Reconvalescenten und sogar für Magenkranke die wichtigsten Speisen abgeben, der Lummel und die Schoos.

In den gewöhnlichen Küchen fragt man wenig darnach, von welchem Theile das Fleisch kommt und nennt alle Stücke ohne Weiteres „Rindfleisch". Die feinere Küche unterscheidet strenger. Ganz besonders zeichnet sich die französische Küche hierdurch aus. Die französischen Metzger machen desshalb auch für die verschiedenen Stücke verschiedene Preise. Bei uns ist alles gleich theuer! Das geringe kostes so viel wie das beste!

Unter den Benennungen der einzelnen Stücke des Ochsen herrscht grosse Willkühr. Der Verfasser hielt sich desshalb verpflichtet, bestimmtere Ausdrücke einzuführen. Er hat behufs dessen einmal einen sachkundigen Thierarzt zu einem Rindsbraten eingeladen. Von demselben hat er nun — und zwar bevor der Wein auf den Tisch kam — folgende zuverlässige Belehrung erhalten:

Der Ochs besteht aus zwei Hinter- und zwei Vordervierteln. Das Thier wird da halbirt, wo die Rippen aufhören.

Am Hinterviertel ist

1. der Lummel, Lendenbraten, Filet, — besteht aus den

Muskeln, welche auf dem Kreuzbeine und auf den Lendenwirbeln liegen — das zarteste Fleisch des Ochsen, fettarm und doch sehr saftig — gut zu Beefsteaks, Schlachtbraten etc.;

2. die Schooss — liegt in der Nähe des Lummels, auf den Querfortsätzen der Lendenwirbel — etwas trockener und von gröberer Faser als der Lummel — gut zum Braten;

3. der dicke Lamben — besteht hauptsächlich aus dem Querbauchmuskel und dem Darmbein-Bauchmuskel — sehr saftig und von Fett durchwachsen. Bei älteren Thieren ist die oberste Muskellage etwas hart — gutes Stück zum Sieden;

4. der dünne Lamben — besteht hauptsächlich aus dem äusseren Rippenmuskel und aus dem geraden Bauchmuskel — ist hart, mit viel zähen Sehnen und sehnigen Häuten durchwachsen — eignet sich besonders zu Füllungen;

5. das Bäckle — der äussere Backenmuskel — trocken und grobfaserig — muss desshalb gebeizt werden;

6. die saftige Schwanzfeder — Theile des langen Auswärtsziehers des Schenkelbeins und die Anfänge der Schweifmuskeln — ziemlich grobfaserig, jedoch mehr mit Fett durchwachsen und jedenfalls saftiger als

7. die trockene Schwanzfeder — neben der vorigen — wie der Name sagt, ziemlich saftlos — beide Stücke zum Sieden oder Beizen geeignet.

Das Vorderviertel hat folgende Theile:

1. der gedeckte Hohrücken — der lange Rückenmuskel und die Muskeln, welche an den Rückenwirbeln liegen — ist saftig, mit Fett durchwachsen und von dem starken Nackenband durchzogen — zum Braten und Sieden;

2. der abgedeckte Hohrücken — erscheint nach Abnahme des Laffen (Schulterblatt) — hauptsächlich Intercostalmuskeln — zart und saftig — zum Braten und Sieden;

3. der Strähl — der gewölbteste Theil der Rippen — besteht aus den Zwischenrippen- und den darauf liegenden Muskeln — saftig, mit Fett durchwachsen — zum Sieden gut, geht schön auf;

4. der dünne und der dicke Schild — der unterste Theil der Rippen gegen das Brustbein zu, fängt am dünnen Lamben an und endigt am Brustkern — auch Zwischenrippen- und darauf liegende Muskeln — saftig mit Fett durchwachsen, grobe Fasern — zum Sieden;

5. der **Brustkern** — besteht aus den Muskeln, welche das Brustbein umlagern — sehr saftig, viel kerniges Fett — nur zum Sieden.

Sowohl am Hinter- wie auch am Vorderwirbel ist ein Fleischstück, welches den Namen „**Wadschenkel**" führt. Es besteht aus den Muskeln des untern Theiles vom grossen Unterschenkelbein, beziehungsweise vom Vorderarmbein — trocken, grob-faserig, mit vielen Sehnen und sehnigen Häuten durchzogen — wird meistens verwurstet.

Nach diesem Anlaufe kommen wir nun an die Beschreibung der einzelnen Gerichte, welche aus dem Rindfleische bereitet werden.

Suppenfleisch, gewöhnlich „**Rindfleisch**", seltener „**gesottenes Rindfleisch**" genannt. In ganzen Gegenden glaubt man nicht recht zu Mittag gegessen zu haben, wenn diese Speise fehlte. Und doch ist das Rindfleisch ungemein häufig so gekocht, dass es den Nährwerth und die Textur eines alten Handschuh's nicht übertrifft. In besseren Häusern wird es gar nicht gegessen, sondern ohne Weiteres in den Hühnerstall geworfen. Jedenfalls gehört gesottenes Rindfleisch nicht auf den Tisch der Kranken und Reconvalescenten. Was ist aber auf dem Lande zu geben, wo die meisten Frauen kaum im Stande sind, Fleisch zu sieden? Man mache wenigstens den Kranken darauf aufmerksam, dass alles Fleisch bei Gegenwart einer Säure leichter verdaut wird, dass er also gut thut, wenn er ein wenig guten Weinessig zum Fleische gibt.

Wir kommen nun an einen der wichtigsten Punkte der ganzen edlen Kochkunst, an die **Bereitung eines saftigen Rindfleisches zugleich mit einer kräftigen Suppe**. Beides ist keine so grosse Kunst und dennoch trifft man ungemein häufig entweder magere Suppen und gutes Fleisch, oder umgekehrt. Manchmal sind auch beide nichts nutz.

Wir wollen die Sache näher untersuchen, wir wollen die Fehler aufdecken, welche fast täglich und in den meisten Haushaltungen gemacht werden:

Viele Köchinnen pflegen das Fleisch durch Abwaschen mit Wasser zu reinigen. Hiedurch wird jedenfalls die Oberfläche ihres besten Saftes beraubt, denn das Wasser zieht die darin löslichen Fleischsalze etc. aus. Man muss also auf bessere Reinigungsarten bedacht sein. In den meisten Fällen genügt das Abwischen mit einem sauberen leinenen Tuche. Knochenstückchen, Sand u. dgl. werden am besten durch Abschaben mit dem Messer entfernt.

Nicht selten sucht man anrüchig gewordenes Fleisch durch Auswässern noch verwendbar zu machen. Dies ist ebenso unappetitlich als selbst gefährlich. Besser ist, das Verdorbene einfach mit dem Messer wegzuschneiden und zwar, wohlverstanden, gründlich! Wenn aber allenfalls auch das Innere nicht mehr ganz sauber riecht (man muss behufs genauer Untersuchung das Ganze durchschneiden), dann weg mit Allem!

Nachdem das Fleisch auf die eben besagte Art gereinigt ist, geht das Kochen an. Gewöhnlich legt man das Fleisch in kaltes oder lauwarmes Wasser, erwärmt langsam und kocht dann oft bis zu drei Stunden. Was geschieht hiebei?

Zuerst sehen wir, wie sich das Wasser, in welchem das Fleisch liegt, röthlich färbt. Diese Färbung rührt vom Blute her, welches aus dem Fleisch in die Flüssigkeit übergeht. Ausserdem lösen sich noch Eiweisskörper und Salze im Wasser auf.

Schon nach einer Stunde hat das Fleischwasser einen nicht unangenehmen Fleischgeschmack; es ist mit einem Worte die kalt bereitete Suppe für Kranke nach Liebig, von welcher oben Seite 26 die Rede war. Wenige Menschen finden die Sache appetitlich, noch seltener kennt jemand den grossen Nährwerth dieser Brühe. Es wird desshalb fortgesotten!

Beim Sieden beobachtet man wieder allerlei Erscheinungen: Erstlich verliert die Flüssigkeit nach und nach ihre röthliche Farbe, fängt an sich zu trüben und Flocken auszuscheiden. Diese Flocken sind geronnenes Eiweiss; sie werden gewöhnlich abgeschöpft. Ferner sammeln sich nach und nach Fetttropfen auf der Oberfläche der Brühe; auch diese kommen gewöhnlich weg. Bei noch längerem Kochen wird die Brühe dicker: die leimgebenden Substanzen des Fleisches, das sog. Weisse (Sehnen, Knorpeln u. dgl.) verkochen sich zu Leim, dem man aber honoris causa einen appetitlicheren Namen gibt: „Flüssige Rindfleisch-Jus".

Nach dem Gesagten besteht also die Fleischbrühe aus geronnenem Eiweiss, Fett, Leim (Hauptbestandtheil) und aus den Salzen des Fleisches.

Wenn wir uns nun alle Stoffe vergegenwärtigen, welche in die Brühe übergegangen sind, was bleibt dann für das Fleisch noch übrig? Nichts als die saft- und kraftlose Faser, ein Stück, das höchstens noch im Hühnerstall eine muntere Bewegung verursachen kann. Am Tische der Familie aber — wird gemurrt: „Der Metzger hat uns wieder einmal recht schlechtes Fleisch gegeben" brummt Alt und Jung; „ich kann es gar nicht beissen" krächzt die alte Tante. Um der gekränkten Unschuld, dem Metzger, Satisfaction zu geben, wollen wir nun den Weg zeigen, wie man besseres Fleisch bekommt und dazu noch eine gute Suppe:

Verfahren in meiner Küche.

Schon am Morgen, wenn das Fleisch aus der Metzig kommt, werden zwei Portionen daraus gemacht.

Eine Portion enthält alles Sehnige und die nächste Umgebung der Knochen, mit denselben.

Die andere Portion ist ein (schönes) Stück Fleisch ohne Bein.

Von der ersten Portion wird alles Fleisch zerhackt, die Knochen der Länge nach aufgespalten. Dann wird Alles in kaltes Wasser gelegt. Auf 500 Grm. Fleisch rechnet man 3 Liter Wasser; annähernd geben 500 Grm. Fleisch 1 Liter kräftige Fleischbrühe. Zu bemerken ist, dass sich ausgekochtes Wasser besser eignet als frisches, weil letzteres hart (d. h. kalkhaltig) sein kann.

Nachdem das Wasser genügend gesalzen; wird noch etwas reine Salzsäure (die man in jeder Apotheke haben kann) zugesetzt. Man rechnet auf ein ½ Kilo Fleisch ungefähr 6 Tropfen. Das Alles lässt man nun ein Paar Stunden kalt stehen. Während dieser Zeit zieht das Wasser alle Kraft aus dem Fleische aus, wie wir soeben geschildert haben. Gegen 10 Uhr wird nun langsam erwärmt und erst wenn das Wasser strudelt, kommt die zweite Portion Fleisch hinein, nachdem sie vorher noch mit einem starken Bindfaden überbunden worden. Dadurch, dass diese zweite Portion Fleisch gleich in kochendes Wasser gelegt wird, bezweckt man, dass die Oberfläche schnell gerinnt. Wenn dies geschehen, so gleicht das Ganze so zu sagen einer Wurst: die geronnene undurchdringliche Decke stellt den Darm vor, welcher zwar das Garwerden des Inhaltes gestattet, nicht aber das Austreten von Saft und Kraft.

So lässt man nun das Fleisch langsam fortsieden, bis es weich ist.

Die Eiweissflocken, welche sich ausfällen, schöpft man ab und wenn die Brühe einmal klar fortkocht, legt man die Suppenkräuter, in ein Büschel gebunden, ein: Petersilie, Sellerie, eine gelbe Rübe und Pastinak. (kein Lauch). Alles gründlich reinigen!

Werden nur kleine Quantitäten Rindfleisch gesotten, so wird die Brühe nie so fett, dass man abschöpfen muss. Bei grösseren Stücken dagegen, bei Stücken von 5 Kilo und darüber, schwimmt oft so viel Fett oben, dass man dasselbe abschöpfen muss und zwar nicht blos im Interesse der Zuträglichkeit der Speise, sondern auch aus öconomischen Gründen.

Wir haben jetzt gesehen, wie aus der ersten Portion eine gute Suppe, aus der zweiten ein saftiges Stück Fleisch erhalten wurde. Es lässt sich zwar nicht läugnen, dass das Fleisch, welches nicht zuerst in kaltes, sondern gleich in kochendes Wasser gelegt wird, oft ein weniger schönes — schwärzliches — Aussehen bekommt, allein der Nährwerth und der Wohlgeschmack sind doch gewiss wichtiger als die Farbe!

Ich verwende in neuester Zeit keinen hermetisch schliessenden (Papinianischen) Topf mehr, weil ich es für gut finde, wenn man zum Fleische sieht. Eine tiefe (eiserne, emaillirte) Pfanne mit Deckel finde ich auch desshalb praktischer, weil man oft schnell eine Tasse Bouillon haben will. Damit soll aber nicht gesagt sein, dass solche Töpfe überhaupt abzuschaffen seien; für sehr viele andere Kochereien sind sie vorzüglich.

Zur Bereitung des gesottenen Rindfleisches und der Fleischbrühe eignet sich nur frisches Fleisch. Während es für die Bereitung eines Rindsbratens unumgänglich nöthig ist, dass das Fleisch mürbe geworden, meidet man zum Sieden gerade solches Fleisch, weil die Erfahrung gezeigt hat, dass es keine helle Suppe, und kein so saftiges Stück liefert, wie das frische.

Um die Fleischbrühe kräftiger zu machen, werden gewöhnlich noch Rindsleber, Milz, Kalbsknochen, Ochsenzehen zugegeben. Erstere zwei machen die Brühe fetter, letztere zwei dicker (leimstoffreicher). Wenn man diese Artikel billig bekommen kann, mag man sie benützen; zu dem gewöhnlichen Preise gekauft, sind sie, nach ihrer Leistung taxirt, das Theuerste, was man aus der Metzig beziehen kann.

In manchen Häusern werden auch die vom vorigen Tage etwa übrig gebliebenen Bratenstücke zur Kräftigung der Fleischbrühe mitverkocht. Letztere gewinnt dadurch zwar an Gallertstoff, wird aber — selbst wenn die Ueberbleibsel in ein Tuch eingewickelt waren — nie schön klar und lässt diesen Zusatz im Geschmack auf eine unangenehme Weise durchblicken. Weit zweckmässiger ist die Verwendung der Bratenüberbleibsel zur Verstärkung der Bratenjus.

In sparsamen Küchen wird, nachdem das Suppenfleisch herausgenommen und die Fleischbrühe abgegossen ist, der Rückstand (das zerschnittene Fleisch, die Knochen und die Suppenkräuter) zum 2ten Mal ausgekocht; auf 500 Grm. dieses Rückstandes kommt 1 Liter Wasser. Die so erhaltene Brühe enthält zwar wenig Nährstoff, eignet sich aber noch recht gut zum Gemüsekochen sowie zum Verdünnen von zu stark gewordener Fleischbrühe.

Ausser Ochsenfleisch wird noch zu Suppen verwendet das Fleisch von alten Hühnern, Nussjäcken, Raben, Wildpret und Fische. Gemästetes Schaaf- und Schweinefleisch und die fetten Wasservögel geben schlechte Brühen. Kalbfleisch — besonders junges — macht die Suppen sulzig und jedenfalls eignet sich nur der Schlegel dazu.

Die Brühe von einem alten Huhn gilt als besonders kräftig und wird desshalb vielfältig den Wöchnerinnen verordnet. Es gibt oft Anlass zur Aussöhnung, wenn die alte Henne, welche mit ihrer zahlreichen Nachkommenschaft alle Gärten in der Umgegend verscharrt und dadurch die freundnachbarliche Gesinnung gestört hat, der in's Wochenbett gekommenen Nachbarin zum Geschenk gemacht wird. In Westphalen bekommen die Wöchnerinnen constant nichts Anderes als Hühnersuppen. Diese einseitige Kost macht, dass manche ihr Wochenbett abkürzt!

Wenn es sich um die Bereitung einer Fleischbrühe für Reconvalescenten, Kindbetterinnen u. dgl. handelt, so ist die Küche gar zu gerne bereit, des Guten zu viel zu thun; es wird zu einer solchen Suppe oft die grösste Menge Fleisch verkocht. So erhält man allerdings eine kräftige, aber auch eine schwerverdauliche Brühe, überreich an Fett und Leim.

Mitunter hat auch eine Fleischbrühe den entgegengesetzten Fehler; sie ist zu dünn. Heut zu Tage kann man sich leicht aus der Verlegenheit helfen durch Fleischextract. Vor Altem verstärkte man sie durch Jus. Bratensauce macht die Fleischbrühe wohlschmeckender als das Fleischextract, dagegen erhöht dieses den Nährwerth um Vieles mehr.

Liebig gibt zur Bereitung einer guten Haussuppe o h n e F l e i s c h aber mit F l e i s c h e x t r a c t folgende Vorschrift:

„Man nimmt 2 Liter Wasser, setzt 250 Grm. grob zerschlagene Knochen (am besten von Wirbeln oder Schenkelkopfknochen), oder statt der Knochen (welche frisch vom Metzger genommen, eben so viel wie das Fleisch kosten) 30 Grm. Ochsenmark, ferner die Suppengemüse, die man gerade zur Hand hat (ein Stück gelbe Rübe, weisse Rübe, Lauch, Sellerie, Zwiebel, ein paar Weisskohlblätter etc.) und kocht bis zum Weichwerden der Gemüse, wozu etwas über eine Stunde genügt; alsdann nimmt man die Knochen aus dem Kochgefässe heraus und setzt 20 Grm. Fleischextract und die nöthige Menge Salz hinzu; damit ist die Suppe für sieben Personen fertig: das Fleisch, welches sonst dazu dient, hat man als Braten obenein. Niemand von allen, die diese Suppe gekostet haben, ist im Stande gewesen, herauszuschmecken, dass sie aus Fleischextract und nicht aus frischem Fleische bereitet war. Man muss sich ganz besonders vor einem grösseren Zusatz von Fleischextract hüten und sich genau an die Vorschrift halten, indem sonst die Suppe einen strengen Geschmack erhält, der minder angenehm ist."

Beefsteaks (gebratene Lummelschnitten) sind unbedingt die erste Speise der Welt. Der Lummel ist ein so z a r t e s Stück Fleisch, das selbst den Magenkranken dieser Braten gut bekommt. Der Verfasser weiss Fälle von M a g e n k r e b s. wo nicht einmal mehr Milch oder leichte Suppen ertragen wurden, wohl aber Beefsteaks!

Der Lummel ist nicht nur ein sehr zartes, sondern auch ein s e h r n a h r h a f t e s Stück Fleisch. Nichts kann die Reconvalescenten so bald wieder auf den Damm bringen wie Beefsteaks, und den Bleichsüchtigen nützen sie mehr als alle Eisenmittel.

Die Küche liefert zwei Arten von Beefsteaks, gar gebratene und solche die inwendig noch roth sind. Die
ersten sind trocken, schmecken schlecht und sind schwerverdaulich, die letzteren dagegen sind zart, saftig und leicht zu
verdauen. Es ist das gleiche Verhältniss wie mit den harten
und weichen Eiern. Gewöhnlich nennt man erstere Beefsteaks
deutsche, letztere englische. Die hierdurch so schwer gekränkten deutschen Köchinnen rächten sich dadurch, dass
sie den Engländern selbst den Beinamen „Beefsteaks" auf-
brachten. Da die Beefsteaks, diese wichtigen Krankenspeisen,
nicht immer richtig zubereitet werden, so sah sich der Verfasser veranlasst, ein besonderes Recept dazu auszudenken.
Nachdem er dasselbe viele hundert Mal erprobt und in allen
Beziehungen richtig gefunden, kann er der Kritik ruhig entgegen sehen.

Recept zum Beefsteak à la Wiel.

Die Hauptsache ist mürbes Fleisch; es muss im Sommer mindestens
2 Tage, im Winter sogar 8 bis 14 Tage in einem luftig-kühlen Orte im
Eisschranke gehangen haben. Man achte ferner darauf, dass alles „Weisse"
(Sehnen, sehnige Häute) gründlich entfernt werden. Das Fleischstück muss
endlich in der richtigen Dicke und quer durchschnitten sein. Die richtige
Dicke ist die eines Daumens. Damit dem Kauapparate möglichst viel
mechanische Arbeit abgenommen, wird das Fleisch tüchtig geklopft, (sehr
zu empfehlen sind die Fleischschläger aus Porzellan, welche man in neuester
Zeit fast in jeder Geschirrhandlung bekommen kann), auf beiden Seiten
mit dem Messer eingehackt und nachher erst in die Form eines dicken runden
Kuchens zusammengedrückt. Das normale Gewicht ist 150 Grm.; für einen
Magenkranken genügen 100 Grm. Als Kochgeschirr benützt man silberne
Casserole, oder in Ermangelung dessen — ein Fall, der oft vorkommt —
eiserne, emaillirte, flache Pfannen. Das Feuer muss lebhaft brennen;
trockenes Tannenholz ist besser als Buchenholz. Es ist durchaus nicht
nöthig, dass man das Beefsteak auf beiden Seiten würzt; man könnte leicht
zu weit gehen. Nur eine Fläche wird mit der richtigen Menge Salz
gleichmässig bestreut. Pfeffer (feingemahlener) soll, wie alle riechenden
Gewürze, immer erst zugegeben werden, wenn das Beefsteak fertig ist,
sonst geht das Aroma — davon. Grobkörniger Pfeffer würde dem Beefsteak
ein unreines Ansehen geben. Es eignet sich kein anderes Fett als frische
Butter. Wenn diese in der Pfanne vollständig vergangen, legt man das
Beefsteak so ein, dass die gewürzte Fläche oben ist. Nun lässt man die
untere Fläche eine Minute lang braten. Wer keine Uhr hat, zählt langsam bis auf 60. Jetzt kehrt man das Beefsteak um und begiesst die nunmehr zur oberen gewordene Fläche mit einem Esslöffel voll Bratenjus.
Die zweite Fläche darf nur noch eine halbe Minute lang braten.
Nun wird das Beefsteak sogleich vom Feuer genommen, damit es nicht
erhärtet. Hatte man ein elegantes Kochgeschirr, so wird das Beefsteak

geradezu in diesem zu Tische gegeben, andernfalls in einem warm gestellten Teller.

In neuerer Zeit sieht man viel Beefsteak-Maschinen von Blech. Sie sind sehr einfach, billig und gut, und namentlich Jenen zu empfehlen, welche auf Reisen gehen und ein selbst fabricirtes, frisches Essen über die kalten Coteletten, Würste, Schinkenbrödchen und dgl. Raritäten der Restaurationen zu setzen befähigt sind. In diesen Maschinen lassen sich die Beefsteaks à la Wiel ebenfalls gut zubereiten.

(Schon seit mehreren Jahren besteht das Frühstück in meiner Heilanstalt für Magenkranke in der Regel aus einem solchen Beefsteak mit Peccoe-Thee. Bekanntlich sind alle diese Kranken übler Laune und geneigt zum Schimpfen. Trotzdem hat noch nie einer etwas Anderes an den Beefsteaks auszusetzen gehabt, als dass sie — zu klein seien!)

Ungarisches Beefsteak. Man belegt mit diesem Namen einen Fetzen rohes Fleisch (in der Regel vom Lummel), der in kleine Scheiben geschnitten ist wie ein Rettig und ausser Pfeffer und Salz kein Gewürz hat. Gelinde gesagt, ein Essen für Wilde! Wenn bei diesen Beefsteaks die Sehnen, sehnigen Häute u. dgl. nicht gründlich entfernt sind, dann trifft sie auch noch der Vorwurf der Schwerverdaulichkeit, denn über ungekochtes Leimgewebe wird nicht einmal ein fehlerfreies Zahnregister Meister, geschweige den hohle Stumpen und ein schadhafter Magen.

Es ist schon erwähnt worden, dass man durch den Genuss von rohem Fleische leicht Einquartirung bekommen kann, Bandwürmer und Consorten. Desswegen kann das s. g. ungarische Beefsteak, ungeachtet es so leicht zu bereiten ist, nicht unter die Zahl der diätetischen Speisen aufgenommen werden.

Rostbraten. Näheres über diese Art von Braten ist bereits oben S. 42 mitgetheilt. Die Rostbraten müssen inwendig noch roth sein, sonst sind sie — wie die „deutschen" Beefsteaks — trocken und schwer verdaulich. Man hat wohl zu beachten, dass bei der Anfettung das richtige Maass inne gehalten wird. So oft eine Stelle anbrennen will, bedecke man sie wieder mit einer dünnen Schichte Butter. Erst wenn sich der Braten mit einem leichten Schweiss überzieht, wird er mit der nöthigen Menge gestossenen Kochsalzes gleichmässig bestreut. Das Bratenstück darf nicht zusammenschmoren, soll im Gegentheil etwas aufgehen. Die Rostbraten haben einen sehr angenehmen Goût, der etwas an's Rauchfleisch erinnert; in Bezug auf den Nährwerth gehören sie zum Besten, was die Küche liefert; zudem sind sie so leicht zu verdauen, dass sie sich auch für den Krankentisch eignen.

Spiessbraten. Ausführliches über diese Bratenart findest Du oben S. 42. Zum Spiessbraten wird in der Regel ein grösseres Stück Schooss gewählt. Der Braten soll inwendig noch roth sein. — Hauptspeise für alle englisch redenden Menschenkinder — sehr saftig, sehr nahrhaft und leicht verdaulich; nur Schade, dass man diesen Braten nicht anders als in grossen Stücken machen kann; eine kleinere Haushaltung hat oft eine ganze Woche daran zu nagen und denkt zuletzt mit Schaudern an das Mittagessen!

Alle bis jetzt genannten Rindsbraten passen besonders für Reconvalescenten, vorausgesetzt, dass kein Fieber mehr vorhanden; sie sind ferner die beste Nahrung für Bleichsüchtige und für Wöchnerinnen, welche grosse Blutverluste erlitten haben.

Nicht zuträglich sind diese Speisen den Vollblütigen, den Hämorrhoidariern, den Leuten mit Kopfcongestionen, Schwindel in Folge von Blutfülle.

Saurer Rindsbraten (boeuf à la mode) vertritt in neuester Zeit auf den Mittagstischen der Gasthöfe meistens das Rindfleisch. Bekanntlich wird das Fleisch dazu mindestens 48 Stunden in Essig gebeizt. Nach den Erörterungen, welche wir am Eingange dieses Capitels über den Einfluss der Säuren auf die Fleischfaser gegeben haben, wäre dies gerade nicht zu verwerfen; allein es wird fast immer zu stark gebeizt und ausserdem eine solche Menge scharfer Würzen zur Sauce genommen, dass das boeuf à la mode selten als eine diätetische Speise bezeichnet werden kann.

Rindsklops wird nach den schon bekannten (S. 43) allgemeinen Regeln bereitet.

Ausserdem treibt die Küche mit dem Rindfleische noch allerlei Unfug und liefert mitunter Machwerke, wozu ganze Gewürzläden auszuplündern sind. Das Rindfleisch in der Braise, das filet de boeuf à la duchesse, der Lendenbraten auf Wildpretart u. s. f. sind zwar ganz delicate Dinge aber — gut' Nacht Magen!

Ochsenzunge. Man kann daraus viel Gutes machen. Zu Krankenspeisen eignen sich die Zungenspitze und die Zungenwurzel besser als das Mittelstück, weil dieses ziemlich fett ist.

Frische Ochsenzunge in saurer Sauce eignet sich nicht für den diätetischen Tisch; alle Speisen mit gekochtem Essig greifen den Magen an.

Sehr zuträglich ist Zunge als Einlage für Gelées. Die Zubereitung dieses Gerichts siehe im 15. Capitel.

Häufig wird die Ochsenzunge geräuchert. Wenn das Salzen und Räuchern mässig war, so gibt dies eine der feinsten und gesündesten Sorten von Rauchfleisch. Am besten ist, man besorgt die Sache selber, denn die Ochsenzungen, welche man im Handel bekommt (die aus Bologna und die russischen haben einen grossen Ruf), sind oft zu alt und haben zu stark gesalzene — Preise!

Ochsenmaul, auf den Wiener Speisezetteln mit dem scharfsinnigen Uebernamen „ungarisches Rebhuhn" belegt, wird vorzugsweise als Salat zum Rindfleisch gegeben. Ausserdem eignet es sich, als leimsoffreiches Gebilde, zu Einlagen für Sulzen (S. 15. Capitel). Das im Handel vorkommende s o g e n a n n t e Ochsenmaul wird aus allen möglichen leimstoffreichen Dingen fabricirt, so dass man beim Essen nicht daran denken darf, was darin gewesen ist.

Rindsherz wird manchmal als Braten verwendet. Das fettarme Gebilde ist nur dann geniessbar, wenn die Herzhöhle mit einem Stücke Speck ausgefüllt und ausserdem die Oberfläche gründlich mit Speck gespickt wurde. Am besten bratet es sich am Spiess. Unter allen Umständen hat es eine zähe, trockene Faser und ist desshalb schwer verdaulich — keine Speise für den diätetischen Tisch.

Von den übrigen Eingeweiden des Rindes verwendet die Küche noch folgende:

Milz — nur zu Suppenbrühen verkocht.

Gehirn — ähnlich wie Kalbshirn verwendet.

Leber ist nicht so zart wie die Lebern von kleinen Thieren, aber immer noch gut zum Braten oder in Sauce.

Nieren — ähnlich wie Kalbsnieren verwendet. Weniger zart!

Kutteln (Kaldaunen). In der Metzig unterscheidet man folgende Arten von Kutteln: der Magen — ziemlich fett, schwer zu reinigen, auch ist die in's Röthliche stechende Farbe nicht empfehlend; der Manigfalt — die zartesten Kutteln aber mager und am schwersten zu reinigen; die Haube und der Kuttelfleck geben unbedingt das Beste von diesem Artikel, sehr saftig und sehr nahrhaft, zudem sind beide leicht sauber zu machen und haben das appetitlichste Ansehen unter allen Arten von Kutteln.

Von allen Leimstoffspeisen eignet s i c h f ü r e i n e n e i n z e l n e n K r a n k e n keine besser als die Kutteln. Da aber sehr viel von deren Zubereitung abhängt, da diese in manchen Küchen eine ganz fehlerhafte ist (wir wollen nur an das sonst allgemein verbreitete s. g. Rösten erinnern. geröstete Leimstoffspeisen haben, wie im 15. Capitel näher begründet ist, nicht nur einen ekelhaften Geschmack, sondern sind auch viel schwerer zu verdauen als jene, welche in leicht saurer Sauce verdämpft wurden) so wird es nicht überflüssig sein, hier ein eigenes R e c e p t z u r K u t t e l n b e r e i t u n g zu geben:

125 Grm. Kutteln werden fein zerschnitten und eine Stunde lang in Weisswein (ein halbes Trinkglas nöthig) gelegt. Nachdem in einem Kasserol die nöthige Menge frische Butter heiss gemacht und darin etwas Zwiebeln

chwach gebräunt sind, werden die Kutteln (ohne den Wein, in welchem ie lagen) beigesetzt, und langsam gedünstet. Sobald sie anfangen „lahm", lso gar zu werden, kommt die nöthige Menge Salz dazu und wird ein ohnengrosses Stück Fleischextract exact darin verrührt. Erst wenn die Kutteln vom Feuer genommen sind, wird ein Kaffeelöffel voll Weinessig nd der Wein, in welchem sie gelegen, zugerührt und die nöthige Menge Pfeffer darauf gestreut. Ein Kaffeelöffel voll Kapern macht die Speise u einem vortrefflichen Mittel gegen — Katzenjammer.

Noch bleibt zu bemerken, dass man aus der Metzig nur veiche Kutteln nehmen soll, denn bei obiger Zubereitung verden sie nicht weich, und Nichts liegt schwerer im Magen ls harte Leimstoffspeisen.

5. Capitel.

Kalbfleisch.

Die Küche unterscheidet am Kalbe den Schlegel, die Nuss, das Filet, das Nierenstück, die bedeckten und icht bedeckten Coteletten und das Halsstück. Nuss heisst as Fleisch um das Hüftgelenk herum, oben am Schlegel; die nderen Ausdrücke sind bekannt. Das Nierenstück hält man ir den saftigsten Theil des Kalbes; doch hat jeder Theil vieder seine besondere Bestimmung und es lässt sich das Kalb nter so vielerlei Formen auf den Tisch bringen, dass ihm — icht mit Unrecht — ein berühmtes Kochbuch den Namen: Küchen-Chamäleon" gab. Auch die Eingeweide des Kalbes Gehirn, Briesle, Leber, Nieren) geben manche, nicht 1 verachtende Gerichte.

Das Kalbfleisch enthält mehr Wasser, Eiweiss und Leimstoff, dagegen viel weniger Faserstoff als das Rindfleisch, t somit nicht so nahrhaft wie das letztere („Kalbfleisch — Kalbfleisch"); dagegen hat es eine viel zartere Faser und ist esshalb leichter zu verdauen. Uebrigens hängt vieles davon b, wie alt das Kalb war und wie es zu Lebzeiten behandelt urde.

Das Fleisch der Stierkälber ist in der Regel etwas derber s das der Kuhkälber. Ein Kalb von ungefähr 6 Wochen at das beste Fleisch. Unter 14 Tagen ist das Fleisch zwar rter, aber von viel geringerem Nährwerthe; beim Braten gibt junges Fleisch besonders viel, und dicke Jus. Andererits liefern Kälber, welche man zu alt werden lässt, ein grobfaseriges Fleisch. ein Fleisch. an welchem weder das Zarte des Kalbes, noch das Kräftige des Ochsen zu entdecken ist. Die Kälber, welche nur mit Milch genährt werden, haben ein so schön weisses Fleisch, dass es einen französischen Kochbuchmacher zu dem Ausspruch getrieben: „C'est vraiment une poularde à quatre pieds." Kälber dagegen, welche Heu oder Gras bekommen haben, liefern geringeres, etwas in's Röthliche stechendes Fleisch. Man hann demnach schon aus der Farbe des Bratens erkennen, welches Futter das Thier gehabt hat.

Eine sehr interessante Thatsache, auf welche namentlich die Metzger aufmerksam zu machen sind, lautet dahin, dass das Fleisch von allen gemarterten Thieren ungemein viel an Kraft verliert. Es ist durchaus nicht richtig, wenn man sagt, alle Metzger seien rohe Leute; das ist eine infame Beleidigung eines sonst so ehrenwerthen Handwerks! Hie und da kommt allerdings der Fall vor, dass ein Schlachtthier bei seinem letzten Lebens-Gang auf eine wahrhaft unmenschliche Weise gequält wird. Wenn die besagte Thatsache bekannter wäre, kämen vielleicht solche Rohheiten seltener vor.

Durch das Aufblasen bekommt das Kalbfleisch allerdings ein volleres Aussehen; für den Consumenten aber ist damit thatsächlich nichts erreicht. Im Gegentheil, es gibt viele Menschen, für welche der Gedanke, dass ein Metzger den luftigen Inhalt seiner Lunge in's Fleisch ausgeblassen hat, immer etwas Peinliches hinterlässt, selbst wenn besagter Metzger ein bildschöner Mensch wäre.

Es ist schon bemerkt worden, dass die Küche vom Kalb eine grosse Menge Speisen zu fabriciren versteht. Nur ein kleiner Theil eignet sich für den diätetischen Tisch; dieser kleine Theil enthält aber weitaus die besten Speisen für Kranke und Reconvalescenten und zum Theil solche Delicatessen, dass auch Gesunde nicht höher schwören.

Kalbsbraten. Den besten Braten für Reconvalescenten und für Leute mit schwachem Magen gibt das Brust- und das Nierenstück. Letzteres ist jedoch nur dann geeignet, wenn das Nierenfett gründlich beseitigt wurde. Das Nierenfett ist wie alle Fette, welche schnell gerinnen, dem Magen nicht zuträglich. Weniger zart als die genannten Braten ist der Schlegel. Dieser hat schon eine so grobe Faser, dass dazu eine saure Beigabe (Salat) gehört, die bekanntlich in den wenigsten Fällen für Magenkranke passt. Die erstgenannten Braten sind so saftig, dass sie ganz gut für sich allein gehen, jedenfalls aber mit einem gut blanchirten Gemüse. Durch die Füllung wird der Brustbraten saftiger; die Füllung selbst aber passt besser für Gesunde als für Kranke, da sie gewöhnlich überwürzt ist.

Eine detaillirte Anweisung zur Verfertigung des Kalbsbratens ist wohl nicht mehr nöthig, nachdem oben, Seite 43, die Sache im Allgemeinen erledigt worden.

Vollblütige (auch Hämorrhoidarier) können keine bessere Nahrung wählen als gebratenes Kalbfleisch. Kräftige Braten, namentlich Rinds-, Schaafs- und Wildpret-Braten sind ihnen schädlich, da sie noch mehr Blut machen.

Kalbs-Coteletten. Für Privathäuser, wo man in der Regel nur kleine Stücke Fleisch braucht, sind Coteletten geeigneter als Braten, weil letzterer nur in grösseren Stücken saftig zubereitet werden kann. Ausserdem brauchen die Coteletten nicht so viel Zeit wie ein Braten; dagegen ebenso grosse Aufmerksamkeit, wenn man nicht haben will, dass sie „anbrennen" oder „saftlos" werden.

Hier sechs wichtige Paragraphen über die Bereitung der Coteletten für Kranke:

§. 1. Während die untere Fläche des Cotelettes in der Pfanne bratet, darf man dasselbe nicht ruhig auf einem Flecke liegen lassen, man muss es von Zeit zu Zeit hin- und herschieben, sonst brennt es an und bekommt einen brenzligen Goût.

§. 2. Ist das Cotelett gewendet, so kommt noch einmal etwas frische Butter in die Pfanne.

§. 3. Von jetzt an wird die Sauce von Zeit zu Zeit über das Cotelett gegossen.

§. 4. Unappetitlich zum Ansehen und auch ungesund sind die Coteletten, welche förmlich im Fette schwimmen.

Das Fett, welches ein nach § 3 behandeltes Cotelett in sich aufgenommen hat, ist vollkommen ausreichend.

§. 5. Ein Paar Tropfen Citronensaft sind sehr zu empfehlen; die Säure macht das Fleisch leicht verdaulich.

§. 6. Gegen das Ende des Bratens wird etwas Fleischextract in die Sauce gerührt; man rechnet bohnengross auf ein Cotelett. Dieser Zusatz erhöht sowohl den Nährwerth als auch den Wohlgeschmack der Speise ganz bedeutend.

Das Paniren mit gestossenem Röstbrod oder mit Panirmehl ist nicht zu empfehlen, da dadurch weder dem gutgezogenen Geschmackssinn noch dem schwachen Magen ein Dienst geleistet wird.

Zu den Kalbscoteletten verwendet man nur das Rippenstück. Wenn das Fleisch gehörig mortificirt ist, werden die Coteletten besonders zart.

Eine Varietät der Coteletten sind die s. g. Wiener-schnitzel; der ganze Unterschied besteht darin, dass man zu letzteren auch anderes Kalbfleisch (versteht sich nur in quergeschnittenen Stücken) verwenden kann und dass erstere nur geklopft, letztere dagegen meistens noch gehackt werden. Durchschnittlich macht man die Wienerschnitzel etwas pikanter als die Coteletten, namentlich durch einen Zusatz von zerhaktem Speck.

Gerollte Kalbfleischschnitten (Kalbsrouladen), aus der Nuss bereitet, tüchtig geklopft, mit einer mässig gewürzten Farce belegt, reihen sich als gute, leicht verdauliche Speise den Coteletten an.

Eingemachtes Kalbfleisch. Dem Umstande, dass eingemachtes Kalbfleisch bislang und allgemein als Reconvalescentenspeise verordnet wird, mag es wohl zuzuschreiben sein, dass diese Speise bei weitem in den meisten Kochbüchern, ganz gegen die gewöhnliche Uebung, mit einer lobenswerth mässigen Menge Würzen und dazu mit lauter milden zu machen gelehrt wird, so zwar, dass der Arzt ohne Weiteres in jedem Hause diese treffliche Speise den Reconvalescenten verordnen darf.

Fricandeau — ein gespicktes Stück Kalbsschlegel, zwischen Speckschnitten gedämpft, dazu eine stark gewürzte Mehlsauce — kann nie als diätetische Speise dienen.

Kalbsklops wird nach den bekannten Regeln (S. 43) zubereitet.

Kalbszunge ist sehr zart und nicht besonders fett, eignet sich desshalb vorzüglich für den Tisch des Magenkranken. Am zuträglichsten ist sie schwach gesalzen und geräuchert, muss aber jedenfalls recht weich gekocht werden. Für die Gelées gibt es wenige Einlagen, welche so schmackhaft und so gesund sind wie Kalbszunge, quer in dünne Scheibchen zerschnitten.

Kalbsherz wird in der Regel mit Speck ausgefüllt und ausserhalb gespickt, besser am Spiess als in der Pfanne gebraten. Das Spicken ist bei einem so fettarmen Gebilde nöthig; ohnedem wäre es von fadem Geschmack.

Das Kalbsherz ist zwar zarter und desshalb leichter zu verdauen, als das Rindsherz; allein es gibt doch noch viel bessere und zuträgliche Speisen!

Auch von den übrigen Eingeweiden des Kalbes werden manche vortreffliche Speisen, namentlich manche s. g. Restaurationsmittel gemacht. Die Kochbücher für die „feine" Küche haben desshalb eine Menge derartiger Recepte, namentlich zu den Speisen für das hors d'oeuvre; aber auch beim ländlichen Festmahl erfreut das s. g. Voressen; endlich dienen saure Nieren u. dgl. vielfach als Gabelfrühstück für gewisse Leute und werden in manchen Gasthöfen nur unter dem Namen: „Schreiber-Essele" bestellt.

Kalbshirn. Das Gehirn ist zwar ein recht zartes Gebilde, aber zu fett, um jemals zuträgliche Krankenspeisen abzugeben. Dessenungeachtet verordnet der gedankenlose Schlendrian dasselbe sehr häufig, namentlich für Reconvalescenten. Gebackene Kalbshirnschnitten (auch noch mit Parmesankäse bestreut!) stehen in den meisten Kochbüchern unter den „Krankenspeisen."

Kalbsbriesle, (Kalbsmilch, Tymusdrüse des Kalbes), ist für den Krankentisch von höchster Bedeutung. Das zarte Gebilde ist ungemein leicht zu verdauen und sehr nahrhaft. Es wird mit Recht häufig als erste Speise nach schwerer Krankheit verordnet. Die einfachste Form ist die Brieslesuppe. In schwach saurer Sauce oder in Butter verdämpft schmeckt es zwar pikanter; allein es kommen da schon eher Ueberwürzungen vor. Am wenigsten schaden einige Scheibchen Essiggurken oder Kapern in mässiger Menge; zudem machen beide die Sauce sehr schmackhaft.

Ein sehr wohlschmeckendes und zuträgliches Gericht ist die Brieslewurst, deren Bereitung im 14. Capitel gelehrt werden soll.

Kalbslungen. Alle Lungen sind schwer verdaulich — wegen ihres grossen Gehaltes an Faserknorpel. Das unter dem Namen „Lungen-Muss" bekannte Gericht steht demnach mit Unrecht unter den Krankenspeisen.

Kalbsleber. Von diesem Eingeweide macht die Küche einen sehr ausgedehnten Gebrauch. Es ist ein grosser Unterschied unter den Lebern; eine gute Leber hat die bekannte Leberfarbe ziemlich hell, der Anschnitt ist gleichmässig compact. nirgends sind erweichte oder anders gefärbte Stellen.

Regeln für die Küche: Da die Leber ein sehr fettreiches Organ ist, so sollte man beim Rösten derselben nicht so freigebig mit der Butter verfahren; man sollte ferner beim Anrichten alles Fett wegschöpfen. Nichts widersteht so sehr wie eine im Fett schwimmende Leber! Ein zweckmässiger Würzzusatz ist guter Senf — auf die Portion einen Kaffeelöffel voll. Sehr oft wird der Senf schon zugesetzt, wenn die Leber noch in der Pfanne bratet. Das ist ein Fehler! Der Senf darf erst zugerührt werden, wenn die Leber vom Feuer ist; sonst geht die Hauptsache vom Senf, das Aroma, verloren. Auf keinen Punkt achtet das Küchenpersonal so wenig wie auf die Verflüchtigung gewisser Stoffe bei erhöhter Temperatur!

Kalbs-Nieren haben eine etwas derbere Structur als die Lebern, wesshalb es rathsam ist, gegen das Ende des Röstens etwas Weinessig zuzusetzen. Die Säure lockert die derbe Faser. Manchmal riechen die Nieren so stark nach ihrem Fabrikat, dass selbst der Zuschauer davon gesättigt wird.

Kalbsfüsse sind nur zur Bereitung von Gelées geeignet;

Kalbsfüsse zu backen ist ungeeignet. Warum? kannst Du im 15. Capitel erfahren.

Gebackener Kalbskopf. Nach dem im 15. Cap. Gesagten ist dies ein verwerfliches Präparat; die Leimstoffspeisen bekommen durch das Braten einen unangenehmen brenzlichen Goût und sind schwerer zu verdauen als wenn sie angesäuert wurden.

Abgesottener Kalbskopf, Kalbskopf au naturel. Der Kalbskopf wird einfach weich gesotten und nur mit Salz und Essig gewürzt. (Schmeckt besser und ist leichter zu verdauen als der vorige.)

Kalbskopf in Sauce, nach Wiel's Vorschrift (tête de veau en tortue). Man braucht hiezu einen Kalbskopf mit der Haut und muss denselben in der Metzig besonders bestellen. Wenn wir uns wegen dieser Speise in den Kochbüchern umsehen, so finden wir staunenerregende Böcke und viele, der Gesundheit sehr nachtheilige Rathschläge. Namentlich enthalten die von Hofköchen geschriebenen Kochbücher oft grässliche Recepte. Verschwendung in Gewürzen der schärfsten Art und gänzliche Unkenntniss des chemischen Verhaltens der Leimstoffspeisen zu Säuren sieht man auf den ersten Blick. Lesen wir dagegen die guten alten Schriften über Kochkunst — und diese sind ja überhaupt auch werth, dass man sie liest — so machen wir die werkwürdige Entdeckung, dass vor Altem die grossen Herren mehr darauf sahen, Köche zu haben, welche so viel von Chemie und Heilkunde verstunden als zur Zubereitung gesunder Speisen nöthig ist. Leibköche kannten fast ebenso viel von der Diätetik als Leibärzte, was ganz in der Ordnung ist, denn die ersteren kommen dem allerhöchsten Leibe weit häufiger bei als die Leibärzte, sie können ihn tagtäglich mit ihrem Fabrikat erquicken und stärken oder — langsam zu Grunde richten! — Nach dieser zärtlichen Einleitung wird es unsere Aufgabe, an der Hand der Chemie die Grundsätze namhaft zu machen, nach welchen man einen Kalbskopf zuzubereiten hat, der die Prädikate „gesund", „wohlschmeckend" und „nahrhaft" wirklich verdient:

1) Die Leimstoffspeisen sind nur dann leicht zu verdauen, wenn sie mässig sauer gemacht werden. Der Leim löst sich nur bei Gegenwart einer Säure auf.

2) Da es dem Kalbskopf an Eiweisskörpern ziemlich fehlt, so setze man Fleischextract, Eier u. dgl. zu und koche unter Zusatz von Rindsknochen; nur so erhält man ein kräftiges Gericht.

Im Besonderen geben wir folgendes Recept, das sich, nebenbei bemerkt, auch durch grosse Wohlfeilheit auszeichnet:

Der Kalbskopf mit der Haut, die Haare abgebrüht, wird in zwei Hälften gespalten, das Gehirn herausgenommen und zu etwas Anderem verwendet. Siede den Kalbskopf in mässig gesalzenem Wasser mit 1 Kilo

Rindsknochen, 3 Stück gelben Rüben, einer Selleriewurzel, einer ganzen
Zwiebel und etwas Petersilie langsam weich. Gewöhnlich braucht es zwei
Stunden. Löse die Haut von den Knochen ab und schneide sie in portionen-
grosse Stücke, ebenso mache es mit den Ohren. Schüle die Zunge und
schneide sie quer in fingerdicke Scheiben. Stelle Alles bei Seite warm
und gehe an die Bereitung der
Sauce. In einem grossen Casserol lasse 150 Grm. Butter vergehen, und in
dieser nachher einen Esslöffel voll Mehl weiss anziehen. Nun wird von
der Brühe, in welcher der Kalbskopf gekocht hat, durch ein Sieb
zugegeben, unter fleissigem Umrühren. Hat man so eine genügende
Menge Flüssigkeit erhalten, dann kommen hinein: die Kalbskopf- und die
Zungenstückchen, ein Kaffeelöffel voll Fleischextract (vorher in einer Tasse
Brühe aufgelöst), das in Bröckelchen zerschnittene Eiweiss von 6 hartgesottenen Eiern und drei in Rädchen geschnittene Essiggurken. Lasse Alles
noch etwa 5 Minuten lang über gelindem Feuer und unter fleissigem Umrühren miteinander kochen, damit sich die Brühe innig mit dem Fleische
menge. Schliesslich gieb die flüchtigen und aromatischen Dinge zu: guten
Weinessig q. s., den Saft einer halben Citrone, einen Kaffeelöffel voll Pfeffer.
Rühre Alles nochmals flüchtig durcheinander, damit die Würzen gleichmässig vertheilt werden. Nimm es sofort vom Feuer, damit das Aroma
nicht zum Schornstein hinausfahren kann.

Anrichten: In die Mitte der Platte kommen die Hauptstücke, ihre
platte Fläche nach oben, rings herum die Zungenrädchen, darüber etwas
Sauce (die übrige kommt in den Saucier). — Garnitur: Citronenscheiben
und Grünes. — Hauptregel: Warm serviren! Anmerkung: Feinere
Einlagen, die aber nicht immer zu haben sind und die Sache sehr ver-
teuern, sind: Trüffeln, Champignon, Morcheln; statt Essiggurken, Capern; endlich rothe Krebse als Garnitur! — Der auf besagte
Art zubereitete Kalbskopf erheischt keine Beilage; höchstens mag ein
Liebhaber davon einige Oliven in Salz vorlegen.

Gebrauchsanweisung: Der Kalbskopf nach Schildkrötenart eignet sich am besten zum Nachtessen, weil er gar
nicht zu verdauen ist; der Magen wird in längstens 2 Stunden damit fertig. Eine Gesellschaft von 8—10 Personen hat
an einem solchen Kalbskopfe genug, und wenn dazu der rechte
Wein in gehöriger Menge fliesst, bleibt der richtige gesellige
Ton niemals aus. Denkst Du vielleicht an einen gerbstoff-
reichen Affenthaler oder an einen alkoholreichen Rheinwein?
Nein! Trinke reinen, guten Wein vom See und Du wirst Wunder-
dinge verspüren. Probatum est!

Der Kalbskopf auf Schildkrötenart ist aber nicht blos eine
treffliche Speise für Gesunde, sondern auch ein herrliches
Remedium gegen eine gewisse Krankheit. Die Sache lässt sich
nicht erklären: Der Katzenjammer ist zwar eine sehr complicirte Krankheit, er ist „ein durch superlative Absorbirung
bundirender Fluidumsquantitäten procreirter abnormal-provi-

sorischer Uebergangszustand eines durch generelle Corporal-
miserabilitätsschwäche afficirten Individuums, bei welchem die
nach Normalbehaglichkeit aspirirenden Naturalconstitutionsfähig-
keit sich von der Stomachal-, Cerebral-patientialität zu delibe-
riren sucht." Nichts desto weniger tritt die Magenversäurung
als Hauptsache in den Vordergrund und da Gelée zur Säure
passt, so passt auch Kalbskopf zum Katzenjammer. Wer
jemals die wohlthätige Wirkung dieses delicaten Remediums
empfunden, wird im vorkommenden Fall am anderen Morgen
sicherlich zuerst an einen Kalbskopf denken!

6. Capitel.

Schweine-Fleisch.

Das Fleisch von Schweinen, denen die letzten Lebenstage
mit Milch versüsst wurden, ist besonders gut. Bei Kartoffel-
Mastung wird das Schwein zwar fetter, bekommt aber ein kraftloses Fleisch. Eicheln und Bucheln machen das Fleisch thranig.
Im Schweinefleisch existirt überhaupt ein bedeutender Unterschied; es gibt viel geringes. Dieses hat eine röthliche Farbe
und gelbliches, leicht flüssiges Fett. Gutes Schweinefleisch gibt
einen weissen Braten, der Speck ist fest, körnig und von
schneeweisser Farbe (Sicheres Kenntzeichen der Milchmastung).
Besonders gefährlich ist trichinöses Schweinefleisch. Es
ist hier nicht der Platz, diesen wichtigen Gegenstand in der
nöthigen Ausführlichkeit zu erschöpfen. Nur soviel sei hier
zur Beruhigung bemerkt, dass jetzt die Fleisch-Schau ein
wachsames Auge auf die Sache hat; diese bietet, wenn sie
mit der nöthigen Gewissenhaftigkeit und Sachkenntniss aus-
geführt wird, vollständigen Schutz. Es werden vor Allem jene
Fleischpartieen einer Untersuchung unterzogen, in welchem
erfahrungsgemäss die Trichinen vorzugsweise hausen. Ferner
begnügt man sich nicht mit der Visitation von blos einem
Stücke, es werden mindestens 3 verschiedene Stücke untersucht.
Hat eine solche Untersuchung keine Trichine entdeckt, so darf
man ruhig sein, obgleich damit der Beweiss nicht geliefert ist,
dass im ganzen Schweine keine einzige Trichine vorhanden.
Immerhin ist aber soviel constatirt, dass nicht jene Anzahl Trichinen vorhanden, welche dem Menschen gefährlich werden
kann. Wenn trichinenhaltiges Fleisch einmal gründlich durch-
gefroren oder recht gar gesotten oder endlich vollständig
durchgebraten wurde, so ist jedes Leben darin zerstört, selbst

jene Trichine, welche bereits in einen Kalkmantel eingehüllt
war. Gekochtes Fleisch kann also ohne alles Bedenken verspeist werden; ja es kann sogar gut gesalzenes und warm geräuchertes Schweinefleisch roh verspeist werden, ohne dass
man die Trichinenkrankheit riskirt. Von letzterem Urtheile
sind aus Vorsicht die gekauften Fleischwaaren (Schinken,
Würste u. dgl.) auszuschliessen, weil man nicht immer genau
weiss, ob auf deren Zubereitung die nöthige Sorgfalt verwendet wurde. — Hat man wirklich trichinöses Fleisch roh
gegessen, so kommen natürlich die Trichinen zuerst in den
Magen und Darmkanal und verursachen dort grossen Rumor:
Magenkatarrh mit Magenschmerzen und Erbrechen, Darmkatarrh mit Leibschneiden und Diarrhoe. Durch letztere werden zum Glück die Gäste oft wieder fortspedirt und die Sache
hat keine weiteren Folgen. Bleiben aber die Trichinen, so
wählen sie sich die Muskeln zur Wohnstätte und verursachen
ein langwieriges Siechthum, das gewöhnlich mit allerlei andern
Krankheiten verwechselt wird und nicht selten unter typhus-
artigen Erscheinungen zum Tode führt. — Die Hauptsymptome
der Trichinose sind: Grosse Abgeschlagenheit, Mangel an
Appetit, Stuhlverstopfung, grosse Schmerzhaftigkeit aller Muskeln, namentlich an den Aermen und Füssen, Fieber. In Süddeutschland hörte man bis jetzt wenig von der Trichinenkrankheit, dagegen hat dieselbe in verschiedenen Gegenden von
Mittel- und Norddeutschland zahlreiche Opfer gefordert.

Eine andere Krankheit des Schweines, die überall vorkommt und ebenfalls unsere grösste Aufmerksamkeit verdient,
ist die Finnenkrankheit. Dieselbe ist leicht zu erkennen;
am Fleische lassen sich die weissen Punkte oder Bläschen schon
mit freiem Auge entdecken. Auch bei diesem Fleisch ist keine
Gefahr für die Gesundheit, wenn es gründlich gekocht wird.

Wegen seines grossen Gehaltes an Fett eignet sich das
Schweinefleisch hauptsächlich als Mastmittel und Wärmeproducent. Für jene Menschen, welche bei gutem Magen nicht
fett werden, ist der Schweinsbraten — neben manchem Anderen,
namentlich neben gehöriger Ruhe an Leib und Seele — das
beste Mittel zum Fettmachen. Das Schweinefleisch passt nicht
für heisse Gegenden, nicht für den Sommer; dagegen ist der
Schweinebraten eine treffliche Winterspeise.

Die feine Küche betrachtet das frische Schweinefleisch mit
erheblicher Geringschätzung und geht so gar so weit, dass sie
die Schweinsbratenesser zu den ordinären Menschen rechnet.
Das frische Schweinefleisch eignet sich hauptsächlich zum Braten.
Der Schweinebraten wird nach den allgemeinen Regeln
(3. Capitel) zubereitet. Die Schweinskäule wird mitunter auch
gebeizt und mit übertrieben viel Gewürz gebraten. Dieses

magenfeindliche Gericht führt den genialen Namen: „Pseudo-
wildschweinskeule! Gesotten werden nur die leimstoffreichen
Theile (Kopf und Füsse). Man verspeist dieselben entweder
frisch als „Kesselfleisch", oder benützt sie zu Sulzen. Kalt,
stark gesalzen und fettreich wie diese sind, können sie nicht
als zuträgliche Speisen bezeichnet werden. Eine Sorte Schweinefleisch eignet sich sehr gut zum Verwursten (14. Cap.).

In weit grösserem Ansehen als das frische Schweinefleisch
steht aber das gesalzene und geräucherte; namentlich
ist der Schinken im Stande, selbst Leute vom altem Testa-
mente zur Sünde zu verleiten! In den meisten Gegenden weiss
man wenig oder nichts vom Schinkenhandel; jedes Haus fabricirt
den Artikel selbst und wie! Damit diese edle Gottesgabe immer
mehr vervollkommnet werde, haben auch wir ein Recept zur
Schinkenfabrikation erpropt und nun hier mitzutheilen
die Ehre:

Auf 50 Kilo Schinken werden 5 Kilo Salz und 200 Grm. Salpeter gerechnet. Mische beide Salze gut und reibe die Schinken tüchtig damit ein.
Stelle diese nachher aufrecht in ein Züberchen und lasse sie acht Tage lang
so stehen.

Nun wird auf folgende Weise eine Lake gekocht: Alles übrig geblie-
bene Salz und Salpeter, ferner 500 Grm. Kandiszucker, 100 Grm. ganzer
Pfeffer, 50 Grm. Modegewürz (Piment), eine Hand voll zerdrückter Wachholderbeeren, 10 Lorbeerblätter werden mit 15 Liter Wasser gründlich zu-
sammengekocht. Lasse die Lacke erkalten. Gieb nachher noch 20 Zwiebeln (geschält und in 4 Theile zerschnitten) darein. Schütte jetzt die Lacke
über die Schinken.

Die Schinken müssen ganz in der Lacke stehen, es darf nichts davon
frei in die Luft hinaus ragen; man muss sie desshalb leicht beschweren.
Je nach der Grösse bleiben die Schinken 5—6 Wochen in der Lacke stehen.
Während dieser ganzen Zeit darf man nichts an den Schinken machen.
(Das Herausnehmen der Schinken, um daran zu riechen oder zu schmecken!
das Herumrühren in der Lacke u. dgl. Herkömmlichkeiten tragen nur dazu
bei, dass die Lacke verdirbt).

Nun kommt der zweite, ebenso wichtige Act, das Räuchern. Bevor
man die Schinken in's Rauchkamin bringt, müssen sie einige Tage an einem
kühlen luftigen Orte aufgehängt werden, damit sie gehörig abtrocknen. —
Das Rauchkamin muss weit sein. Als das beste Brennmaterial zum
Schinkenräuchern hat sich das Wachholderreisig bewährt; die Schinken bekommen davon einen ausserordentlich angenehmen Geruch. In gar
mancher Küche verwenden die Köchinnen das Herdfeuer zum Verbrennen
von Knochen, alten Spüllumpen, Leder, Kehricht und anderen Raritäten mehr.
Das ist begreiflicher Weise nicht geeignet, den gerade im Rauche hängen-
den Schinken das beste Aroma zu verleihen. Sehr häufig trifft man es
auch, dass die Schinken zu nahe über der Feuerstätte hängen, oft so nahe,
dass Fetttropfen herabfliessen. Um durch zu starke Hitze nichts zu ver-

dorben, müssten die Schinken mindestens 5 Meter hoch über der Feuerstätte aufgehängt worden. Ferner ist wohl zu beachten, dass, während
man gerade Schinken im Rauch hängen hat, auf der Feuerstätte niemals
ein starkes Feuer angemacht worden darf. Kommt, namentlich gleich
anfangs, einmal ein zu starker Rauch, so überziehen sich die Schinken
mit einer Kruste von Glanzruss, welche verhindert, dass sie auch im
Innern gründlich durchräuchert werden. Die Räucherungszeit ist verschieden; jene Schinken, welche zum Kochen bestimmt sind, brauchen
nicht so lange wie jene, welche zum Rohessen bestimmt sind; sehr
voluminöse Schinken haben bis zu 6 Wochen Räucherung nöthig, während sonst wohl auch schon 4 Wochen genügen. Gar manches hängt
dann auch noch von der Einrichtung des Rauchkamin's und von der Be-
nützung der Brandstätte ab; da muss sich eben der practische Blick des
Küchenpersonals bewähren. In vielen Gegenden werden alle 4 Füsse eines
Schweines zu Schinken gemacht. So erhält man Stücke die ungleich sind,
sowohl in der Dicke als im Fettgehalt. Bei ganz gleicher Beize und gleicher Räucherungsfrist bekommen die kleinen zu viel, die grossen dagegen
zu wenig. Desshalb lautet die Regel: Nimm lauter Hinterschinken und
wo möglich gleich grosse. Die Schinken sollen ein Gewicht von 6—8 Kilo
haben und schön rund herausgeschnitten sein.

Eine weitere, oft nicht beachtete Regel ist die, dass man die Schinken
vollständig erkalten lässt, also nicht unmittelbar nach dem Schlachten einsalzt.
Wer z. B. Abends schlachtet, soll erst am andern Morgen an's Einsalzen gehen.

Bekanntlich ist nur der Winter die richtige Zeit zur Schinken-
fabrication.

Die Schweine, von welchen man diese Art Schinken zu machen beabsich-
tigt, sollten in der letzten Zeit eine Milchmastung gehabt haben; dies hat
einen grossen Einfluss auf die Qualität des Fleisches.

Im allgemeinen eignen sich diese Schinken à la Wiel mehr zum
Rohessen als zum Sieden. Beim Sieden gehen überhaupt viele wichtige
Nährstoffe in's Südwasser über, also — verloren. Der rohe Schinken ist aber
nicht nur viel nahrhafter als der gekochte, sondern auch von weit pikanterem
Geschmack. Das Backen in Teighüllen liefert zwar auch noch saftigere Stücke
als das Sieden, aber es springt oft der Teigmantel und da geht auch viel
Saft verloren. Immerhin lassen die gebackenen Schinken den Salzgeschmack
mehr hervortreten als die rohen.

Zur Aufbewahrung der Schinken wähle man einen luftig-kühlen,
trockenen Ort. Als besonders geeignet sind die an manchen Orten vorhandenen grossen, von aussen heizbaren Kachelöfen, die ja doch im Sommer
nicht benutzt werden, zu bezeichnen. Damit darin ein kräftiger Luftzug besteht, müssen die Ventile so geöffnet sein, wie wenn gerade geheizt würde.

Auch in Betreff des Anschneidens der Schinken hat man sich
noch Einiges zu merken: Der Anschnitt muss immer faserquer gehalten
werden, da so die Schnitze leichter zu kauen und zu verdauen sind. Um dem
Anschnitte die schön rothe Farbe zu erhalten und ihn möglichst lange vor

der Fäulniss zu schützen, muss derselbe, wenn der Schinken nicht tagtäglich im Gebrauche steht, jeweils mit einem in Speisöl getauchten Fliesspapiere zugedeckt werden.

Ungeachtet erst ein Paar Jahre verstrichen sind, seitdem obige Methode der Schinkenfabrikation durch das Wiel'sche Kochbuch bekannt geworden ist hat dieselbe bereits in den weitesten Kreisen Verbreitung und Anerkennung gefunden. Nicht nur in vielen Privathäusern, sondern auch in Metzgen wird nach dieser Methode fabricirt, und man findet bereits da und dort Wiel'sche Schinken als Handelsartikel in Kaufläden vor. Soviel ist sicher, dass diese Schinken zu Curzwecken besser taugen, als alle anderen, ganz einfach desswegen, weil hier die Wahl der Würzen auf strenge diätetische Regeln basirt, mit einem Worte die Gesundheit als oberster Satz hingestellt ist.

Im Handel kommen verschiedene Arten von Schinken vor: Westphälische, Bayonner, Irische, Westmoreland u. s. w. Man beachte beim Ankaufe folgende Regeln: Vor Allem stosse mit einem zugespitzten Holze bis auf den Knochen ein; riecht die Spitze dieses Holzes zweideutig, dann wird aus dem Handel nichts! Der Anschnitt eines guten Schinkens muss ein gleichmässig hellrothes, festes Fleisch aufweisen, mit schneeweissem, derben Speck.

Die Küche macht vom Schinken den mannigfaltigsten Gebrauch; am besten wäre es, sie würde denselben lassen, wie er ist, denn der rohe Schinken ist entschieden schmack- und nahrhafter als z. B. der gesottene, namentlich, wenn letzterer vor dem Sieden abgewässert wurde. Ein Schinken, der so stark gesalzen ist, dass er das Abwässern nöthig hat, taugt überhaupt nichts; es sollte ein einfaches Abwaschen genügen.

Ueber den Schinken als Remedium s. S. 192.

Speck ist im Grunde nichts Anderes als gesalzenes und geräuchertes Schweinefett. Guter Speck ist fest, körnig, weiss, von einem angenehmen Nussgeschmack und — nicht so leicht zu bekommen, wie man gewöhnlich glaubt. Die Zubereitung izt sehr oft fehlerhaft; häufig wird der Speck zu stark gesalzen und nicht selten zu schnell geräuchert. Ein solcher Speck schmeckt unangenehm scharf, hat eine gelbliche Farbe und es fliessen Fetttropfen davon ab. Mit der Zeit verdirbt auch der beste Speck — wird gelb und ranzig. Auf Bauernhöfen keine Seltenheit!

Die weltberühmten Speckseiten aus Westphalen, Irland, Lothringen, Bretagne, sind nicht selten zu alt und jedenfalls — zu theuer.

Ausgesuchter Speck, schön weiss, mit einigem Fleische durchwachsen (s. g. Herrenspeck), dürfte in jenen Fällen häufiger als Arzneimittel zur Anwendung kommen, wo der Leberthran nicht ertragen wird.

Es wird hier wohl der rechte Platz sein, auch noch einige Mittheilungen zu machen über den in neuester Zeit so sehr in Schwung gekommenen Handel mit amerikanischem Schweinefleisch und Speck. Cincinati, die „Königin des Westens", ist in diesem Geschäfte so voran, dass sie scherzweise nur „Porcopolis" genannt wird. Die Schweinehändler sind daselbst die angesehensten Kaufleute. Einige davon treiben das Geschäft so grossartig, dass man nur staunen muss. Es gibt Fabriken, welche jährlich über 2 Millionen Pfund geräuchertes Fleisch auf den Markt liefern! Das Verfahren ist ein sehr abgekürztes. Schon in 24 Stunden ist Alles zum Verschiffen bereit, nämlich eingesalzen; geräuchert wird nicht.

Im Preise ist ein so gewaltiger Unterschied, dass mindestens ärmere Leute über diesen Artikel froh sind. Der amerikanische Speck kostet nämlich durchschnittlich ein Dritttheil weniger als der einheimische.

Da der amerikanische Speck für unsere Gaumen viel zu stark gesalzen ist, so wässern ihn manche Kaufleute ab und hängen ihn (da bei uns der geräucherte Speck mehr begehrt wird), noch eine Zeitlang in den Rauch.

Wegen der Trichinen sind jedenfalls die oben (S. 66) bezeichneten Vorsichtsmassregeln bei dieser Waare nicht überflüssig. Die Lebensweise der amerikanischen Schweine lässt wohl Trichinen vermuthen. Dort werden nämlich die Schweine nicht mit der Sorgfalt gepflegt wie hierlands; sie werden einfach auf die Weide getrieben und sich selbst überlassen. Mit der Weide verschlingen die hungrigen Schweine oft lebendige Thiere (Würmer, Mäuse u. dgl.) und nehmen auf diese Weise die trichinöse Einquartirung in sich auf. In den grossen amerikanischen Schlächtereien bekommen die Schweine Schlachtabfälle in's Futter; auch werden Schlachtabfälle als Mastfutter für Schweine an die Farmer verkauft. Dies begünstigt die Trichinose sehr; die Untersuchungen haben ergeben, dass 3% der amerikanischen Schweine trichinös sind, während unter 10,000 deutschen nur 1 trichinöses Schwein vorkommt.

Von den Eingeweiden des Schweines finden beinahe alle Verwendung in der Küche. Die Leber eignet sich wegen ihres arg bitteren Geschmackes weder zum Braten noch in Sauce, wohl aber zum Verwursten (Siehe 15. Capitel). Die Anweisungen, welche oben S. 62 über die Zubereitung der Kalbseingeweide gegeben wurden, passen grösstentheils auch hierher.

Spanforkel wird mehrfach verwendet: zu einem leidlichen Braten, zu einer gefüllten Speise und (mit Kalbfleisch gemengt) zu Bratwürsten. Für den diätetischen Tisch eignet sich nur der Braten. Da derselbe an und für sich wegen seines sehr beträchtlichen Gehaltes an Leim fade schmeckt, so muss er mit etwas Schinken gebraten werden. Der sonstige Gewürzmischmasch, mit Ausnahme der Citrone, ist wegzulassen. Sowohl während des Bratens als wenn die Speise fertig ist, gebe man reichlich Citronensaft zu und kröne schliesslich das Machwerk dadurch, dass man dem Spanferkel eine. ganze Citrone ins Maul steckt.

Wildschwein — siehe 9. Capitel.

7. Capitel.

Schaf- und Ziegen-Fleisch.

Das **Fleisch vom Hammel** ist nach dem Ochsenfleische das kräftigste; über seinen Einfluss auf die Leibesöconomie gilt so ziemlich Alles, was oben S. 57 über die Rindsbraten bemerkt wurde. Das Hammelfleisch ist zwar auch ziemlich fett, wohl so fett wie das Schweinefleisch, allein bas Fett ist mehr isolirt, kann also leichter beseitigt werden.

Beim Ankaufe des Hammelfleisches hat man darauf zu achten, dass es von einem gesunden, zwischen 2 und 3 Jahre alten in einer Gebirgsgegend gut geweideten Thiere kommt. Das Spätjahr ist die Zeit des Hammelsbratens, da sind die Thiere am besten genährt. Altes Hammelfleisch ist fast so zäh und so schwer verdaulich wie altes Rindfleisch. Für die besten Stücke gelten der Sitz, der Hohrücken, die Coteletten, der Schlegel und die Brust. Auch die Zunge ist ein guter Bissen.

Im Allgemeinen eignet sich das Hammelfleisch besser zum Braten als zum Sieden; gesottenes Hammelfleisch schmeckt fade und liegt schwer im Magen.

Auf dem Rost gebratene Hammelscoteletten sind als eine ganz besonders gute und zuträgliche Speise zu empfehlen. Man beachte nur, dass sie inwendig noch roth sind. Da man davon nur den Durchschnitt der Rückenmuskeln essen kann, so wird der Mann, ohne unanständig zu sein, über ein halbes Dutzend solcher Coteletten Meister: gewiss kein billiges Essen!

Gewöhnlicher Hammelsbraten wird nach den bekannten Regeln bereitet. Es ist nur zu bemerken, dass man in der besseren Küche das eigene Fett des Hammelfleisches beseitigt und fremdes (Butter) zufügt, weil das Hammelsfett unangenehm schmeckt und schwer verdaulich ist. Hiemit ist noch lange keine verschwenderische That begangen; das Hammelsfett kann anderweitig verwerthet, am besten einem Seifensieder verkauft werden.

Hammelsschlegel als Pseudo-Rehschlegel — ein pikanteres Essen als der gewöhnliche Hammelsbraten. Der Schlegel wird möglichst entfettet, tüchtig geklopft und im Sommer 6, im Winter bis zu 14 Tagen in die Beize gelegt. Anstatt Essig wird Rothwein genommen und täglich umgewendet.

Eingeweide. Aus den Hammelseingeweiden lässt sich wenig machen. Die Leber ist hart und trocken, die Lunge dessgleichen; nur die Nieren sind ein leidliches Essen.

Lämmer geben zarte Winterbraten. Man muss ihnen aber die Milch ihrer Mutter unverkürzt lassen, überhaupt anfangs keine andere Nahrung geben als Milch. Erst wenn sie etwas grösser geworden sind, langt's nicht mehr; dann füge man noch in Milch aufgeweichtes Brod zu. Wer es machen kann, wird gut thun, wenn er sich im eigenen Stall einige Lämmer auf besagte Art aufzieht, da dieses zarte Fleisch sonst nicht leicht zu bekommen ist. Ein Milchlamm ist am besten mit 6 Monaten, jünger soll das Fleisch leicht Diarrhoe verursachen. Die Mischling und die Merinos sind am besten. Das Fleisch ist schön weiss, äusserst zart und saftig, gebraten selbst für den schwächsten Magen verdaulich.

Ziegenfleisch hat es noch nicht zu einer solchen Bedeutung gebracht, dass ihm ein besonderes Capitel gehört. Uebrigens geben junge Ziegen, im Alter von 5—6 Monaten, ebenso zarte Braten wie die Lämmer. Die jungen Böcklein wären auch recht, würden sie nicht st . . . . .

8. Capitel.

Pferde-Fleisch.

Das Pferdefleisch wird nie eine grosse Bedeutung für die Küche bekommen, selbst wenn einmal die dümmste Köchin weiss und glaubt, dass es essbar ist. In der Regel wandern nur alte, abgeschaffte, oft abgemarterte Thiere in die Metzig. Junge Pferde haben einen viel zu hohen Werth und werden desshalb höchstens in Unglücksfällen geschlachtet. Trotzdem

wird, auch zu Friedenszciten, in grösseren Städten viel
Pferdefleisch gegessen, allerdings nur von ärmeren Leuten. So
bestunden z. B. in Berlin schon im Jahre 1867 nicht weniger
als 14 Rossmetzgen; 1869 waren es 18, welche zusammen über
1½ Millionen Pfund Rossfleisch verkauften, das Pfund zu 2
bis 3 Sgr.

Die Fleisch-Schau beseitigt das Fleisch von Pferden, welche
an Rotz, Wassersucht, ausgebildeter Lungensucht, acutem
Wurm und Carbunkel krank waren. Alle anderen Krankheiten
machen das Fleisch nicht ungeniessbar, vorausgesetzt, dass sie
nicht zu lange gedauert und eine vollständige Verderbniss der
Säfte zur Folge gehabt haben. Die riesigen Quantitäten von
Arzneien, welche den ärztlich behandelten kranken Pferden
eingeschüttet zu werden pflegen, sind gerade auch nicht geeignet, dem Fleische bessere Eigenschaften zu verleihen.

Die Küche verwendet das Pferdefleisch meistens zum
Sieden, seltener zum Braten. Mit Recht macht man gewöhnlich eine saure Sauce daran, da hiedurch die zähe Faser etwas
weicher wird.

Der Verfasser hat auch schon einmal das Vergnügen gehabt, mit dem Pferdefleisch genauere Bekanntschaft zu machen.
Junges schmeckte saftig und verdaute sich gut; altes war viel
schlechter als z. B. das Fleisch von einem alten Farren. Uebrigens sind die Verhältnisse, unter welchen man Pferdefleisch
isst, in der Regel der Art, dass man es für die grösste Delicatesse hält.

9. Capitel.

Haar-Wild.

Wenn irgendwo der practische Sinn einer Köchin sich
bewähren kann, so ist es sicherlich bei der Behandlung des
Wildprets; diese wechselt nämlich ungemein, je nachdem das
Thier alt oder jung, fett oder mager, frisch oder faul ist.
Und das Wildpret muss man eben nehmen wie man's bekommt.
Junge, gut genährte Thiere eignen sich am besten zum
frischen Braten. Derselbe wird nach den im 3. Capitel auf-
gestellten Regeln zubereitet. Junge aber magere Waare
muss man spicken. Altes Wild hat meistens eine so harte
Faser, dass man allerlei damit anfangen muss, um es weich zu

ringen. Am gebräuchlichsten ist das Aufhängen an kalter
uft. So kann man z. B. einen alten Fasan im Winter wohl
Wochen hängen lassen, ohne dass er zu mürbe wird. Am
esten aber wäre, man würde so altes Zeug ohne Weiteres
u Suppen verkochen; hiezu eignet es sich vortrefflich. Nutz-
os, oder wenigstens nicht mit vollkommener Anerkennung
ekrönt werden alle jene Kochkünste, wo man durch Beizen
der mit stark sauren Saucen nachzuhelfen sucht. Die dess-
allsigen Präparate sind Magenfeinde und am Ende bleibt
eder doch wieder nur Leder!

Das meiste Wildpret gehört zu den kräftig nährenden und
orzugsweise blutbildenden Fleischgattungen. Da dasselbe
urchschnittlich weniger Fett hat als das Fleisch zahmer Mast-
iere, so wird es in der Regel vom Magen gut ertragen.
Feber den eigenthümlichen Goût (Wildgoût) gerathen die
inen in Verzückung, Andere — schelten darüber. Es gibt
einschmecker, die ein Wildpret vorziehen, das beinahe faul
t; sie nennen das einen „gesteigerten Hautgoût." Regel
t, das Wildpret mindestens 24 Stunden an der frischen Luft
ingen zu lassen.

Was oben, S. 60, über die geplagten Kälber gesagt wurde,
lt auch vom unmenschlich gehetzten Wild; es steht somit unter
mständen ein hochgeborner Jägersmann auf der gleichen
tufe humaner Gesittung wie ein roher Metzgerbursche.

Ueber die einzelnen Arten von Wildpret folgende Be-
erkungen:

Hase. Den allerbesten, namentlich den zartesten Wild-
aten, gibt unstreitig der junge Hase. Ein alter Hase, welcher
n ganzen Forst zu seiner legitimen Nachkommenschaft rechnen
nn, ist trocken, zäh und schon desshalb nicht für den diäte-
chen Tisch zu gebrauchen, weil er nur gebeizt weich wird.
as sicherste Kennzeichen der Jugend des Hasen besteht
rin, dass sich die Löffel (Ohren) leicht schlitzen lassen. Aus
greiflichen Gründen wird diese Probe öfters nicht gestattet.
nn untersuche man besonders den Rücken, weil hier am
sten gefühlt werden kann, ob das Thier gut genährt ist
er nicht. Da manchmal anrüchige Waare zu Markte ge-
acht wird, so muss ausserdem auch noch von der Nasen-
ntrole Gebrauch gemacht werden. Als alte Regel gilt, den
sen erst an dem Tage auszubalgen, an welchem er in die
iche wandert.

Am zuträglichsten ist der frische (nicht gebeizte) Braten;
sonders zart sind der Laffen und das Rückenstück. Gebeizter
aten sowohl, als auch die verschiedenen Saucen erheischen
en fehlerfreien Magen. In den Gasthöfen werden die letzt-
nannten Arten der Zubereitung desshalb öfters gewählt,

weil sie die Untersuchung, ob der Hase nicht etwa schon „muffte", erschweren.

Reh. Was über 2 Jahre alt, ist grobfaserig und schwer verdaulich. Den besten Braten für Kranke geben die jährigen. Die braunen Reh haben in der Regel zarteres Fleisch als die rothen, die Gaisen zarteres als die Böcke. Auch auf den Stand kommt vieles an: je gebirgiger die Gegend, desto kräftiger das Fleisch. Die Rehe in den Thiergärten oder in sumpfigen Ebenen haben ein weniger pikantes Fleisch.

Für schwache Mägen ist der frisch gebratene Laffen oder das Rückenstück wegen der zarten Faser am meisten zu empfehlen. Von jungen Thieren geht der Schlegel auch noch an, bei älteren ist schon eine Beize nöthig. Die anderen, minder wichtigen Stücke gibt man gewöhnlich nur im Ragoût.

Auch die **Eingeweide** des Reh's finden ihre Verwendung. So ist namentlich die Leber für einen Forstmann überhaupt das Delicateste, was die hohe Jagd liefert! Mancher Sonntagsjäger hat jahrelang gejagt und von allen Jagdfreuden keine andere genossen als den letzten Trieb und die Rehleber! Für den Krankentisch eignet sich diese Leber mehr als alle anderen — wegen ihres geringeren Gehaltes an Fett.

Gemse ist eine grössere Rarität als das Reh, wesshalb sich mancher einbildet, das Fleisch sei besser. Natürlich kommt vieles auf das Alter an. Doch ist im Allgemeinen das Gemsenfleisch so grobfaserig und so trocken, dass es sich für den diätetischen Tisch kaum eignet.

Hirsch. Nur das Fleisch der Hirschkälber und der Spiesser ist zart; alles andere hat eine so zähe Faser, dass es gebeizt werden muss. Was die einzelnen Theile anbelangt, so ist wiederum der Laffen besonders zart, der Rücken besonders saftig, der Schlegel nur gebeizt mürbe zu bringen. Mit Unrecht werden Brust und Hals in der Regel nur im Ragoût gegeben; beide geben zarte frische (ungebeizte) Braten. Während der Brunstzeit (August und September) ist die Jagd aufgehoben; die Thiere haben um diese Zeit schlechtes Fleisch. Im Frühling und Anfangs Sommer sind sie am besten, meist besser als im Winter, wo es oft an Atzung fehlt.

Dammwild ist durchschnittlich viel fetter, als das vorige, zudem etwas zarter und eignet sich desshalb gebraten recht gut für den Krankentisch.

Wildschwein. Obgleich das zahme Schwein vom wilden abstammt, so ist doch ein so gewaltiger Unterschied im Fleische, dass man das Wildschwein besser zum Wildpret stellt. Da dasselbe im Freien ein bewegtes Leben führt, während sein Vetter den Rest seines Lebens auf saftig-weichem Lager im dunklen Stalle verschläft, so ist sein Fleisch lange nicht so

ett, dagegen kräftiger und pikanter, überhaupt gesünder als
das Fleisch vom Hausschwein. Am delikatesten ist das Fleisch
der Frischlinge. Ein alter Keuler und eine ditto Bache
liefern zähes, schwerverdauliches Fleisch. Die Glanzperiode
des Wildschweins fällt in die Monate November und
Dezember.

Das Fleisch des einjährigen Wildschweins gibt einen
ebenso zuträglichen als delicaten frischen Braten; älteres dagegen muss vorher eine Beize durchmachen und eignet sich
desshalb schon weniger für denjenigen Tisch, wo die Frage:
„wie bekommt's?" wichtiger ist als die Frage: „wie schmeckt's?"
Ausser dem frischen jungen und dem gebeizten alten Wild-
chweinsbraten spielen namentlich noch die gesulzten Ge-
üchte vom Wildschwein eine grosse Rolle; der gesulzte
Wildschweinskopf ist und bleibt eine Zierde selbst der
einsten Tafel.

Kaninchen geben zarte, leicht verdauliche Braten. Da
der Wildgoût fehlt, muss mit Gewürzen nachgeholfen werden.
Auf dem Lande sollte man dieses äusserst fruchtbare, werth-
ose Thier häufiger an's Messer liefern. Der Kaninchenbraten ist
eine weit bessere Krankenspeise als z. B. die Kerbelsuppe. Trotzdem lassen die Bauern eher die Thiere altershalber sterben als
dass sie eines in die Küche metzgen. Es mag allerdings die
Kochkunst der Bäuerinnen oft so bestellt sein, dass ein ge-
bratener Kartoffel besser schmeckt, als ein gebratenes Kaninchen.

Fischotter ist auch essbar. Man rechnet ihn (mirabile
ctu) zu den Fastenspeisen! Es ist dies weniger logisch, als
billig und gerecht; einen widerwärtigeren Goût kann kaum
eine Speise haben!

Biber. Man isst nur den Schwanz und zwar sowohl ge-
impft als gebraten. In letzterer Form ist er nur dann ge-
essbar, wenn er einige Tage in der Beize lag.

---

10. Capitel.

Feder-Wild.

Das Federwild hat nicht nur einen viel pikanteren Ge-
hmack als das zahme Geflügel, sondern auch einen weit
höheren Nährwerth. Wenn es nicht zu alt ist, gibt es einen
rten, leichtverdaulichen Braten, ganz geeignet für den Tisch

der Magenkranken. Bei den wilden Vögeln sieht man namentlich den Satz bestätigt, dass alle jene Muskeln, welche viel zu
arbeiten haben, kräftig werden. Das Federwild, meistens Flug-
vögel, hat prachtvolle Bruststücke (Flugmuskeln), während
z. B. so eine Gans, deren wichtigste Thätigkeit das Stehen
auf einem Fusse ist, saftige Schenkelstücke aufweist.

Ueber die Behandlung des Federwildes in der Küche gelten
so ziemlich die gleichen Regeln, welche im vorigen Capitel für
das Haarwild aufgestellt sind. Indem wir hierauf verweisen,
erübrigt nur noch, die merkwürdige Thatsache zu erwähnen;
dass so wenige Köchinnen wissen, welche Delicatesse manche
Eingeweide der Vögel sind und desshalb beim Ausnehmen
Alles, was sich in der Brust- und Bauchhöhle vorfindet, ohne
Weiteres wegwerfen! So haben z. B. die Lebern, namentlich vom kleineren Federwild, einen so fein bitteren Geschmack,
dass ächte Feinschmecker beim Serviren mit Bangigkeit der
Platte nachschielen, um zu erspähen, ob auch noch etwas Derartiges für sie übrig bleibt. Der bittere Geschmack ist wohl
auch der Grund, warum man den kleinen Vogellebern einen
wohlthätigen Einfluss auf die Verdauung zugeschrieben hat.

Die wichtigsten Arten von Federwild sind:

Feldhuhn (Rebhuhn) ist so recht eigentlich das Geflügel
der Kranken, denn es hat ein so zartes Fleisch, dass selbst
der schwächste Magen damit fertig wird. Leider sind nur ein
Paar Monate (September, Oktober und November) ihre Zeit.
Junge Rebhühner sind kenntlich an den zierlichen gelben
Füsschen.

Haselhuhn hat das schönste und zarteste Fleisch unter
allem Geflügel.

Schneehuhn, welches man auf den Alpen, besonders in
Steiermark und Tyrol findet, hat ein Fleisch, das nach
Tannzapfen schmeckt, gerade wie das Fleisch des Auerhahn's!

Wachteln geben kein Essen für Magenkranke, da sie in
der Regel zu fett sind.

Auerhahn hat grobes, trockenes, nach Tannzapfen
schmeckendes Fleisch. Nur junge geben einen leidlich guten
Braten. Dagegen ist der

Birkhahn sehr zart, namentlich sind es die jungen Hennen.
Der Vogel kommt im nördlichen Europa so häufig vor, dass
er dort als ein gemeines Essen gilt.

Fasan. Für die „feinere" Küche gilt der Fasan als
der König des Federwild's, wohl hauptsächlich desswegen
weil er — so schöne Federn hat! Bei genauerer Beur-
theilung kommt man zur Ueberzeugung, dass der Vogel bei
weitem nicht den zarten und saftigen Braten abgibt, wie

z. B. Feldhühner, Schnepfen, Wachteln. Im Allgemeinen schmecken die wilden Fasanen pikanter als jene aus den Fasanerien. Sonst sind die böhmischen, in Fasanerien gezogenen besonders berühmt. Die Glanzperiode des Vogels fällt in die Wintermonate (Dezember, Januar und Februar). Für die Küche hat es besonderen Werth, das Alter zu erkennen. Junge Fasanen haben kleine stumpfe Sporen und weisses Fett; bei den alten dagegen sind die Sporen gross und spitzig und das Fett sticht in's Gelbliche. Man ist vielfach genöthigt, Fasanenfleisch durch langes Hängenlassen mürber zu machen. Wenn es gleichmässig kalt ist, schaden bei älteren Exemplaren 4 Wochen noch nichts. — Der nach den gewöhnlichen Regeln gemachte Fasanenbraten ist am zuträglichsten; der Fasan mit Trüffeln am feinsten; das Fasanenragoût — für den Katzenjammer!

Wildtauben. Im Allgemeinen gilt hier das Gleiche, was über die zahmen Tauben gesagt wird; doch ist das Fleisch der Wildtauben viel schmackhafter und von grösserem Nährwerth als das der zahmen. Die Glanzperiode der Wildtauben fällt in die Erntezeit.

Lerche. Die Herbstlerche ist so fett, dass man sie ohne Weiteres einem Magenkranken verbieten muss. Die Leipziger sind durch ihre Grösse und Güte besonders berühmt und ein theurer Handelsartikel geworden. Wenn die Lerchen auch bisweilen den giftigen Schirling essen, so wird doch das Fleisch des Vogels nicht ungesund; das Gift kommt nur in die Eingeweide.

Fettammer (Ortolan) wird so fett, dass man sie im eigenen Fette braten kann. Nichts für Magenkranke!

Krametsvogel (Wachholderdrossel) hat ein Fleisch, welches manche Feinschmecker wegen seines würzigen Geschmacks in Verzückung bringt. Dieser Geschmack rührt von der Nahrung des Vogels her — Wachholderbeeren. Wenn's keine gibt, schmeckt das Fleisch auch nicht so bitter. Die Krametsvögel essen mitunter auch Bilsenkrautblätter und dennoch wird ihr Fleisch nicht schädlich; das Gift bleibt im Darmcanal.

Wildgans ist nur jung ein leidlich guter Braten; sobald sie sich gepaart haben, wird das Fleisch auffallend zäh, gibt aber noch kräftige Suppen.

Wildente kommt in sehr vielen Arten vor, von denen die kleinen Kriechentchen die besten sind. Man hat sehr darauf zu sehen, dass der Vogel noch nicht lange geschossen ist, denn er geht auffallend bald in Fäulniss über. Die Fäulniss wird manchmal verwechselt mit dem gewünschten Goût des morificirten Geflügels, was um so ungeeigneter ist, als der faule

Wildentenbraten dem Magen sehr zusetzt. Die Zeit der Wildenten ist nach der Ernte.

Waldschnepfe wird für eine solche Delicatesse gehalten, dass man sogar die Eingeweide, mit Ausnahme des Magens, verspeist. Eine fette Herbstschnepfe ist einer durch Nahrungsmangel ausgetrockneten, zähen Frühlingsschnepfe vorzuziehen.

Bekassine (Heerschnepfe) hat am Ende doch noch einen angenehmeren Geschmack als die Waldschnepfe.

Riesenschnepfe, ein Prachtvogel für den Tisch, hat schon ziemlich grobfaseriges Fleisch. Die Farce wird so bitter, dass man sie kaum essen kann; überdies ist sie dem Magen nicht zuträglich.

Trappe, der schwerste Vogel Deutschlands, gibt einen verhältnissmässig zarten und wohlschmeckenden Braten.

---

11. Capitel.

Zahmes Geflügel.

Das Fleisch des ausgewachsenen Geflügels ist reich an Eiweiss, dagegen arm an Leimstoff und setzt desshalb beim Braten wenig Jus ab. Beim jungen Geflügel besteht das entgegengesetzte Verhältniss. Das zahme Geflügel steht in Bezug auf Schmackhaftigkeit und Nährwerth dem Federwild nach; ist demnach geeignet für Leute, welche keine Vermehrung der Blutmasse bedürfen, also für Vollblütige, Hämorrhoidarier, Gichtkranke.

Ueber die Behandlung des Geflügels in der Küche lies den Eingang des vorigen Capitels.

Für den Geflügelmarkt muss man die Regeln wissen, an welchen man junge, gut gemästete Waare erkennen kann. Beim gut gemästeten Geflügel fühlt sich die Brust voll an; beim mageren steht der Brustbeinkamm arg vor; die Brust erscheint zu beiden Seiten wie eingefallen. Bei alten Vögeln sind die Knochen stark und unbiegsam, die Gänse und Enten haben dicke Fussballen, die Schnäbel sind gross und stark, der Gurgelknopf dick. Zu alldem ist die Haut allerorts spröde, lederartig.

Das Fleisch junger Vögel ist weiss, das der alten hat einen Stich in's Bläuliche.

Ueber die einzelnen Arten von Geflügel ist zu bemerken:

Huhn. Die herrlichen Poularden aus der Bresse zeigen uns, wie weit man es in der Geflügelzucht bringen kann. Und wenn der Hochgenuss, den ein solcher Braten gewährt, nicht hinreicht, auch anderwärts zu dieser Geflügelzucht aufzumuntern, so sollten es die hohen Preise, welche man erlöst, vermögen. Gerade in Süddeutschland gäbe es viele Gegenden, wo man ebenso vorzügliche Hühner züchten könnte wie in der Bresse und am Abatz würde es gewiss auch nicht fehlen. Vor der Hand liegt bei uns das Geflügelwesen noch sehr im Argen: Gleich in den ersten Sommermonaten wird der grösste Theil der Frühlingshühner um ein Spottgeld verkauft und gegessen. Namentlich geht es über die jungen Hähne los. Sobald sie der Kamm kenntlich macht oder wenn sie sich einmal im Kikridiki einüben, sind sie verloren. Das heisst schlecht gewirthschaftet! Würde man die Thiere verschneiden und warten bis sie ausgewachsen sind, so hätte man ein werthvolles und viel kräftigeres Stück Fleisch. Die einjährigen sind unbedingt die besten; doch können auch noch gut gehaltene zweijährige zum zarten Geflügel gerechnet werden. Was aber über 2 Jahre alt ist, gehört nur noch in die Suppen. Bei allen hühnerartigen Vögeln ist das Fleisch der Hennen zarter als das der Hähne. Hühner, welche im Frühjahr mit ihrem Lieblingsfutter — mit Maikäfern — gemästet werden, sind besonders schmackhaft und fetter als alle andern. Gibt es eine zweckmässigere Verwendung dieses Ungeziefers? Für den Tisch der Magenkranken eignen sich jene jungen Hühner mehr, welche nicht gar zu fett sind. Poularden aus der Bresse sind nur für Feinschmecker mit guten Mägen. Auch sind für Kranke schon halbjährige Hühner geeignet. Mit Recht wählt man solche Braten als erste Speise für Leute, welche eben von einer schweren Krankheit auferstanden sind.

Im Allgemeinen eignet sich der frische Braten für den diätetischen Tisch besser als alle die Kunstwerke: Hühner-Fricasée, Hühner-Ragout u. s. w. Das Letztere findet man in hypersparsamen Häusern desshalb nicht selten, weil man dazu noch Abfälle von gestern einschmuggeln kann!

Truthahn (Welschhahn, Indian) kommt in Amerika wild vor; er wird dort allgemein „Turco" genannt. Erst Ende des 17. Jahrhunderts wurde dieser edle Vogel nach Europa verpflanzt und zwar von Jesuiten. In manchen Gegenden nennt man daher diese Vögel heute noch so, und es gibt nicht selten Gelegenheit, im Geflügelstall die Worte zu hören: „gehst endlich hinein Du verfluchter Jesuit!" Trotz seiner Grösse hat der Truthahn sehr zartes Fleisch und gibt treffliche Braten für den Krankentisch. Das gilt jedoch nur von den Jährlingen, zweijährige müssen schon längere Zeit gehangen haben. Aeltere

Truthahne sind zäh wie Leder, geben aber ausserordentlich kräftige Suppen — gut für Wöchnerinnen aus dem höchsten Adel!

Alte Truthähne haben starke Haarbüschel am Kopfe, rauhe lederartige Haut und starke, rothe Beine; die Jungen haben weissliche, höchstens graulich-weisse, zierliche Füsse. Die wahre Truthahnzeit beginnt erst mit dem Monate Dezember und endigt Anfangs März; wer's nicht erwarten kann, schlachtet wohl auch schon im Spätjahr einen nicht ganz ausgewachsenen ab.

Ein junger Truthahn, reich mit Trüffeln gefüllt und streng nach den Regeln der exacten Küche gebraten, vermag selbst den traurigsten Menschen wieder in eine heitere Stimmung zu versetzen!

Tauben. Junge Tauben geben einen sehr guten Braten für Kranke. Nur jene, welche sich noch nicht gepaart und noch keine ausgewachsenen Federn haben, sind hiezu geeignet. Alte Tauben sind kaum zu essen; dagegen geben sie vortreffliche Suppen.

Für die Krankenküche sind die jungen Tauben desshalb sehr wichtig, weil man sie beinahe das ganze Jahr haben kann. Im Winter stehen sie allerdings ziemlich theuer, um so billiger aber zur Zeit der Aussaat und der Ernte.

Gans. Marktregel: Der Schnabel junger Gänse lässt sich leicht brechen und die Latschen sind leicht zu zerreissen. Sieht bei gemästeten Gänsen das Fett gelb aus, dann sind sie mit Leinsamen gefüttert worden. Solcher Braten hat einen öligen Beigeschmack, immer etwas Unangenehmes! Die jungen Gänse, wie man sie in den ersten Sommermonaten haben kann, geben für Magenkranke ebenso zuträgliche Braten wie die jungen Hühner. Die gemästeten Herbstgänse sind zu fett. Das Delicateste, aber auch das Ungesundeste an einem Gansbraten ist die Haut. In manchen Gegenden wird die Beifusswurzel (Artemisia vulgaris Linn.) als Würze für den Gänsebraten benützt.

Die L e b e r der g e m ä s t e t e n Gans ist sehr zart und hat einen ungemein feinen, leicht bitteren Geschmack. Am besten ist die mit Trüffeln verdämpfte Gansleber. Für den diätetischen Tisch ist sie desshalb nicht so ganz geeignet, weil sie von Fett strotzt. Trotzdem macht die verdämpfte Leber im Gedärm lange nicht den Rumor wie eine Gansleberpastete, wo bekanntlich noch eine Menge Würzen mit im Spiel ist (Näheres über diese Pastete lies im 23. Capitel).

Für den Handel liefern die Gänse einige weltberühmte Artikel: Die p o m m e r s c h e n G ä n s e b r ü s t e sind wohl das feinste Rauchfleisch; sie werden am besten roh verspeist. Aus verschiedenen Gegenden Frankreichs (Bayonne, Languedoc)

kommt eine berühmte Delicatesse von der Gans, die Gänse-
keulen, meist gekocht und in Fett eingelegt.

Ente. Die Enten haben durchschnittlich zarteres Fleisch
als die Gänse und eignen sich desshalb sehr zu frischen Braten
für Kranke und solche Gesunde, die es bleiben wollen. Sonst
wird die Ente in der Küche nicht gar hoch geachtet; ihr un-
flätiger Lebenswandel hat ihr den Beinamen „Geflügelschwein"
verschafft. Auch ist ihre Figur nicht besonders anziehend, sie
stellt so recht eigentlich nichts Anderes dar als einen grossen
Fleischsack zu Füllungen. Wenn das Thier nicht jung ist,
kann man es kaum geniessen. Die Lebern der gemästeten
Enten sind gerade so gut und so werthvoll wie die Ganslebern.

12. Capitel.

Fische.

Schon desshalb, weil die Fische allerwärts in dem — nicht
immer wohl begründeten — Rufe als Kranken- und Recon-
valescentenspeisen stehen, hat ein diätetisches Kochbuch darüber
ausführlich zu verhandeln. Wir werden dies, wie es bei allen
wichtigen Dingen üblich ist, in zwei Anläufen thun; wir werden
zuerst die allgemeinen Fischfragen erörtern und hernach die
wichtigsten der essbaren Fische einzeln loben oder schelten,
je nachdem sie es verdienen.

Regeln für den Fischmarkt.

Kennzeichen der frischen Fische: Das Fischfleisch
zersetzt sich schneller als das Fleisch anderer Thiere; manches
ist schon in wenigen Stunden faul. Zum Glücke stinken faule
Fische so arg, dass man vor Schaden gewarnt ist. Nur ausnahmsweise kommt es vor, dass ein wunderlicher Kauz von
einem „gesteigerten Hautgoût" spricht, sich an einem
faulen Fisch ergötzt — und den Magen verdirbt. Ausserdem kennt man die Fische an den Kiemen. Wenn
diese nicht mehr schön roth sind, dann hat's g'schellt. Mit
diesen zwei Merkmalen reicht man aus. Es gibt zwar noch
viele andere, aber von untergeordnetem Werthe. Wir halten
es für besser, wenn das Küchenpersonal nur auf obige achtet,
anstatt sich mit vielen anderen verwirrt.

Faule Fische sind sehr schädlich; namentlich sind es die
fetten (Aal, Stör, Hausen), welche im anrüchigen Zustande

6*

heftige Magenentzündungen hervorzurufen vermögen. Sehr schlimm sind auch die faulen Schellfische — kenntlich am üblen Geruch, an den blassen Kiemen und am ungewöhnlich weichen Fleische.

Die Fischhändler suchen ihre Waare beim Versandt auf allerlei Arten möglichst lang am Leben, oder besser gesagt, am Sterben zu erhalten: sie wickeln die Fische in Gewürzblätter ein, namentlich in Salbei, stecken ihnen ein Stück mit Schnaps befeuchtetes Brod in den Rachen und wie die Schindereien alle lauten. Ist nicht schon a priori anzunehmen, dass das Fleisch eines Thieres, welches in vollster Gesundheit rasch getödtet wurde, besser sein müsse, als das Fleisch eines lange gemarterten und schliesslich eines natürlichen Todes gestorbenen Thieres? Im Uebrigen weiss man genau, dass das Fleisch eines gemarterten Fisches ebenso am Nährwerth verliert, wie das Fleisch eines gequälten Kalbes, wovon bereits die Rede war.

Bekanntlich ist unter den Fischen ein ungeheurer Unterschied. Man taxirt sie nach verschiedenen Gesichtspunkten: Für's Erste schaut man auf die Grösse. Jede Art hat so zu sagen ihre Glanzfigur. So ist z. B. ein Hecht von 2 Kilo, ebenso eine Seeforelle vom gleichen Gewicht unbedingt am besten. Ganz grosse Fische haben eine grobe Faser und sind lange nicht so schmackhaft. Sehr junge haben zuviel leimgebende Substanz; sie sind zwar zart, aber doch nicht so schmackhaft, wie jene, welche die normale Grösse erreicht haben. Diese Erfahrung hat man in früheren Zeiten häufig zu machen Gelegenheit gehabt. Man hat nämlich früher auf eine unverantwortliche Weise mit den Fischen gewirthschaftet. Von den besten Arten wurden die „Hürlinge" (Jährlinge) zusammengefangen und nach dem Maas! — schoppenweise! — verkauft. Da war Gelegenheit zu beobachten, wie wenig Nährwerth so junge Fische haben; denn oft hat Einer allein soviel junge Fische auf einen Sitz verzehrt, dass er — ohne eigentlich recht satt zu sein — mit Leibschneiden gepeinigt wurde: die gerechteste Strafe für einen so grossen ichthyologischen Frevel!

Man kann die Fische, wie die Menschen, auch nach ihrer Nahrung taxiren; da gilt auch das Sprichwort: „Sage mir, was Du isst, und ich sage Dir, wer Du bist!" Die Raubfische haben besseres Fleisch als jene Fische, welche sich mit Schlamm u. dgl. begnügen. Es ist hier eine Ausnahme von dem grossen Naturgesetz: dass ein Thier, welches selbst schon Fleisch zur Nahrung gehabt, nicht mehr zur Nahrung dienen kann einem Fleischfresser. Alles was Schlamm, Wasserpflanzen und dergleichen Raritäten frisst, gehört zum Lumpenpack der Fische und — stinkt. Jene Fische, welche sich in der Nähe von Abtritten aufhalten oder an Abflussgräben von Metzgereien, Seifensiedereien und ähnlichen Anstalten; Fische, welche unter Umständen sogar Aas fressen, sind schädlich! Nach der äusseren Bedeckung taxirt ergibt sich Folgendes: Schuppenfische haben blättriges, aber doch zartfaseriges Fleisch, sind also durchweg leichter zu verdauen, als die Fische mit glatter Haut, deren Fleisch eine zusammenhängende, bei näherer Untersuchung grobfaserige Masse darstellt. Die Schuppenfische, auch wenn sie noch so klein sind, geben beim Kochen ein zusammenhängendes Fleisch; die jungen Hautfische dagegen verkochen fast zu einem Brei, setzen viel Schleim ab, welcher sich nur dann auflöst (verdauen lässt), wenn ziemlich stark gesalzen wurde. Bei älteren Hautfischen bleibt das Fleisch compacter. Die dicke saftige Haut, welche beim Kochen sulzartig wird, ist weitaus das beste Stück am ganzen Fisch, in Wahrheit eine Delicatesse.

Man stellt auch Vergleichungen an zwischen Süsswasser- und Seefischen; gewöhnlich sagt man, die letzteren seien das unter den Fischen, was das Wildpret unter den Säugethieren; sie seien pikanter, nahrhafter und im Allgemeinen auch gesunder als die Süsswasserfische. Betrachtet man die Sache mit dem Auge der Chemie. taxirt man die Fische nach ihrem chemischen Gehalt, so lässt sich nicht in Abrede stellen, dass die Mehrzahl der Seefische nahrhafter ist als die Süsswasserfische; dagegen sind viele so fett, dass sie nur von einem guten Magen ertragen werden.

Es gibt auch gewisse Krankheiten unter den Fischen; Krankheiten, durch welche ihr Fleisch so verdirbt, dass dessen Genuss gefährlich wird. Alle Fische, welche sonst im klaren frischen Wasser zu leben gewohnt sind, werden in wenig bewegtem, verdorbenem Wasser krank, namentlich im Sommer. Die Fischer nennen diese Krankheit die „Fäule" und wissen wohl, dass Derjenige, welcher ihnen einen solchen Fisch abkauft, sich damit den Magen verdirbt.

Alle Fische sind während der Laichzeit geringer; sie bekommen eine schmutzige Haut, manchmal sogar einen Bläschen-Ausschlag. Das Fleisch ist nicht blos fade, sondern wirklich ungesund; die Eier der Hechte und der Barben sogar giftig. Unter solchen Umständen muss das Küchenpersonal die Laichzeit der Fische kennen. Wir werden dieselbe bei der Beschreibung jedes einzelnen Fisches näher angeben. Im Allgemeinen dauert die Laichzeit vom Spätjahr bis Anfangs März; profan sind dem Fischliebhaber die Monate mit r.

Allgemeine Kochregeln.

1) Gebratene Fische sind schwerer zu verdauen als ge-

sottene mit einer schwach sauren Sauce. In letzterer Form sind also die Fische auf den Tisch des Kranken zu bringen.

2) Ueber die Siedezeit ist zu bemerken: Erfahrene Köchinnen kennen dieselbe bei jeder Fischart und jeder Grösse auswendig, geben weder zerfahrene, noch inwendig rohe Fische zur Tafel. Die durchschnittliche Siedezeit beträgt eine Viertelstunde. Grosse Fische brauchen länger. Wenn man keine entsprechend grosse Kochgeschirre hat, muss man die Fische in Stücke zerschneiden. Dann lässt sich besser controlliren, ob sie gar sind. Bei einigem Geschick lassen sich die Stücke auf der Servirplatte leicht wieder so zusammenfügen, dass sich auch das Auge an der schönen Figur des Thieres weiden kann, bevor die Zähne ihr Zerstörungswerk beginnen.

3) Wie das Rindfleisch, so kann auch der Fisch saftig und die Brühe kraftlos werden und umgekehrt, je nachdem man den Fisch zuerst in kaltes oder gleich in kochendes Wasser bringt. Will man einen saftigen Fisch haben, so legt man ihn gleich in kochendes Wasser; dann gerinnt die Aussenfläche zu einer Hülle welche Saft und Kraft zusammenhält.

4) Reflektirt man dagegen auf eine kräftige Brühe, will man etwa ein Fisch-Gelée bereiten (bekanntlich die feinste Gattung Gelée), so muss der Fisch vor dem Sieden längere Zeit in lauwarmes Wasser gelegt werden; so geht der Leimstoff und noch manches Andere in die Brühe über.

5) Das Sieden der Fische mit einem Zusatze von Zwiebeln oder Pfeffer ist verwerflich, weil dadurch der feine, arthafte Geschmack der Fische zerstört wird; gesottene Zwiebeln haben überhaupt einen faden Geschmak.

6) Gar oft kommen im Handel Seefische vor, denen man noch das Prädicat „frisch" gibt, obgleich sie schon einen bedeutend ammoniakalischen Geruch von sich geben. Wer sich trotzdem noch an eine solche Waare macht, vergesse wenigstens nicht, gegen das Ende des Siedens Kohlen in's Wasser zu werfen; diese vermögen die unangenehm riechenden Substanzen zu absorbiren. Die gleiche Massregel wird mitunter auch bei verdächtigen Südwasserfischen in Anwendung gebracht.

7) Ueber das Braten der Fische ist zu bemerken: Bei weitem in den meisten Fällen denkt das Kochpersonal nicht daran, dass die Fische sehr fett sind, dass man also zum Braten weniger Fett braucht als zu anderem Fleisch. Einige Fische sind so fett, dass man sie im eigenen Fette braten kann. Da diese Procedur weniger bekannt ist, als sie es verdient, müssen wir ausführlicher davon reden. Am besten wird es sein, wenn wir die Sache an einem Beispiel erörtern:

Das Braten des Brachsmen im eigenen Fett. Nachdem der Fisch geputzt ist, werden ihm auf beiden Seiten 3 tiefe Einschnitte beigebracht. In einer genügend grossen Bratpfanne lässt man ein kleines Stückchen Butter vergehen, nur so viel, dass der Boden glatt wird (wenn der Fisch mit dem trockenen Boden der Pfanne in Berührung käme, so würde er anbrennen). Hierauf legt man den Fisch in die Pfanne und lässt langsam eine Fläche gar Braten. Dann wird gekehrt. Die jetzt zur oberen gewordene (gebratene) Fläche wird von Zeit zu Zeit mit dem abtriefenden Fett übergossen, damit sie saftig bleibt. Zu bemerken ist, dass bei einem schwach brennenden Feuer die Sache besser gelingt, der Fisch brennt weniger leicht an und trocknet nicht aus.

Das Würzen sowohl, wie das Serviren auf der Platte wird gemacht wie bei allen gebratenen Fischen; der Eine wird sich mit Salz begnügen, während der Feinschmecker noch durch ein Citronenscheibchen die Spur von Thrangeschmack zu verdecken sucht; dem Einen wird es gleich sein, wenn die Stücke wie Heu und Stroh in der Platte liegen, während der Andere mit aller Sorgfalt den Fisch in seiner ganzen Form prangen lässt, verziert und garnirt mit Blättchen und Sträusschen aller Art. Der sonst nicht sehr geschätzte Fisch wird, auf diese Art zubereitet, im Ansehen ganz bedeutend steigen!

8) Noch muss das Küchenpersonal auf einen — weniger bekannten und doch sehr wichtigen — Punkt aufmerksam gemacht werden: die Fische haben ausserordentlich viel Eingeweidewürmer. Ist ein Fisch nicht vollständig gar gekocht, so kann man bei der Gelegenheit hübsche Einquartirung in den Leib bekommen. Nur wenn das Fleisch die Siedhitze des Wassers durchgemacht hat, ist alle Brut zerstört. Aus dem gleichen Grunde ist es rathsam, alle Fische, auch die kleinsten, die Hürlinge, welche man sonst mit Sack und Pack zu essen pflegt, auszunehmen, da gerade im Darmkanal das meiste Ungeziefer nistet.

Nährwerth und Wirkungen der Fische.

Das Fischfleisch zeichnet sich vor Allem durch eine wässrige Beschaffenheit aus. Es ist desshalb lange nicht so nahrhaft wie anderes Fleisch; man muss verhältnissmässig sehr grosse Quantitäten zu sich nehmen, bis man sich vollständig satt fühlt.

Der Fettgehalt ist ebenfalls sehr beträchtlich, bei einigen Fischen so gross, dass sie nicht mehr zu den zuträglichen Speisen gerechnet werden dürfen. Dies gilt von sehr vielen Seefischen; von den Süsswasserfischen sind der Aal, der Weller, die Schleie, kurz alle Fische, welche im stehenden Wasser oder im Schlamme leben, dafür bekannt. Wir wollen von einigen bekannteren Arten den Gehalt an Fett angeben:

Es hat Aal 23,8% Fett.
Häring 12,7
Meeral 5,0
Lachs 4,8
Karpfe 1,0
Hecht 0,6
Rochen 0,4
Stockfisch 0,3

Früher hat man allgemein geglaubt, das Fischfleisch enthalte m e h r Phosphor als das Fleisch anderer Thiere. Neuere Untersuchungen haben ergeben, dass dies nicht richtig ist, dass im Gegentheil das Fischfleisch weniger, kaum $^3/_4$ soviel Phosphor enthält als z. B. das Fleisch der Säugethiere. Von der angedeuteten falschen Ansicht ausgehend, hat man den Fischen eine erotische Wirkung zugeschrieben und sie zu gewiessen Zwecken empfohlen. Errare humanum!

Die Folgen der einseitigen Fischnahrung sind schlimm. Jedem Fremden, der einmal in ein Fischerdorf am Meere gekommen, musste die blasse Gesichtsfarbe der Einwohner auffallen und das schlaffe Wesen in ihrem Thun und Treiben. Das zeigt klar, dass eine Nahrung von Fischen und wieder nur Fischen ungenügend ist.

Nach dem Gesagten sind die Fische auch nicht unbedingt zu den diätetischen Speisen zu rechnen; der geringe Nährwerth einerseits und der grosse Gehalt an Fett ziehen ihnen enge Grenzen. Die Fische eignen sich vornehmlich für jene Fälle, wo es sich um eine Entziehung von Nahrung handelt, also für Vollsaftige, für Gichtische, für Hämorrhoidarier, für Leute mit blaurothen Köpfen und Neigung zum Schlagfluss. Ferner eignen sich jüngere und nicht zu fette Fische (einfach abgesotten und schwach angesäuert) besser als Fieberspeise als die elenden Wassersuppen. Andererseits geht aus dem Gesagten hervor, dass es ein Unsinn ist, den Reconvalescenten, wo es sich um eine Wiedererlangung von Blut und Kraft handelt, Fische zu verordnen. Da passt ein Beefsteak tausend Mal besser!

Jetzt lasst uns aber an die Aufzählung der besseren Fischarten gehen!

Aus der Ordnung der Stachelflosser stammt eine Menge von essbaren Fischen, aber meist nur mittleren Ranges: **Fluss-Barsch** (Bärschling), im ersten Jahre Hürling, im zweiten Krätzer, sonst Egli genannt — laicht von März bis Mai — Fleisch weiss, wohlschmeckend — am besten ist der Hürling — hat ein sehr zähes Leben, kann in nassem Moos weit verschickt werden. Auf dem Fischmarkt werden die Krätzer oft lebendig! abgeschuppt, manche zappeln noch bis

Mittag, wo sie endlich in der Pfanne Erlösung von ihren Schmerzen finden. Wenn der Barsch schreien könnte, würde alles davon laufen!

Schill (Zander, Amaul) — die Zierde der Wiener Speisezettel — kommt namentlich in der Danau und in der Elbe vor — wird so gross wie der Hecht — Fleisch weiss, fett sehr wohlschmeckend — kleine Exemplare kann man sogar roh essen, mit Essig, Oel, Pfeffer und Salz.

Kaulkopf (Kaulquappe) — in allen Kieselbächen Deutschlands — röthliches, sehr wohlschmeckendes, aber arg fettes Fleisch.

Umbrine — hauptsächlich an der italienischen Küste — war ehedem den französischen Feinschmeckern das Liebste aus dem Fischreiche.

Makrele — hauptsächlich an der Nordküste von Frankreich gefangen, sonst überall in der Nordsee — sehr zart, saftig und leicht verdaulich — wird nicht blos frisch gegessen (ge-raten), sondern auch gesalzen und getrocknet. Wichtiger Handelsartikel!

Thunfisch — im mittelländischen Meer — grobes, thraniges, schwerverdauliches Fleisch — wird desshalb selten frisch gegessen, sondern in Stücke zerschnitten, gesalzen und in Gläsern, mit Oel übergossen, in den Handel gebracht. Fault sehr leicht und bewirkt dann Magen- und Darmkatharrh, unter Umständen sogar den — Tod!

Die grosse Ordnung der Weichflosser liefert viele gute Fische:

Karpfe — im ersten Jahre Setzling, im zweiten Jahre Sproll genannt — laicht im Juni, wenn's warm ist, schon im Mai — hat ein zähes Leben; man kann sie lange im Keller, in feuchtes Moos gewickelt, lebend aufbewahren, sogar mästen mit in Milch aufgeweichten Semmeln. Die Karpfen aus schlammigen Gewässern riechen moderig; setzt man sie nur einen Tag in frisches Wasser, so verlieren sie diesen Geruch. Die Karpfen bekommen verschiedene Krankheiten: die Pocken (Blasen zwischen den Schuppen) — solche Karpfen sind noch geniessbar; wenn sie dagegen das Moos bekommen (dem Moos ähnliche Auswüchse), dann taugen sie nichts mehr, sind sogar mitunter giftig. Diese Krankheiten kommen nur bei den Karpfen vor, welche im faulen Wasser leben; die Fluss- und Seekarpfen sind gesund. Von den 2 Karpfenarten (gemeiner und Spiegelkarpfe) gibt man der letzteren den Vorzug. — Nur gebraten und mit Saucen zu empfehlen!

Barbe — laicht Ende Mai — Fleisch weiss und zart. — Die Rogen machen Erbrechen und Diarrhoe.

Schleihe — laicht im Juli — Fleisch weiss, wässerig,

schwer verdaulich, im Juni noch am besten — hat ein sehr zähes Leben. — Wenn man sie abschuppt, muss man sie mit kochendem Wasser übergiessen. — Die Fischer nennen sie den Doctor der Fische; merkwürdig ist immerhin, dass sich kranke Fische gerne in ihrer Nähe aufhalten!

Brachsmen (Blei), — wird oft so massenhaft gefangen, dass man das Pfund zu 10 Pfennig kauft. Wenn er auf die richtige Weise zubereitet wird, so ist er so gut wie die Karpfen oder Schleien, welche 6 Mal so viel kosten. Er ist nämlich so fett, dass man ihn auf eine eigene Art — im eigenen Fette braten muss. Lies Seite 87 die Kochregeln!

Nase — laicht im April — unter allen Süsswasserfischen der grösste Stinker!

Weissfisch (Schneider, Nestling) — ein Stinker zweiten Ranges — gemeines Essen!

Hecht — Laichzeit Ende April bis Mitte Mai. — Die Leber der grösseren Hechte eine Delicatesse.

Weller (Wels) — der grösste Süsswasserfisch. (Im Sommer 1869 wurde in Constanz ein Weller um's Geld gezeigt, der lebend 45 Kilo schwer war; er kam aus dem kleinen Mindelsee). Das Fleisch, selbst der grösseren Weller, ist verhältnissmässig zart, ziemlich fett, schmeckt wie Trischen. Laichzeit im Mai.

Lachs (Salmen) — geht im Frühjahr aus dem Meere fort in die grösseren Flüsse (Rhein, Elbe, Werra, Fulda); manche gehen über den Rheinfall bei Laufenburg hinauf und dringen bis zum Rheinfall bei Schaffhausen vor (im Septbr. 1859 wurde dort einer gefangen, der 32 Kilo schwer war). Die Fischer nennen den Fisch zur Laichzeit (Oktober, November und Dezember) Lachs; sonst heisst er allgemein Salmen. Der Lachs ist kein nobles Essen; er ist mager und hat den Bläschenausschlag. Nur die Männchen, Bez genannt, stehen noch in einigem Ansehen. Dagegen gibt der Salmen ein herrliches Essen! Sein Fleisch ist von röthlicher Farbe, überaus saftig und fett, und so wohlschmeckend, dass man ihn gerne den König der Salmoniden nennt. Die besten sind die Rheinlachse; die aus der Elbe, Werra und Fulda sind geringer, haben gelbes Fleisch. Der Lachs wird sowohl frisch verspeist (gesotten) als geräuchert oder eingemacht. Am zuträglichsten ist der Lachs, welcher einfach in Salzwasser, unter Zusatz der bekannten Gewürzkräuter abgesotten wurde. Nicht überall ist man dazu eingerichtet, einen so grossen Fisch ganz zu sieden; man schneidet ihn desshalb gewöhnlich in Stücke. Dass sich nur ganz frische Waare für diese Zubereitung eignet, weiss wohl jeder Kochkundige. Ein Lachs, der weit transportirt wurde, hat an Wohlgeschmack soviel verloren,

ss man das Missliche an der Sache mit irgend einer pikan-
n Sauce zu verdecken genöthigt ist. Am besten eignet
ch hiezu eine Fisch- (Sardellen-) Sauce. — Das Braten ist
cht zu empfehlen, da hiebei der originelle Wohlgeschmack
s Fisches flöten geht.

Lachsforelle. Das Männchen bekommt zur Laichzeit am
nterkiefer einen Hacken und heisst desshalb bei den Fischern
ch schlechtweg „Hacken" — laicht Ende September bis
nvember. Am besten ist er vom Frühling bis zur Laich-
it — Fleisch röthlich, wird im Sieden gelb. — Zubereitung
ce beim Lachs.

Rothforelle (Röthele, Ritter) — laicht Ende September.
über das Röthele herrschen verschiedene Ansichten: die Einen
lten es für eine Varietät des Saiblings, die Anderen für eine
lbstständige Species. Letztere Ansicht ist wohl die richtige.
as Röthele lebt immer in grosser Tiefe, mindestens 150', und
rd nur mit der Setzschnur gefangen; die Saiblinge dagegen
mmen ganz herauf und gehen an die künstliche Fliege, was
s Röthele nie thut.

Saibling — hauptsächlich in den oberbaierischen Seen' —
rd oft mit dem Röthele verwechselt, mit welchem er, ausser
r Lebensweise und der Fangart, fast alle Eigenschaften theilt.
Beide am besten blau abgesotten!

Heuch (Huchen) — in der Donau und deren Neben-
ssen, in den See'n von Oesterreich und Baiern — so gut
e der Lachs, auf die gleiche Art zubereitet.

Bachforelle — lebt nur im klarsten Wasser — hat weisses,
r schmackhaftes und zartes Fleisch — oft als Kranken-
eise gegeben. Die blau abgesottene Forelle gewährt den
nen Geschmack am reinsten; nur ein „Knöpfleschwab" ist
Stande, den Fisch mit Mehl zu verschmieren und zu backen,
hiebei sowohl das liebliche Aussehen des Fisches, als auch
feine arthafte Geschmack verdeckt wird. Ueberhaupt sollte
n nur bei dem Lumpenpack der Fische an diese Zube-
ungsart denken, wo es allerdings oft gut ist, wenn man
ler sieht noch riecht, was man isst.

Aesche — laicht im März und April — weisses wohl-
meckendes Fleisch — steht der Forelle wenig nach — ist
desshalb viel wohlfeiler, weil man sie nicht gut verschicken
n; sie stirbt ungemein schnell ab. — Eine Aesche, welche
ch (lebend) in die Küche kommt, eignet sich am besten
l Blauabsieden; sonst mag man zum Backen oder zu Saucen
lucht nehmen.

Blaufelchen — heisst im 3. Jahre Gangfisch, nach dem
Jahre schlechtweg Felchen — kommt nur im Bodensee
in einigen Schweizer- sowie oberbaierischen und öster-

reichischen See'n vor — laicht Ende November — Hauptfang
im Hochsommer — Fleisch schön weiss, nicht zu fett — oft
als Krankenspeise gegeben. Blau abgesotten ist er nicht nur
weit schmackhafter, sondern auch leichter zu verdauen als (wie
es sonst sehr gebräuchlich ist) gebraten oder gebacken.

Die Gangfische werden im Grossen gefangen, gesalzen
und geräuchert. Der gut geräucherte Gangfisch ist wohl der
feinste von allen geräucherten Fischen, sein Rogen vielleicht
das Delicateste, was überhaupt aus dem Fischreiche kommt;
sonst ist das Fleisch der Milchner saftiger als das der Rogner.
Unächte Gangfische werden von verschiedenen anderen, geringeren Fischsorten, namentlich vom Hasel, fabricirt. Der Gangfisch wird auch eingemacht in Essig, Oel und Würzen und
kommt so unter dem Namen „marinirter Felchen" in den
Handel.

Sandfelchen — heisst im 1. Jahre Hürling, im 2. Stüben,
im 3. Gangfisch, im 4. Renke, im 5. Sandfelchen — laicht im
November — Fleisch schön weiss, zart und saftig — wird oft
mit dem Kilch verwechselt.

Kilch (Kropffelchen) — laicht im September — Fang
meistens im April und Mai.

Häring kommt im Sommer aus der Tiefe des Meeres, an
die Küstenländer von Nordeuropa und zwar gleich millionen-
weise! Wenn auch alle Jahre ungefähr 1000 Millionen gefangen
werden, so wird doch dieses edle Thier nie aussterben, denn ein
einziges Weibchen hat ungefähr 70,000 Eier! Die Fangzeit
ist in Holland gesetzlich bestimmt, dauert vom 12. Juni bis
25. Januar. Die ersten, welche gefangen werden, haben weder
Milch noch Rogen, dagegen sehr saftiges Fleisch — dies die
Maatjes-Häringe. Die späteren sind mit Milch oder Rogen
angefüllt und heissen desshalb Vollhäringe. Die ersten
Häringe, welche ans Land kommen, werden ungeheuer bezahlt,
oft bis zu 2 fl pr. Stück! Frische Häringe sind aber auch
wirklich eine Delicatesse; wer jemals in Holland einen solchen
gegessen, wird zugeben, dass die meisten, welche zu uns
kommen, alte Stinker sind. Die frischen haben weisses,
saftiges Fleisch, besonders saftig und dick ist der Rücken; der
Bauch hat glänzend weisse Schuppen, der Rücken einen Stich
in's Bläuliche. Die alten sind dürr, mumienartig zusammen-
geschrumpft, thranig, gelbbraun und — stinken.

Die Häringe sind in mehrfacher Beziehung medicinisch
wichtig. Durch den Salzgehalt wirken sie schleimauflösend
und dienen als Reizmittel für den verdorbenen Magen; so
haben die Häringe als Mittel gegen den Katzenjammer grossen
Ruf erlangt. Ferner galt namentlich die Häringsmilch so lange
als Mittel gegen die Lungenschwindsucht, bis man merkte, dass

.lle, welche das Mittel gebrauchten, starben. Endlich gilt der
Iäring als Mittel gegen den Bandwurm, hauptsächlich zur
'orkur gebraucht. Dass alte faule Häringe ungesund sind,
)gar Fischgift enthalten können, weiss Jedermann. Die Bück-
.nge (geräucherte Häringe) sind besonders häufig nicht ganz
luber.

Sardine und Anchovis (Anjovis), die kleinen Vettern des
Iärings, werden oft miteinander verwechselt; beiden wird im
ɔsalzenen Zustand der Name: Sardellen gegeben. Die Sar-
.ne ist 12 Ctm., der Anchovis 18 Ctm. lang. Der Haupt-
ɹng wird an den italienischen Küsten und an den Küsten der
ɹetagne betrieben. Im Handel kommen vor:

Sardellen in Salz, die kleinere, geringere Waare,

Anchovis in Salz, die feineren Sorten liegen in einer
ɔthlichen Salzlacke;

Sardines à l'huile (beste Sorte kommt aus Nantes);

Sorettes, geräucherte Sardellen (selten);

Kräuter-Anchovis — mit Esdragonkraut und Gewürz
ngemacht, kommen aus Norwegen und Russland.

Sprotte — berühmt die Kieler — sehr fett, erfordert einen
ɹten Magen.

Kabeljau — hauptsächlich in Neufundland gefangen —
ɹeisses, blättriges, dabei mässig fettes und leicht verdauliches
Ieisch. Man verwerthet diesen Fisch auf alle möglichen
ɹrten: schon frisch gibt er einen bedeutenden Handelsartikel;
ɹngesalzen führt er den Namen Laberdan; gesalzen
ɹd an der Sonne getrocknet heisst er Stockfisch.
ɹbrigens sind die Stockfische des Handels verschiedene Fisch-
ɹrten; ausser dem Kabeljau wird auch der Schellfisch, der
ɹɔrsch dazu gemacht. Immerhin ein saft- und kraftloses
ɹsen, in Wahrheit eine Fastenspeise.

Für den Handel ist zu bemerken: Kabeljau — man achte
ɹrauf, ob er Flecken hat und ob er übel riecht; faule sind
ɹhädlich. Vom Laberdan wählt ein erfahrener Koch die
ɹeinere Sorte (Ragnets genannt), weil sie sich besser halten.
ɹn Stockfisch mit röthlichem, auffallend weichem Fleische,
ɹhimmel und duncklen Flecken — gehört nicht mehr in die
ɹiche. Unpraktisch ist es, gewässerte Stockfische zu kaufen;
ɹrch das Wässern im Kalkwasser verlieren die faul gewordenen
ɹen verrätherischen Geruch und der Käufer geht damit an.

Dorsch — ist noch feiner als der Kabeljau — sehr leicht-
ɹdaulich und gesund. — Die Lebern gelten als Delicatesse.

Schellfisch — ein saftiges, gesundes Essen. Mit der Zu-
ɹhme der Eisenbahnen wächst der Versandt dieses Fisches
ɹffallend; er kommt bereits in die entferntesten Gegenden und
ɹ so billig, dass er selbst bei uns, die wir weit vom Meere

wohnen, zu den wohlfeilsten Fischen zählt. Wenn sie nicht frisch sind, können sie grossen Nachtheil für die Gesundheit bringen. Sobald das Fleisch weich, die Flossen blass, das Aroma negativ, dann adieu!

Wittling (Weissling, Merlan) — delicat, leicht verdaulich.

Trische (Aalraupe) — einzige Gadusart im Süsswasser — die schön gefleckten heissen Schnektrischen, die ganz jungen Moserle — laicht vom Januar bis März — Fleisch zart, leichtverdaulich, schön weiss. — Die grosse blassrothe Leber ist eine wahre Delicatesse.

Scholle (Platteis, Goldbutt) — sehr zartes Fleisch — gebraten schmackhafter und zuträglicher als gesotten — die grösseren kommen nur eingesalzen und getrocknet auf den Markt.

Flunder — etwas grösser und rauher — meistens gesalzen und getrocknet — Hauptplatz ist Stralsund.

Steinbutt (Turbot). — Wenn die Haut abgezogen, eine angenehme Speise — gibt viel Gelée.

Zunge (Sole) — in Norddeutschland, England und auf den Seeschiffen häufig als Breaktfast-Speise — sehr wohlschmeckend, leicht verdaulich.

Aal — laicht im Mai und Juni — beste Sorte lebt im fliessenden Wasser — ist schwerer zu kochen als andere Fische und sehr fett — wird theils frisch gegessen (blau, gebraten und in Sauce, am feinsten ist Aal in Gelée) theils marinirt oder geräuchert.

Muräne — Fleisch wie der vorige. — Schon von den alten Römern hochgeschätzt: so liess z. B. ein gewisser Vedius Rollio seine Muränen mit Sclaven füttern!

In die Ordnung der Freikiemer gehören sehr wichtige Handelsartikel:

Stör — jung ist das Fleisch zart, sonst aber grob und schmeckt wie Kalbfleisch.

Sterlet — Fleisch und Rogen feiner als beim vorigen.

Hausen — in der unteren Wolga gefangen, Hauptplatz Astrachan. — Gibt die Hausenblase (sehr feinen Leim).

Caviar ist der gesalzene Rogen verschiedener Fische, hauptsächlich der Störe. Es gibt mehrere Sorten: Der deutsche (Elb-)C. ist der geringste — wird hauptsächlich in Pillau, Ostpreussen, fabricirt — der ächte russische (Astrachan-) ist bei weitem besser. Der C. gilt als eine Delicatesse ersten Ranges; ein ächter Feinschmecker spricht überhaupt das Wort „Caviar" nur mit Ehrfurcht aus! In mässiger Portion ist C. wohl das beste Reizmittel für den Magen. Zu alledem hat er auch einen sehr bedeutenden Nährwerth. Schaden kann er nur in grösseren Quantitäten, hauptsächlich durch seinen grossen

Salzgehalt. Wenn er schimmelig ist, entsteht Erbrechen und Diarrhoe.

Die Ordnung der Haftkiemer liefert auch noch manches Gute:

Die Rochen spielen namentlich in der französischen Küche eine Hauptrolle. — Der kleinere Stachelroche (Nordsee) ist besser als der grosse, oft centnerschwere Glattroche.

Lamprete — steigt hauptsächlich von der Nordsee aus in die Flüsse hinauf — ein wichtiger Handelsartikel — nur gebraten gut.

Neunauge (gemeiniglich Pricke genannt) — im Sommer mager; die beste Zeit ist der Dezember. — Sie wird (frisch) gebraten und marinirt. — In Italien lässt man sie im Malvasier absterben, wodurch sie einen ausserordentlich feinen Geschmack bekommen soll.

13. Capitel.

Reptilien, Amphibien, Krusten- und Weichthiere.

Aus der Classe der Reptilien isst man einige Arten von Schildkröten. Am besten schmecken die grossen Seeschildkröten; weniger saftig sind die Landschildkröten.

Wenn jemals eine Schildkröte in eine Küche kommt, macht der Koch allerlei daraus; das Beste bleibt aber immerhin die Suppe. Diese ist so delicat, dass manche Reisende sie als die angenehmste Erinnerung an einen Aufenthalt in London, Hamburg oder einer anderen Seestadt betrachten.

Aus der Classe der Amphibien bezieht die Krankenküche einen trefflichen Artikel:

Froschschenkel geben sehr nahrhafte und leicht verdauliche Gerichte. Man verordnet sie desshalb mit Recht überall für Kranke und Reconvalescenten; namentlich geben sie, weil sie so leicht zu verdauen sind, zweckmässige Speisen für Magenkranke.

Sie werden bald in einem Mehlteig gebacken — weniger gutes Gericht, bald in Butter verdämpft — besser, bald dienen sie als Einlage für Suppen (siehe 2. Capitel) vorzüglich!

Aus der Classe der Krustenthiere verwerthet die Küche:

Flusskrebs findet sich in Uferlöchern vieler Flüsse und Bäche, liebt jedoch mehr klares Wasser, holt Nachts seine Nahrung und wird bei dieser Gelegenheit gefangen. Für die Küche kein unwichtiger Artikel! Gibt feine Suppen, Knödel, Saucen; kommt auch ganz auf den Tisch, sehr beliebte Garnitur für den Kalbskopf à la tortue. Ueber die Krebssuppe siehe im 2. Capitel nach.

Hummer (lobster, homard) ist das vergrösserte Ebenbild des Flusskrebses, die grössten sind über ⅓ Meter lang. Sie kommen sowohl lebend wie abgekocht im Handel vor.

Die Küche verwerthet den Hummer als Suppeneinlage (gut), als Salat (trocken), am häufigsten kommt er ganz auf den Tisch.

Seespinne (langouste, sea crabs) ist ein Krebs ohne Scheeren, 15 Ctm. lang und fast ebenso breit, kommt aus dem Mittelmeer. Verwendung wie beim Hummer.

Garneele (crevette, squill) kleines seitlich zusammengedrücktes, röthlich-gelbes Krebschen, das man hauptsächlich in den Seestädten auf allen gut besetzten Tafeln trifft — kommt auch in Salzwasser abgekocht im Handel vor. Es soll nicht selten giftige Exemplare geben.

Im Allgemeinen sind diese Raritäten nicht geeignet für den Krankentisch. Es ist eine allbekannte Thatsache, dass viele von Krebssuppen Nesselsucht bekommen. Die Nesselsucht ist bei weitem in den meisten Fällen Symptom eines acuten Magencatarrhs: ein Beweis, dass Krebse schwerverdaulich sind. Namentlich hat der Hummer ein grobfaseriges, schwerverdauliches Fleisch; etwas zarter und saftiger ist der Flusskrebs, am feinsten die Crevette!

Aus der Classe der Weichthiere werden gegessen:

Gartenschneke, die sich im Winter eindeckelt, ist kein so geringes Essen, wie man in manchen Gegenden glaubt. Es kommt natürlich Manches auf die Zubereitung an. Die Schnecke ist sehr reich an Leimstoff, dieser wird nur bei Gegenwart von Säuren gut verdaut. Gebratene Schnecken liegen schwer im Magen, während weich gesottene, in Essig und Oel gut bekommen.

Die Brühe von gesottenen Schnecken wird noch immer als Volksheilmittel gegen Keuchhusten, Lungenschwindsucht und andere langwierige Leiden der Athmungsorgane gebraucht. Es gibt viel bessere Mittel!

Austern. Vorzügliche bekommt man in Venedig und Triest, aus dem adriatischen Meere; nach Deutschland kommen meistens nur holländische und englische, die durchschnittlich geringer sind.

Die Austern-Zeit sind die Monate mit r; im Sommer, d. h.

zu der Zeit, wo sie ihr Fortpflanzungsgeschäft besorgen, sind sie saft- und kraftlos. Beschädigungen der Gesundheit durch kranke Austern sind selten, weil die fehlerhafte Waare leicht zu erkennen ist. Weiche, missfarbige, lose in der Schaale hängende, mit einem Milchsaft umgebene, übelriechende Austern werden hoffentlich nicht mehr aufgetischt!

Was den Nährwerth und die Verdaulichkeit anbelangt, so ist manches Gute zu berichten. Die Austern bestehen hauptsächlich aus Eiweiss und sind desshalb sehr nahrhaft. Rohe Austern sind eine leichtverdauliche Speise, ganz geeignet für den Krankentisch. Da Eiweiss bei Gegenwart von Säuren besser verdaut wird, so ist der übliche Zusatz von Citronensaft sehr zweckmässig. In allen anderen Formen passen die Austern nicht für Kranke. Es ist interessant, wie spät die Austern das Gefühl des Sattseins machen. Ein Austernesser vom Fach kann ohne grosse Aufregung ein Gross (144 Stück) verschlingen! Dann geht er erst zur Tafel und stellt sich, wie wenn Nichts passirt wäre.

Gekochte oder gebratene Austern sind so schwer zu verdauen wie hartgesottene Eier; etwas besser geht noch die Austernsuppe, absonderlich wenn man die Austern ziemlich spät zugesetzt hat, so dass sie nicht ganz gerinnen konnten.

Muscheln. Ihre Zeit reicht von Ende September bis April. Da sie nicht lange ausser Wasser leben können, kommen sie selten frisch, sondern meistens marinirt in den Handel.

Was Nährwerth und Verdaulichkeit anbelangt, so gilt von den Muscheln das Nämliche, was soeben von den Austern gesagt wurde.

Vergiftungsfälle durch Muscheln hat man schon öfters beobachtet. Sie sollen namentlich zur Zeit der Fortpflanzung nicht räthlich sein. Ueber das Gift selbst weiss man so gut wie nichts.

14. Capitel.

Würste.

Alle Speisen, welche in der Küche eine gründliche Zertrümmerung ihres Gefüges erfahren haben — durch Hacken, Reiben, Stossen etc. — sind leichter zu verdauen; es ist dem Verdauungsapparat in der mechanischen Arbeit vorgeschafft worden. Desshalb gehören gewisse Würste zu den leicht verdaulichen Speisen und eignen sich sogar für den Tisch der Magenkranken. Ueberhaupt sind die Würste kein so geringfügiger Artikel, wie man vielleicht glaubt. Mancher Feinschmecker weiss aus der ganzen Geographie nichts, als Göttingen, Braunschweig, Verona. Mailand, und Wertheim!

Die Würste des Handels sind sehr oft zu alt und verdorben; an den alltäglichen Würsten ist zu tadeln, dass sie unreinlich und nur aus Fleischstücken zubereitet werden, welche man anders nicht verkaufen kann. Unter solchen Umständen wird es am Platze sein, dass sich die diätetische Küche selbst an die Sache macht.

Es liegt nicht im Bereiche dieser Betrachtungen, die Wurstfabrikation bis ins Detail zu erschöpfen; dagegen dürfen jene Regeln nicht übergangen werden, welche besondere sanitäre Bedeutung haben:

Mangelhaft gereinigte Därme geben den Würsten einen widerlichen Geschmack. welcher oftmals gar zu deutlich wahrnehmen lässt, was vorher darin gewesen ist. Der Wurstdarm muss mehrmals mit lauwarmem Wasser, dann mit Salzwasser ausgewaschen und schliesslich so lange in kaltem Wasser abgeschwemmt werden, bis letzteres rein abfliesst.

Beim Füllen soll man nicht vergessen, dass zu stramm gefüllte Würste im Kochen gerne aufspringen. Dies geschieht namentlich leicht bei jenen Würsten, welche aus rohem Fleisch und frischem Blut bereitet werden; Würste mit gekochter Einlage (Leber, Zunge u. dgl.) dürfen schon fester gefüllt werden.

Das Wursten aus der Hand ist zeitraubend, und man bringt bei allem Fleisse doch keine gleichmässig gefüllte Wurst zu Stande. Somit gehört ein Wursthorn zum wirklich nöthigen Küchengeschirr. Am besten sind jene mit der Inschrift: „Reinlichkeit erhält den Leib etc."

Gar oft ereignet sich der Fall, dass nicht gar gekochte Würste zu Tische gegeben werden. Obgleich eine solche Wurst sogar leichter zu verdauen wäre als eine gar gekochte, so mag man sie doch nicht — wegen ihres faden Geschmackes. Daran denken wohl Wenige, dass man durch eine nur halb gekochte Wurst auch einen Bandwurm, Trichinen u. dgl. einnehmen kann. Im Canton Appenzell bilden die aus rohem Rindfleische bereiteten Presswürste ein Nationalgericht; Niemand ist so häufig vom Bandwurm bewohnt wie der Appenzeller! — Je nach der Dicke muss die Wurst $\frac{1}{2}$ bis 1 Stunde lang sieden. Das Küchenpersonal pflegt die Würste mit einer Nadel anzustechen, um zu sehen. ob sie gar sind! Wenn aus der Stichwunde noch röthlicher (blutiger) Saft quillt, so hat die Wurst noch nicht genug; erst wenn eine fettreiche, wasserhelle Brühe kommt, wird sie abgenommen. Das ist die gebräuchliche Untersuchungsmethode. Wenn es möglich wäre, den Koch ausfindig zu machen, der sie erfunden hat, so wäre ein ungehäures Denkmal am Platze. Jede Wurst, welche auf diese Art untersucht wurde, hat ebenso Saft und Kraft verloren wie ein mit dem Spiesse controlirter Braten. Erfahrene Köchinnen wissen die Zeit wohl, welche eine Wurst ungefähr braucht, bis sie gar ist. Im schlimmsten Falle gebe man eher in der Zeit etwas zu; das stiftet weniger Nachtheil als die Nadel. Das einzige Malheur, welches passiren kann, ist, dass einmal eine Wurst aufspringt. So oft die Würste beim Sieden an die Oberfläche des Wassers kommen, müssen sie mit dem Schaumlöffel sanft unter das Wasser gedrückt werden, da sie sonst aufspringen.

Um die Würste aufzubewahren, werden sie schwach geräuchert. Nur jene Würste eignen sich zum Räuchern, welche weder Mehl noch Semmel oder Aehnliches enthalten, prall gefüllt sind und nirgends lufthaltige Stellen zeigen.

Von den Würzen, welche zu Würsten verwendet werden, ist der Knoblauch das elendste und verwerflichste; auch der Koriander taugt nichts. Das englische Gewürzpulver und die Gewürznelken verdecken den arthaften Geschmack der Wurst vollkommen, sind also ebenfalls nichts nutz.

Wurstgift. Man kennt weder das Wesen dieses gefährlichen Giftes, noch hat man untrügliche Kennzeichen für giftige Würste. Im Allgemeinen sind jene Würste verdächtig, welche süsslich oder sauer schmecken und riechen, deren Fettklümpchen grünlich oder bläulich aussehen, die auffallend weiche Stellen unter dem Darm durchfühlen lassen und schwarze Flecken haben. Am häufigsten hat man bis jetzt giftige Blut- und Leberwürste beobachtet, besonders in Baden und Württemberg. Das Gift soll sich namentlich leicht in denjenigen Blutwürsten entwickeln, welche einen Mehl-, Brod- oder Milchzusatz haben. Oefteres Gefrieren und Wiederaufthauen trägt besonders viel zur Entwickelung des Giftes bei. Merke: Bei einer frischen Wurst keine Gefahr!

Ueber die einzelnen Arten der Würste ist zu bemerken:

Blutwürste. Von den üblichen Ingredienzien der Blutwürste sind für Magenkranke nicht zuträglich: Schweinefett, zuviel Speck, Mehl, geriebener Semmel; endlich sind bei weitem die meisten Blutwürste ungebührlich gewürzt. Man kann die Blutwürste auf eine bessere Art recht schmackhaft machen — durch einen Zusatz von feingeschnittener, gut gepökelter Schweinszunge. Ein zweckmässiger Zusatz ist ferner Fleischbrühe; weniger geeignet ist Milch, weil sie so leicht gefährliche Zersetzungen eingeht. Die in Norddeutschland gebräuchlichen Blutwürste mit einem Zusatze von Buchweizengrütze, Hirse, Gries, Reis machen gewöhnlich Magensäure. Eine ganz verwerfliche Wursteinlage ist Hirn. Unter allen Umständen sind frische Blutwürste den geräucherten vorzuziehen.

Leberwürste. Die Leber muss fein zerhackt und durch ein grobes Sieb getrieben werden. Man vergesse nie, dass die Leber selbst ein fettreiches Gebilde, dass somit nur ein sparsamer Zusatz von Speckbröckelchen passt. Ganz besonders nachtheilig ist der übliche Zusatz von Knoblauch. Frische Leberwürste sind gesünder als geräucherte. Grosse Delicatessen sind die Leberwürste mit Trüffeln. Wenn letztere gut gereinigt und ziemlich fein zerhackt sind, bekommen sie in der Regel auch gut. Gehen wir in der Feinschmeckerei noch einen Schritt weiter, so kommen wir zur Gansleberwurst mit Trüffeln. Da hört aber unser Sprache auf; denn schelten können wir nicht und loben noch viel weniger.

Kalbsbriesle-Wurst. Diese wenig bekannte Wurst sollte weit häufiger auf den Krankentisch kommen als es bis jezt geschieht. Die trefflichen Eigenschaften des Kalbsbriesle's sind bereits im 5. Kapitel aufgezählt worden. Alles gilt auch von dieser Wurst. Als besonders gute Eigenschaft ist hervorzuheben, dass sie sich (namentlich im Winter) längere Zeit aufbewahren lässt. In der Regel speist man sie kalt, am besten als Vorspeise für Thee. In Rädchen geschnitten gibt sie eine sehr passende Einlage für Gelées.

Damit dieses vortreffliche Gerücht bekannter werde, geben wir hier folgendes Recept:

Als Wurstsack verwende die Kapsel einer Milz. Aus dieser musst Du aber die Milzsubstanz mit Geduld und Aufmerksamkeit herausschälen, da sonst die Kapsel leicht Löcher bekommt. Die Kapsel wird umgestülpt, also die innere Fläche zur äusseren gemacht. 2 oder 3 Kalbsbrieschen (je nachdem die dazu verwendende Milz gross oder klein ist) werden sauber gewaschen und, nachdem die Luftröhren davon entfernt, zu länglichten Stückchen zerschnitten, auf ein Netz gelegt, mit Salz, Pfeffer und etwas fein verwiegtem Selleriekraut und Citronenschaale gewürzt, aufgewickelt, in die Milzkapsel eingefüllt. Das Ganze muss eine starke Stunde in Fleischbrühe gekocht werden.

Schweinefleischwurst (Cervelatwurst) besteht hauptsächlich aus zerhaktem Schweinefleisch und frischem Speck. Das Fleisch wird vom Rücken genommen und alles „Weisse" gründlich entfernt. Ausser Salz und grob zerstossenem weissem Pfeffer wird kein Gewürz verwendet, namentlich kein Salpeter. Diese Würste müssen fest gestopft werden. Lufthaltige Stellen sind die Ausgangspunkte für Zersetzungen. Will man diese

Würste aufbewahren, so müssen sie einige Tage an der Luft getrocknet und dann 14 Tage in den Rauch gehängt werden. **Rindfleischwürste.** Geringeres Rindfleisch und ungesalzener Speck bilden die Hauptbestandtheile. Gewöhnlich werden die Würste einen Tag zwischen Brettern gepresst (**Presswürste**) und etwa 8 Tage lang in den Rauch gehängt. **Bratwürste** aus **Kalbfleisch** und **etwas magerem Schweinefleisch** sind entschieden das Beste aus diesem Capitel. Salz, Pfeffer, Muskatnuss und etwas Citronenschale genügen als Würzen; Kümmel, Knoblauch u. dgl. sind überflüssig. Schwach geräuchert schmecken sie pikanter. Hiezu sind aber nur jene geeignet, welche Speckbröckelchen enthalten. Solche Würste sollten viel häufiger auf den Tisch der Magenkranken kommen; sie passen namentlich zu jenen Zeiten, wo im Magen eine besondere Tendenz zur Zersetzung der Eiweisskörper obwaltet.

15. Capitel.

Leimstoff-Speisen.

Obgleich der Leimstoff als ein Abkömmling der Eiweisskörper gilt, wird ihm doch gewöhnlich wenig oder gar kein Nährwerth zugestanden. Der Verfasser kann nur soviel sagen, dass er schon oft wochen-, ja monatelang Magenkranke damit genährt hat und dass dieselben sich dabei besser befanden als bei jeder anderen Nahrung. Allerdings waren es keine chemisch reinen Leimstoffspeisen, es waren mit Fleischextract versetzte Sulzen oder kräftige Bratenjus.

Der Leimstoff kommt nicht schon fertig in der Natur vor, er bildet sich erst wenn man s. g. leimgebende Substanzen (Knochen, Knorpeln, Bindegewebe) kocht. Reich an solchen Substanzen sind: Kalbsfüsse, Kalbskopf, Schweinsfüsse, -Ohren, -Schwanz, und viele Fische. Alles junge Fleisch, namentlich das Fleisch von Kälbern, welche weniger als 14 Tage alt sind, und ganz junges Geflügel setzen viel Gelée ab. Dessgleichen geben viel Leim: dass Ochsenmaul, die Kutteln, die Schnecken.

Das Edelste aus dem Artikel sind die indianischen Vogelnester, welche von einer kleinen Schwalbenart gemacht werden und aus einer gelblichen Gallerte bestehen. Die meisten werden nach China verhandelt, nur wenige kommen über England in den europäischen Handel. Sie sollen ausserordentlich fein schmecken, natürlich schon desshalb, weil dass Pfund ungefähr 100 Mark kostet!

Die Küche macht einen sehr umfangreichen Gebrauch von den leimgebenden Substanzen, bereitet eine Menge Delicatessen daraus und braucht dafür verschiedene Namen: Sulz, Gallerte, Gelée, Aspic, Jus u. s. w. Wir theilen die Sulzen auf folgende Art ein:

I. Sulzen ohne Einlagen.

Saure Sulzen. Bei weitem die meisten Sulzen werden — nach den Vorschriften der Kochbücher — s a u e r zubereitet. Zur Ansäurung dient Wein, Weinessig, Citronensaft u. dgl. Wir werden am Schlusse dieses Capitels darauf zu sprechen kommen, was der Zusatz von Säure für gute und für böse Seiten hat. Häufig wird darin gefehlt, dass man die leimgebenden Substanzen zu stark auskocht. Auf diese Weise erhält man Sulzen, welche nie schön klar zu bringen sind, einen unangenehmen, fast brenzlichen Geschmack haben, und dem Magen ebensowenig zusagen wie angebrannte Speisen. Wenn aromatische Würzen zu früh zugesetzt werden, so geht natürlich (in der Wärme) das Aroma fort und damit der Köchin die Gemüthsruhe, weil sie nicht zu begreifen vermag, wie eine Sulze, zu der so viel Gewürz genommen wurde, doch so schmacklos ausfallen. Lorbeer, Pfeffer, Lauch, Zwiebeln, Petersilienwurzeln sind zwar sehr beliebte Zuthaten zu Sulzen, ganz geeignet, denselben einen pikanteren Geschmack zu verleihen, allein sie machen die Speise scharf und reizend für den Magen. Nur kleine gelbe Rüben und Schwarzwurzeln stiften keinen Nachtheil.

Schliesslich sei darauf hingewiesen, dass die mässig gesäuerten Sulzen eine treffliche Fieberspeise abgeben; ihre niedere Temperatur und die Säure wirken angenehm kühlend und sagen dem Gaumen in der Regel mehr zu als manche Fiebermixturen.

Ungesäuerte Sulzen. Solche Sulzen findet man in den gewöhnlichen Kochbüchern nicht und doch gibt es so viele Zustände im Magen, wo diese Speise nicht blos ein gutes Nahrungsmittel, sondern auch ein unschätzbares Heilmittel abgibt. Wir nennen nur die so oft vorkommende Uebersäuerung des Magens (Sodbrennen). Der Verfasser hat sich desshalb um die Bereitung dieser Speisen sehr interessirt und gibt hier das Recept, nach welchem er schon manchmal Sulzen fabricirt hat:

R. 4 Kalbsfüsse,
    1 Kilo Ochsenfleisch,
    ein altes Huhn
werden zusammen einen Nachmittag in
    5 Liter Wasser (15 Grm. Kochsalz)
gekocht (fleissig abschäumen!).

In der letzten Stunde des Kochens wird noch ein kleiner Hecht zugesetzt. Nachts über wird die Suppe zum Erkalten gestellt.

Am Morgen schöpft man die Fettdecke ab, stürzt die Sulze aus und schreitet zur Klärung. Behufs dessen wird die Sulze langsam erwärmt und, nachdem sie flüssig geworden, 6 gepeitschte Eiweiss mit den zerdrückten Schalen dieser Eier zugesetzt. Während die Sulze gelinde fortkocht, wird öfters aufgezogen. Das Kochen dauert so lange, bis sich grössere Flocken Eiweiss ausfällen und der Stand der Sulze weinklar erscheint. Hierauf wird sie vom Feuer genommen und gewartet, bis sie sich vollständig geklärt hat. Nun wird filtrirt — durch eine vorher genässte, über einen umgestürzten Stuhl ausgespannte Serviette. Hat man ein schön klares Filtrat bekommen, so werden 20 Grm. Fleischextract zugegeben, die Sulze in Formen ausgegossen und zum Erkalten in den Speisekeller gestellt.

Dieses Recept passt mehr für Krankenhäuser; für einen einzelnen Kranken lasse man dasselbe höchstens zu einem Viertheil machen, namentlich zur warmen Jahreszeit, wo das Gelée bald verdirbt. Es ist wohl ohne Weiteres klar, dass man zu diesem, wie zu jedem anderen Gelée auch die Einlagen brauchen kann, welche sub II. angegeben sind.

Wie alle einseitige Kost bald entleidet, so geht es auch mit diesem sonst so wohlschmeckenden Gelée. Man sinne also auf Abwechslungen. Hiezu eignet sich z. B. eine Mischung von Kalbsbratenjus mit diesem Gelée. Die Mischung kann natürlich nur gemacht werden, während beide flüssig d. h. warm sind. Dies Gericht schmeckt namentlich zu kaltem Geflügel vortrefflich.

II. Sulzen mit Einlagen.

Indem wir nun auf die Sulzen mit Einlagen zu sprechen kommen, wollen wir zum Voraus bemerken, dass wir diese Speisen für die elegantesten Fabrikate der Küche halten, für Delicatessen ersten Ranges. Im Uebrigen sind es lauter Dinge, welche nur ein geschicktes Küchenpersonal recht machen kann, die also in der „bürgerlichen" Küche selten, in der „feinen" Küche dagegen gewöhnlich vorkommen. Von den vielen hierher gehörigen Speisen können nur jene erwähnt werden, welche sich für den diätetischen Tisch eignen:

Eingesulztes Ochsenmaul ist die zuträglichste von den

gesulzten Speisen, vorausgesetzt dass es richtig zubereitet wurde. Nicht alle Kochbücher geben gute Recepte. Hier ein erprobtes:

R. Ein weich gesottenes Ochsenmaul,

ein ditto Fuss,

sauber gewaschen, in möglichst zarte, nudelförmige Stücke zerschnitten, mit soviel Fleischbrühe übergossen, dass sie darüber hinaus geht.

Dazu kommen als Würzen:

die klein geschnittene Schaale einer Citrone,

Salz (in sehr mässiger Menge),

koche 2 Stunden lang.

Der sonst gebräuchliche Zusatz von Speckbröckelchen würde die Speise ungesund machen; dagegen schadet etwas weisser Pfeffer (erst gegen das Ende des Kochens zugesetzt) nichts.

Ist die Sulze dick genug, so wird noch etwas nicht zu stark gesalzene, schwach geräucherte, weich gesottene Ochsenzunge, ebenfalls fein nudelförmig zerschnitten, gleichmässig vertheilt, zugegeben und nochmals eine Viertelstunde lang gekocht. Nun werden die Formen parat gehalten, vorher mit kaltem Wasser ausgespült, damit die Sulze, wenn sie kalt ist, gut herausgeht.

Das zerschnittene Fleisch wird aus der noch flüssigen Sulze mit dem Schaumlöffel heraus gefischt und in die Formen gleichmässig vertheilt, dann die Sulze, durch eine Serviette geseiht, darüber gegossen.

Hernach wird das Fabrikat zum Erkalten in den Speisekeller gebracht.

Sehr wichtig ist ein Zusatz von Fleischextract, da hiedurch nicht nur der Wohlgeschmack, sondern auch der Nährwerth dieser Speise bedeutend erhöht wird. Es versteht sich von selbst, dass man das Fleischextract zusetzen muss, so lange die Sulze noch flüssig und dass eine gehörige Vertheilung desselben nöthig ist. Was die Quantität anbelangt, so soll man nicht mehr als Bohnengross pro 250 Grm. (d. h. für einen Teller voll) nehmen; bei mehr wird der Geschmack der Sulze widerlich streng.

Der Wohlgeschmack dieser und noch mancher anderen Art von Sulz wird erheblich gesteigert, wenn man dazu einen kleinen Fisch verkocht.

Dieses Küchenrecept erhielt der Verfasser von einem ihm seit Jahren nahe befreundeten, behäbigen und sehr erprobten Feinschmecker. Es war eine langwierige und schwere Aufgabe, dasselbe ganz aus ihm herauszubringen, denn fasst nach jedem Worte setzte er ab und gab sich einem innerlichen Wohlbehagen hin. Unser Freund hatte damals ein Verhältniss, welches später in eine Heirath ausartete, man konnte desshalb glauben, er denke wieder an seinen Gegenstand. Ueberraschend war es desshalb, wenn er auf das Ansuchen, weiter fortzufahren, in aller Begeisterung ausrief: „es geht halt nichts über das eingesulzte Ochsenmaul!"

An diese Speise reihen sich noch einige allbekannte Delicatessen an:

Gesulztes Schwarzwildpret, nach den Kochbüchern bereitet, zeichnet sich zwar durch einen ausserordentlich pikanten Geschmack aus, ist aber so sehr überwürzt, dass es dem Magen arg zusetzt. Etwas milder ist das auf ähnliche Art bereitete **gesulzte Geflügel,** weniger nahrhaft aber fein die **gesulzten Fische,** namentlich A a l in Gelée. Der **Presskopf** ist wegen dem allgemein üblichen Zusatz von Speckbröckelchen und der Einhüllung in Speckschwarten ein rechter Magenverderber. Das Gleiche gilt vom (minder feinen, regelmässig überpfefferten) **Schwartenmagen.**

Als leimstoffreiche Speisen, welche bereits in anderen Capiteln besprochen sind, mögen hier noch erwähnt werden:

Fleischbrühe,
Bratenjus,
Kalbsfüsse, -Kopf,
Schweinsfüsse, -Ohren,
Kutteln,
Ochsenmaul,
Schnecken.

16. Capitel.

Eier.

Die Küche verwendet die Eier von Hühnern, Gänsen und Enten. Als eine sehr grosse Delikatesse werden in neuester Zeit die Kiebitz- und Kräheneier betrachtet und — schwer bezahlt, namentlich von den Reichstagsabgeordneten! Ueber die verschiedenen Fischeier — Rogen — ist im 12. Capitel die Rede gewesen. — Nach dem wahren Nährwerthe beurtheilt sind bei den gegenwärtigen Marktpreisen die Eier das theuerste, die Milch dagegen das wohlfeilste Nahrungsmittel aus dem Thierreiche.

Kennzeichen der frischen Eier.

1) Die Eierhändler sehen gewöhnlich auf kein anderes Zeichen als auf das Durchscheinen. Sie setzen sich in einen dunklen Hausgang und halten ein Licht hinten an das Ei. Nur frische Eier sind transparent.

2) Frische Eier sind specifisch schwerer als das Wasser. Ein Ei, das über 8 Tage alt ist, sinkt schon nicht mehr unter.

3) Ein frisches Ei gibt an beiden Enden der anlockenden Zunge das Gefühl von Kälte.

4) Ein gutes Ei schwappt nicht.

5) Wenn man frisch gelegte Eier in kochendes Wasser bringt, so bekommen sie Sprünge; später kommt dies nicht mehr so leicht vor.

6) „Eine gewandte Köchin, welche viele Jahre bei einer Herrschaft treu gedient hat und die besten Zeugnisse aufweisen kann" braucht alle diese Kennzeichen nicht; sie riecht einfach daran. Der Geruch eines faulen Ei's ist unvergesslich; er rührt her von dem bekannten Schwefelwasserstoff, der sich noch bei vielen andern Naturereignissen bemerkbar macht.

Conservirung der Eier.

Die Conservirung der Eier macht viel zu denken; noch immer ist die Methode nicht gefunden, welche keine Mängel hat. Es handelt sich darum, zu verhüten, dass durch die Poren der Schaale Luft eindringt. Am häufigsten ist das Einlegen der Eier in Kalk. Dies schützt allerdings vor Fäulniss; allein das Eiweiss der auf solche Art conservirten Eier lässt sich nicht zu dem in der Küche so oft nöthigen Schaum schlagen und die Schaalen springen gern im kochenden Wasser. Die Aufbewahrung in Salzwasser hat den Nachtheil, dass die Eier einen widerlichen Geschmack bekommen. Zweckmässiger sind Asche, Sägspähne, Spreu und Aehnliches; doch trocknen die Eier schneller aus als im Kalk und halten überdies nicht so lange. Weniger bekannt ist, dass man die Eier durch einen Ueberzug mit Leinöl sehr lange gut erhalten kann. Der Schutz, den eine Oelschichte gewährt, ist zwar nicht so gründlich wie jener der Kalkdecke, allein das Verfahren ist viel einfacher und hat weniger Einfluss auf den Geschmack der Eier. Des Verfassers eigene Versuche sprechen sehr zu Gunsten dieser Methode. Die Erfahrung hat gelehrt, dass die Eier schneller verderben, wenn man sie auf dem gleichen Flecke liegen lässt; sie müssen innerhalb 8 Tage mindestens ein Mal gekehrt werden. Auf trockenem Stroh halten sie sich am besten. Jedenfalls muss der Ort, wo die Eier aufbewahrt werden, trocken sein.

Küche-Regeln.

Für die Kochkunst ist die Gerinnung des Eiweisses bei 60^0 R. das wichtigste Ereigniss, und für den Magen wäre es am besten, wenn es bei keiner Eierspeise ganz zu diesem Ereignisse käme, denn geronnenes Eiweiss ist schwer zu verdauen — aus mechanischen Gründen. Der Magensaft dringt nicht so leicht in grobe Klumpen ein, wie in weiche Massen.

Die einfachsten **Eierspeisen** sind **rohe, weichgesottene, wachsweiche** und **harte** Eier. Da die rohen Eier Vielen widerstehen, so probire man es auf andere Arten: Mit Salz und Pfeffer zu Schaum geschlagen lassen sie nichts zu wünschen übrig. Für Magenkranke ist es zuträglicher, das Ei in einem Glas Wasser zu verrühren.

Für das Sieden der Eier muss man die Fristen kennen: Für weiche Eier 3 Minuten, für wachsweiche 4 Minuten, für harte 5 Minuten. Zu bemerken ist, dass beim Sieden der Eier immer etwas Eiweiss durch die selbst unverletzte Schale aus- und dafür Kochwasser eintritt. Desswegen soll man nur reines Wasser nehmen. Werden Eier in der nächsten besten Brühe, die man gerade hat, gesotten, so nehmen sie den Geschmack derselben an. Reinlichkeitshalber sollten alle Eier, welche man Sieden will, vorher gewaschen werden. Bekanntlich darf man die Eier nicht gleich in kochendes Wasser legen, weil sonst die Schalen springen. Hartgesottene Eier lassen sich besser schälen, wenn sie in kaltem Wasser abgekühlt wurden.

Den ersten Rang unter den Eierspeisen behaupten die verschiedenen Arten von **Rühreiern.** Sie sollen nur aus Eiern und ein wenig Milch bestehen und in einer mässigen Menge Butter gebacken sein. Man achte darauf, dass sie eine lockere crêmartige Masse darstellen und dass die Oberfläche nicht dunkel, sondern gleichmässig lichtbraun wird. Die feinere Küche verwendet dazu verschiedene pikante Dinge: Schinken, geräucherten Lachs, Trüffeln, Sardellen, Sauerampfer u. s. f. Kleine Quantitäten von diesen Dingen verbessern den immerhin etwas faden Geschmack der Eier sehr und fördern auch die Verdauung; weitaus in den meisten Fällen wird aber damit so verschwenderisch verfahren, dass die Speise nicht mehr für den diätetischen Tisch passt.

Eine besonders gute Eierspeise ist die ziemlich wenig bekannte **Fondue.** Von Brillat-Savarin haben wir folgendes Recept:

R. Nimm auf jeden Gast 2 Eier, verrühre sie kalt in ein Casserol, mische ein Dritttheil gepulverten Emmenthaler Käse, ein Sechstheil Butter und auf jedes Ei, das genommen wurde, einen Esslöffel voll Milch dazu (Manche nehmen statt Milch ebensoviel weissen Wein). Jetzt wird die Pfanne auf ein lebhaftes Feuer gesetzt und unter beständigem Umrühren so lange darüber gelassen, bis das Eiweiss zu gerinnen anfängt. Dann nimm die Fondue schnell vom Feuer weg, damit die Gerinnung nicht zu weit vorschreitet, und würze tüchtig mit Pfeffer (Salz ist nicht nöthig, da der Käse schon den Salzgeschmack verleiht). — Die Servirplatte sowohl als die Teller müssen erwärmt sein.

Eier in Bratensauce — eine sehr zuträgliche und wohlschmeckende Speise, die ebenfalls wenig bekannt ist. Die Composition eines sehr concentrirten Nahrungsmittels mit einem mildwürzigen Leimstoff darf schon vom chemischen Gesichtspunkte aus nur gelobt werden.

Omeletten, welche nur aus Eiern und Milch gemacht werden, mit einem Zusatz von Zucker, sind geeigneter für den diätetischen Tisch als jene mit Mehl.

Spiegeleier, vulgo „Ochsenaugen," sind häufig zu hart. Man trägt sie gewöhnlich in dem heissen Casserol auf, in welchem sie dann noch so lange fortbraten, bis das Eiweiss vollständig geronnen ist. Schwerverdaulich!

Endlich braucht die Küche noch Eier zum Klären, namentlich zum Klären der Gelées. Wenn man Eier in trüben Flüssigkeiten erwärmt. so gerinnen die Eiweisflocken heraus, nehmen alle Unreinigkeiten in sich auf, steigen damit in die Höhe und können dann leicht abgeschöpft werden.

Eierschaum ist in der Küche sehr oft nöthig und das Schlagen desselben war bisher das regelmässige Kreuz der Kochjungfern. Seitdem nun der „Dover egg beater" existirt, ist ihnen dieses Kreuz abgenommen. Das kleine, genial construirte, billige Maschien'chen sollte in keiner Küche fehlen, zumal da dasselbe auch zur Schnellbutterfabrikation gebraucht werden kann (Näheres hierüber bei der Butter, 29. Capitel).

Verdauung und Nährwerth der Eier.

Im Ganzen genommen ist die chemische Zusammensetzung der Eier eine ziemlich einseitige. Der wichtigste Bestandtheil, nach welchem sie gewöhnlich beurtheilt werden, ist Eiweiss. Daher kommt es wohl, dass sie so schnell sättigen. Wird über das Gefühl von Sattsein hinausgegangen, dann zeigen Kopfweh, Magendrücken, Brechneigung an, dass ein Diätfehler gemacht wurde. Da die Eier ein sehr concentrirtes Nahrungsmittel sind, so verdaut sie der Magen besser, wenn man so zu sagen ein Lösungsmittel dazu giesst. Hiezu eignet sich der Peccoethee besser als Wasser. Je nach dem Zustande, in welchem sich das Eiweiss befindet, sind die Eier bald so leicht verdaulich, dass sie sogar für Magenkranke passen, bald so schwer, dass sie dem gesündesten Magen zu schaffen machen. Rohe Eier sind leicht verdaulich, aber nicht nach Jedermanns Geschmack; die weichgesottenen gehen besser; hartgesotten sind sie besonders schwer zu verdauen; ein einziges Stück kann Magenkrampf hervorrufen. Das geronnene Eiweiss ist nur durch starken Essig und andere Säuren wieder aufzulösen. Nach dem Gesagten ist die Zugabe der Eier zu Salaten als eine zweckmässige zu bezeichnen; nur sollte man die Eier nicht, wie es gewöhnlich geschieht, in 2 oder 4 Stücke zerschneiden, sondern pulverisiren; dann sind sie (aus mechanischen Gründen) leichter zu verdauen. Für gewöhnlich denkt Niemand daran, dass er am Ei ein fettes Nahrungsmittel habe und doch ist das Ei nahezu so fett wie Schweinefleisch. Das Fett ist im Eidotter enthalten.

Die Eier haben auch eine sehr ausgedehnte Verwendung als Heilmittel: Gegen das Wechselfieber ist ein Gemisch von Eiweiss (50 Grm.), zu Schaum geschlagen, mit Zimmtpulver (1 Grm.) empfohlen. — Bei der Ruhr gibt man Clystire von Eiern mit Wasser gemischt. — Sehr wichtig sind die Eier als Mittel gegen Vergiftungen mit scharfen Metallgiften, z. B. Sublimat. Das Mittel hat schon desshalb ganz besonders practische Bedeutung, weil man es fast überall rasch bei der Hand hat. — Bei Catarrhen der oberen Athmungswege, namentlich bei der davon herrührenden Heiserkeit, sind rohe Eier die richtige Diät. Weniger empfehlenswerth ist für diese Fälle eine Beimischung von Zimmt, weil dieser erhitzt und das Fieber höher treibt. Aus dem gleichen Grunde ist auch das warme Eierbier nicht so geeignet, wie rohe Eier. — Dieser wohlthätige Einfluss der Eier auf das Stimmorgan veranlasst manche Sänger kurz vor der Production noch ein rohes Ei zu schlucken, „damit sie besser hinauf kommen!" — Endlich leisten zerstossene Eierschalen gute Dienste beim Sodbrennen. — Fast ebenso wichtig sind die Eier als äusserliche Mittel: Ein Gemisch von Eiweiss mit Branntwein ist schon längst als Mittel gegen das Aufliegen (Decubitus) in Gebrauch. — Die Schalenhaut wird, ähnlich wie Spinngewebe oder Fliesspapier, als Mittel zum Blutstillen gebraucht; als Deckverband bei Verbrennungen niederen Grades leistet sie wohl die gleichen Dienste wie Collodium.

17. Capitel.

Käse.

Käse-Bereitung. Der chemische Vorgang bei der Käsefabrikation ist schon im 1. Capitel angedeutet worden. Gewöhnlich wird mit Kälberlab aus der warm gemachten Milch die Käsemasse ausgeschieden, diese hernach gesalzen, ausgepresst, getrocknet und in die bekannten Formen gebracht.

Bevor wir zu der Besprechung der Käse des Handels übergehen, wollen wir zeigen, wie man einen sehr schmackhaften und gesunden Hauskäse bereiten kann:

„Man weicht einen oder mehrere getrocknete Kalbsmagen, je nachdem man viel oder wenig Milch hat, etwa 24 Stunden in Wasser ein, giesst dann das Wasser nebst dem Kalbsmagen in die frisch gemolkene und warm gemachte Milch, deckt sie zu und lässt sie $\frac{1}{2}$ Stunde stehen, bis sich die Milch zusammengezogen hat. Dann nimmt man die Masse mit einem Schaumlöffel heraus, bestreut sie mit etwas Salz, knetet sie durcheinander, schüttet sie auf ein Tuch, welches man fest zusammenbindet, und presst den Käse zwischen 2 Brettern, jedoch nicht zu stark. So lässt man ihn 2 bis 3 Tage liegen, legt ihn hernach in eine starke Salzlacke, lässt ihn 8 Tage darin, während welcher Zeit man ihn täglich umwendet. Alsdann nimmt man ihn heraus und trocknet ihn auf durchlöcherten Brettern an der Luft."

Dies der wohlschmeckende und leichtverdauliche s. g. „Kuhkäs." In der Regel wird derselbe mit Kümmel gegessen. Letzere Beigabe ist ganz überflüssig, da dieser Käse ohnedem schon würzig genug schmeckt und der Kümmel doch nur wieder so abgeht, wie er eingenommen wurde. Dieser hausgemachte Käse ist zuträglicher als die meisten

Käse des Handels. Man unterscheidet fette und magere Käse. Fette Käse sind: Fromage de Brie, Schachtelkäse, Stilton, Strachino di Milano, Gorgonzola, Bondons de Neuchâtel (Spundenkäse), Münsterkäse, Limburger (letzterer seiner Form nach gewöhnlich „Backsteinkäse" genannt). Magere Käse: Grüner Kräuterkäse (Schabzieger), Roquefort, Parmesankäse. Zwischen beiden Sorten stehen der Emmenthaler, Eidamer und Chester. Vom Standpunkt des Feinschmeckers aus beurtheilt ist der Fromage de Brie der erste Käse der Welt; dann folgen allenfalls der Schachtelkäse, der Stilton, der Chester, der Roquefort, der Strachino di Milano, der Eidamer. Emmenthaler u. s. f. Für Privathäuser ist der Eidamer am meisten zu empfehlen. Die Kugeln haben ein Gewicht von 2—3 Pfund, so dass sie sich recht wohl zum kleineren Haus-Bedarf eignen. Er wird viel feiner, wenn man ihn recht zu behandeln versteht: Der Anschnitt muss beständig mit einem leinenen Tuche, das mit Salzwasser befeuchtet ist, zugedeckt sein. Einige Stunden bevor man ihn servirt, wird der Anschnitt mit ein paar Esslöffel voll Rheinwein angefeuchtet. Wenn man den Anschnitt stets so formirt, dass er in der Mitte eine Vertiefung bildet, dann dringt die Flüssigkeit des Tuches gehörig ein und es bekommt der Käse mit der Zeit die beliebte goldgelbe Farbe und den unbeschreiblich feinen Geschmack, der jeden Kenner mit Bewunderung erfüllt!

Verwendung der Käse in der Küche. Die Küche braucht zu vielen Speisen Käse. In der Regel betrachtet sie denselben aber weniger als Nahrungsmittel, obgleich er in Bezug auf seinen Nährwerth in der vordersten Reihe steht, sondern als — Gewürz. So wird häufig gepulverter Käse auf Nudeln gestreut, verschiedenen Suppen zugesetzt u. s. f. Von der weltberühmten Fondue (Cap. 16) bildet ein mittelfetter Käse den Hauptbestandtheil. Endlich wird Käse servirt beim Lunsch — als Hauptgang, und nach dem Diner — zum Zuspitzen.

Chemische Zusammensetzung. Man darf Käse nicht indentifiziren mit Käsestoff; der Käse enthält allerdings als **Hauptbestandtheil Käsestoff**, aber ausserdem noch manche weitere Beimischungen. Vor Allem sind noch **von den übrigen Bestandtheilen der Milch** damit vermengt, so namentlich Fett. Dann enthalten die Käse, wenn sie alt geworden, allerlei Zersetzungsprodukte, von denen die Fettsäuren besonders zu nennen sind. Eine grosse Anzahl Käse enthält Kochsalz in verschwenderischer Menge.

Nährwerth und Verdauung. Nur über den Nährwerth ist Gutes zu berichten. Der Hauptbestandtheil der Käse (das Caseïn), eine stickstoffhaltige Substanz, ist ein Nährstoff ersten Ranges. Ueber die Verdaulichkeit der Käse aber und über ihren Einfluss auf die Gesundheit bleibt fast nur Schlimmes zu melden. Es gibt wenige Speisen, welche so schwer zu verdauen sind und dem Magen so zusetzen wie die Käse. Trockene Käse mit fast hornartiger Structur sind schon aus mechanischen Gründen schwer zu verdauen, pulverisirt geht es etwas besser. Wenn solche Käse schimmelig geworden sind und durch allerlei Zersetzungsprodukte einen „pikanten Goût" bekommen haben, wie z. B. ein alter Roquefort, dann üben sie ausserdem noch einen nachtheiligen Reiz auf die Magenschleimhaut. Fette Käse, welche so weich sind, dass sie auf der Zunge vergehen und so frisch, dass die Nase nichts gegen ihre Einfuhr einzuwenden hat, werden leichter verdaut, aber solche Käse faulen bald. Wenn die Fäulniss nicht zu weit gediehen ist, schaden sie nicht viel; ihr Geschmack ist sogar um Vieles pikanter, so pikant, dass sich Feinschmecker lieber an solche Käse halten als an ganz frische. Geht es aber mit der Fäulniss weiter, so entwickelt sich eines der schlimmsten Gifte — das Käsegift, über welches die Gelehrten ebensoviel wissen, wie über das Wurstgift, nämlich nichts. Dieses Gift richtet zuerst Schaden an im Magen und Darmkanal (Magenschmerzen mit Erbrechen, später Leibschneiden mit Diarrhoe); für's Zweite, d. h. wenn das Gift ins Blut übergeführt ist, wirkt es betäubend, macht vor Allem Kopfweh, Schwindel und kann selbst den Tod zur Folge haben. Damit der Mensch vor solcher Gefahr rechtzeitig gewarnt werde;

ist ihm über dem Mund eine Nase ins Gesicht gesetzt worden; giftige Käse stinken!

Ueber die einzelnen Arten von Käse ist zu bemerken:

Der Emmenthaler, der Chester, namentlich aber der alte Limburger hat häufig Käsemilben. Diese Milben leben vorzugsweise in den grossen Löchern (Augen), in der Rinde und in den grün gefärbten Stellen der Käse. Brennender Schmerz in der Magengegend, Erbrechen und Abweichen kündigen den Schaden an, den ein solcher Käse gestiftet hat.

Der Kräuterkäse (Schabzieger, grüner Käse), hauptsächlich gut in Glarus fabricirt, unter Zusatz des gepulverten blauen Steinklee's, hat den scharfen Geruch und Geschmack dieser Pflanze in hohem Grad. Der Käse wird desshalb oft als Reizmittel des Magens empfohlen. In kleinen Quantitäten mag es einem sonst gesunden Magen nicht gross schaden, wenn er auf solche Weise an seine Pflicht erinnert wird; grössere Portionen aber sind unbedingt schädlich. Die übliche Mischung dieses Käses mit Butter, hierlands sehr gebräuchlich, aber mit einem Namen belegt, den man anstandshalber in ein Kochbuch nicht aufnehmen darf, macht leicht Sodbrennen und ist überhaupt schwerer zu verdauen als jeder Theil für sich allein.

Die gewöhnlichen Käse, d. h. jene, welche im Verein mit einigen sanften Würsten die Speisekarten der Bierhäuser ausmachen, schaden fast insgesammt durch zu grossen Salzgehalt.

Der nähere Vorgang des Schadens, welchen die Käse überhaupt am Magen anzurichten vermögen, ist folgender: Der erste Reiz trifft die Schleimhaut des Magens. Eine Folge davon ist, dass diese eine grössere Masse Schleim absondert. Dieser Schleim hüllt die im Magen enthaltenen Speisen ein, und hemmt ihre Verdauung. Manchmal wird auch Schleim erbrochen. Nach dem Gesagten ist es also nicht unpassend, wenn man sagt: „die Käse verschleimen."

18. Capitel.

Kaffee.

Es kommt im Handel eine ungemein grosse Zahl von Kaffeesorten vor; zudem herrscht eine gewisse Willkür in der Nomenclatur. Desshalb wird es am Platze sein, hier diejenigen

Sorten hervorzuheben, welche eine allgemeine Bedeutung erlangt haben.

Der beste Kaffee ist der **Mokka** — nicht so leicht ächt zu bekommen, weil mehr als $^2/_3$ von allem, der wächst, gleich in seiner Heimath, in der arabischen Provinz Yemen, verzehrt wird. Gar oft werden geringere Bohnen unter diesem edlen Namen verkauft. — Hauptkaffeesorten sind ferner die **Java**. Es gibt gelbe und grüne (blaue) Java. Die wichtigsten gelben sind: feinst braun Java Nr. 1 — hellbraun Java — braun Mcnado — gelb Menado — hochgelb Preanger — blank Java. Die wichtigsten grünen Java sind: feinst blau Java (Surinam-Art) fein blau Java — Speckjava — gut ordinär Java. Ein sehr guter Kaffee ist ferner der **Surinam**. Auch die **Ceylon** sind durchschnittlich gut. **Campinas, Rio** und **Santos** sind geringer und haben starken Seegeruch. **Demerary, Laguayra, Porto Cabello** sind noch ziemlich gut! **Triage** nennt man ein Gemeng von allerhand zerstückelten Bohnen, schlecht!

Jeder Kaffee wird durch Ablagern besser; die Bohnen machen eine Art Nachreife durch und bekommen bei dieser Gelegenheit eine hellere Farbe. Unter diesen Umständen sollten grössere Haushaltungen, Wirthschaften, Krankenanstalten u. dgl. Vorräthe von Kaffee ankaufen und selbst ablagern.

Beim Ankaufe des Kaffees soll man über folgende Verhältnisse nachdenken: Ohne die kleinen Handlungshäuser sammt und sonders der Kaffeepanscherei zu beschuldigen, dürfte doch wohl zu erwägen sein, dass ein grösseres Haus jedenfalls eher Gelegenheit hat, directe Bezugsquellen zu benützen. Wer sich also nicht selbst dazu befähigen kann, das Wahre vom Falschen zu unterscheiden, halte sich wenigstens an ein **grösseres** reelles Haus. In der Küche taxirt man den Kaffee weniger nach der Form, Grösse und Farbe der Bohnen als vielmehr nach dem Geruch und Geschmack des fertigen Gebräues. Gute Köchinnen täuschen sich selten.

Marinirt nennt man einen Kaffee, welcher durch die Seereise gelitten hat. Solcher Kaffee schmeckt nach Bittersalz und riecht nach Schimmel. Krämer und Privatleute suchen durch einen Zusatz von Zwiebeln beim Brennen diesen Geruch zu verdrängen.

Das **Färben des Kaffee's** ist eine Sucht, an welcher auch die Grosshändler leiden. Grün wird gefärbt mit grünem Kupfer, gelb durch leichtes Anrösten. Beides ist gerade nicht schädlich, die Malerei macht blos eine schlechte Waare verkäuflicher. Die Entdeckung ist leicht, da die Farbe im Wasser weggeht.

Der **gemahlene** Kaffee des Handels ist noch weit häufiger verfälscht. Jedermann, selbst der alleinstehende

Junggeselle, dessen ganzes Inventar aus einem Koffer und aus einer Kaffeemaschine besteht, sollte sich desshalb nur ganzen Kaffee kaufen. Vor Allem ist zu bemerken, dass die Krämer zum gemahlenen Kaffee nie eine gute Sorte nehmen, sondern zerbrockeltes schlechtes Zeug. Gewöhnlich wird stark gebrannt, da man dem dunklen Kaffee die Nichtswürdigkeit weniger leicht ansieht.

Die Kaffeepulver-Verfälschungen mit Kartoffeln-, Gerste-, Hafer-, Bohnen-, Erbsen-Mehl werden erkannt, wenn man das Gemisch im Wasser auflöst. Ist von diesen Surrogaten etwas darin, so erhält man einen schlammigen Niederschlag im Wasser.

Die Kaffeesurrogate möchten wir am liebsten todt schweigen, allein sie sind nun einmal da und spielen, namentlich in der Armenküche, eine so grosse Rolle, dass wir das Zeug nicht ungerupft lassen können.

Die Cichorie wird aus der Wurzel der Wegwarte (Cichorium Intybus L.) bereitet. Selbst dieses armselige Zeug wird noch verfälscht (namentlich in England) mit Erde. Lehm, Ziegelpulver u. dgl. Die Cichorienpäckchen sollen nicht an einem gar zu trockenen Orte aufbewahrt werden, da die Cichorie sonst austrocknet; sie muss etwas teigig sein. Die Beimischung von Cichorie zum gemahlenen Kaffee erkennt man leicht; die Cichorie sinkt im Wasser unter und färbt dasselbe gelblich-roth.

Der Erdmandel-Kaffee wird aus den essbaren Wurzelknollen der Erdmandel bereitet.

Ausserdem gibt es Stragel- (schwedischen) Kaffee — aus dem Samen von Astragalus baeticus L. bereitet.

Endlich macht man noch aus den Samen der Spargelpflanze und der Irisarten Kaffeesurrogate.

Ungemein häufig wird das „Kaffee-Extract" verwendet, angeblich nur „um dem Kaffee eine schöne Farbe zu geben." Dieses Zeug besteht grösstentheils aus dem eingesottenen Rüben-Syrup geringster Qualität, und da dasselbe in kupfernen Kesseln gekocht wird, so kann es sogar mit Grünspan vergiftet sein.

Ueber die medicinischen Kaffee lies das Ende dieses Capitels.

Arme Leute bereiten die Kaffeesurrogate selbst; sie rösten Riesenmöhren, Hafer, Gerste, Eicheln, Bucheln. Es gibt so arme Küchen, dass oft einer von diesen Stoffen allein das Gebräu abgeben muss, welchem man den Namen Kaffee beilegt; sonst wird gewöhnlich noch etwas ächter Kaffee dazu genommen.

Kochregeln.

Obgleich fast in allen Häusern Kaffee gekocht und nicht selten in einer zahlreichen Kaffeegesellschaft nach Erledigung der Stadtangelegenheiten die Kaffeebereitung einer eingehenden Erörterung unterzogen wird, so ist doch ein wirklich guter Kaffee selten. Der Verfasser sieht sich desshalb veranlasst, die vielfach erprobte Methode von Liebig, welche übrigens der grosse Brillat-Savarin schon im Anfange dieses Jahrhunderts annähernd geübt hat, zu empfehlen:

Das Brennen (Rösten) geschieht am besten in einer grossen flachen Eisenpfanne (s. g. Eierkuchenpfanne), wo man zu dem ganzen Vorgang sieht. Die Bohnen werden vorher verlesen, alle Beimischungen entfernt, gefärbte in Wasser abgewaschen, nachher mit einem warmen Handtuch abgetrocknet. Das Brennen muss langsam vor sich gehen, unter fleissigem Umrühren. Man darf nicht länger rösten als bis die Bohnen hellbraun sind. Gegen das Ende des Brennens schüttet man auf die Bohnen gestossenen Zucker (15 Grm. auf ½ Kilo Kaffee) und rührt nochmals gründlich um. Der Zucker schmilzt und überzieht die Bohnen mit einer undurchdringlichen Decke von Karamel, welche die aromatischen Stoffe nie mehr entweichen lässt. Nach dieser Operation kommen die Bohnen nicht gleich in die Büchse; sie werden zuerst auf einem Eisenblech dünn ausgebreitet, damit sie rasch erkalten. Der geröstete Kaffee muss an einem trockenen Orte aufbewahrt werden, weil er Feuchtigkeit anzieht.

Sieden. Das beste Geschirr ist eine emaillirte tiefe Eisenpfanne. Die Bohnen werden jeweils frisch gemahlen — zu einem gröblichen Pulver. Auf zwei Tassen Wasser rechnet man 15 Grm. Bohnen. Drei Viertel von dem Pulver gibt man ins kalte Wasser und kocht es nachher 10 Minuten lang. Hierauf gibt man auch das letzte Viertel Pulver zu, nimmt das Kochgeschirr aber gleich vom Feuer und lässt es 5 Minuten lang ruhig stehen, bis der Kaffee sich gesetzt hat. Der fertige Kaffee soll eine hellbraune Farbe haben.

An vielen Orten taugt das gewöhnliche Wasser nicht zur Kaffeebereitung. Dies gilt namentlich vom harten (kalkhaltigen Wasser). Ein Zusatz von Soda verbessert den Fehler. Zu der Quantität Wasser, welche für eine Portion (2 Tassen) nöthig ist, gehört eine Messerspitze von diesem Salz.

Kaffee für Magenkranke.

Auf die eben beschriebene Art wird ein wohlschmeckender Kaffee mit möglichst hohem Nährwerth erhalten; alle Stoffe, welche die Bohne enthält, gehen in die Brühe über. Statt dieses kräftigen Haustrankes für Gesunde, welcher gerade nicht so leicht zu verdauen ist, gehört für jene Kranke, deren Verdauung geschwächt ist, ein leichter Kaffee. Man übergiesst die nöthige Menge Pulver einfach mit kochendem Wasser und lässt es durchlaufen. Dies geschieht am besten in einer irdenen Kaffeemaschine. Zu bemerken ist, dass dieser Infusionskaffee sich auch für den Nachtisch besser eignet als der Liebig'sche.

8*

Fehler in der Kaffeebereitung.

a) Beim Brennen. Die Kaffeebohnen werden durch das Brennen voluminöser aber leichter, weil von den flüchtigen Bestandtheilen immer etwas entweicht. Man kam desshalb auf den Gedanken, das Brennen in verschlossenen Maschinen vorzunehmen. Dies hat den grossen Nachtheil, dass man nicht zu den Bohnen sieht. Sehr häufig wird darin der Kaffee zu stark gebrannt. Manche brave Hausfrau, an deren spitziger Nase und dürrem Leibe man erkennen kann, dass sie sich und andern nichts gönnt, fragt weniger darnach, wenn auch der Kaffee dadurch schlechter wird. Ein zu stark gebrannter schwarzbrauner Kaffee hat nicht viel mehr Werth als Kohle. Das Aroma ist fort, die Nährstoffe sind verbrannt und es hat sich ein widerlich brenzliges Oel gebildet. Auch die meistens Cafetiers sehen vor Allem auf die Farbe des Kaffee's und sind merkwürdiger Weise auf die dunkle versessen. Sie treiben das Rösten gewöhnlich so weit, dass die Bohnen ganz schwarz werden. Wenn trotzdem die Kaffeegäste nicht weg bleiben, so wird man wohl nicht lange darüber nachsinnen müssen, auf welchem Standtpunkte dieselben in Bezug anf den Feingeschmack stehen. Das wissen die Cafetiers wohl! Dass die dunkle Farbe des Kaffee's in den Gasthöfen nicht allein von zu starkem Brennen der Bohnen herrührt, ist den Kennern wohl bekannt; aber wer vermag den Kampf aufzunehmen gegen die verfl....... Cichorie?

b) Was das Sieden des Kaffee's anbelangt, so kann dasselbe auf 2 Arten fehlerhaft sein: Der reine Aufguss enthält fasst nur das Aroma; die reine Abkochung dagegen viel Gerbstoff, während das Aroma grösstentheils fort ist. Die oben näher beschriebene Liebig'sche Methode ist, wenn man so sagen darf, eine Combination von beiden und hebt somit diese Fehler der Einseitigkeit auf.

Nährwerth und Wirkungen des Kaffee's.

Um hierüber urtheilen zu können, müssen wir die chemischen Bestandtheile des Kaffee's vor Augen haben. Die wichtigsten sind:

Das Coffeïn, der charakteristische Hauptbestandtheil des Kaffee's, ist ein wichtiger, stickstoffreicher Blutbildner. Das Coffeïn ist aber auch noch ein Narcoticum, auf deutsch gesagt, ein — Gift. Die Wirkungen einer kleinen Dosis, d. h. derjenigen Menge, in welcher wir das Coffeïn in unserem Kaffeefrühstück einnehmen sind: Hebung der Herzthätigkeit, es steigt der Blutdruck und die Pulsfrequenz, die Blutwärme wird erhöht, die Harnblase wird gereizt, gemeiniglich wird Urin entleert. Alle diese Erscheinungen gehen rasch vorüber. — Je nach der Güte der Waare schwankt der Gehalt an Coffeïn zwischen $1/4$ bis $2^0/_0$. Ausser Coffeïn sind noch vorhanden: Kleber, Albumin und Legumin — lauter Nährstoffe ersten Ranges. Die beim Brennen entstandenen empyreumatischen Röstproducte geben dem Kaffee sein Aroma. Der Gerbstoff gibt namentlich dem stark ausgekochten Kaffee seinen herb-bitteren Geschmack.

Aus dieser chemischen Zusammensetzung erhellt, dass der Kaffee ein kräftiges Nahrungs- und ditto erregendes Mittel ist. Die Wirkungen des fertig gemachten Kaffee's sind verschieden, je nachdem er durch Aufguss oder durch Abkochung bereitet wurde. Im ersten Falle zeigen sich die Wirkungen des Aroma's besonders deutlich, im zweiten Falle die Einwirkung des Gerbstoffes auf den Magen.

Der Aufgusskaffee regt mehr auf, als die Abkochung. Diese Erregung ist hier aber eher dem ätherisch-brenzligen Oele zuzuschreiben als dem Coffeïn. Die aufregende Wirkung wird durch Milch, Rahm und Zucker gemässigt. Die Aufregung äussert sich durch Beschleunigung des Kreislaufes, Herzklopfen, Nervenaufregung, Verscheuchung des Schlafes. Eine sehr wichtige Eigenschaft des Aufguss-Kaffee's ist die Förderung der Verdauung; dieser Kaffee ist also nach einem Diner geeignet und für Magenkranke überhaupt zuträglicher als die Abkochung.

Die reine Abkochung, bei der das Aroma zum Theil entweicht, während der Gerbstoff gründlich in die Brühe kommt, hat die erregende Wirkung weniger, schmeckt dagegen unangenehm herb. Dieser Kaffee ist für den Magen nicht zuträglich. Der Gerbstoff hemmt die Verdauung, indem er zur Gerinnung der Eiweisskörper beiträgt, wo sie dann schwerer aufzulösen sind. Dagegen ist solcher Kaffee nahrhafter, weil das Kaffeepulver gründlich ausgezogen wird.

Die Kaffeesurrogate schaden nur privativ. Man hört zwar oft sagen, die Cichorie mache böse Augen. Das hat aber sicherlich nur ein Faun erdichtet — damit keine Cichorie mehr im Kaffee kommen sollte!

Eine Kaffeeschwester vom Fach hat folgendes Leiden und Sterben: Zuerst kommen Herzklopfen, Schwindel, Nervenzittern, Gesichtsstörungen, Schlaflosigkeit, Abstumpfung des Appetits; dann entstehen Herzfehler und Zitterlähmung (Paralysis agitans); endlich rafft sie der Tod dahin in der Blüthe ihrer Jahre — an Alterschwäche.

Milchkaffee.

Der Kaffee wird in der Regel mit Zucker versüsst und

mit Milch oder Rahm gemischt. Er verliert hierdurch zwar viel von der aufregenden Wirkung und gewinnt an Nährwerth. ist aber dem Magen weniger zuträglich. Zucker und Fett (Rahm) machen leicht Sodbrennen und der Käsestoff der Milch liegt schwer im Magen. Ausserdem verbindet sich der Gerbstoff des Kaffee's mit dem Eiweiss der Milch zu einer schwer löslichen (schwer verdaulichen) Verbindung; der Milchkaffee ist schwerer zu verdauen als der schwarze. Besonders schwer liegt der durch Abkochung bereitete gerbstoffreiche Kaffee im Magen, wenn Milch dazu genommen wurde. Magenkranke werden besser fahren, wenn sie jedes für sich geniessen; schwarzer Kaffee bekommt ihnen entschieden besser.

Kaffee als Heilmittel.

Der Kaffeeaufguss ist schon lange als Mittel gegen den Magenkrampf bekannt. Durch den Zusatz von einem Esslöffel voll Kirschenwasser wird diese Wirkung erhöht. — Eine Tasse schwarzen Kaffee's mit einigen Tropfen Citronensaft beseitigt manchmal gastrische Kopfschmerzen fast plötzlich.

Der Eichelkaffee gilt noch immer als ein Mittel gegen Skropheln und Rhachitis. Ganz besonders ist er zu jener Zeit am Platze, wo die Kranken auch noch an Diarrhoe leiden. Die verstopfende Wirkung des Eichelkaffee's wird weniger beanstandet als die specifische Wirkung auf die Skropheln. Der Eichelkaffee wird, gewöhnlich mit wirklichem Kaffee gemischt. zu gleichen Theilen. Auf eine Tasse rechnet man einen Kaffeelöffel voll Pulver. In der Regel wird er mit Milch und Zucker getrunken. Nur dann, wenn das Pulver mit heissem Wasser kurz infundirt wurde, beschädigt er den Magen nicht und kann selbst kleineren Kindern gegeben werden. Wenn aber. wie dies gewöhnlich geschieht. das Ganze nicht blos gründlich gekocht, sondern die Flüssigkeit auch noch längere Zeit am Pulver stehen gelassen wird. um dasselbe gründlich auszuziehen, so erhält das Gebräu soviel Gerbstoff, dass es den Magen und die Verdauung verdirbt; dann heisst die Gleichung: Skropheln + Eichelkaffee = Skropheln + Magenkrankheiten.

Der Kathartinkaffee (ein mit dem kalten Aufgusse von Sennablättern fabricirter Kaffee) kam schon vor mehr als 30 Jahren als Mittel gegen trägen Stuhl in Aufnahme. In neuerer Zeit vergeht sein Ruhm immer mehr; man hat herausgebracht, dass er zwar abführt. aber schliesslich einen chronischen Catarrh des Magens und Darmkanals hinterlässt.

Manche Kaffeesurrogate führen besonders verlockende Titel: „Gesundheitskaffee", „homöopathischer Kaffee".

Mit dieser Waare wird sowohl der Magen als der Geldbeutel betrogen.

---

19. Capitel.

·Thee.

Der chinesische Thee besteht aus den Blättchen eines in China und Asam wachsenden immergrünen Baumes. Die Blättchen werden mehrmals im Jahre geerntet. Die ersten (jüngsten) sind sehr zart und mit einem weissen Flaum bedeckt. Diese geben den feinsten Thee; ältere Blättchen sind holzig und geben geringere Sorten. Bevor die Blättchen getrocknet sind, haben sie (wie der ungebrannte Kaffee) weder Geruch noch Geschmack. Der grüne Thee wird direct getrocknet; der schwarze vorher noch mit Wasserdämpfen behandelt. Dieser hat desshalb weniger ätherisches Oel und wirkt weniger aufregend. Aller Thee wird mit verschiedenen wohlriechenden Blüthen parfümirt.

Der meiste chinesische Thee wird zur See importirt, der wenigste kommt über Russland. Die Seereise thut dem Thee nicht gut, er verliert viel am Aroma; desswegen ist der zu Land importirte so viel höher taxirt. Alle Theesorten, welche die Reise zu Land gemacht haben, heissen Caravanenthee.

Es gibt mehr als 150 Arten von Thee, die bekannteren sind:

I. Schwarze Thee.

Peccoe, der feinste schwarze Thee, besteht aus den jüngsten Blättchen, heisst desshalb auch Blüthenthee. Der Peccoe-orange ist eine geringere Sorte.

Souchong, auch noch eine feine Sorte.

Congo, eine starke, weniger beliebte Sorte.

Bohea, am häufigsten im europäischen Handel, ziemlich grobe Blätter, stark getrocknet, sehr haltbar. Eine geringere Sorte ist der Kanton-Bohea.

II. Grüne Thee.

Haysan, der feinste grüne Thee, länglich gerollte Blättchen. Die beste Sorte heisst Jung-Haysan.

Perl (Schiesspulver — gun-powder — Kaiserthee — Imperial) kleine, kugelig gerollte Blätter.

Sulong, hellgrün, lockergerollt.

Haysan-skin, gering, alte, stark geröstete Blätter.

Tongkai, am häufigsten im europäischen Handel.

In neuester Zeit kommt auch Paraguaythee (Maté-Thee) in den europäischen Handel, der von einer ganz anderen Pflanze stammt und ursprünglich nur in Brasilien bekannt war. Jetzt kommt auch Maté aus den französischen Colonien.

Der Theeverbrauch in Europa hat bereits riesige Dimensionen erlangt. Die Einfuhr zur See wird auf 100 Millionen Pfund geschätzt; dazu kommen noch etwa 5 Mill. Caravanenthee. Der Theehandel muss gut rentiren; grössere europäische Häuser haben eigene hochbesoldete Beamte in China, welche den Einkauf besorgen. Die Chinesen nennen sie „Theeschmecker!"

Von den verschiedenen Theesorten eignet sich der Peccoe für den diätetischen Tisch am besten. Diese Sorte hat auch noch das Gute, dass sie am leichtesten zu erkennen ist. Die Blättchen sind klein, mit einem weissen Flaum bedeckt. Das hat kein anderer Thee.

Die Theeverfälschungen sind zahllos, viele davon sehr nachtheilig für den Magen. Am wenigsten schaden noch die Verfälschungen mit Blättern von ganz anderen Pflanzen (Weissdorn, Schlehen, Buchen, Eichen, Rosskastanien, Pappeln, Weiden). Viel grüner Thee wird aus Schlehenstrauchblättchen, mancher schwarze Thee aus Weissdornblättchen fabricirt, welche auf die gleiche Weise getrocknet und gerollt werden wie der ächte Thee. Die Fälschung ist unschwer zu ermitteln: Wenn man die Blättchen im warmen Wasser aufweicht und nachher aufrollt, so tritt ihre wahre Figur zu Tage. Eine weitere Theefälschung besteht darin, dass man bereits gebrauchten Thee nochmals herrichtet, trocknet, aufputzt und parfümirt. Die meisten Theeverfälschungen werden in jenem Lande gemacht, dessen Nebel noch manchen Schacher decken, wo überhaupt die Nahrungsmittelfälscher zu Hause sind. Es gibt dort grössere Fabriken, welche sich mit nichts Anderem befassen als mit Theeverfälschungen. Aber auch die Chinesen verstehen zu fälschen. So wird z. B. schon in China grüner Thee gefärbt mit Berlinerblau oder mit Indigo. Diese Malerei ist leicht zu entdecken, da solcher Thee im Wasser abfärbt.

Regeln für die Küche. Der Verfasser hat folgende Methode für die Zubereitung des Peccoe erprobt:

Auf eine Tasse rechnet man soviel Thee, als man zwischen 3 Fingerspitzen fassen kann — sehr unbestimmtes Gewicht, gerade wie der Geschmack der Menschen! Die zuträglichste Quantität beträgt 2 Grm. Manche wollen aber stärkeren Thee und nehmen bis zu 5 Grm. Diesen Thee gibt man in eine irdene Theekanne, welche einen gut schliessenden Deckel hat, übergiesst ihn mit einigen Esslöffel voll Wasser und schüttet dasselbe alsbald wieder weg. Damit entfernt man gewisse Unreinigkeiten des Thee's. Dieses Waschen haben namentlich die stark dunklen Thee nöthig, der Peccoe weniger. Wenn dann inzwischen das Wasser kochend geworden, so wird zuerst ein Esslöffel voll zugegossen; d. h. man lässt den Thee „anziehen", worauf sich die Blättchen aufrollen. Bald darauf giesst man die ganze Portion kochendes Wasser zu. Nicht mehr und nicht weniger als 5 Minuten darf der Aufguss stehen, welcher für den Krankentisch bestimmt ist. Steht er länger, dann wird der Thee herb; steht er nicht so lang, dann ist er kraftlos.

Es ist durchaus nicht gleichgiltig, was man für Wasser nimmt; hartes Wasser ist ganz ungeeignet. Am besten ist's, man nimmt destillirtes Wasser aus der Apotheke. Sehr zweckmässig ist ein Zusatz von gereinigter Soda zum Theewasser, da diese den Kleber im Thee ausziehen hilft. Dass man den Deckel der Theekanne nicht unnöthig wegnehmen darf, ist klar; das Aroma würde sich verflüchtigen.

Alle Tage wird gefehlt 1) indem man den Aufguss so lange an den Blättchen stehen lässt, bis die Whist-Partie aus und der Leumund gerupft ist; 2) dass man beim Erscheinen eines neuen Gastes nur wieder etwas frischen Thee auf den alten Satz in die Kanne wirft.

Aufbewahrung des Thee's. Ein Thee, welcher schlecht (d. h. in einem nicht gut schliessenden Gefässe) aufbewahrt wird, verliert mit der Zeit alles Aroma und gibt ein Getränke, das wie Blei im Magen liegt. Besonders schwierig ist die Aufbewahrung des Peccoe; besser halten sich der Souchong und die grünen Thee. Zur Aufbewahrung des Thee's empfehlen wir grössere, weithalsige Glas-Gefässe mit gut eingetriebenen Stöpseln. Die Blechladen in den Kaufläden, mit ihren schlecht schliessenden Deckeln, die zudem häufig geöffnet werden, beherbergen schliesslich nichts Besseres mehr als — Heu.

Nährwerth und Wirkungen des Thee's. Um hierüber die richtige Vorstellung zu bekommen, muss man auf die chemische Zusammensetzung des Thee's eingehen. Die wichtigsten Bestandtheile sind: Theïn (ein Stoff, welcher die gleiche Bedeutung hat wie das Coffeïn des Kaffee's; geringe Theesorten enthalten davon 2%, bessere bis zu 6%), Kleber (ebenfalls ein wichtiger Nährstoff), ein flüchtiges Oel und Gerbstoff.

Aus dieser Zusammensetzung geht hervor, dass der Thee kein geringes Nahrungsmittel ist; dass der Thee in seinem Nährwerth über dem Kaffee steht; dass er ferner erregt, aufheitert wie der Kaffee. Die Erregung ist aber angenehmer, dass Aroma lieblicher und der Geschmack feiner; mit einem Worte: der Thee ist der noblere Bruder des Kaffee's.

Eine Tasse Thee, aus 5—6 Grm. Blättern bereitet, enthält gegen 0,12 Theïn; ist also annähernd so stark wie eine Tasse Kaffee, zu welcher 17 Grm. Kaffeepulver genommen wurde. Wenn beim Theetrinken trotzdem die Wirkungen des Theïn's sich nicht rascher offenbaren, so ist dies lediglich dem Umstande zuzuschreiben, dass hier die Resorption des Alkaloides anfänglich ein Hinderniss findet in der reichlich vorhandenen Gerbsäure. Wie hübsch ist hier Gift und Gegengift vereinigt! — Der mässige Genuss eines Thee's von der richtigen Stärke bringt durchaus keinen Schaden! Betrachten wir aber die Wirkungen des Uebermasses im Theegenuss und des zu starken Thee's, so lautet die Sache anders: Unruhe, Schlaflosigkeit und Blutwallungen sind die nächsten Folgen. Ganz besonders bezeichnend ist aber das zeitweise Aussetzen des Herzschlages und ein eigenthümliches Angstgefühl, ein Gefühl wie wenn's an's Ersticken ginge. Grüner Thee lässt diese Wirkungen bälder verspüren als schwarzer. Der Kaffee bringt zwar auch Unruhe, Schlaflosigkeit und Blutwallung hervor, nie aber die eben bezeichneten Intermissionen der Herzthätigkeit und das beängstigende Gefühl des Erstickens.

Wer fein zu leben versteht, nimmt niemals Milch oder Rahm zum Thee, weil dadurch der edle Theegeschmack eingehüllt wird. Ueber die sonstigen Eigenschaften des Milchthee's gilt Alles, was über den Milchkaffee (S. 117) gesagt wurde. Ein gemeiner Zusatz ist Branntwein, selbst wenn er von der besten Sorte wäre; der Theegeschmack wird verdorben, die angenehm aufregende Wirkung zu einer unangenehm erhitzenden gemacht. Sehr häufig setzt man dem Thee Vanille oder Zimmt zu, um das Arom zu verbessern. Das Arom wird stärker, aber unangenehmer; das reine Theearom ist das edelste Arom, das existirt, kann also durch kein anderes „verbessert" werden. Wer durch den Thee sich zu stark aufgeregt fühlt, — trinke nicht so viel! Ein Citronenscheibchen, das man auf den Thee legt, kühlt die erregende Wirkung etwas ab — aber auf Kosten des Wohlgeschmacks des Thee's.

Heilwirkungen: Der Thee ist ein Mittel zur geistigen Erregung. Wer durch die Wunderlichkeiten des Lebens selbst wunderlich geworden — trinke Thee; es wird ihm wieder warm und heiter im Gemüthe, wenigstens auf einige Stunden. — Der Thee leistet ferner vortreffliche Dienste, wenn man im Winter halb erstarrt nach Hause kommt. Kein Mittel erwärmt so schnell und so angenehm wie eine Tasse warmen Peccoe; da können Wein, Kirschenwasser und was sonst noch zu diesem Zwecke genommen wird, nicht concurriren. — Der chinesische Thee ist drittens ein ebenso gutes schweiss- und harntreibendes Mittel als z. B. der Lindenblüthen-, Wollblumen-

u. dgl. Thee. Nicht nur das warme Wasser ist in besagter Richtung wirksam, auch das Theïn und das flüchtige Oel regen das Blutleben so auf, dass dadurch die Schweiss- und Urinsecretion gefördert wird. Und wenn man bei alldem noch bedenkt, dass der chinesische Thee jedenfalls tausendmal angenehmer schmeckt als so ein Wollblumen- oder Lindenblüthenthee, so ist schwer zu begreifen, wie man immer noch zu solch' bestialem Futter greifen mag, während etwas so Herrliches zur Verfügung steht! — Endlich wird der chinesische Thee häufig als Mittel gegen Magenkrämpfe gebraucht; er besteht in diesen Fällen den eben angedeuteten Kampf mit dem Pfeffermünzthee und zwar, wenigstens in besseren Häusern, ganz entschieden siegreich.

20. Capitel.

Cacao und Chocolade.

Die Frucht des Chocoladebaums sieht aus wie eine Gurke und enthält etwa 25—40 Samen, die Cacaobohnen. Die rohen Bohnen werden in eisernen Trommeln geröstet (wie der Kaffee), wobei sich das eigenthümliche Aroma entwickelt. Aus den gerösteten Bohnen macht man allerlei:

1) Die Bohnen werden über mässigem Feuer fein zerrieben oder in Formen gegossen (ohne irgend einen Zusatz von Zucker und Mehl) — dies die reine Cacaomasse des Handels.

2) Die Masse wird entfettet — das Cacaopulver.

3) Die Masse wird mit Zucker und allerlei wohlriechenden Gewürzen (Zimmt. Vanille, Nelken) oder feinen Oelen gemengt und in Tafeln geformt — dies die gewöhnliche Chocolade des Handels, reist in der Regel unter dem Namen: Gewürz-Chocolade.

4) Sogar die Schalen werden verwerthet, kommen unter dem bezeichnenden Namen „Miserabel" im Handel vor. Das Miserabel wird nicht selten parfümirt, namentlich mit Vanille, und als Thee getrunken von armen Nätherinnen, Gelegenheitsdichterlingen u. dgl.

Die gewöhnliche Chocolade ist sehr oft verfälscht, am häufigsten mit Reis- und Stärkemehl. Diese Zusätze machen die Chocolade trocken, mager; es wird desshalb gewöhnlich auch noch Fett zugesetzt werden. Solche Chocolade bildet beim Kochen einen Kleister und setzt Fettaugen ab wie eine Fleischbrühe. Sie wird bald ranzig und entwickelt dann einen unangenehmen Käsegeruch. Eine Chocolade oder ein Cacao-pulver, das nicht ganz befreit ist von den Hülsen, zeichnet sich durch einen rauhen Geschmack aus. Beim Mahlen können Sandkörner von den Mühlsteinen in die Chocolade kommen. Absichtliche betrügerische Beimengungen sind Oker, Ziegelmehl (selten). Die Mineralien setzen beim Kochen einen Bodensatz ab und zwar, im letzteren Fall, einen rothen. Geht es beim Kochen nicht exact zu, so kann die Chocolade von den Kupfergefässen Grünspan aufnehmen.

Aus dem Gesagten geht hervor, dass beim Ankaufe der Chocolade Vorsicht und Sachkenntniss am Platze ist. Jede Köchin muss wissen, dass reine, unverfälschte Chocolade sich vollständig aufkocht, ohne Bodensatz. Eine Chocolade, welche weniger kostet als 2 Mark das Pfund, kann weder ächt noch gut sein. Nach dem reellen Werth taxirt, sind die billigsten Sorten — die theuersten. Wenn man bedenkt, dass das Pfund der reinen Cacaomasse ca. 2 Mark kostet (das Pfund Zucker dagegen nur $\frac{1}{2}$ Mark), so wird man leicht das Mittel errathen, durch welches eine Chocolade, ohne Mehl zu verwenden, billig herzustellen ist. Früher lautete das Sprüchlein: meide die englische, prüfe die deutsche und kaufe die französische. Wird jetzt die Sache näher untersucht, so lautet das Sprüch-lein etwas anders; es gibt jetzt in Deutschland viele Fabriken, welche ganz vorzügliche Waare liefern.

Arzneichocoladen. Wegen ihrer dunklen Farbe und ihres milden Geschmacks benützt man die Chocolade häufig als Vehikel für Arzneien, die nicht gut zu nehmen sind. Es kommen selbst im Handel zahlreiche Arzneichocoladen vor:

Arrowroot-, Sago-, Salep-, Tapioca-Chocoladen sind besonders gepriesen bei Schwächezuständen in Folge von lange anhaltenden Diarrhoen.

China-, Isländisch Moos-, Gentian-, Kalmus-, Columbo-, Quasia-, Nussextract-Chocoladen sollen zu ähnlichen Zwecken dienen und zugleich als Magenmittel.

Die Eisenchocoladen sind ein angenehm zu nehmendes, aber theures und unsicheres Mittel gegen Bleichsucht.

Die Chocolade mit Orangenblüthen ist Etwas für „ner-vöse Damen", für Damen mit hysterischen Krämpfen. Brillat-Savarin nennt die mit Ambra versetzte Chocolade: „Trost der Betrübten!"

Koch-Regeln. Die Bereitung der Chocolade, obgleich eine so einfache Sache, ist doch selten eine richtige. Gewöhn-lich werden die Chocoladetafeln entweder im Mörser ver-stossen oder mit dem Messer verschabt. Alles Stossen und Rei-ben verwandelt einen Theil des Zuckers in Stärkemehl, so dass viel vom guten Geschmacke verloren geht. Das nöthige Stück von der Chocoladetafel soll einfach abgebrochen und ganz ins Wasser gelegt werden. Man rechnet auf eine mittlere Tasse 50 Grm. Die Chocolade wird in kaltes Wasser eingelegt, darauf langsam erwärmt und eine gute halbe Stunde gekocht unter fleissigem Umrühren mit einem hölzernen Spatel. Nährwerth und Wirkung. Um sich eine Vorstellung machen zu können über den Werth der Chocolade als Nahrungsmittel, beachte man die chemischen Bestandtheile der ausgeschälten Bohne. Diese sind:

Theobromin	2%
Kleber	20
Fett (Cacaobutter)	51
Stärke, Gummi	22
Wasser	5

Das flüchtige Oel, welches der Chocolade den feinen Geruch verleiht, entsteht erst beim Rösten. Zu bemerken ist die grosse Menge Fett. Der Hauptbestandtheil ist Theobromin, das beim Cacao die gleiche Rolle spielt, wie das Theïn beim Thee und das Koffeïn beim Kaffee. In den Schalen ist nichts als Holzstoff, mit Spuren von Cacaofett. Aus dieser Zusammensetzung geht hervor, dass die Chocolade einen hohen Nährwerth hat. Wegen ihres nicht unbeträchtlichen Gehaltes an Fett und Stärke ist sie zugleich Mastungsmittel und Wärmeproducent. Gewöhnlich stellt man die Chocolade zum Thee und Kaffee, obgleich sie lange nicht so aufregend wirkt wie diese. Die Chocolade ist so mild und so leicht verdaulich, dass sie häufiger auf den Krankentisch gehört, als bis jetzt der Fall ist. Namentlich sei darauf hingewiesen, dass Magenkranke Milchchocolade oft weit besser vertragen, als reine Milch und dass selbst Kranke, die am Magenkrebs leiden, diese Speise zur Abwechslung gut vertragen. Wegen ihres grossen Fett- und Stärkemehl-Gehaltes hat man jedoch darauf zu achten, dass die Chocolade nie in grossen Mengen auf einen Sitz verzehrt und zu jener Zeit ganz ausgesetzt wird, wo schon Magenversäuerung besteht. Bei der aus reinem Cacaopulver bereiteten Chocolade ist diese Mahnung weniger nöthig als bei den gewöhnlichen Chocoladetafeln.

Bekanntlich wird die Chocolade häufig als Volksmittel gegen Diarrhoe gebraucht. Dem Geschmackssinn vieler Menschen sagt das Naschen der trockenen Chocoladetafeln mehr zu als die Abkochung in Milch oder Wasser.

Die Cacaoschalen geben, mit Wasser abgekocht, ein Getränk, das aussieht wie schwarzer Kaffee und auch einen ähnlichen Geschmack hat. Wunderliche Leute, z. B. schwangere Frauen, finden dasselbe manchmal besser als Kaffee und ertragen das Gebräu oft längere Zeit sehr gut.

21. Capitel.

Mehl und mehlartige Stoffe.

Mit diesem Capitel stösst unser culinarisches Nachdenken auf eine neue, grosse und sehr wichtige Gattung von Nahrungsmitteln. Alle haben zum Hauptbestandtheil Stärkemehl. Es wird somit am Platze sein, über die Veränderungen zu sprechen, welche dieser Stoff beim Kochen und bei der Verdauung durchmacht; vieles ist für die Gesundheit von höchster Bedeutung.

Die Veränderungen, welche das Stärkemehl in der Küche erfährt, sind verschieden, je nachdem dasselbe gekocht oder geröstet wird. Gekocht bildet es einen Kleister; in trockener Hitze, also beim Rösten, verwandelt es sich in Stärkegummi. Letzterer ist leicht verdaulich, der Kleister dagegen schwer.

Das Küchenpersonal sollte diese Thatsache bei der Bereitung jeder Mehlspeise vor Augen haben.

Das braune Mehl, welches die Küche zu so vielen Dingen, namentlich zu Saucen verwendet, wird dadurch erhalten, dass man gewöhnliches Mehl unter fleissigem Umrühren ohne Zusatz von Wasser so lange erwärmt, bis es die beliebte hellbraune Farbe hat. Nach dem Gesagten ist dieses Präparat sehr zu loben; bekanntlich werden die braunen Mehlsaucen auch von schwachen Mägen gut vertragen. Ebenso zweckmässig ist das Rösten des Brods (Röstbrodsuppe) und aus dem gleichen Grunde zieht man die Brodkruste dem Weichen des Brodes und geröstete Kartoffeln den gesottenen vor.

Beim Verdauungsprocesse verwandelt sich das Stärkemehl unter dem Einflusse des Speichels in Traubenzucker; in dieser Form geht es ins Blut über. Sind grössere Mengen vorhanden oder besteht im Magen bereits Uebersäurung, dann geht noch ein Theil des Traubenzuckers in saure Gährung über (wird zu Milch- beziehungsweise Buttersäure). Daher das Sodbrennen, welches so Viele auf den Genuss von Mehlspeisen bekommen.

In der Leibesöconomie wird das Stärkemehl, nachdem es bei der Verdauung die angedeutete Umwandlung erfahren, hauptsächlich zur Bildung von Fett und Wärme verwendet. Wer viel Mehlspeisen isst, wird fett. In manchen Gegenden watscheln riesige Beweismittel hierfür herum und selbst der grosse Meister Rubens hat in seinen unsterblichen Werken die Ueppigkeit mehlgenährter flandrischer Kuhmägde unverholen durch seinen erhabenen Pinsel hinausfahren lassen.

Mehl. Von den zahlreichen Weizen- und Spelzsorten wird durch Feinmahlen Weissmehl, vom Roggen Schwarzmehl bereitet. Geringe Sorten Schwarzmehl liefern auch Gerste und Hafer. Uebrigens sind in Sachen des Mehls die Begriffe vom „Schwarz" und „Weiss" nicht streng genommen. Es gibt vielleicht ein halbes Dutzend Sorten „Kernenmehl", von denen die geringeren ebenso gut den schiefen Ehrentitel „Schwarzmehl" verdienen wie das Roggenmehl.

Auf eine andere Art als alle diese Mehlsorten ist das Kleienmehl bereitet; es ist nämlich mit der Kleie und grob gemahlen. Diese Mehlsorte wird mit der Zeit eine viel grössere Bedeutung bekommen — weil sie nahrhafter ist als alle anderen. Die Körner haben nämlich zwei Schichten; die innere enthält fast nur Stärkemehl. während die äussere den (weit nahrhafteren) Kleber einschliesst. Beim Feinmahlen wird letztere nahezu weggerieben und fällt in die Kleie; beim Grobmahlen dagegen bleibt ein grosser Theil davon im Mehl zurück. Daher der höhere Nährwerth des Kleienmehls.

Die Aufbewahrung des Mehls ist für die Küche eine wichtige und ziemlich difficile Sache. Man kann Mehl nur dann längere Zeit gut behalten, wenn man es an einem kühlen trockenen Orte liegen hat und von Zeit zu Zeit, im Sommer mindestens alle zwei Tage, umkehrt. Gefährliche Nachbaren sind faulende Käse, Fleisch u. dgl., da sie dem Mehl leicht den Keim zur Verderbniss mittheilen. Feuchtes Mehl riecht dumpfig, hat einen säuerlichen Geschmack und ballt sich zwischen den Fingern. Geht es mit der Verderbniss noch einen Schritt weiter, dann wird das Mehl schimmelig und beherbergt allerlei Ungeziefer. Manchmal erhält man schon aus der Mühle ein ziemlich feuchtes Mehl, weil es Müller gibt, die aus Gewinnsucht das Mehl absichtlich stärker netzen (damit es besser ins Gewicht fällt). Das Mehl kann aber auch den entgegengesetzten Fehler haben, — zu trocken sein. Ein solches Mehl ist daran kenntlich, dass es sich zwischen den Fingern nicht ballen lässt, sondern immer wieder als feines Pulver auseinander fällt. Solches Mehl ist zwar für die Gesundheit nicht so nachtheilig wie das feuchte, aber schwer zu backen.

Verschiedene Pflanzen (Unkraut), welche unter dem Getreide aufwachsen, können das Mehl verderben: Klaffer, Raden, Trefze u. s. w. Der Taumellolch ist giftig und stört auch beim Mahlen, indem er die Mühlsteine mit einem klebrigen Ueberzuge bedeckt. Es gibt Jahrgänge, in welchen am Getreide Krankheiten vorkommen: die Kornfäule am Weizen, der Russbrand an verschiedenen Getreidesorten, das Mutterkorn am Roggen und Weizen. Letzteres ist sehr giftig und hat schon oft in ganze Gegenden die Kriebelkrankheit gebracht.

Alle diese schädlichen Dinge können durch fleissiges Putzen und Mahlen des Getreides weggebracht werden. Der Grasrost ist nicht an den Körnern, sondern am Halm, verdirbt diese aber so, dass sie zusammenschrumpfen (Kümmelweizen). Betrügerische Mehlverfälschungen kommen vor mit Gyps, Kreide, Schwerspath, Knochenasche u. dgl., ferner mit dem geringeren Bohnen-, Erbsen- und Kartoffelmehl. Die erstgenannten unorganischen Verfälschungen lassen sich auf chemischem Wege leicht und sicher nachweisen; die letztgenannten verrathen sich in der Küche von selbst: Bohnen- und Erbsenmehl machen den Teig klebrig und das Brod schwer; bei einiger Uebung riecht man sogar diese Mehlsorten beim Teigmachen heraus. Kartoffelmehl macht das Brod feucht, speckig und zur Schimmelbildung geneigt.

Zu Heilzwecken wird die Kleie fast mehr geschätzt als das reine Mehl. In England gilt das „brown bread", aus einer Mischung von Weissmehl mit Kleie bereitet, allgemein als Mittel gegen habituelle Stuhlverstopfung. — Die Abkochung der Kleie wird innerlich als nahrhaftes Getränk für ausgeleerte Reconvalescenten, äusserlich als Umschlag bei jenen Hautkrankheiten benützt, welche Schuppen, Knötchen oder Pusteln bilden. Ferner verwendet man die Kleienabkochung häufig zu Bädern für abgemagerte Kinder. Weiter wird Kleie oder Mehl sowohl als trockene, warme Bähung (beim Zahnweh u. dgl.) wie auch als feuchte, mit Wasser oder Milch abgekochte, Umschläge zur Zeitigung von Eitergeschwülsten gebraucht. Endlich wird ein Gemisch von 1 Thl. Bierhefe und 2 Thl. Mehl mit der nöthigen Menge warmen Wassers zu Umschlägen auf schmerzhafte Geschwüre benützt; die sich entwickelnde Kohlensäure wirkt hier sehr schmerzlindernd.

Wir kommen nun auf die mehlartigen Stoffe zu sprechen, von denen bei weitem die meisten vortreffliche Suppenstoffe abgeben:

Grütze nennt man alle abgehüllsten Getreidekörner. Es gibt Gerste-, Hafer- und Buchweizen-Grütze: lauter beliebte Suppen- und Muss-Stoffe. — Die Hafergrütze wird besonders häufig als Hausmittel gebraucht; so wird z. B. die abgekochte und durchgeseihte Brühe getrunken gegen Diarrhoe (gut!) und gegen Harnverhaltung (nichts nutz!). Wenn diese Brühe nicht sorgfältig durchgeseiht ist, also noch ziemlich Schalenreste enthält, so kann sie Veranlassung zur Darmsteinbildung geben! Aeusserlich wird die Hafergrütze zu Umschlägen auf schmerzhafte Geschwülste und zur Zeitigung von Abscessen gebraucht und behufs dessen mit Milch zu einem Brei verkocht.

Graupen sind ein ähnliches Fabrikat wie die Grütze und

dienen zu gleichen Zwecken. Die feinste Sorte heisst Perl-graupen; die gröbere wird Gerstengraupen, Roll- oder Koch-gerste genannt.

Gries steht zwischen den feineren Graupen und dem eigent-lichen Mehl. Das beliebte **Wienergries** wird aus Weizen bereitet,

Grüne Körner (einer der besten Suppenstoffe) heissen die gedörrten unreifen Körner vom Spelz. Dieser Handelsartikel hat einen ziemlich hohen Preis und ist desshalb Verfälschungen unterworfen, namentlich mit den (weit geringeren) grünen Körnern des Einkorns.

Mais (**Welschkorn**) wird jetzt auch in Dentschland mehr gebaut. Das Mehl ist gelb und zeichnet sich durch einen ge-ringen Gehalt an Kleber ($10^0/_0$ — Weizen hat $13^0/_0$) und durch einen ansehnlichen Gehalt an fettem Oel aus. Zu Polenta, Mehl-mischungen und als Geflügelfutter verwendet.

Hirse (Körner von verschiedenen Grasarten aus der Fa-milie der Fennichgräser) kommt aus Frankreich, England, Hol-land — Schiffsprofiant.

Mannagrütze oder **Schwaden**, die Samen des Mannagrases, aus Schlesien, Polen und Lithauen — beliebter Suppenstoff.

Buchweizen (Heidekorn) sehr gemein, über die ganze Mittelregion sowohl der östlichen als westlichen Halbkugel ver-breitet, auf sandigem schlechtem Boden. Dient als Muss- und Suppenstoff, am besten als — Viehfutter!

Salep ist ein schleimiges Stärkemehl aus den Wurzelknollen verschiedener Orchis-Arten. Die besten Sorten Salep kom-men aus dem Orient. Sie sind viel schleimiger und haben nicht den bittern Geschmack wie die einheimischen. Dieser lässt sich übrigens durch längeres Abbrühen im kochenden Wasser bedeutend verbessern. Der Salep wird vielfach als Volksheilmittel gebraucht und zwar — bei Schwächezuständen des Genitalsystems! Man kocht 1 Theil Saleppulver mit 100 Thl. Wasser zu einem Schleim. Rationeller ist eine Verbindung des Salepschleims mit Milch oder Cacao als Mittel gegen Diarrhoe. Schmackhafter und wohl ebenso wirksam wäre der in Fleisch-brühe zu einer Suppe abgekochte Salep.

Reis ist das getrocknete Korn einer Sumpfpflanze. Nur in Ostindien gibt es eine Varietät, welche auf trockenem Boden wächst (Bergreis). Von diesem wichtigen Küchenartikel kom-men folgende Sorten im Handel vor:

Carolina-Reis, aus Nordamerika, schön weiss, prima.

Ost- und westindischer Reis — hat röthliche Streifen.

Java-Reis ist gelblich. Aus diesem Reis bereitet man in Holland durch Schälen der Körner den berühmten Tafelreis.

Italienischer und ägyptischer — gering.

Von allen Mehlstoffen hat der Reis den grössten Gehalt an Stärkemehl und den kleinsten an Kleber; trotzdem nähren und mästen sich nicht weniger als 300 Millionen Menschen, freilich lauter Chinesen und Ostindier, beinahe ausschliesslich davon; desshalb sind auch die Weiber so rund im Orient!

Arrow-root, s. g. Pfeilwurzelmehl, ist das sehr reine Stärkemehl der Wurzeln mehrerer Scitamineen. Das westindische, beste, ist einkörnig; bei der amerikanischen Sorte hängen immer zwei oder mehr Körner zusammen; das ostindische ist gelb. Arrow-root wird nachgemacht aus Kartoffeln-, Reis-, Weizenmehl u. dgl. Dem gefälschten fehlt der Perlmutterglanz und beim Kochen gibt es einen Kleister (ächtes macht eine feine Gallerte). — Häufig verordnet man Arrow-root den Kindern, welche an hartnäckiger Diarrhoe leiden. Es lässt sich nicht läugnen, dass es ebenso gut stopft und verkleistert wie alle Mehlspeisen. Ein kurzer Versuch mag gemacht werden; bei längerem Gebrauche stiftet es mehr Schaden als Nutzen. (Siehe Cap. 2, Seite 30 vom medicinischen Gebrauche des Gerstenschleims).

Sago. Der ächte ist das Mark der Sagopalme. Am häufigsten kommt ostindischer Sago vor — unregelmässige Klümpchen oder rundliche Körner. Der Perlsago ist grossoder kleinkörnig, von Farbe weiss, braun oder roth. Der feinste besteht aus weissen, unregelmässigen Körnern, heisst auch Sagoblume.

Der amerikanische Sago ist meistens aus dem Stärkemehl der Batatewurzel fabricirt.

Der Portlandsago wird in England und Amerika aus der Wurzel von Arum maculatum L. gewonnen.

Ungemein häufig verkauft man für ächten Sago den Kartoffel- (deutschen) Sago. Darum merke: Die Körner des ächten Sago quellen beim Kochen nur schleimig auf, ohne jemals in einen Kleister zu zerfliessen; im kalten Wasser ist der ächte Sago gar nicht aufzulösen.

Tapioca. Ueber diesen extrafeinen Suppenstoff sind die Gelehrten nicht einig. Die Einen behaupten, er sei nur eine etwas feinere Sorte von Sago, während die Anderen ihn für etwas Besonderes ansehen und sagen, er komme von der Wurzel Manihot. Ein Nichtgelehrter, der aber längere Zeit an einem Orte gelebt hat, wo viel Tapioca gewonnen wird, hat dem Verfasser die vertrauliche Mittheilung gemacht, dass Erstere auf dem Holzwege seien.

Mit diesem theuren Stoffe wird viel Schwindel getrieben. So kommen z. B. aus Frankreich gelblackirte, etwa ein halbes Pfund schwere Packetchen in den Handel, überschrieben mit:

„Tapioca exotique." Diese Päckchen enthalten zwar ächte Tapioca; allein sie kosten doppelt soviel, als sie werth sind. Man kauft nämlich gute, ächte Tapioca das Pfund zu 1 Franc. Damit der Schwindel besser ziehe, kleben sie in neuester Zeit noch Photographien auf die Päckchen — von schönen Mädchen, vom Pater Hyazinth u. dgl. Helf', was helfen mag!

22. Capitel.

Brod.

Man könnte glauben, wenn man die Bestandtheile des Mehles kennt, wisse man auch die des Brodes. Dem ist nicht so. Ein Hauptbestandtheil des Mehles — die Stärke — wird bei der Brodfabrikation unter dem Einflusse des Wassers, der Wärme und des Sauerteiges grösstentheils umgewandelt und zwar in erster Reihe in Gummi und Zucker. In zweiter Reihe wird der Zucker wieder umgewandelt in Alkohol und Kohlensäure, und diese beiden gehen davon. Die Rinde des Brodes enthält ausser einigen brenzligen Stoffen viel Stärkegummi, ist somit viel leichter zu verdauen als das Innere (Weiche) des Brodes, in welchem neben Kleber aufgequollenes, sonst unverändertes Stärkemehl enthalten ist.

Die alltäglichen Sorten von Brod, welche man in unserer Gegend findet, sind:

Weissbrod, aus Weizen- oder Kernen-Mehl besserer Sorte. Das Weissbrod wird bald mit Wasser allein, bald mit Milch und, in selteneren Fällen, noch mit Butter und Eiern gebacken.

Schwarzbrod wird hierlands aus geringeren Sorten von Weizen- und Spelzmehl bereitet; Roggenbrod ist selten. Das Schwarzbrod kommt in zwei Formen vor, als Laibbrod und als Stollen (Wecken). Die letztere Form wird vorgezogen, weil sie in der Regel besser ausgebacken ist.

Kleienbrod — leider nur zu wenig bekannt — sehr nahrhaft.

Kartoffelbrod — selten.

Ungesäuertes Brod nach Liebig — sehr zuträglich.

Ausser diesen Grundtypen von Brod gibt es noch zahlreiche Spielarten, namentlich vom s. g. Luxusbrod. Fast jede Stadt hat ihre besonderen Semmel, Zwieback, Brezel u. dgl.

Es ist in der That auffallend, wie oft Brod als Ursache von Magenkrankheiten angesehen wird. Der Eine kommt mit der Klage, dass er das Magenweh habe, seitdem er ein Stück noch dampfendes Brod gegessen; ein Anderer gibt an, dass er regelmässig Sodbrennen bekomme, wenn er Brod esse; in der Kinderpraxis wird das Brod als Ursache der Wurmkrankheiten hingestellt u. s. f. An den vielen Klagen ist erstens das übermässige Quantum Schuld, in welchem das Brod gewöhnlich verzehrt wird und zweitens sind es die Fehler am Brode selbst: Zu neues Brod, namentlich solches, das noch warm ist vom Ofen her, kann leicht Magenkrampf verursachen; zu altes Brod kann durch Fäulnissprodukte schaden. Schimmeliges Brod trifft man auf dem Lande nicht selten; auf grösseren Bauernhöfen wird eben an einem Backtage alles Brod für die ganze Woche, ja oft für noch längere Zeit, auf ein Mal gebacken. So ist das letzte Brod immer altbacken und, wenn es an einem feuchten Orte lagerte, — kein seltener Fall — schimmelig. Wo es ordentlich hergeht, wirft man die schimmeligen Partien einfach weg; es gibt aber auch hypersparsame Hausfrauen, welche dies nicht über's Herz bringen, die fähig sind, schimmeliges Brod zu verwenden — wenigstens in die Suppen der Dienstboten. Solches Brod und solche Suppen rufen kolikartige Erscheinungen hervor und verursachen bisweilen länger dauernde Katarrhe des Magen und Darmkanals. Ja die Bauernweiber sind oft so knickerig, dass sie das Brod lieber alt werden lassen, bevor sie dasselbe den Dienstboten vorlegen, „weil diese in frisch gebackenes Brod zu sehr einhauen!" Dass speckiges Brod schwer verdaulich sein müsse, ist ohne Weiteres einzusehen. Saures Brod wird am meisten gemieden und kommt trotzdem am häufigsten vor. Um das Sauerwerden des Brodes zu verhüten, setzen manche Bäcker allerlei säurebindende Substanzen zu: Kalkwasser, Potasche, Soda, kohlensaure Magnesia. Wenn diese Dinge in zu grosser Quantität verwendet wurden, schaden sie dem Magen.

Das Roggenbrod ist nicht selten durch Mutterkorn verunreinigt. Man erkennt dieses Brod an dem eigenthümlich scharfen Geruch und Geschmack und an den violetten Flecken. Wenn nur kleine Quantitäten Mutterkorn darin enthalten sind, dann treten diese Kennzeichen kaum zu Tage. Dieses Brod verursacht in erster Reihe Magen- und Darmkatarrh mit Diarrhoe, in zweiter Reihe eine bedenkliche Vergiftung. — Es

kommt ferner oft ein Roggenbrod vor, das noch B o h n e n -
und E r b s e n m e h l enthält. Solches Brod ist in Bälde aus-
getrocknet. In manchen Gegenden setzt man dem Brodteige
ganzen K ü m m e l zu, „das sei gut gegen Blähungen." Ganzer
Kümmel ist nichts als ein werthloser Ballast, welcher (nicht
einmal ohne alle Beschwerden) gerade wieder so abgeht, wie
er eingenommen wurde. Gepulvert würde der Kümmel nicht
nur sein Aroma deutlicher zu Tage treten lassen, sondern
auch leichter zu verdauen sein. — In manchen Gegenden wird
dem Brode Mohnsamen zugesetzt, dessen Bestandtheile so ziemlich die gleichen sind, wie die der süssen Mandeln. Die Spur
von narkotischer Substanz, welche der Mohnsamen enthält,
kommt kaum in Betracht und wir möchten überhaupt einmal
den grossen Laib Mohnbrod sehen, welchen Einer verschlucken
muss, bis er narkotisirt ist! — Brodwasser gilt als Mittel gegen
Diarrhoe. — Andere betrachten die Brühe von stark verkochtem Weissbrod als Restaurationsmittel bei Schwächezuständen und lassen dem Rathgeber die weit besseren Beefsteaks
zum Lohn! — Bekanntlich wird auch das mit Milch zu einem
Brei verkochte Brod häufig zu Kataplasmen gebraucht, namentlich zum Zeitigen von Eitergeschwüllsten.

B r o d v e r f ä l s c h u n g e n : In erster Reihe stehen die Mehlverfälschungen, von denen im vorhergehenden Capitel die Rede
war. Die weiteren Verfälschungen des Brodes, welche übrigens
bei uns kaum vorkommen, sind: K u p f e r v i t r i o l , wird zugesetzt, um das Gehen des Brodes zu fördern. Dass solches
Brod Brechneigung und Diarrhoe hervorrufen muss, ist ohne
Weiteres klar. Soll in Belgien oft vorkommen! Um ein schön
aufgelockertes Brod zu erhalten, setzen manche Bäcker k o h l e n -
s a u r e s N a t r o n oder k o h l e n s a u r e s A m m o n i a k zu. Die
Kohlensäure entweicht in der Hitze und treibt so das Brod auf.
Um dem Brode die beliebte weisse Farbe zu geben, kamen
gewissenlose Bäcker — in England — auf den Gedanken, dasselbe mit A l a u n zu bleichen; da sie wohl wussten, dass Alaun
verstopfend wirkt und diese Wirkung doch nicht haben wollten,
mischten sie noch pulverisirte J a l a p p e n w u r z e l in den Brodteig. Beide Substanzen können dem Brode nur Eigenschaften
verleihen, welche dem Magen nachtheilig sind.
    Einen anderen untrüglichen Weg zur Ermittelung von
B r o d v e r f ä l s c h u n g e n als die Chemie gibt es nicht. Beim
leisesten Verdacht soll desshalb ein sachkundiger Chemiker
zu Rathe gezogen werden.

23. Capitel.

Backwerk.

Man kann ungefähr folgende Gattungen von Backwerk unterscheiden: Zuckerbackwerk, Torten, Kuchen, Hefenbackwerk, Schmalzbackwerk, Pasteten. Eigentlich gehörte auch das Brod zum Backwerk; da aber der Sprachgebrauch beide ebenso sorgfältig trennt wie — Bäcker und Conditor, so bleibt's beim Alten.

Wir wissen wohl, dass diese Eintheilung, vom einzig richtigen (d. h. chemischen) Standpunkt aus betrachtet, nicht fehlerfrei ist; allein das lässt sich bei der grossen Wandelbarkeit der Ingredienzen nicht ändern. Jede Köchin hat wieder ihr besonderes Recept für diese oder jene von ihrer Herrschaft bevorzugte Speise; es werden Machwerke geliefert, dass Einem die Haare zu Berge stehen. Regelmässig wird mehr auf die Form gesehen als auf den Inhalt. Wenn trotzdem hie und da kräftige Zusätze (Milch, Eier, Käse etc.) gebraucht werden, so geschieht dies ohne bestimmten Vorsatz, lediglich nur desshalb, weil es die Grossmutter auch so gemacht hat.

Zuckerbackwerk. Die Conditoren fabriciren durchschnittlich nur Dinge für — gesunde Mägen; selbst die Schleckereien, welchen man den Namen Gesundheitszelchen u. dgl. beilegt, selbst die weltberühmten Conditorei-Waaren von Graubündten sind nicht von dem gefällten Urtheile ausgeschlossen. Der Hauptnachtheil rührt von dem regelmässig zu grossen Gehalt an Zucker her. Es ist auch schon vorgekommen, dass man Backwerk (anstatt mit den unschuldigen Küchen-Farbstoffen: Safran, Veilchen, Spinat, Rosen, Cochenille) mit Arsenik- und Kupferfarben färbte! Die Zusätze von Rum, Arak u. dgl. zum Teige für feines Backwerk sind nur zu loben, da der Weingeist in der Hitze entweicht und das Gebäck luftig macht. Diese Zusätze leisten also Dasselbe, was kohlensaures Ammoniak, welches die Conditoren zu vielen Luxusbäckereien, namentlich zu den Biscuits verwenden.

Jene Biscuits, welche nur aus Zucker, Mehl und Eierschnee bereitet und mehrere Tage alt sind, kann man als das zuträglichste Backwerk bezeichnen. Neugebacken machen sie gerne Sodbrennen; sonst gelten die Biscuits, mirabile dictu, beim Volke als Mittel gegen dieses Uebel! Die berühmten englischen Biscuits zeichnen sich durch einen geringeren Zuckergehalt aus und sind desshalb zuträglicher als die unsrigen.

Torten. Ein Kochbuch von dem rechten Schnitte muss

mindestens 50 Arten haben. Das unsere hat blos die Bemerkung: Der ganze Plunder belästigt den Magen und macht
gerne Sodbrennen.

Kuchen. Etwas leichter zu verdauen sind die frischen
Obstkuchen: Aepfel-, Zwetschgen-, Kirschen-, Erd-
beerkuchen.

Hefenbackwerk. Dieses Backwerck ist am leichtesten zu
verdauen. Als der ruhmreichste Repräsentant dieser Gattung
steht der Kugelhupf da.

Schmalz-Backwerk. Zu den in Schmalz gebackenen Mehlspeisen gehören manche sehr berühmte Nationalgerichte, so
z. B. die Fastnachtsküchle. die Schneeballen, die Zuckerstrauben,
die Dampfnudeln u. s. w. Alle diese Dinge sind dann besonders nachtheilig für den Magen, wenn sie zu stark gefettet
sind. Nichts ist ekelhafter und ungesunder als wenn diese
Dinge förmlich in Fett schwimmen oder, kalt geworden, eine
ganze Fettdecke auf sich haben.

Pasteten. Eine sehr wichtige Gattung von Küchenpro-
dukten! Das Wesen der Pastetenbackerei besteht darin, dass
man Fleisch, Lebern u. dgl. in einer Teighülle mit allerlei Würzen und Fett langsam gar macht. Es würde zu weit
führen, wollten wir alle Ingredienzien für Pasteten nennen.
Die gewöhnlichsten sind auch die besten: Kalbfleisch, Schinken,
Geflügel, Speck, Kalbslebern, Lebern von Seefischen. Die
beste Würzzugabe sind Trüffeln, Morcheln, Zwiebeln, Citronensaft, Kräuteressig. Die weltberühmten Strassburger Gänse-
leberpasteten haben als Hauptbestandtheil möglichst grosse
und fette Gänselebern. Ausserdem kommt Kalbfleisch und
fettes Schweinefleisch oder Speck dazu. Als Würze dient das
s. g. Strassburger Pastetenpulver, welches früher als Geheimmittel behandelt wurde, jetzt aber, namentlich in Frankreich,
beinahe in jedem Gewürzladen zu bekommen ist. Es besteht
aus: Piment 75 Grm.. Ingwer 25 Grm., Zimmt 15 Grm., Lor-
beeren 5 Grm., weisser Pfeffer 30 Grm., Muscatnuss 15 Grm.

Fassen wir das Urtheil über die Pasteten zusammen, so
müssen wir anerkennen, dass dieselben wegen ihres Gehaltes
an Fleisch jedenfalls nahrhafter sind als alle anderen Mehlspeisen; dagegen trifft alle der Vorwurf, das sie zu viel Gewürze enthalten. Trotz des feinen Pastetenteiges eignen sie
sich desshalb nur für gute Mägen.

24. Capitel.

Mehl-Speisen.

Eigentlich sollte man auch das Brod und das Backwerk zu den Mehlspeisen rechnen. Da aber ungefähr schon seit Esau's linsenmüssiger Zeit nur folgende Artikel diesen Namen führen, wäre es gewagt, eine Revolution anzufangen: Wasserteige (Knöpfle, Nudeln, Polenta), Milchmehlspeisen, Aufläufe und Puddings bleiben nach wie vor was sie sind.

Ueber diese Eintheilung möchten wir selbst ganz entschieden jene Verurtheilung wiederholen. welche im vorigen Capitel über die Eintheilung des Backwerks ausgesprochen ist. die Wandelbarkeit in der Wahl der Stoffe zu diesen Dingen lässt nichts Rechtes zu Stande bringen. Uebrigens hat hier eine schlechte Eintheilung keine Gefahr: „die thut's noch lang!"

Die **Wasserteige** stehen auf der niedersten Stufe der Kochkunst. Ein sehr bekannter Artikel der Art, an welchem sich wahrscheinlich schon Adam und Eva erfreut haben, sind die Knöpfle und die Nudeln. Die sog. Schwabenspätzle wurden bereits im 2. Capitel, bei den Suppen, besprochen, da sie seltener für sich — gebraten — wie als Suppenstoff verwendet werden.

Bayern ist das Vaterland der **Knödel**. In jeder Gegend von Altbayern gibt es eine besondere Sorte. Die Gewöhnlichste besteht aus Semmelwürfeln (von denen ein Theil in Butter angebraten wurde), Eiern, Mehl und Milch. Aus diesem Teige formt man Kugeln, welche, nachdem sie in trockenem Mehle umgedreht sind, entweder im Wasser oder (besser) in Fleischbrühe gesotten werden. Man hat wohl zu beachten, dass das Wasser strudelt, den sonst gehen Saft und Kraft in die Brühe ab. Zu dem genannten Grundtypus von Knödelteig kommt manchmal noch Speck oder Kalbsleber. Die Speck- und Leberknödel sind das beliebteste bayerische Landgericht. Wer im Schweisse seines Angesichts den Lebensunterhalt erringen muss, kann solche Knödel ertragen, eine Hofdame würden sie umbringen. Die vielen Würzen, welche man dazu verwendet, machen diese schwerverdauliche Speise noch verhängnissvoller für den Magen.

An den **Nudeln** ist ohne Ausnahme zu tadeln, dass durch Walzen oder Pressen des Teigs den Verdauungsorganen die Arbeit vermehrt ist. Die Nudeln sind desshalb im Allgemeinen schwerer zu verdauen als die Knöpfle.

Es gibt gekaufte und hausgemachte Nudeln. Die

gekauften kommen hauptsächlich aus Italien: Fidelini (am dünsten); Vermicelli (etwas dicker, wurmförmig); Lasagnetti (flach, bandförmig); Macaroni, (Röhrennudeln) und die Façon-Nudeln (Sternchen, zu Suppen). Sehr berühmt ist die ächte neapolitanische Waare. Es kommen aber auch viele geringe Nudeln im Handel vor, so z. B. die mit Safran versetzten lombardischen und genuesischen Macaroni. Dies hat manche gute Köchin veranlasst, selbst zu nudeln. Die aus einem festen Teige von feinem Weissmehl mit wenig Wasser und viel Eidotter „hausgemachten" Nudeln sind für jeden Kenner werthvoller als die gekauften.

Das Kochen hat einen grossen Einfluss auf die Nahrhaftigkeit und Verdaulichkeit der Nudeln und überhaupt aller Mehlspeisen. Es gilt hier die gleiche Regel wie für das Sieden des Rindfleisches. Alle Nudeln dürfen erst dann dem Wasser oder der Fleischbrühe beigesetzt werden, wenn es strudelt; in kaltem oder lauwarmen Wasser würden sie Saft und Kraft abgeben und sich zuletzt in einen Brei auflösen.

Polenta kann man heut zu Tage nicht mehr allein in der Lombardei sehen; die Eisenbahnarbeiter haben sie auch in Deutschland eingeführt. Mehl von türkischem Weizen, Mais, in siedendes Wasser geschüttet, gibt einen festen Brei, eben die Polenta. Hierlands verwenden die Italiener jede Mehlsorte die sie bekommen, dazu. Die Polenta, welche immer mit Fett verzehrt wird, ist eine schwerverdauliche Speise. Mit Milch gekocht würde es anders lauten. Die Vornehmen in der Lombardei braten die in Scheibchen zerschnittene Polenta mit Butter, Trüffeln oder Parmesankäse, was vorzüglich schmeckt und, wenn man einen guten Magen hat, auch gut bekommt.

Milchmehlspeisen (Breie) erheischen keine höhere Küchenbildung als jene, welche jede Frau vom Lande mit auf die Welt bringt. Der einfache Milchbrei ist die bekannte Kinderspeise, über welche man mit Recht so viel wettert. Statt Milch wird oft nur Wasser oder Fleischbrühe genommen. Unzweckmässige Zusätze sind: Butter, Gemüse, Gewürze, Fruchtsäfte. Von denen, welche in der Krankenküche Bedeutung haben, sind zu nennen: Reis in Milch, Milchgerste, Reis in Milch mit Chocolade (beliebtes Hausmittel gegen Diarrhoe).

Aufläufe sind eine der wichtigsten Gattungen von Mehlspeisen. Ein gut gerathener Auflauf zeichnet sich durch eine luftige Textur aus; die Decke ist in die Höhe gezogen, fest und aufgerissen. Zu bemerken bleibt, dass die Griesarten zu Aufläufen sich besser eignen als das feinste Mehl. Vom letzteren bekommen die Aufläufe eine kleisterartige Textur und liegen schwer im Magen. Auch Reis gibt mit gründlich geschlagenem

Eierschnee eine gute Grundlage für Aufläufe. Die ungeschicktesten Zusätze sind Früchte mit fettem Ocl (Mandeln, Haselnüsse); gute Zusätze geben Thee, Kaffee und Chocolade. Früchtenaufläufe können unter Umständen als angenehme Fieberspeisen dienen. Die berühmten Omelettenaufläufe sind nicht so leicht verdaulich, wie man gewöhnlich glaubt.

Pudding, in Süddeutschland gemeiniglich „Knopf" genannt, ursprünglich englisches Nationalgericht, hat sich im Verlaufe der Zeit in der ganzen Welt bekannt gemacht. Es gibt unzählbare Arten. Wenn die Puddings die beliebte schwammige Textur haben, sind sie in der That auch von einem Gebisse zu kauen, in welchem die Zähne fehlen. Die schwammige Textur wird erhalten, indem man durch Eierschaum und durch fleissiges Umrührung möglichst viel Luft in den Teig einsperrt. Eine grosse Schattenseite an den Puddings ist die Masse von Gewürzen, welche fast in alle Puddings kommt. Es wird hiedurch diese dem Magen sonst so zuträgliche Mehlspeise oft gerade das Gegentheil.

Ueber die einzelnen Arten von Puddings ist zu bemerken: Die kalten Puddings verdrängen in neuerer Zeit an grösseren Tafeln alle anderen. Eine Art ist mit Hausenblase zubereitet; die andern sind die gefrornen Puddings. Viele davon sind feine Fieberspeisen, indem sie allerlei kühlende Früchte enthalten — Erdbeeren, Aepfel, Ananas, Orangen u. s. f.

Die englischen Puddings haben durchschnittlich eine complicirtere Zusammensetzung und einen grösseren Gehalt an Fett als die deutschen; ausserdem sind sie compacter. Die Saucen dazu sind stets von starkem Wein, Rum u. dgl. bereitet. Die bekannte englische Nationalspeise (Plumpudding) enthält viel des schwerverdaulichen Kalbs-Nierenfettes und Ochsenmark, starke Würzen und viel Arak oder Cognak.

Am schwersten sind die beliebten Mandelpuddings. Gekochte Mandeln sind schon an und für sich ungesund, weil das Oel, das sie enthalten, beim Kochen eine Umsetzung erfährt, welche bis ans Verharzen grenzt. Ueberdies machen die Mandeln den Teig so compact, dass er schwer im Magen liegen muss.

25. Capitel.

Gemüse.

I. Allgemeines über die Gemüse.

Man braucht gerade kein Vegetarianer vom Fache zu sein,

um an diesem Capitel eine Freude zu haben; es enthält so
delicate B e i l a g e n zum F l e i s c h e, dass Viele sich auf die
Nebensache mehr freuen als auf die Grundlage.

Allgemeine Kochregeln.

Wir werden bei jedem einzelnen der wichtigeren Gemüse
die betreffenden Kochregeln noch besonders angeben; hier seien
nur die bekannteren allgemeinen Arten der Gemüse-Zubereitung
erwähnt:

In D e u t s c h l a n d siedet man die Gemüse weich; nachher
werden die meisten verwiegt und schliesslich mit etwas Butter
und Fleischbrühe fertig gemacht. Sehr oft wird Mehl dazu
genommen. Wir sind mit Allem einverstanden, nur mit dem
letzeren nicht; durch den Mehlzusatz wird der arthafte Geschmack des Gemüses verdeckt und nicht selten das appetitliche Aussehen desselben durch einen unappetitlichen Kleister
verschmiert.

In F r a n k r e i c h, dem Hauptgemüselande, werden die Gemüse blanchirt (d. h. mehrfach mit h e i s s e m Wasser abge-
rüht), sodann mit vielem Fett, Gewürzen und Jus sehr schmackhaft gemacht. — Diese Zubereitung empfiehlt sich mehr für
die Küche des Feinschmeckers als für die Krankenküche.

In E n g l a n d (und Amerika) macht man mit den Gemüsen
nicht viel Umstände; sie werden einfach im Wasser gesotten
und so zu Tische gegeben. Jeder würzt nach Belieben mit
Butter, Salz und Pfeffer und ist in der Regel froh, wenn die
herausgenommenen Portionen geschluckt sind.

Die Gemüse werden oft beschuldigt, dass sie Blähungen
verursachen. Bei weitem in den meisten Fällen sind nicht die
Gemüse an und für sich, sondern gewisse Fehler und Leicht-
fertigkeiten bei deren Zubereitung Ursache an dem Unheil:
man kann die Köchinnen nicht oft genug mahnen, alle
harten Stengel, holzigen Blattrippen u. dgl. sorgfältig zu beseitigen. Diese Dinge sind es, welche den Gemüsen die Prädi-
cate „schwerverdaulich", „blähend" verschafft haben. Mit
veraltem zähen Zeug ist ganz abzufahren. Dass gedörrte
Gemüse gründlicher gekocht werden müssen als frische, ist
ohne Weiteres klar. Am geeignetsten ist hiezu irgend ein
abschliessender Kochtopf.

Alle grünen Gemüse — Kohl, grüne Erbsen, Bohnen,
Spinat, Rüben — müssen in k o c h e n d e s Wasser eingesetzt
werden, aus dem gleichen Grunde, welcher schon beim Sieden
des Rindfleisches ausführlich besprochen wurde. Laugt man
vorher lange in kaltem Wasser aus, so verlieren sie ihr
bischen Nährstoff und Wohlgeschmack vollkommen. Verschiedene Gemüse (z. B. Kohl, Hülsenfrüchte) färben das Wasser,

in welchen sie gekocht werden und theilen demselben übelriechende, scharfschmeckende Stoffe mit. Desshalb muss das
erste Wasser weggeschüttet werden (Abbrühen der Gemüse).
Geschieht dies nicht, so kann das Gemüse grossen Schaden im
Magen und Gedärm anrichten.

Bekannt ist, dass manche Gemüse ihre beliebte grüne Farbe
beim Kochen beibehalten, wenn man das Kochgeschirr nicht
zudeckt.

Für die Küche ist zu wissen nöthig, dass die Gemüse
durchschnittlich kein Fett (fettes Oel) enthalten.
Um den Mangel auszugleichen, um den Gemüsen Nährwerth
und Wohlgeschmack zu verleihen, müssen sie gefettet
werden. Wurde nach der eben beschriebenen englischen
Methode verfahren, so servirt man die Gemüse mit Butter.
Besser schmecken sie allerdings, wenn sie in Butter verdämpft
wurden, weil sie dann gleichmässig vom Fette durchdrungen sind.

Es gibt Häuser, wo man gekochte Gemüse, die vom
Tisch abgetragen wurden, aufbewahrt, um sie gelegentlich
nochmals aufzutischen! Gekochte Gemüse fangen bald an, sich
zu zersetzen, werden bald sauer. Solche Gemüse verursachen
gewöhnlich Diarrhoe. Zur warmen Jahreszeit ist begreiflicher-
weise die Sache noch schlimmer. Am bäldesten werden die
gekochten Hülsenfrüchte sauer; trotzdem ist es gerade diese
Sorte von Gemüsen, mit welchen der besagte Unfug am häufigsten getrieben wird.

Nährwerth, Verdaulichkeit und Wirkungen der Gemüse.

Mit Ausnahme der Hülsenfrüchte und allenfalls auch noch
der Kartoffeln führen die Gemüse dem Blute wenig Nährstoff
zu; das Meiste ist nutzloser Ballast. Durchschnittlich enthalten
die Gemüse nur 10% Trockensubstanz; das Uebrige ist — Wasser
Die wichtigsten Bestandtheile sind Eiweiss (Spuren), Zucker.
Dextrin, Salze; ausserdem kommen in Betracht die Säuren
und die Zellulose, endlich bei manchen noch ein ätherisches Oel.

Von diesen Bestandtheilen sind namentlich die milden
organischen Säuren von Bedeutung, da sie die
Verdauung der Eiweiss- und Fibrin-Nahrung fördern. Es
werden somit die Gemüse nicht mit Unrecht als Beigaben zu
Fleischspeisen gewählt; Fleisch mit Gemüse mundet nicht nu!
besser, sondern verdaut sich auch leichter als Fleisch allein
Die Säuren sind ferner Ursache an der bekannten kühlenden Wirkung der Gemüse. Indem jene ferner die Schleimsecretion im Darmkanal vermehren, bewirken sie die Verdünnung des Inhaltes und fördern die Stuhlentleerung. Mitunter

ucht man diese Wirkung der Gemüse absichtlich so zu steigern, lass Diarrhoe entsteht. So werden z. B. manche junge, saftige Frühlingsgemüse verwendet und die betreffende Cur von den Gebildeten mit dem Namen „Reinigungscur", von den Bauern nit dem Ausdruck „Ausputzen" bezeichnet.

Nach dem Standorte, nach der Pflege, nach den Witterungsverhältnissen, nach der Art, kurz nach vielen Dingen, ichtet sich der Gehalt an Zellulose, welcher so grossen Einfluss auf die Verdaulichkeit hat. Wer wüsste nicht, dass auf trockenen Feldern und in trockenen Jahrgängen im Allgemeinen nur zähes, schwerverdauliches Zeug wächst? Wem wäre unbekannt, dass es im Gemüsebau an vielen Orten schneckenmässig vorwärts geht, dass trotz der Aufklärung hätiger landwirthschaftlicher Vereine immer wieder das alte holzige Zeug angepflanzt wird, mit welchem sich schon die Urgrossväter gestopft haben?

Bei vielen Gemüsen muss man auch darauf sehen, dass sie nicht zu stark „ins Kraut schiessen", d. h. dass sich in den Blättern nicht zuviel Chlorophyll bildet, da sie sonst holzig werden und eine Schärfe bekommen, vermöge welcher sie Diarrhoe verursachen können. Dies gilt insbesondere von den stark grünen Blättern des Kohls, des Salats, des Spinats, der Artischoke. Man bricht desshalb in der Regel die essbaren Blätter, bevor die Pflanzen blühen oder Früchte tragen.

Eine Sorte von Gemüsen zeichnet sich durch einen besonders scharfen Geruch und Geschmack aus, kann also fast ebenso gut als Würze dienen wie als Gemüse. Hierher gehören: der Meerrettig, die Zwiebel, der Rettig, der Lauch und viele andere mehr. Scharfe Dinge für Zunge und Magen!

Folgen der einseitigen Gemüse-Nahrung, Schicksal der Vegetarianer! Die Gemüse haben so wenig Nährstoff, dass grosse Haufen nöthig werden; diese verursachen viel Abgang. Die erste Folge hievon ist, dass mit der Zeit das Gedärm übermässig ausgedehnt wird, besonders auch durch die vielen Gase (Winde), die sich bei dieser Nahrung entwickeln. Dann folgen Erschlaffung des Mastdarms und Vorfälle desselben, als Folge zu häufigen und zu starken Drängens. Wegen des geringen Gehaltes an wirklich nährenden Stoffen wird endlich das Blut auffallend dünn, wässerig; es entstehen „Flüsse" aller Art, namentlich der bekannte weisse Fluss. — Bei den Vegetarianern" sieht man am besten, dass die einseitige Pflanzen-Nahrung nicht genügt; da kommen Bleichsuchten, Magenkrankheiten und Wassersuchten häufiger vor als bei Leuten, die naturgemäss leben.

Noch ist zu bemerken, dass sich zur warmen Jahreszeit eine Nahrung besser eignet, bei welcher die Vegetabilien vorwalten, weil die meisten derselben etwas kühlend und viel weniger zur Fäulniss geneigt sind als das Fleisch.

II. Von den Gemüsen im Besonderen.

Die vielen Gemüse lassen sich ungefähr in folgende Gruppen zusammenstellen:

1. Hülsenfrüchte: Bohnen — Erbsen — Linsen.

2. Knollen und knollenartige Wurzelstöcke: Kartoffeln — Erdäpfel (Tobinambour) — Ober-Kohlrabe — Bodenkohlrabe (Kohlrübe, schwedische Rübe) — Erdkastanien (die Knollen von dem Knollenkümmel) — Erdnüsse (die Wurzelknollen von den knolligen Platterbsen) — Erdmandel.

3. Wurzeln: Gelbe Rübe (Carotte) — Schwarzwurzeln — weisse Rübe — Kerbelrübe — Runkelrübe, hauptsächlich die Spielart Rothrübe (Rahne) — Pastinak — Zuckerwurz — Meerrettig — Rettig — Sellerie — Gartenrapunzel — Rapunzelrübe — Rapunzelglockenblume.

4. Sprossen: Spargeln (Stangen und Brechspargeln) — junge Hopfensprossen — Meisterwurz.

5. Kräuter: Römischer Sauerampfer — Gartenmelde — Spinat — Neuseeländer Spinat — Mangold — Gartenbibernelle — Meerkohl — Wirsing hierlands Köhl, auch Krauskohl genannt) — Rosenkohl — Weisskraut (hierlands Kappis genannt) — Blau- und Rothkraut (hierlands bayerisches Kraut genannt) — Löwenzahn (gewöhnlich Cichoriengemüse genannt — Endivie — Portulak.

6. Blumen- und Blüthenstände: Blumenkohl (Carfiol — Artischoke — Cardonen.

Ausserdem werden mitunter auch als Gemüse verwendet:

7. Früchte: Gurken — Melonen — Kürbis.

8. Obst: Aepfel — Birnen — Zwetschgen.

9. Pilse: Trüffeln — Champignons — Morcheln.

Mehrere von diesen Gemüsen werden nur noch in irgendeinem abgelegenen Winkel der Erde gegessen, wieder andere wurden vor unfürdenklichen Zeiten einmal als Gemüse benützt, Wir wollen nur jene einer näheren Betrachtung unterziehen, welche heut zu Tage noch in der Haus- und Leibesküche irgendeine grössere Bedeutung haben.

Hülsenfrüchte. Als die erste und wichtigste Gattung der Gemüse gelten mit Recht die Hülsenfrüchte (Bohnen, Erbsen und Linsen.) Ihre chemischen Bestandtheile sind: Eiweiss und Legumin, Zucker, Dextrin, Schleim, Zellulose und Salze. Aus dieser chemischen Zusammensetzung geht hervor, dass die

Hülsenfrüchte zu den ersten Nahrungsmitteln gehören; ihr Nährwerth ist so gross, dass sie nahezu ans Fleisch hinreichen, das
Getreide jedenfalls übertreffen. Von diesem Gesichtspunkte aus
beurtheilt sind die Hülsenfrüchte, so lange sie die bisherigen
Preise behalten, das Billigste, was man auf dem Markte
kaufen kann. Von den Hülsenfrüchten verwerthet die Küche
sowohl die unreifen Hülsen mit ihrem Inhalt, als auch
die reifen Samen für sich allein.

Im Allgemeinen sind die Hülsenfrüchte schwerverdaulich;
doch kommt Vieles auf die Species, noch mehr auf die Zubereitung an. Junge grüne Gartenerbsen sind am leichtesten zu
verdauen; dann folgen die jungen grünen Bohnen. Die Feld-
erbsen sind schon schwer verdaulich und von den Linsen hört
man haarsträubende Anekdoten. Alle Hülsenfrüchte, welche
alt, d. h. ausgewachsen sind, widerstehen sowohl der Küche
als dem Magen; die Zellstoffhüllen, in welchen die nährenden
Bestandtheile eingekapselt sind, haben nahezu die Holzhärte
erlangt.

Kochregeln. Alle Hülsenfrüchte müssen im kalten Wasser
angesetzt werden und zwar um so länger, je älter sie sind. In
hartem Wasser (siehe 33. Cap.) bringt man sie überhaupt nur
dann weich, wenn man doppelt kohlensaures Natron zusetzt.
Dieses Salz vermag nicht nur das harte Wasser weich zu
machen, sondern ist auch Ursache, dass die damit gekochten
Bohnen die beliebte grüne Farbe behalten. Unter solchen
Umständen, und da hartes Wasser sehr häufig ist, sollte man
von diesem Salze häufiger Gebrauch machen, als es bis jetzt
geschieht.

Das Kochen der Hülsenfrüchte muss ohne Unterbrechung
so lange fortgesetzt werden, bis die Hülsen platzen. Da beim
Kochen fortwährend Wasser verdunstet, so muss immer wieder
neues zugegossen werden, jedoch nur kochendes.

Auch das Ansäuern mit Essig macht die Hülsenfrüchte
zarter; nur sollen sie nicht mit Essig gekocht, sondern erst
nach dem Kochen damit angesäuert werden. Der Essig ist
bekanntlich flüchtig und lässt beim Kochen diese Eigenschaft
besonders deutlich merken. Wer die Nase zu nahe hinhält,
bekommt Schnupfen und Husten. Auch merkt man an den in
Essig gekochten Speisen ganz deutlich den Verlust; diese haben
den Essiggeschmack lange nicht so rein und so angenehm wie
die Speisen, welche erst nach dem Kochen gesäuert wurden.
Zu Alldem kommt noch die bekannte Thatsache, dass alle
mit Essig gekochten Speisen dem Magen nicht besonders
Freund sind.

Für die einzelnen Hülsenfrüchte sind folgende besondere
Kochregeln zu beobachten:

Frische B o h n e n braucht man nicht lange zu wässern, alte und namentlich die an der Luft getrockneten dagegen sind schwer weich zu bringen. Doch kommt auch wieder Vieles darauf an, ob sie im Safte gepflückt wurden oder ob sie ganz reif waren. Von letzteren sollte man nur noch die Früchte benützen und zwar in der Form von Breien. Es ist Regel, diese Breie gründlich zu kochen und durchzutreiben.

Der E r b s e n b r e i hat einen eigenthümlich herben Geschmack, welchen er nur dann vollständig verliert, wenn ihm etwas in Butter abgerührtes Weizenmehl zugesetzt wird.

Die L i n s e n haben einen eigenthümlichen Farbstoff und müssen desshalb gründlich abgewellt werden. Ohnedem hat die Brühe eine unschöne (schwarzbraune) Farbe, Geschmack und Geruch sind widerlich scharf und das Gedärm wird davon auf eine unangenehme Weise gezwickt.

Kartoffeln. Die Kartoffeln werden vom gemeinen Volke als Nahrungsmittel, von der Haute-volée als Delicatesse betrachtet.

„Vor hundert Jahren glaubte man
Sie seien nur den Schweinen;
Jetzt speist sie auch der Edelmann,
Die grossen wie die kleinen."
Altes Volkslied.

Es gibt bekanntlich eine Menge Varietäten. Hierlands pflanzt man hauptsächlich: rothe, länglichrunde, grobmehlige (gut zum Braten), gelbe, glatte, feinmehlige (geeignet zum Salat) und grosse weisse, sog. Bodensprenger (schlecht, Viehfutter).

Beim Einkaufe gibt man jenen Kartoffeln den Vorzug, welche schwer und hart sind, an der Oberfläche Grübchen haben (das Zeichen der Reife) und so ziemlich gleich gross sind. Auf folgende Punkte hat man noch genauer zu achten:

1) Weiche Kartoffeln mit bläulichen Flecken, die aus dem Anschnitt einen bräunlichen Saft ausdrücken lassen, unangenehm riechen und süsslich schmecken, sind e r f r o r e n.

2) Ist an den Grübchen die Haut verletzt, sind daselbst abgerissene, weisse Keimstummel, ist der Geschmack ebenfalls süsslich, so hat man Kartoffeln, w e l c h e b e r e i t s g e k e i m t h a b e n.

3) Die Kartoffelkrankheit zeigte sich bei uns erstmals 1847; die Leute nennen desshalb solche Kartoffeln „rongische." — Gegen das Ende der Blüthezeit steht auf einmal das Kraut ab, wird schwarz und stinkt. Merkwürdiger Weise reifen die Kartoffeln im Boden weiter; nur einzelne Stellen sind und bleiben krank. Diese Stellen grenzen sich durch ihre dunkle Farbe deutlich vom Gesunden ab. Um das Gesunde zu er-

halten, muss man die kranken Stellen ausschneiden. Wenn man solche Kartoffeln feucht lagert, werden sie zuletzt durch und durch krank. — Die Kartoffelkrankheit zeigte sich besonders in feuchten Jahrgängen; in neuester Zeit hört man überhaupt wenig mehr davon.

Kochregeln: Als wichtigster Bestandtheil der Kartoffeln figurirt das Stärkemehl. Dieses ist in Zellen eingeschlossen. Bei erhöhter Temperatur quillt das Stärkemehl auf und zersprengt die Zellen. Behufs dessen werden die Kartoffeln bald in Wasser oder im Wasserdampf gekocht, bald in heisser Asche geröstet. Das letztere Verfahren ist sehr zu empfehlen, weil dabei ein Theil des Stärkemehls, das die Kartoffeln enthalten, in Zucker verwandelt wird. Wer erinnert sich nicht an den angenehm süssen Geschmack der in heisser Asche gebratenen Kartoffeln! Trotzdem wird halt immer noch bei weitem mehr gesotten als gebraten. Für das Sieden ist es gleichgültig, ob die Kartoffeln geschält sind oder nicht; das Kochwasser dringt auch durch die „Montur" ein. Dagegen ist es nicht gleichgiltig, ob man die Kartoffeln gleich in kochendes Wasser bringt oder vorher eine Zeit lang in kaltem Wasser liegen lässt. Würde man sie gleich in kochendes Wasser bringen, so würden sie allen Nährstoff beisammen halten. Das Auswässern hat aber manche und zwar grössere Vorzüge: erstlich wird dadurch eine etwa vorhandene Schärfe entfernt (namentlich gut bei verdächtigen Kartoffeln); zweitens werden gewässerte Kartoffeln bälder weich. Hiernach ergibt sich die Regel, dass man die Kartoffeln mindestens $1\frac{1}{2}$ bis 2 Stunden lang in kaltem Wasser auswässern soll, bevor man sie auf irgend eine Art kocht. Bei neuen Kartoffeln mag auch eine kürzere Zeit genügen. Gefrorene Kartoffeln erfordern eine eigene Behandlung: Lässt man sie vor dem Kochen aufgefrieren, so sind sie hin; wenn man sie aber gefroren in kaltes Wasser legt, langsam erwärmt und hernach schnell siedet, dann werden sie noch mehlig und gut.

Die Küche verwendet die Kartoffeln hauptsächlich nach der Art, wie sie sich kochen. Mehlig aufspringende eignen sich zum Braten; aus speckigen macht man gerne Salat. Es darf aber die speckige Eigenschaft nicht gar zu weit gediehen sein, sonst taugen sie zu gar nichts mehr.

Zu den Kartoffeln gehört Fett. Ihr Hauptbestandtheil, das Stärkemehl (welches bekanntlich bei der Verdauung in Zucker verwandelt werden muss) macht diesen Process leichter durch bei Gegenwart von Fett. Somit sind gesottene Kartoffeln und frische Butter nicht nur eine wohlschmeckende, sondern auch chemisch richtige Combination. Die Kartoffeln sind ferner eine ganz geeignete Beigabe zum Kaffee, zum Fleische und namentlich zur Milch. Diese an Stickstoffkörpern überreichen Nahrungsmittel erfahren, wenn man so sagen darf, durch die Kartoffeln eine Art Verdünnung.

Nährwerth und Verdaulichkeit der Kartoffeln. Der Hauptbestandtheil der Kartoffeln bleibt das Stärkemehl; ihr Eiweissgehalt ist kaum nennenswerth. Ueber die Verdaulichkeit des Stärkemehls und seine verhältnissmässig geringe Bedeutung für den Stoffwechsel ist schon im Capitel vom Mehl (Seite 125) ausführlich gesprochen worden. Die Kartoffeln sind und bleiben ein geringes, schwerverdauliches Nahrungsmittel. Desshalb hat die noble Welt die Verehrung des F. Drake dem Proletariate allein überlassen. Da, wo Kartoffeln die einzige Nahrung sind, sieht es in der That traurig aus. Ausserdem dass sie nicht genügend ernähren, richten sie auch noch allerlei Unheil an. Für's Erste verursachen sie mit der Zeit allerhand Störungen im Verdauungsprozesse, für's Zweite sind sie die Quelle der Skrophulose, einer Krankheit, die auch gar auf allen Gebieten des Körpers die traurigsten Zerstörungen anzurichten vermag. Im Besonderen können sie noch in folgender Weise schaden: Der grosse Gehalt an Stärkemehl kann leicht zur Uebersäurung des Magens führen; bekannt ist, dass die Kartoffelesser viel über Sodbrennen klagen. Die Kartoffeln sind die nächsten Anverwandten des giftigen Tollkrautes. Diese Verwandtschaft geht ihnen oftmals nach: das Siedwasser von unreifen Kartoffeln und von solchen, die im Frühjahr wieder gekeimt haben, die Hülsen überhaupt sind giftig. Das Gift gehört zu den narkotischen Giften mit einer scharfen Nebenwirkung auf den Magen und Darmkanal. Man hat namentlich dann Gelegenheit, seine Wirkung zu beobachten, wenn die Kartoffeln vor dem Kochen nicht ausgewässert wurden. Gewisse übelberathene Feinschmecker essen schwach keimende Kartoffeln lieber, weil dieselben süsser schmecken. (Beim Keimungsprozesse wird nämlich ein Theil des Stärkemehls in Zucker verwandelt). Diese Liebhaberei hat aber, wie bereits angedeutet wurde, eine kleine Schattenseite: solche Kartoffeln sind giftig! Auf dem Lande gibt es häufig Gelegenheit, die üblen Folgen zu beobachten. Schon manches Schwein ist plötzlich crepirt und der Bauer wusste nicht warum, bis der Thierarzt kam und ihm sagte, dass der Kartoffel Solanum tuberosum heisse, dass er ein Vetter des Solanum nigrum sei und dass er also auch ein narcoticum acre enthalten könne!

Kohlraben werden sowohl für sich allein, als mit dem Kraute nach der im allgemeinen Theile angegebenen deutschen Methode zubereitet. Gefüllte Kohlraben sind eine müssige Spielerei.

Gelbe Rübe. Diejenige Sorte, welche man Carotte nennt,

ist die beste; aber auch von dieser Sorte sind nur die jungen zart und leicht verdaulich. Die gelbe Rübe zeichnet sich durch einen grossen Gehalt an Zucker aus; auch der Gehalt an Pectin ist nicht unbedeutend. Sonst wird sie aber häufig höher geschätzt, als es ein Nahrungsmittel verdient, welches 85 Procent Wasser, kaum mehr Eiweiss als die Kartoffeln und im Ganzen kaum 17 Procent feste Bestandtheile enthält. — Die Carotten sind beim Volke als Wurmmittel bekannt. Mit Recht pflegt man den Kindern, welchen irgend ein Wurm-Mittel aus der Apotheke verordnet ist, keine andere Nahrung zu geben als Milch und in der Zwischenzeit Carotten.

Weisse Rübe gilt im Allgemeinen für ein wässeriges Gemüse. Die besseren Sorten schmecken wohl so zart und so süss wie die gelben Rüben. Besonders berühmt sind die **Teltower Rüben**, von dem Orte Teltow bei Berlin, wo sie gebaut werden, so benannt. Diese Rübe hat einen so angenehm süssen Geschmack, dass sie als Leckerbissen betrachtet und weithin verschickt wird. In den norddeutschen Kochbüchern ist sie fast in allen Capiteln citirt. — Die weissen Rüben werden ertens als Gemüse nach den bekannten Regeln gekocht, zweitens für den Winter auf die gleiche Weise eingemacht wie der Weisskohl und geben so das zarte, wohlschmeckende **Rübenkraut**. — Der frisch ausgepresste Saft der weissen Rübe wird nicht selten als Hausmittel gegen Brustkatarrh getrunken. Zerriebene weisse Rüben werden als kühlendes Mittel auf Brandwunden aufgelegt und, anstatt mit kalten Lappen Umschläge beim Kopfweh zu machen, werden Rübschnitze über die Stirne gebunden.

Schwarzwurzeln. Die Wurzeln von zwei verschiedenen Pflanzen haben diesen Namen. Die Wurzel von Scorzonera hispanica L. gibt das bekannte Gemüse, die Wurzel vom Symphytum officinale L. ist ein obsoletes Heilmittel; erstere wird in Gärten cultivirt, letztere wächst wild auf Wiesen und in Gräben. — Die Schwarzwurzeln gelten als besonders „gesundes" Gemüse und werden desshalb vielfach als Krankenspeise gegeben. Die guten sind inwendig gleichmässig weiss und lassen aus dem Bruch Milchsaft hervordrücken. Sie werden sowohl gebacken, als auch nach der bereits beschriebenen teutschen Methode gekocht. Letztere Form ist besser.

Spargeln haben einen besonderen Stoff (Asparagin). Von diesem rührt der eigenthümliche Geruch des Urins der Spargelesser her. Junge Spargeln sind eines der besten Gemüse für den diätetischen Tisch. Theils in Sauce (nur nicht zu dick!) theils als Salat gegeben. — Spargeln ein Volksmittel gegen Gicht!

Hopfensprossen. Junge Hopfensprossen werden wie die

Spargeln zu Tische gegeben, sind aber lange nicht so angenehm, da der Geruch des Hopfens mehr oder weniger deutlich hervortritt.

Spinat — angenehm schmeckend und, so lange er jung und zart ist, auch leicht zu verdauen, ganz geeignet für den Krankentisch.

Kohl- und Kraut-Arten haben insgesammt eine ziemlich zähe Faser und sind desshalb als schwerverdaulich verschrieen. In grossen Quantitäten bewirken sie allerdings regelmässig Magendrücken, Blähungen und Kolik; auf dem Lande ist oft Gelegenheit, dies zu beobachten. Man sucht dem Uebelstande auf verschiedene Art abzuhelfen: Gibt man den Kohl als Gemüse, so wird er s o gründlich als möglich gekocht; als Salat wird er durch mehrfaches Pressen weich zu machen gesucht und, was sich von selbst versteht, zart geschnitten; am leichtesten zu verdauen ist er aber eingemacht — als Sauerkraut.

Beim S a u e r k r a u t wird durch den Gährungsprocess die zähe Faser aufgeweicht. Die Milchsäure, welche sich dabei bildet und Ursache an dem eigenthümlichen Geruch und Geschmack des Sauerkrautes ist, übt einen so wohlthätigen Einfluss auf die Verdauung, dass dasselbe in manchen Fällen auf den Tisch der Magenkranken passt. Immerhin muss das Sauerkraut gründlich gekocht werden; manche geben nicht ohne Grund dem aufgewärmten den Vorzug, und Feinschmecker lassen das Sauerkraut tagelang kochen und giessen von Zeit zu Zeit Champagner dazu. Ein guter neuer Wein thut fast die gleichen Dienste. Ohnedem sollte wenigstens etwas Weisswein gegen das Ende des Kochens zugesetzt werden. Zum Sauerkraut gehört ziemlich Fett; bevor es noch anfängt zu kochen, sollen auf einen mittelgrossen Hafen 3 Esslöffel voll feines Nizzaeröl zugesetzt werden. Wenn es weich ist, wird es ausserdem noch mit frischer Butter fertig gemacht. Manche geben dem Gänsefett den Vorzug. Um den etwas scharfen Geschmack zu verdecken, gibt man gewöhnlich einen Brei dazu: Kartoffel- oder Erbsenbrei. Diese Verkleisterung erfordert einen guten Magen; pur verdaut sich das Sauerkraut entschieden leichter. Wegen seines Gehaltes an Milchsäure eignet es sich vortrefflich als Beilage nicht blos zum S c h w e i n s b r a t e n, sondern zu den B r a t e n überhaupt. Die Säure hilft zur Verdauung der geronnenen Eiweisskörper im Braten. Namentlich sei bemerkt, dass Sauerkraut auch zum Kalbsbraten recht gut geht, besser als Jene glauben, welche sich noch nie an dieser Verbindung gelabt haben. Sehr gut schmeckt es ferner zum gebratenen Federwild, namentlich zu fetten Lerchen, Wachteln u. dgl.

Noch sind einige S c h a t t e n s e i t e n am Sauerkraut aufzudecken: 1) Wenn beim Einmachen übermässig viel Kochsalz genommen wurde, so bringt es alle jene Nachtheile, welche versalzene Speisen überhaupt nach sich ziehen (Cap. 29). 2) Wenn die Gährung zu weit vorgeschritten, wenn dieselbe nahezu an Fäulniss grenzt, dann wirkt das Sauerkraut nachtheilig auf die Säftemischung. Man will nur die schleimige Gährung haben, d. h. jene Gährung, bei welcher sich der Zucker in Milchsäure verwandelt.

Der Volksglaube ist ungemein bereitwillig, wenn es sich darum handelt, irgend einem Nahrungsmittel aus dem Pflanzenreiche Heilkräfte zuzuschreiben. So wird desshalb auch dem Sauerkraut eine Heilwirkung bei Magenkrämpfen oder, um unklarer zu reden, bei der „Dyspepsie" zuerkannt. Exactere Beobachtungen ergeben, dass das Mittel bei Magenkrämpfen — zu meiden, dagegen als Reizmittel bei träger Verdauung wenigstens zu versuchen ist. Ehedem war das Sauerkraut auch ein berühmtes Volksmittel gegen Scorbut.

Das Roth- vulgo bayerische Kraut schmeckt zwar recht gut, ist aber sehr schwer zu verdauen. Nichts für schwache Mägen!

Löwenzahn (Taraxacum officinale). Der Saft dieser Pflanze spielt schon längst eine Rolle in der lateinischen Küche; dass aber diese gemeine Pflanze ein so vorzügliches Frühlingsgemüse ist, wissen Wenige. Man suche sich die kleineren Blätter aus, schneide die Spitzen ab und koche dieselben gerade wie den Spinat. Die ganzen Blätter sind, namentlich wenn es dem Sommer zugeht, holzig. Dieses Gemüse hat einen so fein bitteren Geschmack und ist dabei so leicht verdaulich, dass die Krankenküche mehr Bedacht darauf nehmen sollte. Der Löwenzahn ist ein empfehlenswerthes Volksmittel gegen habituelle Stuhlverstopfung, Hämorrhoiden. Am angenehmsten ist das Mittel sicherlich als Gemüse, vorausgesetzt, dass bei dessen Zubereitung die eben angedeuteten Regeln nicht ausser Acht gelassen wurden. Sonst wird wohl auch der Presssaft, von den Blättern und Wurzeln bereitet, als Heiltrank genossen. Der Aufguss wird meistens zu Visceralclystieren gebraucht.

Portulak — auf die gleiche Weise gekocht, wie der Spinat, gibt eines der zartesten Gemüse; trotzdem wird er häufiger als Suppenkraut verwendet.

Blumenkohl. Beim Ankaufe wähle man diejenigen Exemplare, an welchen die s. g. Blumen durchweg weiss und dicht geschossen sind. Dieses treffliche Gemüse wird am besten mit einer dünnen Sauce gegeben; es ist Schade dafür, wenn man's in eine Suppe gibt oder Salat daraus macht. In manchen Gasthöfen werden die Ueberbleibsel vom vorigen Tage meistens

noch als Beigabe zum Rindfleisch (in der Salatform) gebracht.
— Abgesehen davon, dass der Blumenkohl vermöge seines
zarten Gefüges sehr leicht verdaulich ist, hat er auch noch
einen so bedeutenden Nährwerth, dass er hierin alle Gemüse
weit überragt.

Rosenkohl steht dem vorigen in Bezug auf Schmackhaftigkeit, Nährwerth und Verdaulichkeit ziemlich nahe.

Artischocke, im südlichen Theile von Europa fast ein
viertel Jahr lang das allgemeinste Nahrungsmittel für alle
Schichten des Volks. Man gibt der kugelrunden Varietät den
Vorzug. Die Artischocke gilt in manchen Gegenden als Heilmittel gegen Gicht.

Gemüse von Früchten. Ein müssiger Koch kann auch
auf den Gedanken kommen, aus Früchten Gemüse zu bereiten.
Am häufigsten fällt diesem Unternehmen die Kürbis zum
Opfer; aber auch die Melone und selbst die edle Ananas wird
auf besagte Weise entehrt. Letztere Früchte eignen sich am
besten roh (mit entsprechenden Würzen), da sie so den feinen
arthaften Geschmack am reinsten geben.

Im Allgemeinen gilt das Nämliche auch vom **Obst**. Die
feineren Sorten sind am ansehnlichsten und besten in der Form,
in welcher sie von der Natur aufgetischt werden; nur mittlere
Sorten eignen sich besser für die Mussform (d. h. als Gemüse).
Apfel-, Birnen-, Zwetschgenmuss kommen fast auf jeden
Krankentisch und sind hier als Beigabe zu leichten Braten
jedenfalls geeigneter als Salat.

26. Capitel.

Salate.

Mit den Salaten verhält es sich fast ebenso wie mit den
Suppen; aus allen Reichen der Natur rekrutirt man Salatstoffe
und combinirt sie auf alle möglichen Arten. Ein Versuch, die
Salate zu classificiren, ist desshalb umständlich und nicht überall
ohne Lücken.

Es gibt einfache und zusammengesetzte Salate. Zu
den ersteren wird entweder nur eine Salatpflanze oder nur eine
Fleischart genommen; die letzteren bestehen in der Regel aus
einem reichhaltigen Mischmasch.

1) Einfache Fleischsalate. Bald sind es leimstoff-

reiche Dinge (Ochsenmaul-, Kutteln-, Schnecken-Salat), bald
nahrhafte Fleischsorten (Kalbsbraten-, Geflügel-, Hummer-,
Fisch-Salat), bald pikante s. g. Restaurationsmittel (Häring-,
Sardellen- u. dgl. Salat).

Als Hauptregel bei der Wahl dieser Salatstoffe gilt: Nimm
nur solche Fleischpartieen, welche reich sind an Leim; alle
anderen taugen nichts. So ist z. B. zerschnittene Wurst, zerschnittene Zunge u. dgl. mit Essig und Oel zum Salat angemacht eine Beilage zum Rindfleisch in solchen Gasthöfen, wo
man es eben nicht über's Herz bringt, schadhaft werdende
Dinge wegzuwerfen. Gesottenes Kalbshirn als Salatstoff zu
verwenden, ist und bleibt für jeden rationellen Koch ein un-
lösliches Räthsel!

2) Einfache Salate von Pflanzentheilen. Sehr
zahlreich! Viele Salatpflanzen dienen auch als Gemüse und
wurden desshalb schon im vorhergehenden Capitel besprochen.

Bohnensalat ist sehr nahrhaft und gut. Man macht bekanntlich sowohl aus Bohnen als aus Hülsen Salat. Erstere
sind weniger schwer zu verdauen. Wenn letztere nicht ganz
jung sind, liegen sie schwer im Magen. Zu bemerken ist, dass
diese Art von Salat ziemlich sauer sein darf. Die Bohnen
haben nämlich einen beträchtlichen Gehalt an Kalksalzen,
zu deren Auflösung bekanntlich die Säuren beizutragen vermögen. Ausführliches über die Hülsenfrüchte steht Seite 142.

Kartoffelsalat. In der Regel werden dazu speckige Kartoffeln ausgesucht. Die Kartoffeln müssen warm geschält und
zerschnitten, dann mit etwas Fleischbrühe übergossen und
schliesslich mit wenig Salz und wenig Essig, aber mit vielem
Oel angemacht werden. Einige Esslöffel voll sauren Rahm thuen
auch noch gut. Näheres über die Kartoffeln steht Seite 144.

Rettige sind wegen des scharfen Oel's, das sie enthalten,
ein Reizmittel für die Schleimhaut des Magens. In kleinen
Quantitäten würden sie nicht viel Unheil anrichten. Wenn
man aber so lange davon isst, bis der kalte Schweiss auf der
Stirne steht, dann ist doch ein Bischen zuviel gereizt worden.
Ein Rettig, welcher der Länge nach geschnitten wurde, ist
viel zarter auf der Zunge als ein quergeschnittener, aber
nicht so leicht zu verdauen. Am besten sind in dieser
Beziehung die geriebenen Rettige. Für den Krankentisch
eignen sich nur kleine zarte Monat- oder Sommerrettige;
grosse, schwarze Winterrettige sind nur eine Zierde des —
Biertisches.

Lattich kommt in ungemein vielen Spielarten vor. Selbstverständlich eignen sich nur die zarten Blättchen für den
diätetischen Tisch. Im Allgemeinen passt der Lattichsalat mehr
zu mageren Braten, während der Endivie gewöhnlich zu fetten

Braten gegeben wird. Die beste (weichste) Art Lattich ist der allbekannte Kopfsalat; seine Glanzperiode das Frühjahr. So lange er „butterweich" ist, darf er auch auf den Krankentisch kommen; später leistet er der Verdauung hartnäckigen Widerstand.

Endivie-Salat wird, wie eben bemerkt, mit Vorliebe zu fetten Braten gegeben. Die ausgesuchten zarten gelben Blättchen eignen sich auch auf den Krankentisch. Gibt die beste Grundlage für den gemischten Pflanzensalat, wovon später die Rede sein wird.

Brunnenkresse ist eine von jenen Pflanzen, welche vollsaftige Hämorrhoidarier zu Frühlingscuren benutzen. In der That reizt die Brunnenkresse den Magen und treibt sowohl auf das Wasser als auf den Schweiss. Ist das nicht genug? Leider gilt die Brunnenkresse auch als Mittel gegen Lungenschwindsucht. Sicherlich stiftet sie da wegen ihrer Schärfe mehr Schaden als Nutzen.

Gartenkresse — nur die Keimlinge und jüngsten Blätter geeignet.

Boretsch. Die jungen Blätter geben einen leidlichen Salat mit einem eigenthümlichen Salzgurkengeschmack.

Löffelkraut — ebenfalls nur die frischen, grundständigen Blätter brauchbar.

Portulak — desgleichen.

Kapuzinerkresse gibt in ihren frischen Blättern und Blumen einen leidlichen Salat, der auch als Heilmittel gegen Scorbut verordnet wird. — (Die festen Blumenknospen und unreifen Früchte werden wie die Capern eingemacht).

Ackersalat (Mausöhrle-, Sonnenwirbel-Salat — Valerianella in mehreren Species), der Trost zu gemüsearmer Zeit, gehört zu den zarten, leichtverdaulichen Salaten. Der auf Stoppelfeldern wildwachsende ist nicht so zart wie der cultivirte.

Französischer (gemeiner) Sauerampfer. Die junge Pflanze schmeckt mild sauer, mit der Zeit wird sie aber so scharf, dass sie nicht mehr für den diätetischen Tisch passt. Die Sorte mit rothen Stielen und eben solchen Rippen ist immer zu scharf.

Löffelkrautsalat gilt als Volksmittel gegen Scorbut. Der frisch ausgepresste Saft wird wohl auch als Mundwasser bei schlaffem leichtblutendem Zahnfleisch benützt.

Tomate (Liebesäpfel) werden hierlands weniger, in Amerika allgemein als Salat gegeben. Bekanntlich wird den Tomaten eine aphrodisiacalische Wirkung zugeschrieben. Nähere Berichte fehlen!

Gurken. Der Salat von frischen (grünen) Gurken

verkältet den Magen, wenn er nicht in kleinen Portionen und mit Pfeffer genossen wird. So lange die Gurken jung und zart sind, darf man diesen Salat auch auf den Krankentisch bringen. Näheres über die Gurken findest Du im folgenden Capitel, Seite 155.

Orangensalat, erst seit Kurzem in die feine Küche eingeführt, hat lange nicht den angenehmen Geschmack wie die Orangen allein. Lies Seite 156 das Nähere über die Orangen.

Salat von Trüffeln. Statt Essig nimmt man Citronensaft. Die Trüffeln müssen zart gehobelt sein. Zu einem so edlen Salat passt nur das feinste Nizzaer Oel. Ausführliches über die Trüffeln im 28. Capitel.

Ausser den vielen soeben aufgezählten, vorzugsweise zu Salaten verwendeten Pflanzen werden allenfalls auch noch dazu benützt: Schwarzwurzeln, Sellerie, Spargeln, Hopfen, gelbe Rüben, Rahnen, Löwenzahn u. s. w. Der **Boretsch** ist eine sehr beliebte Zugabe zu vielen Pflanzensalaten. Gilt auch als Heilmittel gegen Syphilis! Endlich sind auch noch die Zwiebeln als Salatstoff zu nennen, welche vielen Salaten gleichsam als Würze beigegeben und mitunter auch für sich allein als Salat verwendet werden. Pfui!

3) Zusammengesetzte Salate. Hierher gehören hauptsächlich zwei sehr bekannte Salate, der italienische und der gemischte Pflanzensalat.

Der **italienische Salat** besteht aus Häringen, Sardellen, Oliven, Capern, Gurken, Rahnen, Aepfel, harten Eiern, Kalbsbratenstücklein; wird angemacht mit Senf, Essig, Oel, Salz, Pfeffer und Zwiebeln. Nichts für den Krankentisch! — Der **gemischte Pflanzensalat** hat zur Grundlage Endivie; beigegeben sind: Rahnen, Gurken, harte Eier; gewürzt wird wie beim vorigen, aber ohne Zwiebeln. Dieser Salat ist zuträglicher als der vorige. — Dass man ausser diesen allgemein bekannten zusammengesetzten Salaten noch eine Menge anderer erfinden kann, ist bei der grossen Zahl der dazu geeigneten Stoffe ohne Weiteres klar.

Ueber das Würzen der Salate bleibt zu bemerken: Den miserabelsten Geschmack hat unstreitig ein übersalzener Salat; man merkt dies am häufigsten am Häring- und italienischen Salat. Sowohl in Privathäusern wie in den Gasthöfen sind die Salate häufig zu sauer. Solche Salate schmecken zwar weniger unangenehm wie die übersalzenen, verderben aber den Magen noch gründlicher. Mit dem Oel wird oft zu sehr gespart und doch gibt das Oel dem Salate den zarten Geschmack und erhöht seinen Nährwerth. Treffend ist eine alte Regel über das Würzen der Salate: „Nimm Salz wie ein

Weiser, Essig wie ein Geizhals, Oel wie ein Verschwender und mische wie ein Narr!"

Die genannten 3 Cardinalwürzen der Salate müssen in folgender Ordnung zugegeben werden: zuerst das Salz, dann das Oel (jetzt wird erstmals umgerührt!), schliesslich der Essig (jetzt wird zum zweiten Male tüchtig gerührt!). Ausser diesen 3 Würzen haben noch manche Salate Pfeffer nöthig; so z. B. jene Salate, welche stark kühlen, wo also der Pfeffer wieder warm machen muss (Gurkensalat), oder besonders schwer verdauliche Salate, wo der Pfeffer den Magen zur Thätigkeit anspornen muss (Bohnen-, Kartoffeln-, Kraut-, Endiviensalat). Zum gleichen Zwecke werden diese Salate bisweilen auch noch mit Zwiebeln gewürzt. Seltenere Würzen sind Senf, Bratenjus, weil beide den Salaten ein so zu sagen unreinliches Ansehen geben.

Ueber die Wirkung der Salate auf den Magen sind bereits verschiedene Winke gegeben. Durchschnittlich gilt von ihnen das Urtheil über die Würzen; somit eignen sich die wenigsten für den Tisch des Magenkranken. Sonst sind sie zu den Braten desshalb die rechte Beigabe, weil die Säure zur Verdauung der geronnenen Eiweisskörper, aus welchen eben die Braten vorzugsweise bestehen, beiträgt.

27. Capitel.

Früchte und Obst.

Dieses Capitel handelt von lauter Dingen, die zwar sehr gut schmecken, aber (mit Ausnahme der Schalenfrüchte) ausserordentlich geringen Nährwerth haben. Stellt man eine Vergleichung an zwischen dem Ei und dem Obst, so kommen erst 2000 Grm. Birnen, 1250 Grm. Aepfel. 625 Grm. Trauben, 560 Grm Kirschen einem Ei im Nährwerthe gleich. Was aber die meisten Früchte- und Obstgattungen auszeichnet, ist das feine Aroma und die sehr angenehm schmeckenden milden Säuren. Mit Ausnahme der Schalenfrüchte sind alle vermöge ihres Gehaltes an Säuren vortreffliche Fiebermittel. Man wählt dazu vorzugsweise jene mit zarter Structur: Apfelsinen, Zwetschgen, Kirschen, Trauben u. s. w. Die nämlichen Früchte haben ferner eine gelind eröffnende Wirkung, leisten also auch bei habitueller Stuhlverstopfung gute Dienste; namentlich sind es die Trauben, welche manchmal aus der Noth helfen. Manche Früchte, absonderlich die Erdbeeren, leisten ferner gute Dienste gegen die Eingeweidewürmer; selbst der Bandwurm wird dabei krank und — zum Theil abgetrieben. Jmmerhin dürfte es angenehm sein, diejenigen Kinder, welche viel an Würmern leiden, erst mit diesen einfachen und angenehmen Mitteln zu tractiren, bevor man zu den Santoninzeltchen greift. — Für alle Fälle sei darauf hingewiesen, dass durchschnittlich die reinen Säuren, welche aus den Früchten dargestellt werden, den Vorzug verdienen. Wenn man die Früchte selbst verschluckt, so muss man neben der Fruchtsäure noch eine solche Menge indifferenter Stoffe, namentlich Zellulose, mitverschlucken, dass das Gedärm durch den Ballast maltraitirt wird.

Gar oft hört man die Rede, dass bei jenen Völkerschaften, welche viel Obst essen, besonders schöne Zähne zu sehen seien. Der Verfasser hat stets das Gegentheil beobachtet. Allerdings ist es richtig, dass der Obstsaft die Zahnconcremente (vulgo Zahnstein) auflöst, also deren Ansatz unmöglich macht; allein diese auflösende Eigenschaft bleibt nicht hiebei stehen, sie dehnt sich auf die Zähne selbst aus.

Schliesslich noch die Warnung, dass jene Kranken, denen Quecksilbermittel verordnet sind, die säuerlichen Früchte strenge zu vermeiden haben, da letztere den Speichelfluss fördern. Wie oft wird diese Mahnung vergessen!

Kochregeln. Bei weitem die meisten Früchte- und Obstsorten sind am schönsten und besten, wenn die Küche — nichts daran macht; da hat man das feine Aroma, den angenehm kühlenden Geschmack, kurz alle die gelobten Eigenschaften am reinsten. Nur Aepfel, Birnen, Zwetschgen mögen allenfalls für den Krankentisch in die Mussform (zu Gemüse) verkocht werden, da so die Zellulose weniger belästigt. Ueber das Einmachen handelt das 31. Capitel.

Die zahlreichen Artikel, welche hierher gehören, lassen sich etwa in folgende Gattungen zusammenstellen:

Kürbisfrüchte (Kürbis, Gurke, Wassermelone, Melone). Von diesen Früchten ist bekannt, dass sie leicht den Magen verkälten. Sie sind desshalb zu einer Zeit, wo Magen- und Darmkatarrhe, Cholera u. dgl. herrschen, besonders gemieden. Arzneilich finden die Samen der Melonen, der Kürbisse und der Gurken bisweilen Anwendung zu kühlenden Emulsionen. Ueber die einzelnen Arten ist zu bemerken:

Kürbis kommt in unendlich vielen Varietäten vor. Das wässerige Zeug wird meist als Viehfutter verwendet. Nur zwei Arten haben es zum Range menschlicher Speisen gebracht, die Flaschenkürbis und die melonenförmige Kürbis.

Will man sie zu Gemüse verwenden, so darf erstere nicht grösser sein als eine gewöhnliche Gurke, letztere nicht grösser als ein Apfel. — Man fängt allerlei damit an: 1) Man kocht sie in Fleischbrühe und würzt mit Pfeffer und verschiedenen Kräuterwürzen; 2) man siedet sie in Salzwasser, lässt sie erkalten und macht einen Salat daraus; 3) man backt sie, nachdem sie etwas vorgesotten; 4) man gibt sie den Schweinen — richtigste Verwendung!

In der Volksheilkunde gilt die Kürbis als ein Mittel gegen den Bandwurm! In der Geschichte der Gastrosophie hat die Wurzel der Pflanze insofern Bedeutung, als die römischen Fresslinge während der Mahlzeit dieselbe als Brechmittel benutzten, um wieder von Neuem mitmachen zu können! (Dioskorides).

Gurken. Die frischen Gurken geben einen angenehm kühlenden Salat, der, in anständiger Menge und mit etwas Pfeffer und Senf gegessen, gewiss nie Magenerkältung verursacht. Eingemachte Gurken dienen allenthalben als Beigabe zum Rindfleisch, als Würze für Saucen u. s. f. Die Gurken eignen sich besonders zum Einmachen sowohl in Salz als in Essig. Salzgurken faulen leicht, die käuflichen können Grünspan enthalten: lauter Gründe, sie mit Geringschätzung anzusehen. Die Essiggurken greifen den Magen so an, dass viele Leute schon von einem einzigen Exemplar unbehagliche Gefühle bekommen. Besteht bereits Magenkatarrh, so wird derselbe rasch gesteigert; ebenso nimmt der denselben begleitende Mundkatarrh rasch zu. Noch schärfer als die Essiggurken sind in der Regel die Pfeffergurken, etwas milder die geschälten Gurken.

Die Mixed Pickles sind in Essig eingemachte Früchte: vorwaltend kleine Gurken, Bohnen, weisser und rother Kohl etc. Als Gewürz verwendet man Meerfenchel, Hülsen von spanischem Pfeffer u. s. w. Um dem theuern Misch-Masch die beliebte grüne Farbe zu geben, wird oft mit Grünspan gefärbt! Es bedarf also wohl keiner Rechtfertigung, wenn man sagt, dass dieses Zeug aus der diätetischen Küche hinaus gehört.

Melone dient meistens als Dessertfrucht, wird aber auch, in Essig eingemacht, als Beilage zum Rindfleisch gegeben.

An die Kürbisfrüchte reiht sich unter Umständen die grösste Delicatesse des ganzen Capitels, die edle Ananas, an:

Ananas ist die Frucht der im tropischen Amerika einheimischen, bei uns in Treibhäusern gezogenen Bromelia Ananas L. — Hierlands ist die Ananas selten; weil sie zuviel kostet. In Amerika, England und namentlich auf Seeschiffen kommt sie ganz gewöhnlich als Dessert. Ihr Aroma lässt sich nicht beschreiben; Viele behaupten (gewiss nicht ganz mit Unrecht), dass die Ananas das Aroma und den Wohlgeschmack aller feinen Esswaaren in sich vereine.

Agrumen nennt man die Früchte von der Gattung Citrus: die Citronen und die Orangen.

Citronen. Für den Küchenbedarf sind die dünnschaligen am besten. Die frischen Citronen haben eine ziemlich ausgedehnte Verwendung als Würze für Saucen, manche Braten (Coteletten) und mehrere Getränke. Ausser den frischen Citronen hat man im Handel den ausgepressten Saft. Gewöhnlich wird er zur Syrupdicke eingedampft. Lässt sich lange gut erhalten. Getrocknete Citronenschalen dienen zum Würzen. Marinirte (in Salzwasser eingemachte) Citronen sind kein zweckmässiges Präparat. Die dickschalige, starkhöckerige Cedratcitrone ist jene Frucht, welche für das Menschengeschlecht so verhängnissvoll geworden ist, weil unsere Stammmutter Eva darein gebissen hat, — heisst desshalb auch Paradiesapfel. Citronat ist die in Zucker eingemachte Schale der Cedratcitrone — zu Zuckerbäckereien — auch als Fiebermittel. Ein vorzüglicher Fiebertrank ist die Limonade:

R. 2 Citronen werden der Länge nach aufgeschnitten, der Saft
in einen Liter Wasser ausgedrückt, darin
150 Grm. gestossener Zucker
aufgelöst, dazu gethan die
fein geschnittene gelbe Schale einer Citrone
(zur Steigerung des Aroma's.)
Das Ganze lässt man eine halbe Stunde lang in verschlossenem Glasgefäss stehen; nachher wird durch ein leinenes Tuch filtrirt.
D. S.: So oft er will, einige Esslöffel voll zu nehmen.

Fast noch angenehmer und ebenso kühlend schmeckt kalt gehaltenes Sodawasser, dem einige Tropfen Citronensaft beigemischt sind. Citronenscheiben, mit Zucker bestreut, pflegt man sehr schwachen, in der grössten Fieberhitze daliegenden Kranken in den immer wieder trocken werdenden Mund zu geben. Grosse Wohlthat für diese Armen! In Amerika gilt der Citronensaft allgemein als das beste Mittel gegen die dort so häufigen und äusserst heftigen Rheumatismen. Ferner gilt überall der Citronensaft als Volksmittel gegen Scorbut (sehr gut!) und gegen Blutflüsse. Die Citronencur, welche mitunter gegen Wassersucht, Hämorrhoiden, Leberanschoppungen gemacht wird, besteht darin, dass man so lange täglich den Saft von 4—6 Citronen verschluckt bis — der Magen ruinirt ist. Aeusserlich wird der Citronensaft mitunter auch als blutstillendes Mittel benützt, namentlich auf leicht blutendes Zahnfleisch (gut!).

Die Aufbewahrung der Citronen geschieht im trockenen

Keller, jede einzeln in Papier gewickelt. Wird eine faul, dann ist damit abzufahren, weil sie sonst die anderen ansteckt. Man kann sie auch in Salz, Asche, Sand legen; nur sollen sie einander nicht berühren.

Orangen. Es gibt mehrere Arten: 1) Pomeranzen, bittere Orangen; 2) Apfelsinen, süsse Orangen (die kleinen sog. Mandarinenorangen, etwa so gross wie ein Borstorfer Apfel, sind die besten); 3) Bergamotten, weniger schmackhaft. Die Orangen sind eine angenehm kühlende Speise; namentlich werden die Apfelsinen häufig als Dessertfrucht gegeben. Die gleiche Sorte gibt eine der feinsten und besten Fieberspeisen. Das Orangeat (eingemachte Pomeranzenschalen), welches in verschiedenen Sorten im Handel vorkommt, kann ebenfalls als Fiebermittel dienen. Die unreifen Pomeranzen, so gross wie Kirschen, dienen zu Liqueuren, Saucen u. dgl., wie die getrockneten Citronen- und Pomeranzenschalen (sehr feines kräftiges Gewürz). Die Pomeranzen geben auch ein angenehmes Reizmittel für den Magen. Der wässrige Ansatz bekommt am besten. Derselbe wird einfach dadurch bereitet, dass man die Schalen frischer (unreifer oder reifer) Pomeranzen ein Paar Stunden im frischen Wasser stehen lässt. Der Ansatz wird gewöhnlich mit Zucker versüsst. Die Ansätze in Wein, ebenso alle heiss bereiteten Auszüge, machen Kopfweh. Uebrigens vermögen auch allzu grosse Dosen des wässerigen Ansatzes den besagten Nachtheil hervorzubringen.

Kernobst. Zum Kernobst gehören: Birne, Apfel, Quitte, Mispel, Speierling, Kornelkirsche.

Aepfel und **Birnen.** Manche Sorten sind in der Form von Compoten leichter zu verdauen als roh, wo die Zellulose genirt. Für feine Sorten wäre es Schade, wenn man sie anders als im Naturzustande brächte.

Die Hufelandsche Apfelcur, bei Trägheit des Darmkanals noch immer im Gebrauche, besteht darin, dass der Kranke täglich 10—30 Stück rohe Aepfel f.... Der alte Trödel ist schwer auszurotten, obgleich damit schliesslich immer Magen und Darmkanal ruinirt werden. Gekochte Aepfel würden den trägen Stuhl ebenso gut fördern, ohne das gedachte Unheil anzurichten.

Quitten — haben zwar ein angenehmes Aroma, schmecken aber herb sauer. Mit Zucker zu einem Brei gekocht oder auch eingemacht gelten sie als kühlendes Hausmittel. 1. Theil Quittensamen gibt mit 50 Thln. Wasser einen Schleim, welcher häufig als Hausmittel gebraucht wird: zum Gurgeln bei Halsentzündungen, zu Umschlägen bei Verbrennungen und Hautabschärfungen u. s. w. Vor Altem wurde der Quittenschleim auch innerlich gebraucht als Mittel gegen den Katarrh der Athmungswege.

Steinobst: **Pfirsich, Aprikosen, Zwetschgen, Pflaumen** (von beiden zahlreiche Spielarten z. B. Kriechen, Zibarten, Haferschlehe. Mirabellen, Reine-Claude u. s. w.), **Süsskirschen, Sauerkirschen, Oliven.** Durchschnittlich hat das Steinobst ein zarteres Fleisch als das vorige und ist also leichter zu verdauen. Man gibt es desshalb gewöhnlich frisch zur Tafel. Doch werden auch einige (Zwetschgen. Kirschen) zu Mus verkocht. Manche dienen als Einlage für Backwerke (Zwetschgen-, Kirschen-Kuchen). Pflaumen- und Zwetschgenmus werden häufig als Hausmittel gegen trägen Stuhl gebraucht. Die Früchte müssen frisch sein, gründlich gekocht, durchgeschlagen und mit der nöthigen Menge Zucker versüsst werden. Das auf gleiche Art zubereitete Mus von Sauerkirschen (Weichselkirschen) wird oft als Hausmittel bei fieberhaften Krankheiten gebraucht und zwar mit Recht; dieses Mus kühlt besser und ist appetitlicher zu schlucken als die eleganteste Salpetermixtur. Wenn gerade keine frische Waare zu haben ist, leistet der Kirschensyrup der Apotheken, gehörig mit Wasser verdünt, ähnliche Dienste. Ein Feinschmecker wird, wenn er an der Fieberhitze leidet, statt Alldem die Sauerkirschen frisch vom Baume weg geniessen! Die schwarzen Waldkirschen werden auch auf die gleiche Weise verwendet wie die Sauerkirschen, obgleich sie wegen ihres geringeren Gehaltes an Säure weniger hiezu geeignet sind. Dagegen geben sie ein anderes wichtiges Trost- und Heilmittel: das Kirschenwasser dient häufig als Mittel gegen Magenkrampf und als äusserliches Mittel bei Quetschungen u. dgl.

Oliven in Salz sind eine wirkliche Delikatesse; sie haben nur den Nachtheil, dass sie ziemlich hoch sportulirt sind. Von einem Nährwerthe kann nicht die Rede sein, dagegen von erheblicher Beschädigung des Magens, wenn der gute Wille im Kampfe mit dem Gaumen unterliegt.

Beerenobst: **Weintraube** — wichtige Handelsartikel sind die Rosinen und Korinthen (getrocknete Trauben oder Traubenbeeren) — grosse Rosinen werden hierlands gemeiniglich Zibeben genannt; die Korinthen heissen auch kleine Rosinen (hier schlechtweg Rosinen), **Hagebutte, Johannisbeere** (rothe und schwarze), **Stachelbeere, Preusselbeere, Heidelbeere, Himbeere, Brombeere, Erdbeere** (Ananaserdbeere, Riesenerdbeere, Scharlacherdbeere), **schwarze** und **weisse Maulbeere, Feigen, Datteln.** Das Beerenobst wird meistens zum Dessert verwendet; ausserdem stellt es noch ein wichtiges Contingent zu den Hausmitteln. Am bekanntesten sind wohl die Traubencuren bei Lungenleiden oder bei Unterleibsanschoppungen. Die Traubencur besteht darin, dass der Kranke einige Wochen lang täglich 15—30 Stück (1—2 Kilo) Trauben verzehrt und zwar den grössten Theil Morgens nüchtern, etwa ½ Stunde vor dem Frühstück. Der Rest wird dann im Verlaufe des Tages nach Belieben gegessen, jedoch nie mehr als eine Traube auf einen Sitz. Die Trauben müssen schön reif sein; dünnschalige Beeren bekommen am besten. Jeder, der diese Cur macht, wird gut thun, wenn er mit einer kleinen Dosis beginnt und nach Bedarf allmählig steigt.

Die Rosinen werden wie alle anderen süssen Mittel heilkundig verwendet; nur muss man nicht vergessen, dass grosse Quantitäten Störungen im Darmkanal (Blähungen und Abweichen) verursachen.

Die Korinthen leisten die gleichen Dienste und belästigen, da sie in kernlosen Massen vorkommen, den Darmkanal weniger.

Auch die Hagebutten sind ein sehr gebräuchliches Hausmittel. Von den Haaren und Samen sorgfältig befreit und mit Zucker zu einem Teige verrieben, oder mit Zucker zu einem Brei verkocht, oder getrocknet und mit Wasser weich gekocht, werden sie als Mittel gegen Harnbeschwerden häufig gebraucht; ferner werden die ganzen Samen mit Fliedermus zur Latwerge gemacht und gegen Spulwürmer gegeben.

Die schwarzen Johannisbeeren haben einen Geschmack, der weder sauer noch süss, mit einem Worte unangenehm ist. Sie eignen sich desshalb mehr als Gewürz und sind namentlich als Beigabe zu verschiedenen kalten Weinansätzen (Maitrank) beliebt. Dagegen haben die rothen Johannisbeeren einen angenehmen, rein sauren, aber weniger aromatischen Geschmack. Der Saft, mit Zucker zur Gallerte eingekocht, gilt beim Volke als ein Hauptfiebermittel.

Die Heidelbeeren werden vielfach als Hausmittel benutzt und zwar grün als Laxanz, gedörrt — als Mittel gegen Diarrhoe. Mehr kann man doch nicht verlangen! Immerhin ist das an ihnen zu loben, dass sie diese sich widersprechende Doppelwirkung, Dank ihrer zarten Bälge, ohne Moleste für den Darmkanal entfalten.

Frische Brom- und Erdbeeren werden als kühlende Fiebermittel verspeist. Die Brombeeren haben, wenn sie recht reif sind, einen viel feineren Geschmack als die Himbeeren, von denen 2 Hauptküchen- und Arzneistoffe gemacht werden: Die Verwendung des Himbeersafts ist allbekannt, er sollte nur noch häufiger zur Verbesserung des Trinkwassers für Fieberkranke benutzt werden. Der Himbeeressig (frische Himbeeren 1 Thl. mit Essig 2 Thl. macerirt) ist ein etwas theures, aber gutes Mittel zur Bereitung von kühlenden Getränken; man nimmt davon etwa 200 Grm. auf 1 Liter Zuckerwasser.

Die Feigen sind bekannt als gelinde abführendes und als Husten milderndes, den Auswurf förderndes Mittel. Zu ersterem Zwecke werden 10—30 Stück täglich verzehrt. Als Mittel gegen trockenen Husten werden die Feigen gewöhnlich mit anderen milden Dingen, z. B. mit Brustthee, abgekocht. Allbekannt ist ferner die Zeitigung von Zahngeschwüren durch in Milch oder Wasser abgekochte Feigen.

Schalenobst (Schalenfrüchte). Die hierher gehörigen Artikel weichen in der chemischen Zusammensetzung und desshalb auch im Nährwerthe und in den Wirkungen sehr von den bisher aufgezählten Obstgattungen ab. Die Schalenfrüchte enthalten durchschnittlich viel fettes Oel und reichlich Eiweiss, sind somit nicht ohne Nährwerth. Die meisten werden zur Oelbereitung verwendet; sie geben die besseren Sorten von Speisöl. Während die vorgenannten Gattungen von Obst den Stuhl fördern, machen die Milchen der Schalenfrüchte Verstopfung; während jene durch ihren Gehalt an Säure kühlen, geben diese durch ihren Gehalt an fettem Oel angenehme Mittel zur Wärmebildung und zum Mästen.

Die wichtigsten Arten sind:

Mandeln — die Früchte des gemeinen Mandelbaumes, der im Orient und Nordafrika heimisch, im südlichen Europa cultivirt wird. Die s. g. Krachmandeln zeichnen sich durch eine dünne Schale aus. Die hartschaligen (gemeinen) Mandeln kommen ohne Schalen im Handel vor. Die Mandelkerne enthalten fettes Oel und Emulsin, die bittern Mandeln ausserdem Amygdalin, welches durch Zersetzung Blausäure werden kann; daher ist Vorsicht nöthig. Weiche, biegsame, ranzige, innen mit Flecken versehene Mandeln sind unbedingt wegzuwerfen. — Die Küche verwendet Mandeln in verschiedenes Backwerk (s. 23. Cap.) und gibt sie häufig zum Dessert. — Auch als Hausmittel stehen die süssen Mandeln im Ansehen. Mit 5—15 Thl. Wasser verrieben geben sie die Mandelmilch, ohne welche heut zu Tage kein gebildeter Mensch mehr eine Diarrhoe durchmacht. Auch bei Reizzuständen der Harnorgane (Tripper, schmerzhaftes Harnlassen) ist Mandelmilch allgemein im Gebrauche; wie dieselbe aber bei Entzündungen der Luftwege heilend wirken soll, ist schwer zu erklären.

Zahme Kastanien, die Früchte von Castanea vesca L. Die grösseren nennt man Maronen. Die Kastanien haben viel Stärkemehl. Dieses verwandelt sich bei trockener Hitze in Zucker; daher der süsse Geschmack der gebratenen Kastanien.

Baumnuss (Wall-, welsche Nuss) kommt in verschiedenen

Spiel-Arten vor; die sog. Pferdenüsse sind die grössten. Die Küche verwendet nicht blos die reifen, sondern auch die jungen, weichen — zur Bereitung des Nussliqueurs, sowie zum Einmachen; die grünen Schalen dienen als Würze für Saucen. Ueber die Wallnussblätter und die grünen Schalen der Wallnüsse als Heilmittel vide S. 208.

Haselnuss kommt in verschiedenen Spielarten vor: die gemeine kleine Haselnuss, die öfter aufspringende Zellernuss, die Lambertusnuss und die grosse türkische Haselnuss.

Gleichsam als das Proletariat der Schalenfrüchte stehen der L e i n -, H a n f- und M o h n s a m e n da. Um so umfassender ist aber ihre Verwendung als Hausmittel:

Leinsamen. 1 Thl. Leinsamen mit 50 Thl. kochendem Wasser übergossen und durch ein Tuch filtrirt, gibt jenen schleimigen Thee, welcher so häufig bei Katarrhen der Harnorgane eingenommen oder auch einclystirt wird. Die Heilwirkung bei Katarrhen der Athmungswege ist weniger sichtlich und auch weniger erklärlich. — Bekannt ist wohl auch die Verwendung des gestossenen Leinsamens zu Kataplasmen. Sei nur so gut und lege ihn mindestens fingersdick auf; messerrückendick macht er weder anhaltend warm noch feucht!

Hanfsamen wird auf die gleiche Weise zu einer Emulsion gemacht wie die Mandeln. Auf 1 Thl. Samen kommen 4 Thle. Wasser — stark verreiben und durch ein Tuch filtriren! Die Hanfsamenmilch ist ein sehr gebräuchliches Mittel gegen Harnbeschwerden.

Mohnsamen verhält sich in seinen Bestandtheilen wie die süssen Mandeln. Sie sollen eine Spur von narkotischer Substanz haben? Dagegen gehören die M o h n k ö p f e u n d d e r d a r a u s b e r e i t e t e S y r u p aus der Liste der Volksheilmittel gestrichen, da sie giftig sind und schon viel Schaden angerichtet haben.

Schliesslich noch die Bemerkung, dass man zu allen hier genannten Heilmilchen nur frische Früchte brauchen kann; alte, ranzig gewordene schmecken scharf und verursachen Diarrhoe, also gerade das Gegentheil von dem, was man haben möchte!

28. Capitel.

Pilze.

Viele wissen nicht, dass es eine so grosse Zahl essbarer Pilze gibt, geschweige denn, dass diese Pilze einen so hohen Nährwerth haben. Durchschnittlich enthalten sie die nämlichen

Nährsalze wie das Fleisch und die Pilzbrühen haben auch im Geschmack auffallend viel Aehnlichkeit mit der Fleischbrühe. Die einzige Fatalität für den Liebhaber besteht darin, dass so leicht Verwechslungen vorkommen mit giftigen Arten, und dass selbst die essbaren Pilze giftig werden durch Ueberreife oder Fäulniss. Wer es also einmal auf Pilze abgesehen hat, muss sich ohne Weiteres auf das Studium seiner Lieblinge verlegen: keine so leichte Aufgabe, weil der Lebenslauf der Pilze ausserordentlich rasch und ihre Eigenschaften höchst wandelbar sind. Es herrscht desshalb auch in der gelehrten Nomenclatur der Pilze ein solches Chaos, dass man sich fast lieber an jene Bezeichnungen hält, welche gerade in einer Gegend gebräuchlich sind. Rathsam bleibt immerhin, beim Sammeln irgend ein zuverlässiges Buch, am besten eins mit guten Abbildungen zu benützen (Persoon, Lenz, Fries, Rabenhorst u. A.). Die besten und bekanntesten Pilze, welche für die Küche besondere Bedeutung haben, sind:

Trüffeln. Es gibt 2 Arten: Die gewöhnlich gemeinte Trüffel ist die schwarze. Sie kommt vor in lichten Wäldern, einige Zoll bis 1 Fuss tief im lockeren Boden; überall in Deutschland und Frankreich. Am berühmtesten sind die aus Perigord. Die weisse (graue) Trüffel, auch Mailänder Trüffel genannt, findet sich namentlich in Oberitalien und Südfrankreich häufig, kommt selten in den Handel, wird vielmehr in ihrer Heimath massenhaft verzehrt; hat einen Knoblauchgeruch. So lange die schwarzen Trüffeln noch nicht ganz reif sind, fehlt ihnen der feine Geruch und Geschmack. Solche Trüffeln heissen: Truffes d'été. Erst in der Zeit vom November bis Februar werden die Trüffeln reif; dies ihre Glanzperiode. Nachher geht es wieder bergab; die an feuchten Orten gewachsenen faulen zu einer breiartigen Masse, während die anderen austrocknen. Die Trüffeln werden im Herbst gesammelt, geputzt, in Wachspapier gewickelt und im Keller in wohlverschlossenen Gläsern aufbewahrt. Die schwarzen Trüffeln sind ein so theurer Handelsartikel, dass sogar Verfälschungen gemacht werden. Die Küche weiss, dass die guten reifen Trüffeln inwendig viele bräunliche Adern und schwärzliche Punkte haben, bei fester Textur. Am fatalsten ist, dass der giftige Kugelpilz nicht selten als Trüffel verkauft wird. Dieser Schwamm ist sehr scharf und bewirkt vorab Magen- und Darmkatarrh. Er kommt in Scheibchen im Handel vor, welche einen schmalen weissen Rand haben und inwendig gleichmässig blauschwarz sind. Hiedurch kann man sie leicht von den Scheibchen ächter Trüffeln unterscheiden. Die Trüffel-Händler verstehen auch wurmstichige Trüffeln aufzuputzen, gefrorne und wieder aufgethaute in den Kauf zu geben und in die Gefässe, in welchen sie die Trüffeln verschicken, allerlei Zeug zu geben, um das Gewicht zu vermehren.

Die feine Küche macht von den Trüffeln einen ziemlich ausgedehnten Gebrauch; mancher Koch würde fast eher auf das Rindfleisch verzichten, als auf die Trüffeln. Gute Trüffeln sind aber auch in der That eine Delicatesse ersten Ranges und so berühmt, dass sogar Solche vom Lobe überfliessen, die ihr Lebtag noch nie Trüffeln zu sehen, geschweige denn zu essen bekamen.

Die Trüffeln sind nicht so schwer verdaulich, wie man gewöhnlich glaubt. Wenn nach dem Genusse derselben oft Indigestion entsteht, so ist dies Dem zuzuschreiben, was d'rum und d'ran war. Die Trüffeln sollen auch eine gewisse Nebenwirkung haben. Diese Anschauung erwarb ihnen noch manche Verehrer mehr. Brillat-Savarin sagt: „sie machen die Herren liebenswürdiger und die Frauen nachgiebiger." Gefährlich ist jedenfalls die Sache nicht, und wenn man daran denkt, wie viele Dinge auf eine reich besetzte Tafel kommen, welche den Magen zu beschweren und die Nacht unruhig zu machen vermögen, so wird man den Trüffeln sicherlich nicht Alles allein in die Schuhe schieben.

Champignon, ebenfalls ein sehr schmackhafter Pilz, ist überall bekannt, aber unter verschiedenen Namen: Treutschling, Heiderling, Ehegürtel u. s. f. Er wächst wild auf trockenen Weidplätzen, grasigen Waldrändern, wird aber auch cultivirt — in Kellern auf Mistbeeten. Verwechslungen sind schon vorgekommen — mit dem giftigen Knollenblätterschwamm. Der Champignon wird theils frisch, theils eingemacht zum Würzen von Saucen verwendet.

Morcheln (Morauchen) können nicht so leicht mit giftigen Schwämmen verwechselt werden, weil sie im Frühjahr wachsen. Eine Verwechslung mit dem s. g. stinkenden Morchelschwamm ist wegen des widerlichen Geruches, den diese Pflanze verbreitet, nicht leicht möglich. Es gibt 2 essbare Arten: die gemeine Morchel (von welcher eine Varietät „Spitzmorchel" heisst) und die Glockenmorchel. Die Morcheln geben ein feines Gemüse; ausserdem eignen sie sich als Einlage für Saucen.

Lorcheln sind im Allgemeinen nicht so gut wie die Morcheln; nur die Frühlorchel (auch Stockmorchel genannt) kommt ihnen an Feingeschmack gleich und soll sogar nahrhafter sein.

Schliesslich für die Küche noch die Bemerkung. dass alle Schwämme durh Aufwärmen verhängnissvoll für die Gesundheit werden können; Saucen mit Pilzen dürfen nur ein Mal auf den Tisch kommen!

29. Capitel.

Speisezusätze.

Mit diesem ziemlich vagen Namen pflegt man mehrere Gruppen von Nahrungsmitteln zu bezeichnen. Eine davon dient nicht allein zur Verbesserung des Geschmacks der Speisen, sondern greift auch materiell in den Stoffwechsel ein, so z. B. die Fette, der Zucker, das Kochsalz. Eine andere Gruppe dient nur zur Verbesserung des Geschmacks, ohne selbst nahrhaft zu sein. Diese Gruppe wird im gewöhnlichen Leben mit dem Namen „Gewürz" belegt; ihr richtiger Name wäre „Magenfeinde!" Den Grund für dieses Schimpfwort wollen wir nicht schuldig bleiben: **Bei weitem die meisten Magenkrankheiten, namentlich bei den Leuten aus besseren Ständen, rühren von Ueberwürzung der Speisen her.** Untersuchen wir diese wichtige Sache etwas näher! Die Gewürze üben vor Allem einen Reiz auf die Stelle, wo sie gerade hinkommen. Der Reiz trifft also in erster Reihe die Mundschleimhaut, dann den Magen und Darmcanal. Im Munde wird die Schleim- und Speichelsecretion vermehrt (häufiges Ausspucken), im Magen- und Darmcanal sowohl die Secretion als auch die Bewegungen. Je jungfräulicher die Schleimhäute noch sind, desto mehr schadet der Reiz. Desshalb will das Kind wenig Pfeffer und Salz zu seinen Speisen; desshalb bekommt andererseits der Schlemmer nie genug davon. Sehr interessant und lehrreich ist auch dass Verhalten gewisser Thiere gegen gewürzte Speisen; man kann dabei so recht deutlich sehen, wie in der Natur sich Alles thätig erweist, um den Menschen vor seinen eigenen Thorheiten zu schützen. Betrachte einmal Deine Lieblingskatze oder Dein Schooshündchen; die lassen gewiss alles Verpfefferte, Uebersalzene u. dgl. liegen. Wir bemerken ausdrücklich, dass hier nur die Lieblingsthiere gemeint sind, Thiere, welche beim Anblicke ihrer Herrschaften mit Recht sagen könnten: Siehe der Mensch ist zu unserem Nutzen geschaffen! Arme ausgehungerte Waare hat die angebornen scharfen Sinne eingebüsst, und schiesst Böcke wie die Menschen.

Bis jetzt hat es sich nur um den Schaden gehandelt, welchen die Gewürze auf jene Stellen des Körpers, mit denen sie zuerst in Berührung kommen, anzurichten vermögen; betrachten wir nun auch noch die Folgen, welche es hat, wenn sie in's Blut übergehen, die Folgen für das Blut- und Nervenleben! Vor Allem entsteht eine Aufregung im Blutkreislaufe, das Herz fängt an zu klopfen, der Puls wird schneller und völler, die Wangen röthen sich und über den ganzen Körper verbreitet sich eine s. g. fliegende Hitze. Im Nervensystem gewahrt man im ersten Momente eine gewisse Erregung, eine scheinbare Kräftigung; mit der Zeit aber bleibt Nervenzittern, Gereitzheit und — Schwäche der Nerven zurück.

Das waren die Schattenseiten der Gewürze. Bei richtiger, namentlich mässiger Verwendung sind sie aber nicht blos angenehme Geschmacksverbesserer für die Speisen und wohlthätige Reizmittel für die Verdauung, sondern sogar vielgebrauchte und zum Theil sehr schätzbare Heilmittel. Wir werden bei der Beschreibung jedes einzelnen Gewürzes näher auf dessen Heilwirkung eingehen und, so gut es geht, die richtige Verwendung schildern; denn auch hierin werden Fehler gemacht. Wie oft müssen z. B. stark gewürzte Dinge als Appetitreizer dienen! Es sind namentlich die Magenkranken gleich bei der Hand, dem fehlerhaften Appetit mit Caviar, russischen Sardinen u. dgl. aufzuhelfen. Das gibt der Sache noch den Treff! Napoleon I. starb am Magenkrebs; eigensinnig verlangte er ungemein viel und starkes Gewürz an den Speisen. Für alle Menschen, absonderlich aber für die Magenkranken, gibt es nur ein gutes Mittel den Appetit zu reizen, das heisst: warte so lange, bis sich der Appetit von selbst einstellt. Merk' Dir dies, Schlemmer, wenn Du nicht frühzeitig in's Gras beissen willst!

Bevor wir nun zur Beschreibung der einzelnen, in dieses Capitel gehörigen Stoffe übergehen, wird es am Platze sein, noch darauf aufmerksam zu machen, dass viele davon ungemein häufig verfälscht werden; namentlich gilt dies von fast allen ausländischen Gewürzen. Wer so unpraktisch ist, gepulverte Waare zu kaufen, kann sicher darauf rechnen, dass er angeschmiert wird. Beim ganzen Gewürz ist die Verfälschung schwerer und desshalb seltener; man muss höchstens einmal eine Secunda-Waare so theuer bezahlen wie eine Prima. Doch sind auch schon Pfefferkörner, Muskatnüsse u. dgl. aus irgend einer plastischen Masse nachgebildet, angestrichen und parfümirt worden. Diese raffinirten Betrügereien kommen namentlich in jenem Lande vor, wo das männliche Geschlecht mit „Gentlemen" (Biedermänner) titulirt wird.

Wegen der grossen Anzahl der in dieses Capitel gehörigen Stoffe wird es räthlich sein, dieselben in Gruppen einzutheilen.

1. Gruppe: Fette, Zucker, Honig.
2. Gruppe: Kochsalz, Essig, Senf.
3. Gruppe: Gewürz.

1. Gruppe.

a. Fette.

Die Küche verwendet folgende Fette:

Butter. Die Butterbereitung ist zwar schon im 1. Capitel, wo von der Milch die Rede war, ausführlich besprochen worden; wir können aber nicht umhin, hier noch ein Verfahren anzugeben, wodurch man schnell ein Bischen frische Butter erhalten kann. Von dem sog. „Dover egg beater" war schon Seite 107 die Rede. Diese niedliche Maschine ist zwar in erster Reihe zum Schlagen von Eierschnee bestimmt, kann aber ebenso gut auch zur Butterfabrikation dienen. Behufs dessen wird der Rahm von etwa 2 Liter Milch in einem irdenen, engen und tiefen Gefässe mit der Maschine verrührt. Wenn Rahm und Geschirr etwas erwärmt wurden, buttert der erstere sich bälder. Jedenfalls hat man in weniger als 5 Minuten die schönste frische Brutter, einen Artikel, den man bekanntlich oft sehr vermisst. Seitdem diese Maschinen erfunden, können die Hausfrauen mit viel grösserer Ruhe einer unerwarteten Kaffee-Visite entgegen sehen!

Die Butter hat unter allen Fetten den angenehmsten Geschmack und ist noch am besten zu verdauen. Für die Krankenküche sollte desshalb mit keinem anderen Fette gewirthschaftet werden, namentlich dann nicht, wenn man für Magenkranke kocht. Der Butterhandel hat aber manches Häkchen; viele Butter ist verdorben, viele andere verfälscht. Es wird demnach nicht überflüssig sein, wenn das Küchenpersonal von der Sache unterrichtet wird. Gute unverfälschte Butter ist hellgelb, geschmeidig fest, zusammenhängend (nicht bröckelig), schmeckt nussartig süss und riecht nicht ranzig. An Orten, wo zu jeder Zeit frische Butter zu haben ist, sollte man nie grössere Vorräthe ankaufen, weil sie so bald verdirbt. Gleich nach dem Einkaufe gehört der Butterballen in ein nasses Tuch eingeschlagen (um die Luft abzuhalten) und in den Keller gelegt, weil die Wärme ihre Zersetzung begünstigt. In vielen Gegenden sucht man die Butter durch Einsalzen zu conserviren. Man rechnet auf 1 Kilo Butter 20 Grm. fein gestossenes Kochsalz. In der ranzig gewordenen Butter hat sich Buttersäure gebildet. Diese ist es, welche den Speisen den bekannten widerlichen Geruch und Geschmack verleiht und im Magen Verschleimung und Sodbrennen verursacht. Um der Butter das beliebte körnige Aussehen zu geben, wird manchmal Kreide, Gyps, Sand zugemischt. Solche Butter knirscht auf den Zähnen und beim Auslassen senkt sich die Schelmerei zu Boden. Ein exakteres Mittel zur Entdeckung dieser Betrügereien ist beim Schweinefett angegeben. Weitere Verfälschungen sind: mit Alaun (in

Holland allgemein), mit Soda oder Potasche, mit Borax, mit Kartoffeln, mit Weizenmehl und mit Talg. Die nicht gar seltenen Verfälschungen der Butter mit geringeren Arten von Fett verrathen sich schon durch den Geschmack. Um verdorbene Butter wieder aufzuputzen, wird sie mit kaltem Wasser ausgewaschen und mit Eiweiss gemischt. Solches ist übrigens eher bei der gesalzenen Butter ausführbar als bei der ungesalzenen. Durch das Aufbewahren in Metallgefässen kann die Butter giftige Kupfer- oder Zinksalze aufnehmen. Um der Butter die schön gelbe Farbe der Maibutter zu geben, wird der Saft von verschiedenen färbenden Pflanzen beigemischt (Curcuma, Ringelblumen, Safran, Orlean etc.); um sie bläulich zu färben benützt man Indigo oder Lakmus. Besonders schlimm ist das gelbe Schöllkraut, welches den Magen beinahe ebenso angreift wie der schärfste Senf. Diese Malereien sind leicht zu entdecken; wenn man gefärbte Butter auswascht, so färbt sich das Wasser.

Rindschmalz, ausgelassene Butter, Butterschmalz, auch schlechtweg Schmalz genannt, ist das wichtigste Kochfett. Beim Auslassen der Butter wird das vorhandene Wasser entfernt und die Käsetheilchen, welche das Ranzigwerden der Butter veranlassen. Daher die Haltbarkeit des Schmalzes. Die Küche kann auch nicht zu allem Braten Butter brauchen. Zu länger dauernden Bratereien ist nur Schmalz geeignet. Ferner ist Schmalz öconomischer als Butter. Auf den Bauernhöfen hiesiger Gegend wird alles Schmalz, welches man ins Haus braucht, selbst bereitet. Oft gibt es sogar Ueberschuss, welcher dann unter dem Namen „Bauernschmalz" zu Markte gebracht wird. Sonst kommt viel Schmalz in den Handel aus Baiern, Meklenburg, Holstein, Holland, Bretagne und Normandie, Kur- und Liefland, endlich aus Irland. Die Schweiz und England beschäftigen sich mehr mit der Käsefabrikation, und liefern desshalb verhältnissmässig wenig Schmalz. Das „Bauernschmalz" ist in der Regel ächt; das im Handel vorkommende Schmalz dagegen schon wegen seines niederen Preises — verdächtig. Es kostet nämlich weniger als die Butter, aus welcher es doch gemacht wird. Die Verfälschungen sind die nämlichen wie bei der Butter; hierlands kommt die Verfälschung mit Unschlitt am häufigsten vor. Das Schmalz ist dem Magen weniger zuträglich als die Butter; das Bischen Käse, welches der frischen Butter anhängt, fördert in Etwas ihre Verdauung, ebenso die etwa beigemengte Buttermilch.

Schweinefett, Schweineschmalz — wird ungemein häufig als Ursache von Magenleiden angegeben. Das rührt wohl nur davon her, dass es nicht selten ranzig ist. Ranziges Schweinefett erkennt man am Geruche und an der in's Gelbe stechenden Farbe. Ist die Sache nicht zu weit gediehen, so kann durch das Auskochen mit Wasser etwas nachgeholfen werden. Sonst sind die Verunreinigungen und Verfälschungen durchschnittlich die gleichen wie bei der Butter.

Unter dem Namen „Hamburger Stadtschmalz" kam in neuester Zeit ein Schweinefett in den Handel, welches mit nahezu einem Viertheil Specksteinpulver verfälscht war. Die Ermittelung dieser Betrügerei ist leicht: In einer weithalsigen, verkorkbaren Flasche wird eine Probe des Fettes mit dem fünffachen Volumen Aether übergossen, verkorkt, die Flasche kurze Zeit in lauwarmes Wasser gehalten und dann geschüttelt. Reines Fett löst sich klar, unter Zurücklassung von wenig Wasser, verfälschtes Fett hinterlässt das Verfälschungsmittel (Speckstein, Thon, Kreide, Gyps, Schwerspath, zerriebene Kartoffeln etc.). Bei Prüfung von verdächtiger Butter mag das gleiche Verfahren eingehalten werden.

Gänsefett gilt seit unfürdenklichen Zeiten als das beste Fett für das Sauerkraut. Dieses soll, nach der Aussage eines Feinschmeckers, einen so feinen Geschmack bekommen, dass es in der deutschen Sprache Niemand zu sagen vermag, der nicht aus Pommern oder Wertheim gebürtig ist.

Fette Oele. Ein gutes Speiseöl ist von grossem Werthe, aber — selten. Die Oliven geben das beste. Durch kaltes Pressen erhält man das s. g. Jungfernöl (huile de vierge de Provence). Dieses Oel zeichnet sich aus durch eine nahezu wasserhelle Farbe, mit einem Stich ins Grünliche. Es gefriert schon bei + 6° R. und wird leicht ranzig. Man trifft dieses sehr delicate Oel nur in den „feineren" Küchen. Hierlands wird es unter dem Namen „feinstes Nizzaer Oel" gekauft. Das gewöhnliche Olivenöl, auch Baumöl genannt, durch Warmpressen der Oliven erhalten, hat eine gelbe Farbe und einen unangenehmen „raucheligen" Goût. Es wird desshalb selten als Speiseöl benützt. Im Handel wird dieses Oel ungemein häufig gemischt mit allerlei billigeren Oelen: Mohn-, Reps-, Nuss-, Erdeicheln-, Bucheln-, Sesam-Oel. Andererseits wird mit den Oelen das gleiche Spiel gespielt wie mit den Pfälzer-Cigarren. Viel Oel geht z. B. aus Schwaben nach Italien, macht dort Hochzeit mit etwas Olivenöl und kommt als „ächtes" Olivenöl wieder heim. Das Olivenöl hat das gleiche Schicksal wie der Wein; es geräth nicht immer. Schlechte, halbfaule Oliven geben ein Oel. das gleich anfangs einen scharfen, ranzigen Goût hat und den Magen ungemein angreift. Am sichersten geht Derjenige, welcher sich das Oel selbst presst. Ein sehr gutes Oel ist das durch kaltes Pressen gewonnene Nussöl; das warm gepresste hat immer einen etwas brenzligen Geschmack und wird nie recht hell. Am häufigsten benützt man in hiesiger Gegend in bürgerlichen Haushaltungen das Mohnöl als Speiseöl. Durchschnittlich ist alles, was die Bauern liefern, ächt, weil diese das Fälschen noch nicht verstehen! Im Handel dagegen wird sehr viel gemischt — mit dem billigeren Sesamöl. Ob auch eine Mischung des Mohnöls mit Rübenöl vorkommt, wie manche Droguisten behaupten, ist nicht erwiesen und schon desshalb unwahrscheinlich, weil sich diese Fälschung durch den penetranten Geruch und Geschmack des Rübenöls sofort verrathen würde.

Alles Oel wird durch Erhitzen zähe, harzig; die damit gebratenen Speisen bekommen einen brenzligen Beigeschmack und — greifen den Magen an. Unter diesen Umständen beherzige den Rath: Setze das Oel erst dann zu, wenn die Speisen fertig sind; zum Braten selbst nimm lieber ein anderes Fett (Rindsschmalz oder Butter).

Talg. Die Küche verwendet unter Umständen auch den Rinds- und den Hammels-Talg. Alle Fette, welche schnell erstarren, sind besonders schwer zu verdauen. Vom ranzigen Hammelsfett sagt man, dass es giftig sei! Diese alberne Ansicht hat wenigstens das Gute, dass das elende Zeug mit schiefen Augen angeschaut wird. Der Hammelstalg wird mitunter auch als Volksmittel geschluckt, als Mittel gegen Diarhoe!!

Verdaulichkeit, Nährwerth und Heilwirkungen der Fette. In den kleinen Quantitäten, in welchen man die Fette den Speisen zuzusetzen pflegt, sind sie für den Verdauungsprocess nicht hinderlich. Sonst ist allerdings die Verdauung der Fette eine langsame und schwere. Zuerst müssen sie durch die Galle, den Darmsaft und das Secret der Bauchspeicheldrüse in eine Emulsion verwandelt werden; erst in dieser Form sind sie fähig zur Aufnahme ins Blut. Diese Umwandlung geht etwas leichter von Statten, wenn Salz, Senf, Schnittlauch, Sardellen mithelfen (Sardellenbutter ist also mit Recht beliebter als Butter für sich allein!)

Grössere Quantitäten Fett, die s. g. fetten Speisen also, machen viel Spektakel im Magen. Wie eine Oelschichte lagern sie das Fett auf die Magenwandungen, und die Verdauung steht still. Das Fett selbst geht in saure Gährung über und bewirkt Sodbrennen. Nicht selten stellt sich Erbrechen ein, welches durch Fortschaffung des Missethäters weiterem Unheile vorbeugt. Geht vom überschüssigen Fette weiter in den Darmkanal, so wird der Darminhalt schlüpfriger und zum leichteren Fortgang geeignet. Die Fette sind somit Abführmittel. Mit Recht nehmen desshalb jene Leute, welche am trägen Stuhl leiden, Butter zum Kaffee und wer wüsste nichts vom Ricinusöl, von diesem milden und sicher wirkenden Abführmittel?

Was den Nährwerth der Fette anlangt, so sind sie selbstverständlich Mastmittel. Ueberdies dienen sie im Körper zur Wärmebildung. Fette Speisen passen somit recht gut für kalte Gegenden und für den Winter. Leute, welche recht zu leben verstehen, stellen einen Hammels- oder Schweinebraten zu den Winterfreuden und ziehen dieselben sogar den gelehrten Reden vor, mit welchen man die Winterabende zu verlängern pflegt.

Die Fette sind auch wichtige Hausmittel. Von der guten Wirkung bei trägem Stuhle war bereits die Rede. Weit wichtiger sind einige Fette als Mittel gegen skrophulöse und ähnliche Krankheiten. Der allbekannte Leberthran bekommt hauptsächlich den armen skrophulösen Kindern vom Lande gut, welche fast nur mit Mehlspeisen und Kartoffeln aufgefüttert wurden. Solche Kinder finden merkwürdiger Weise an diesem Oele eine Delicatesse, obgleich dasselbe in Wirklichkeit so ziemlich das Aroma eines alten Schmierstiefels gewährt. In besseren Häusern wird in neuerer Zeit an die Stelle des Leberthrans vielfach der s. g. Herrenspeck (s. 6. Cap.) gesetzt.

Endlich wäre auch noch etwas zu sagen über die wichtigen Heilwirkungen der Fette beim äusserlichen Gebrauche. Die Fette machen eine spröde Haut geschmeidiger, zerstören die auf der Haut lebenden Pflanzen und Thiere und heilen manche davon herrührende Hautkrankheiten. Der Ungar weiss also wohl, warum er sein Hemd mit Speck einschmiert; es geschieht diess nicht pro, sondern contra Läuse. — Am häufigsten wird aber erwärmtes Oel als erweichendes, schmerzlinderndes Mittel benützt und behufs dessen auf alle Arten von schmerzhaften Geschwülsten eingerieben; oder es werden in den Fällen, wo schon das Reiben Schmerzen macht, einfach in warmes Oel getauchte Flanelllappen aufgelegt. — Bekannt ist ferner die Mischung von Kalkwasser mit Leinöl als Deckmittel bei Brandwunden. Man merke sich nur, dass die aufgelegten Oellappen nicht gewechselt werden dürfen, da sonst die Brandblasen platzen und der Luftzutritt auf die entzündete Fläche möglich gemacht wird. Lasse also die Leinwandlappen liegen und bestreiche sie von Zeit zu Zeit vermittelst eines Pinsels wieder mit Oel.

b) Zucker und Syrupe.

Im Handel kommen 3 Arten von Zucker vor: Hut-, Candis- und Pulver-Zucker. Nur in ganz armen Häusern findet man bisweilen den Pulverzucker; in der Regel kauft Alles den Melis (Hutzucker).

Die Verwendung des Zuckers zum Versüssen der Speisen und Getränke ist bekannt, ebenso das Einmachen in Zucker.

Für die diätetische Küche bleibt besonders die Färbung der braunen Saucen mit Karamel (gebranntem Zucker) zu empfehlen, weil Karamel besonders leicht zu verdauen ist. Derselbe wird erhalten, indem man zerstossenen weissen Zucker ohne Zusatz von Wasser längere Zeit erhitzt. Zuerst färbt sich das Pulver gelb, dann braun, dann schwarzbraun und bekommt schliesslich einen leicht brenzligen Geruch. Eine andere sehr wichtige Verwendung des Karamels ist oben bei der Röstung des Kaffee's näher beschrieben.

Ausser dem Zucker werden auch noch verschiedene **Syrupe** — concentrirte Zuckerlösungen mit mancherlei Zusätzen — in der Küche verwendet, hauptsächlich zu kühlenden Getränken und Conditorei-Waaren. Die Küche sieht bei den Syrupen vor Allem auf die Farbe und verwendet desshalb hauptsächlich folgende **rothe**: Kirsch-, Maulbeer-, Brombeer- und Klatschrosensyrup; **blaue**: Veilchensyrup (da ist aber zu bemerken, dass der im Handel vorkommende s. g. Veilchensyrup keiner ist, sondern gewöhnlicher Syrup mit Lakmus gefärbt; der ächte Veilchensyrup ist — ein Brechmittel). Wegen ihres angenehm säuerlichen Geschmackes benützt man zu kühlenden Dingen den Himbeer-, Johannisbeer-, Kirschen- und Citronensyrup; wegen ihres Aromas sind geschätzt der Zimmt-, Pfeffermünz-, Orangen-, Rosen- und Veilchensyrup.

Nährwerth, Verdaulichkeit und Heil-Wirkungen des Zuckers. Der Zucker ist ein Bestandtheil des Körpers; er kommt in verschiedenen Geweben und Flüssigkeiten vor. Folglich dient der von aussen zugeführte Zucker im Organismus zum Stoffersatz — der Zucker ist nicht nur Würze, sondern auch Nahrungsmittel. Der Zucker dient als Heizmaterial und macht fett. Bei normaler Menge ist seine Verdauung leicht, bei ungebührlicher Menge verursacht er allerlei Störungen; er verschleimt den Magen und bewirkt Sodbrennen. Süsses Backwerk ist in dieser Beziehung besonders berüchtigt. Sonst gilt Zucker allgemein für „lösend" und „reizmildernd" und kommt desshalb bei allen Leiden der Athmungsorgane, wo gehustet wird, zur Anwendung. Etliche „edle Menschenfreunde" haben durch irgend ein Zuckerpräparat wenn nicht gerade den Titel: Hoflieferant, so doch einen unsterblichen — Geldbeutel erlangt!

Ausserdem gilt das Zuckerwasser mit Recht als Hausmittel bei Reizzuständen der Harnorgane; manche Tripperkranke haben nichts Weiteres gebraucht und sind doch wieder in die Ordnung gekommen. — Das Bestreuen von unreinen Wunden mit Zuckerpulver, wie es da und dort volksthümlich geübt wird, ist weit weniger zweckmässiger als das öftere Reinigen der Wunde mit Wasser. Auch die Aphthen, vulgo „Mundfäule", der Kinder werden in vielen Gegenden durch Bestreuen mit

Zuckerpulver zu heilen gesucht, obgleich das öftere Waschen mit frischem Wasser einfacher ist und bessere Dienste leistet.

c) Honig.

Kaufmännisch werden folgende Arten von Honig unterschieden: Jungfernhonig, fliesst ohne Pressen von selbst aus den Waben ab — schwach gelblich, durchsichtig; roher Honig durch Erwärmen und Pressen der Waben gewonnen — dunkelgelb und trüb; gereinigter Honig durch Lösen, Abschäumen und Coliren des vorigen erhalten — tief rothbraun aber klar. In manchen Gegenden fälschen die Bauern den Honig mit Birnensaft. Dieser Honig wird nie dicker, im Gegentheil mit der Zeit dünner und geht bald eine saure Gährung ein. Im Handel kommt ungemein viel Honig vor, welcher mit Leim gefälscht ist. Dass es auch giftigen Honig gibt, ist schon seit alten Zeiten bekannt und doch weiss man heut zu Tage über dieses Gift so gut wie nichts. Wahrscheinlich nehmen die Bienen das Gift aus den Blumen von Giftpflanzen. Der Honig gilt als Volksmittel bei Harnsteinen, Nieren- und Blasenleiden, ferner bei Brustkatarrhen, Asthma, endlich wird er als Zusatz zu Gurgelwässern bei Mandelentzündungen u. dgl. benützt. Der Sauerhonig (Oxymel symplex) ist ein Gemisch von Essig mit Honig. Mit Wasser, Hafer-, Gersten- und anderen Schleimen gemischt, gilt er als kühlendes Getränk und wird wie Limonade gebraucht. Macht er Diarrhoe, so muss er ausgesetzt werden. — Wer gegen Sodbrennen Magnesia so im Uebermasse gebraucht hat, dass harte Darmconcremente entstanden sind, kann letztere durch Trinken einer Lösung von Sauerhonig wieder erweichen.

2. Gruppe.

a) Kochsalz.

Das Kochsalz ist entschieden der wichtigste von allen Speisezusätzen; es dient nicht blos zur Conservirung sehr vieler Nahrungsmittel, sondern auch zur Verbesserung des Geschmacks von beinahe jeder wichtigen Speise und hilft viel zu deren Verdauung. Die letztgenannten hochwichtigen Eigenschaften entwickelt das Kochsalz aber nur dann, wenn es in der richtigen Menge genossen wird. Diese verspürt der unverdorbene Geschmacksinn ohne Anweisung. Nur der verwöhnte Gaumen haut über die Schnur; ja es kommt sogar vor, dass jene Magenkranken, welche ihr Leiden von übersalzenen Speisen her datiren, einen wahren Heisshunger nach Salz verspüren. Durch nichts erhält das Küchenpersonal so viele und so wohlbegründete Vorwürfe wie durch unrichtiges Salzen. Wie leicht könnte da Friede und Eintracht hergestellt werden! Die Köchin merke sich ein für alle Mal jene Quantität Salz, welche für jede der gebräuchlicheren Speisen sich bewährt hat, und messe diese Quantität nicht mehr mit den in ihrer gegenseitigen Stellung so wandelbaren Fingern, sondern mit einer Wage oder — noch einfacher — mit einem graduirten Gefässe. Für die diätetische Küche gilt als Hauptregel, alle Speisen eher zu schwach als zu stark zu salzen. Man kann ja, wenn nöthig, leicht nachhelfen.

Das Kochsalz hat für die Leibesökonomie eine hohe Bedeutung. In vielen Geweben und Flüssigkeiten des menschlichen Leibes steckt Kochsalz. Andererseits sind die Folgen des übermässigen Salzgenusses nicht unerheblich. Wer nur einmal eine übersalzene Speisen geniesst, bekommt davon wenigstens einen acuten Magen- und Darmkatarrh. Der fortgesetzte Genuss stark gesalzener Speisen verdirbt nach und nach die Säfte, macht chronische Katarrhe, Drüsenkrankheiten, Skorbut u. dgl. Die Anschauung, dass stark gesalzene Speisen Hautkrankheiten verursachen, ist volksthümlich; namentlich steht hierwegen das gesalzene und geräucherte Schweinefleisch in einem schiefen Lichte. Soviel lässt sich alltäglich beobachten, dass auf den Genuss von solchen Speisen gerne Hautjucken, Nesselsucht folgen und dass etwa vorhandene Hautkrankheiten unruhiger werden, d. h. stärker jucken. Die Jäger behaupten steif und fest, dass ihre Jagdhunde vom gesalzenen Fleische Triefaugen bekommen. Da die Sache wissenschaftliches Interesse hat, so machten sich einige Gelehrte daran, sie näher zu untersuchen. Diese haben nun die merkwürdige Entdeckung gemacht, dass das Salzfleisch, mit welchem solche Hunde gefüttert wurden, ausgesehen hat wie — gesottene Kartoffeln.

b) Essig.

Nach den Materialien, aus welchen man Essig macht, gibt es Wein-, Branntwein-, Bier-, Obst-, Malz- etc. Essig. Der beste Essig ist unbedingt der Weinessig. Im Handel ist ächter Weinessig selten; man muss ihn also selbst bereiten. Je besser der Wein, desto besser der Essig. Immerhin kommt der hausgemachte Weinessig so hoch zu stehen (50 — 60 Pf. die Mass), dass man wohl nicht zweifeln kann, was man hat, wenn man im Handel einen s. g. Weinessig kauft für 20 Pf.! Namentlich ist der bekannte Burgunderessig sehr häufig aus Hollunder- oder Heidelbeerfrüchten fabricirt. Die nicht gar selten vorkommende Verfälschung des Essigs mit Schwefel- oder Salzsäure ist für den Magen höchst nachtheilig. Die Fälschung lässt sich schon beim Kosten des Essigs wahrnehmen, da hiebei die Zähne „lang" werden. Ebenso schädlich sind die Verfälschungen des Essigs mit Seidelbast, Caspicum und anderen scharfen Stoffen.

Guter Weinessig ist hell und klar, riecht angenehm erfrischend, schmeckt mild sauer, bildet keinen Bodensatz, zieht die Essigfliegen an und hat den Weingeschmack unverkennbar. Der käufliche Essig, wie ihn die Fabriken liefern, ist in der Regel so stark, dass er durch Wasser verdünnt werden muss. Die richtige Stärke hat ein Essig dann, wenn 60 Grm. 5 Grm. reines kohlensaures Kali sättigen. Der Essigsprit enthält circa 10%, der Weinessig 8%, der gewöhnliche Essig 2—5% Essigsäure. Zu schwacher Essig zersetzt sich leicht an der Luft, scheidet die Essigmutter und den Kahn ab und es entwickeln sich zahlreiche schlangenförmige Thierchen, die s. g. Essigäälchen, welche grosse Lebhaftigkeit zeigen.

In einem Hause war beständig die ganze Familie krank und zwar immer an Magenleiden. Ich wusste, dass man dort sonst eine gute Küche führt. Dessenungeachtet wurde einmal eine Küchen-Visitation vorgenommen. Da fand ich einen Essig, der so zu sagen einen Knäuel von äusserst lebhaften Essigäälchen darstellte. Unter der Loupe gesehen wimmelte Alles. Nach Wegschaffung dieses Essigs kamen keine Magenkrankheiten mehr in jenem Hause vor.

Einfluss des Essigs auf die Verdauung. Der Essig hilft zur Auflösung vieler Nahrungsmittel, namentlich der Eiweissstoffe, und fördert also ihre Verdauung. Zu gewissen Fleisch-, Eier- und Mehl-Speisen, zu Bohnen u. s. w. werden desshalb mit Recht saure Beilagen gegeben. Jedenfalls ist es besser, den Essig zu bereits fertigen Speisen zuzufügen, als mit Essig zu kochen. Die Essigsäure ist flüchtig, entweicht also bei höherer Temperatur. Ueberdies greifen die mit Essig gekochten Speisen den Magen ungemein an. Von den in Essig eingemachten Speisen spricht das 31. Capitel. Man kann vor dem Missbrauch mit Essig nicht genug warnen. Abgesehen davon, dass dadurch nicht einmal dem Geschmacksinne geschmeichelt wird, beschädigen stark saure Dinge die Mund- und Magenschleimhaut sehr. Dass der Essig eine Uebersäuerung des Magens veranlassen oder eine bereits vorhandene steigern kann, ist ohne Weiteres klar.

Als Hausmittel ist der Essig hochgeschätzt; wegen seiner kühlenden Eigenschaft benützt man ihn häufig als Fiebermittel. In grosser Verdünnung mag dies so angehen, sonst gibt es aber viele, weit zuträglichere kühlende Mittel; um z. B. nur der säuerlichen Früchte zu gedenken. Wenn man nämlich lic Erscheinungen näher beobachtet, welche auf den Genuss von Essig eintreten, so fällt vor Allem die flüchtige Röthe und die Wärme im Gesichte, namentlich aber der Schweiss auf, welcher über den ganzen Körper ausbricht. Natürlich je stärker der Essig, desto deutlicher diese Erscheinungen. Alldies zeigt, dass der Essig eher ein schweisstreibendes als kühlendes Mittel ist. Bei länger fortgesetztem innerlichen Gebrauche leidet endlich die Verdauung, die Ernährung wird mangelhaft, namentlich geht die Fettbildung zurück. Junge Damen, deren Embonpoint über die Grenzen der reinen Bewunderung hinausgeht, suchen desshalb ihre Zuflucht beim Essig und essen behufs dessen namentlich viel Salat. Das Ziel wird allerdings schliesslich erreicht, aber — der Magen ist ruinirt, überall schlottert das Fleisch in der halbgeleerten Haut und ein leidendes, erdfahles Gesicht trägt den grossen Frevel zur Schau, welchen die Eitelkeit gegen die heiligen Gesetze der Natur begangen! Wäre der Essig nicht ein so werthvolles Gegenmittel gegen alkalische Laugen, so bliebe unter besagten Umständen für dessen innerliche Verwendung kaum noch etwas Löbliches zu sagen. Anders verhält es sich mit dem Essig als äusserliches Mittel: Essigwaschungen beim Typhus sind gut und finden beim gemeinen Volke oft mehr Anklang als die einfacheren und besseren Waschungen mit kaltem Wasser. Injectionen von verdünntem Essig in den Mastdarm sind im Gebrauche bei der Fieberhitze, dessgleichen bei narkotischen Vergiftungen, und allgemein weiss man vom Schnupfen des Essigs bei Nasenblutungen sowie vom Gurgeln bei Schlundkatarrhen. — Die Räucherungen mit aromatischem Essig in Krankenzimmern ist zwar bei den Laien sehr im Schwung, steht aber im wahren Werthe der einfachen Lüftung entschieden nach.

Citronensaft — ist in manchen Fällen der noblere Stellvertreter des Essigs. Um den Saft aus den Citronen vollständig herauszubringen, muss man dieselben nicht quer durchschneiden (wie dies gewöhnlich geschieht), sondern der Länge nach; nur auf diese Weise werden die Zellen geöffnet, welche den Saft enthalten. — Ausführlicheres über die Citronen findest Du im 27. Capitel.

c) Senf.

Es gibt weissen und schwarzen Senf. Der schwarze enthält viel mehr des scharfen ätherischen Oels, welchem der Senf seinen bekannten, scharfwürzigen Geruch und Geschmack verdankt. Eine besondere Art ist der Sarepta-Senf, aus Sarepta, einer deutschen Herrnhuterkolonie im Gouv. Saratow. Er ist meistens schon gepulvert und desshalb für Fälschungen besonders geeignet. Dieser Senf ist viel schärfer als der gewöhnliche; Manche halten ihn auch für feiner.

Im Handel bezieht man ganzen Senf, Senfpulver und

schon angemachten Senf. Mit dem ganzen Senf geht man am sichersten. Das Senfpulver hält sich nicht lange (daher kommt es, dass die verordneten Senfpflaster so häufig nicht ziehen).' Ueberdies ist das Senfpulver leicht zu verfälschen. Noch leichter kann man mit dem schon angemachten Senf angeschmiert werden. Die gewöhnlichsten Verfälschungsmittel desselben sind: Mehl, Rübsamen, Ackersenf, Rettigsamen, spanischer Pfeffer, Seesalz und Curcuma, zum Färben. Unter solchen Umständen dürfte es angemessen sein, den Senf selbst zu bereiten, zumal dies kein so grosses Kunststück ist.

Der gewöhnliche Tafelsenf wird einfach aus weissem und schwarzem Senf, den man selbst pulverisirt hat, mit Essig angemacht, etwa nach folgendem Recepte:

R. Coriander	Grm.	5,0
Nelken	„	5,0
Zimmt	„	7,0
Schwarzer Senf	„	125,0
Weiser Senf	„	250,0
Zucker	„	250,0

Diese Mischung wird mit der zur Senfconsistenz nöthigen Menge Weinessig angerührt, nachher in einem Steingut- (kein Metall-) Gefäss in einem warmen Ort zur „Verjäsung" gestellt. Das Gefäss bleibt offen, damit das überschüssige Senföl entweichen kann.

Unter den „Magenfeinden" spielt der Senf eine Hauptrolle. Um sich einen Begriff zu machen von der Wirkung des Senfes auf die Schleimhaut des Magens, braucht man nur an die rothen Flecken zu denken, welche nach der Application eines Senfteiges auf den Waden zurückbleiben. Trotzdem gilt namentlich der weisse (mildere) Senf beim Volke noch immer viel als Magenheilmittel. Hätte der schwarze Senf nicht regelmässig gar zu wüste gehaust, Erbrechen und Abweichen gemacht, so würde wahrscheinlich auch er noch das unverdiente Ansehen geniessen. Bei längerem Fortgebrauche des Senfpulvers ist schon mechanische Verstopfung des Mastdarms mit Sterkoralkolik beobachtet worden. — Senfmolken sind ein ziemlich bekanntes Mittel gegen Wassersuchten. 20—50 Grm. Senfmehl werden einem Kilo Milch zugesetzt, der geronnene und ausgeschiedene Käsestoff beseitigt, die so erhaltenen Molken innerhalb eines Tages getrunken. — Bekannt ist ferner der schwarze Senf (mit Wasser, nicht mit Essig, zu einem Teig angemacht,) als s. g. Ableitungsmittel. Es hat diese Quälerei keine andere Wirkung als dass es die Aufmerksamkeit des Kranken eine Zeitlang in Anspruch nimmt und von dem Leiden ablenkt, bis dasselbe von selbst durch die Zeit oder durch bessere Mittel geheilt wird.

3. Gruppe: Eigentliche Gewürze.

a. Exotische.

Pfeffer. Schwarzer Pfeffer sind die unreifen Beeren des Pfefferstrauches, weisser die reifen und der Fruchthülle beraubten Beeren. Der schwarze Pfeffer ist bedeutend schärfer als der weisse. Ausserdem gibt es noch länglichen Pfeffer, der noch schärfer ist als der schwarze. Diesen Pfeffer liefert ein ganz anderer Strauch. Im Handel kommen verschiedene Qualitäten von Pfeffer vor: die beste ist der Malabar (englische), die zweitbeste der Goapf (portugisische), die dritte im Rang ist der Sumatra (holländische). Alle Pfeffersorten kann man sowohl ganz als gestossen haben. Will man nicht angeschmiert werden, muss man nur ganzen kaufen. — Der Pfeffer ist unstreitig das edelste Gewürz der Welt; in mässigen Mengen verleiht er den Speisen nicht nur ein feines Aroma, sondern gibt auch dem Magen eine sanfte Aufmunterung zur Thätigkeit. Letztere Eigenschaft wird bisweilen, wie dies ja in der Heilkunde Mode ist, auf eine unverantwortliche Weise missbraucht; die bekannte Magencur, welche darin besteht, dass 6—12 ganze (weisse) Pfefferkörner täglich einmal geschluckt werden, stiftet entschieden nur Schaden. Ausserdem wird schwarzer Pfeffer auch als Hausmittel gegen das Wechselfieber benützt. Gut! Sehr zweifelhaft ist dagegen die Wirkung des Pfeffers als Schutzmittel gegen bösartige Fieber. Trotzdem werden in dieser Absicht in ganz Nordamerika alle Suppen so stark gepfeffert, dass sie den Schweiss aus der Stirne treiben, namentlich den „Grünen." Einen sonderbarlichen Gebrauch machen oft die Damen von dem Pfeffer; sie schlucken einige Körner, um die Menstruation, wenn sie gerade mit einem Balle, einer Abendunterhaltung u. dgl. collidiren will. um einige Tage zu verschieben! Aeusserlich wird der Pfeffer ebenso als ableitendes Hautreizmittel benutzt wie der Senf.

Cayennepfeffer, spanischer Pfeffer, rother Pfeffer, ungarisch: Paprika, ist ein — vielfach gefälschtes — hellrothes Pulver. Wird in der feinen Küche zu vielen Saucen, in Ungarn hauptsächlich zum Gulyas, in England zu den Mixed Pickles gebraucht. Ein Magenfeind ersten Ranges! Leute mit schwachem Magen müssen sich davon erbrechen. — Dessen ungeachtet wird Paprika käufig als Heilmittel bei Appetitlosigkeit benützt. In Wien nehmen alte und junge Schlemmer fast zu keinem andern Mittel Zuflucht als zu dem an rothem Pfeffer überreichen Gulyas. Da die Seekrankheit eigentlich nichts Anderes ist als ein colossaler Katzenjammer, ein Katzenjammer im Kubus, mit scheusslicher Appetitlosigkeit, so wird auch gegen diese Krankheit die genannte Speise gar oft versucht.

Piment, Nelkenpfeffer, englisches oder Modegewürz. Die beste Sorte ist der Jamaica; der mexikanische (auch spanische) hat grössere, weniger aromatische Beeren; seltener ist der Kronpiment (längliche Beeren).

Zimmt. Im Handel kommt ganzer Zimmt (die ganze Rinde röhrenförmig in einander gerollt) und (vielfach gefälschtes) Zimmtpulver vor. Die feinste Sorte ist der Ceylon, etwas geringer der Java, die geringste der Cayenne (französischer) Zimmt. Der chinesische Zimmt kommt von einer ganz anderen Pflanze (Cassienlorbeerbaum), ist geringer als der wirkliche Zimmt, aber viel billiger und wird desshalb häufig gebraucht. Die geringste Sorte ist der s. g. Mutterzimmt, stammt von einer Varietät des Zimmtbaumes. — Der Zimmt dient hauptsächlich als Würze für Backwerke und für manche berühmte Wintergetränke (Glühwein). — Als Heilmittel wird er gebraucht bei schwacher Verdauung, Diarrhoe, Blutflüssen, Wechselfieber und bei schwachen Geburtswehen. Die Zimmttinctur ist so zu sagen ein Hausmittel geworden.

Zimmtblüthen — die Früchte des Cassienlorbeerbaumes, haben das gleiche Aroma wie der Zimmt.

Gewürznelken sind die nicht ganz zum Aufbruche gekommenen Blüthen eines auf den Molukken einheimischen, immergrünen Baumes. Von den verschiedenen Sorten ist die s. g. englische die beste. Die englischen Nelken haben die Köpfe noch unversehrt, einen stark aromatischen Geruch und beissenden Geschmack, tiefbraune Farbe, sind kurz, dick und schwer. Die französischen haben eine viel hellere Farbe und lange nicht den feinen Geruch wie die vorigen. Die holländischen stehen den englischen näher. Auch die Nelkenstengel (Blüthenstiele der Gewürznelken), sowie die Mutternelken (die kurz vor der Reife gesammelten Früchte des Gewürznelkenbaumes) werden als Gewürz verwendet. Beide weniger aromatisch als die „Nägelein."

Vanille. Unter der Vanille, welche im Handel vorkommt, ist ein grosser Unterschied. Die beste Sorte besteht aus langen, platten Schoten, die mit einem glänzendweissen Anflug überzogen sind (Vanillecampfer). Die Vanille hat unstreitig eines der feinsten Aroma; sie wird zu Backwerken und — nicht mit Recht — oft auch dem Thee zugesetzt (siehe Seite 121). — Vanille-Speisen werden nicht selten im Stillen als Stärkungsmittel für die Sexualorgane gebraucht; Schaden bringt dies sicherlich nicht und Nutzen — noch viel weniger!

Ingwer. Die Ingwerpflanze hat an ihrem Wurzelstock eigenthümliche Knollen, die Ingwerklauen, welche theils

eingemacht, theils als Gewürz verwendet werden. Es gibt
weissen und schwarzen Ingwer; der erstere ist sorgfältig
gereinigt und geschält, der letztere blos abgebrüht. Im Handel
kommt auch ein mit Chlorkalk gebleichter Ingwer vor,
der durch diese Procedur zwar eine schön weisse Farbe erhalten, aber viel vom Aroma eingebüsst hat. Der Jamaica ist
der feinste. — Vom Ingwer hört man oft sagen, dass er den
„Magen stärke!" Namentlich gilt hierfür der in Zucker eingemachte Ingwer.

Muscatnuss. Die ächten sind rund. Eine Abart, die
wilden („männlichen") sind länglich, herb und nur schwach
aromatisch. — Es wird gewarnt vor wurmstichigen und nach-
gemachten Nüssen! — **Muscatblüthe.** Macis, ist der Samen-
mantel der Muscatnuss. Frisch hat Macis eine scharlachrothe
Farbe; später wird sie gelb. Penang ist die feinste Sorte;
Batavia und Singapore sind geringer. — Mit Muscatnuss
würzt man Suppen und Saucen, mit Macis vieles Backwerk.
Macis ist feiner als die Nuss.

Safran. Die hochrothen Narben des Stempels von Crocus
sativus L. Der gepulverte (in kleinen Schächtelchen) kann
schon vermöge seines niederen Preises nicht ächt sein; er ist in
der That auch nichts Anderes als Saflor mit Spuren von Safran.
Man kaufe also nur ganzen und zwar empfiehlt sich für unsere
Gegend der österreichische. Sonst kommt im deutschen
Handel hauptsächlich französischer vor. Der orienta-
lische ist zu theuer, der spanische und italienische gering. — In der besseren Küche kennt man dieses Gewürz
kaum, sieht höchstens einmal bei einer Bauernhochzeit die
Nudelbrühe oder Saucen damit gefärbt! Sonst dient der Safran
noch zum Färben von Käsen, Maccaroni u. dgl., was immer
noch besser ist, als wenn man Orlean dazu benützt. — Der
Safran wird nicht selten als Hausmittel gebraucht, anstatt der
Kamille, namentlich bei spärlicher und schmerzhafter Menstruation. Man sei vorsichtig, denn in grösseren Gaben bewirkt Safran Blutandrang nach dem Kopfe, der bis zur Be-
täubung, ja bis zum Schlagfluss führen kann.

Curcuma, indischer Safran, wird ebenfalls zum Gelbfärben
von Reisspeisen benützt.

Lorbeerblätter müssen hübsch grün sein, ohne Stiele,
von angenehm gewürzhaftem Geruch und scharf aromatischem
Geschmack. — Vielfach als Würze verwendet, namentlich zu
Beizen; hilft trefflich mit zum Ruin des Magens! Trotzdem
werden die Lorbeerblätter oft als s. g. „magenstärkendes",
„windtreibendes" Hausmittel gebraucht.

Bockshornklee ist eine im Orient und Griechenland vorkommende Krautpflanze (Trigonella foenum graecum), deren

Samen ein feines Aroma haben und desshalb häufig zu Gewürzmischungen verwendet werden. Der bekannte grüne Kräuterkäse hat seine Farbe und sein Aroma von den Blättern der
Trigonella caerulea.

Kardamom — ein kräftiges, angenehmes Gewürz; gepulvert
auch wohl als blähungswidriges Heilmittel gebraucht.

Galgantwurzel — gehört zn den schärferen Gewürzen —
hauptsächlich zu Würzen für Fische und Krabben verwendet.

Sternanis — aus Ostasien — anisähnlicher Geruch, stark
würziger Geschmack — vielfach als Würze, namentlich für
Liqueure benützt.

Schliesslich sei noch gewarnt vor den vielen aus England
und Frankreich kommenden **Gewürzmischungen**, weil dieselben
eigentlich nichts Anderes sind als eine ungemein ergiebige
Quelle für Verfälschungen und Betrügereien.

Ausser den genannten Stoffen werden auch noch manche
Früchte als Gewürz benützt, z. B. Citronen, Pomeranzen u. dgl.
Das Nähere hierüber im 27. Capitel!

b. Einheimische Gewürzkräuter.

In Anbetracht, dass die exotischen Gewürze so oft verfälscht und so theuer verkauft werden, sollte man viel mehr
an die einheimischen denken, zumal da eine so schöne Auswahl vorhanden ist. Die wichtigsten sind:

Petersilie. Wurzel und Blätter werden zu vielen Fleischspeisen und als Suppengewürz gebraucht. Nur keine Verwechslung mit der giftigen Hundspetersilie (Aethusa Cynapium)!
Diese ist durch ihren bläulich bereiften Stängel leicht zu unterscheiden. Ausserdem fehlt das Aroma; im Gegentheil, es gibt
die Hundspetersilie beim Zerreiben in der Hand einen äusserst
widrigen Geruch. Endlich sind die Blätter kleiner und hellgrün glänzend. — Die Petersilie verleiht den Speisen eine harntreibende Eigenschaft. Der Aufguss von den Samen wird von
Leuten getrunken, die an Wassersucht, Blasenstein leiden. Auf
dem Lande macht man aus 1 Thl. Petersilie und 3 Thln. ungesalzener Butter eine Salbe gegen — Kopfungeziefer.

Dill. Die frischen Blätter und Dolden dienen als Küchengewürz, zum Einmachen der Gurken; die Samen werden als
Heilmittel wie Fenchel gebraucht. Stinkt ein Bischen!

Aus der Gattung Lauch (Allium) verwendet die Küche
den Knoblauch, die Zwiebeln und den Schnittlauch.

Knoblauch darf nur eine kurze Zeit in der Fleischbrühe
kochen, weil er zu scharf ist. Magenverderber!

Zwiebeln stehen in Bezug auf den Nährwerth nicht weit
hinter den Hülsenfrüchten, was gewiss viel heisst! Bei ihrer
Zubereitung hat man sich wohl zu merken, dass nur durch

exactes Abbrühen das flüchtige Oel, durch welches sie die
Augen und Nase zu kitzeln, das Nervensystem aufzuregen und
den armen Magen zu maltraitiren vermögen, gründlich entfernt
wird. Die kleineren Zwiebeln eignen sich besonders zum
Einmachen in Essig. Beilage zum Rindfleische. Bevorzugt sind
die „Schalotten" (Allium Ascalonicum L. — gestreckt ei-
förmig) und die Rocambole.

Schnittlauch hat die scharfen Eigenschaften der vorigen
— wird zu vielen Brühen, Fleisch-, Eier-, Butter- und Käse-
speisen gebraucht. Grosser Magenfeind!

Die mit Knoblauch Zwiebeln oder Schnittlauch gewürzten
Speisen haben verschiedene Heilkräfte: sie treiben den Magen
zur Thätigkeit an, bringen Spul- und andere Eingeweidewürmer
um, treiben auf's Wasser, wenn Krämpfe dessen Abgang erschweren und heilen mitunter Wassersuchten?

Meerrettig. Wegen seines scharfen Geruchs und Geschmacks gehört der Meerrettig eher zu den Gewürzen als zu
den Gemüsen. Der Geschmack ist übrigens nicht bei allen
Sorten gleich: Eine Sorte schmeckt sehr scharf und bitter
(gemeiner Meerrettig); die andere ist mild und süss (Mandel-
meerrettig). Nur die letztere Art gehört auf den diätetischen
Tisch. Am schmackhaftesten ist der in Fleischbrühe gekochte, am mildesten der mit etwas geriebenem Brod in der
Milch gekochte. Der rohe (fein geriebene) Meerrettig, einfach mit Essig und Oel angemacht, schmeckt pikanter. Man
sieht in den Gasthöfen häufig der Länge nach geschnittene
s. g. Hobelspähn-Meerrettig als Garnitur zum boeuf à la mode.
Es ist dies unstreitig die unsinnigste Form, in welcher man
den Meerrettig bringen kann; erstlich tritt der beliebte pikante
Geschmack am wenigsten zu Tag und zweitens ist der Meerrettig in dieser Form viel schwerer zu verdauen, als wenn er
fein gerieben wurde.

Dem Meerrettig schreibt man eine harntreibende Heilwirkung zu; am häufigsten wird hierwegen der mit Wein bereitete Aufguss getrunken.

Capern. Die ächten Capern sind die noch geschlossenen
Blüthenknospen des im südlichen Europa wachsenden Capern-
strauches. Die deutschen Capern sind die Blüthenknospen
des Spartium scoparium L., heissen auch Ginstercapern. Ausserdem werden noch die Früchte der Capuzinerkresse (Tropaeolum
majus L.) zu Capern gemacht, ebenso die Knospen der bei
uns in sumpfigen Wiesen häufigen Sumpfdotterblume (Caltha
palustris L.). Letztere Sorte giftig! Gar nicht selten ist die
beliebte grüne Farbe der Capern durch Grünspan erhöht. Sehr
schädlich! Man kann dies leicht erforschen: ein blankes Eisen
wird darin roth. — Die Capern dienen zum Würzen ver-

schiedener Saucen und Salate, namentlich des Kartoffelsalates.
— Vor Altem wurden sie auch als antiscorbutisches Heilmittel
gebraucht.

Rosmarin-Blätter — Geruch kampferartig-aromatisch, Geschmack würzig, etwas bitter — Nicht zu verwechseln mit dem
giftigen wilden Rosmarin! — Zum Mariniren der Fische und
als Gewürz für Fleischspeisen gebraucht.

Thymian. Es gibt 2 Arten: a) G a r t e n t h y m i a n. (Römischer
Quendel, Thymus vulgaris L.) und b) W i l d e r T h y m i a n.
(Quendel, Thymus serpyllum L.). Nur der erstere wird in der
Küche gebraucht zu Geflügelfarcen; dagegen gelten beide, der
Feldthymian jedoch mehr, als Heilkräuter. Zu Kräutersäckchen,
Umschlägen, Bädern bei Quetschungen, Lähmungen u. dgl. ge-
braucht.

Majoran. Der Majoran wird von der Küche als Gewürz
für verschiedene Würste benützt. Die Speisen sollen dadurch
eine erregende „nervenstärkende" Heilkraft erhalten!

Saturey, P f e f f e r -, B o h n e n -, W u r s t k r a u t, hierlands
„Z i p e r i g i n g g i s" genannt, ist eine sehr wohlriechende Würze
für Bohnen, Erbsen, Würste etc. Auch Heilmittel gegen Brust-
katarrhe!

Salbei — stark aromatisches Kraut, dient hauptsächlich
zum Mariniren der Fische, deren faden Geschmack es gründlich herausputzt; auch zum Braten vieler Fische (namentlich
der Felchen) eine unentbehrliche Beigabe. — Die mit Salbei
gewürzten Speisen erhalten dadurch verschiedene Heilkräfte,
namentlich vielgelobt gegen Zehrschweisse, gegen weissen
Fluss u. dgl. Bekannter ist aber der Aufguss von Salbeiblät-
tern als Gurgelwasser bei Mandelentzündungen und als Mundwasser bei schlaffem, leicht blutendem Zahnfleische (Skorbut).

Pastinak. Die dicke, süsse und gewürzhafte Wurzel dient
bisweilen als Würze für Fleischbrühe. Der Pastinak kann,
wenn er tagtäglich und in grösseren Mengen genossen wird,
eine schmerzhafte Eruption von Blutschwüren, vorzüglich an
den Händen erzeugen. Diese Hautkrankheit ist bei den belgi-
schen Gärtnern unter dem Namen: „Mal du panais" bekannt.

Estragon (Kaisersalat). Die jungen Triebe geben eine
treffliche Beigabe zum Salat und zu Essiggurken. Der D r a -
gronessig schmeckt sehr angenehm.

Sellerie — Wurzelstock ein treffliches Gewürz für Fleischbrühe — auch als Salat gut. Ist ein schwaches Reizmittel für
die Harn- und Geschlechtsorgane.

Kalmus. Die starke, fleischige Wurzel hat einen bitteren,
kräftig aromatischen Geschmack; wird nicht selten als Gewürz
für Krankensuppen gebraucht. Gilt vor Allem als „magenstärkendes" Mittel. Ausserdem wird sie auch als Schutzmittel

gegen Cholera angerathen! Es gibt Leute, welche ganze Schachteln voll überzuckerten Kalmus mit sich schleppen, wenn sie in eine verdächtige Stadt reisen. 1854 in München vielfach gebraucht!

Kümmel. Sehr gebräuchliche Würze für Backwerk und fette Käse. In der Regel verwendet man ganzen Kümmel. Dieser ist schwer verdaulich; wenn er nicht gründlich gekaut wird, geht er gerade wieder so unten hinaus, wie er oben hineinging. D e r K ü m m e l s o l l n u r i n P u l v e r f o r m g e - b r a u c h t w e r d e n. In dieser Form lässt er das treffliche Aroma schon in der kleinsten Quantität zu Tage treten und belästigt nicht im Gedärme. Die mit Kümmel versetzten Speisen haben verschiedene Heilkräfte: sie fördern die Verdauung, zertheilen Blähungen und treiben auf den Urin. Stillende Frauen essen Kümmelbrodsuppe zur Förderung der Milchsecretion. Die Klystiere von Kümmelaufguss dienen zu gleichen Heilwerken.

Fenchel. Der Samen wird zu Fischsaucen und zum Mariniren der Fische, sowie zum Einmachen von Früchten gebraucht. — Der Fenchel verleiht den Speisen verschiedene Heilkräfte, namentlich gegen Appetitlosigkeit, Colik und „versessene Winde!" In München wird desswegen alles Brod mit Fenchel gewürzt!

Anis. Vielfach als Würze für Backwerk gebraucht. Dieses wird dadurch heilkräftig bei schwacher Verdauung, Blähungen. Mitunter wird solches Gebäck auch als Mittel zur Förderung der Milchsecretion gebraucht.

Koriander dient hauptsächlich als Würze für in Essig eingemachte Speisen (Rahnen) und für Backwerk — riecht ein Bischen nach Wanzen. — Die mit Koriander gewürzten Speisen fördern die Verdauung, sind blähungswidrig und verscheuchen oft rasch einen gastrischen (Stirn-) Kopfschmerz.

Wachholderbeeren — finden in der Küche eine vielseitige Verwendung zu Saucen, zu eingemachten Gemüsen, zum Pöckelfleische. Die Speisen werden dadurch heilkräftig, namentlich schweiss- und harntreibend. Ferner meint man, dass Wachholderbeeren die Verdauung fördern. Bekanntlich werden auch ganze Wachholderbeeren gekaut bei üblem Geruch aus dem Munde und — als Schutzmittel gegen ansteckende Krankheiten! Allbekannt sind endlich die Wachholderräucherungen in Krankenzimmern. Vergiss nachher nur das Lüften nicht!

Bibernell (Pimpinellwurzel) riecht und schmeckt gut und wird desshalb mit Recht häufig als Salatwürze benützt. Solchem Salate wird eine Heilwirkung bei chronischen Katarrhen des Magens und der Athmungswege zugeschrieben.

Beifusswurzel wird nicht selten als Gewürz für den Gänsebraten verwendet. Diese Wurzel gilt als Heilmittel gegen verschiedene Krampfkrankheiten, namentlich gegen den Veitstanz. Verordne also solchen Kranken diese Gänsebraten!

Basilicum, Basilienkraut. Die Astblättchen haben einen Geruch, der stark an die Gewürznelken erinnert — Hauptsächlich zu Marinaden von Fischen und als Wildpret-Würze benützt.

30. Capitel.

Saucen.

Nach langem Grübeln, wo dieser berühmte Küchenartikel eigentlich hinzustellen sei, kam der Verfasser endlich auf den Gedanken, die Saucen den Gewürzen anzureihen. Wenn sie mitunter auch nahrhafte Stoffe enthalten, so bildet doch irgend ein Gewürz den Hauptbestandtheil und jedenfalls werden sie den Speisen nur als Geschmacksverbesserer beigegeben. Der Grund, warum wir überhaupt einen Artikel, welcher in den Küchen so grosses Ansehen geniesst, so weit hinten bringen, ist humaner Natur; es geschieht aus Rache! Die Küche mag fabriciren was sie will, nichts bringt soviel Unheil für den Magen und für die Gesundheit überhaupt wie die Saucen. Um Irrungen zu vermeiden, sei bemerkt, dass hier nur die extra bereiteten Saucen gemeint sind. Die Bratensaucen gehören gar nicht hierher, sondern entweder zum Braten selbst oder, wegen ihres Gehalts an Leimstoff, ins 15. Capitel.

1. **Käufliche Saucen** kommen hauptsächlich aus England, sind vielfach gefälscht und sehr theuer. Alle sind so scharf, dass sie in der diätetischen Küche nie eine Stelle erlangen können. Man nimmt dazu den stärksten Essig, übermässig viel Salz, Catsup, sehr viel Cayennepfeffer, verschiedene Gewürzkräuter und andere scharfe Dinge mehr. Gewöhnlich sind sie mit Bolus roth gefärbt. In der Regel führen diese Saucen den Namen des Hauptbestandtheils: Anchovis Sauce, Harvey's Fisch Sauce, Essence of shrimps, Essence of lobsters. Eine sehr complicirte Zusammensetzung haben: die Great Western Sauce (furchtbar scharf), die Soyer's Sauce succulente (sehr ange-

nehmer Geschmack), die King of Oude Sauce. Auch die weltberühmte Soya kommt über England zu uns — aus Ostindien, China, Japan — von der Soabohne bereitet — eine
braune Flüssigkeit, dient zum Würzen der Suppen und vieler
Saucen.

2. Selbstgemachte Saucen. Diese Saucen verdienen unbedingt den Vorzug; erstens weiss man was man hat und zweitens
dass man nicht um sein Geld betrogen ist.

Wir sind so frei und theilen diese Saucen, wie es oben
bei den Suppen geschah, nach ihren Grundlagen ein in
Fleischbrüh-, Fischbrühe-, saure Rahm- und Oelsaucen.

a) Fleischbrühsaucen. Diese Saucen sind die nahrhaftesten und gesündesten von allen. Je nachdem das dazu
verwendete Mehl über leichtem Feuer nur weiss angerührt oder
stärker gebrannt wird, erhält man weisse oder braune Saucen.
Letztere sind mehr zu empfehlen, da das gründlich geröstete
Stärkemehl nicht nur schmackhafter, sondern auch leichter zu
verdauen ist.

Die Ingredienzien für die Saucen sind ungemein zahlreich;
ausser Mehl und Butter enthalten sie Zwiebeln, Salz, Pfeffer,
Citronen, Senf, Capern, Sardellen, Morcheln, Champignon,
Trüffeln, Fleischextract, Jus, allerlei inländische Gewürzkräuter
und Wurzelgemüse, Madera, Maraschino und viele andere
Dinge mehr. Der Mensch ist in nichts so empfinderisch wie
in den Mitteln zum Ruin des Magens!

b) Fischbrühsaucen. Ein allbekanntes Beispiel ist die
ächte s. g. holländische Sauce. Als Ingredienzien figuriren:
Butter, Mehl und Eier; als Würze dienen: Pfeffer, Zwiebeln,
Nelken, Macis, Estragon und Capern. Ausserdem wird bald
mit Wein, bald mit Essig angesäuert. — Diese Sauce eignet
sich hauptsächlich als Beigabe zu Fischen.

c) Rahmsaucen sind schon wegen ihres hohen Fettge-
haltes nicht empfehlenswerth. Ganz verderblich wirken diese
Saucen dann, wenn sie — wie es in grösseren Städten vorkommt — aus Mangel an Rahm durch ein Gemenge von Butter,
Mehl, Essig und Wasser nachgemacht werden.

d) Oelsaucen, Mayonnaisen, kalte Saucen. Provenceröl
wird mit Eidotter verrührt. Als Würzen dienen: Essig, weisser
Pfeffer und Salz. Die Gefässe, in welchen diese Saucen bereitet werden, müssen stets kalt gehalten sein — auf Eis, oder
auf einer kalten Steinplatte im Keller. Diese Saucen werden
hauptsächlich zu kaltem Fleische gegeben.

Der Verfasser lernte in Frankreich eine Sauce kennen, welche
jedenfalls das Gesundeste und Angenehmste ist, was zu diesem Artikel
rt:

Die Tomatesauce.

R. Wohlsortirte Tomates werden zerschnitten — mit ganz wenig Wasser zu einem Brei gekocht — dieser durch ein Haarsieb getrieben, um Haut und Kerne zu entfernen — der Brei dann über gelindem Feuer langsam zur Trockene eingedampft — in Tafeln geformt — Verpackung in Papier — Aufbewahren an einem trockenen Ort, hält Jahre lang. — Zu einem ¼ Liter Sauce nimmt man ein baumnussgrosses Stück — kocht es mit Fleischbrühe und entsprechend Butter in einer emaillirten Eisenpfanne und würzt nur mit Salz und Pfeffer (Zwiebeln machen die Sauce widerlich scharf).

In dieser Sauce schmecken die Tomates trefflich. Geröstet oder als alat verspeist, haben sie einen Geschmack, der weder süss noch sauer ist. ie heissen desshalb auch Liebesäpfel.

31. Capitel.

Conservirung der Nahrungsmittel.

Obwohl die Küche darin berühmt, oder, besser gesagt, erüchtigt ist, dass sie gar zu zähe am Althergebrachten festilt, so werden doch mit der Zeit manche alte Conservirungsethoden durch die Salicylsäure verdrängt werden. Die hemie hat nicht nur bereits eine leichte Darstellungsmethode eses wichtigen Körpers gefunden, sondern auch die fäulnissidrigen Eigenschaften der Salicylsäure zur Genüge bewiesen. leisch, Eier, Milch und Bier gehen nicht in Fäulniss über nd zeigen keine Pilzbildung, wenn sie mit etwas Salicylsäure ersetzt sind. Diese eignet sich ferner ausgezeichnet zum onserviren von Wein.

Es wird nunmehr allein noch die Aufgabe der Kochkunst in, quantitative Versuche mit der Salicylsäure für die einzelen Küchenstoffe anzustellen. Dabei wird als leitende Thatsache elten müssen, dass der Mensch täglich 1,5 Grm. Salicylsäure ehmen kann, ohne irgendwelche Beschwerden. — Vor der and wird die Salicylsäure in der Küche mehr dazu benutzt, reits anrüchig gewordenes Fleisch u. dgl. wieder geniessbar machen als zur eigentlichen Conservirung von Nahrungsitteln.

In der Heilkunde hat die Salicylsäure als antiseptisches ittel bekanntlich bereits eine volksthümliche Verwendung gefunden; sie dient als Zusatz zu Zahnpulver, in wässriger Lösung als Reinigungsmittel der Zähne, (Alles bei üblem Geruch aus dem Munde), ferner als Mittel gegen stinkenden Fussschweiss (wobei übrigens zu bemerken ist, dass nicht der Schweiss sondern der Stiefel stinkt!) weiter als Verbandsmittel bei Geschwüren sowohl wie bei frischen Wunden. Endlich wird die Salicylsäure auch als innerliches Heilmittel gebraucht bei verschiedenen contagiösen Blutkrankheiten.

Die Conservirung der Nahrungsmittel hat eine hohe Bedeutung für die Küche. Es gilt: für den Winter Gemüse zu erhalten, viele Fleischsorten haltbarer zu machen, faden Dingen einen besseren Geschmack zu geben u. s. f. Für uns ist die Sache insofern besonders wichtig, als manche conservirte Nahrungsmittel nichts weniger als gesund sind. Sowohl durch die conservirenden Medien, als durch Zersetzungprodukte, welche sich bei aller Vorsicht schliesslich doch entwickeln, sind die conservirten Speisen eine Hauptquelle von Magenkrankheiten, Säfteverderbniss und vieler anderer Uebel mehr.

Die Methoden zur Conservirung der Nahrungsmittel sind ziemlich zahlreich; alle sind geleitet von dem Gedanken, jene Faktoren zu entfernen, welche die Fäulniss begünstigten (Luft, Wasser und Wärme), oder den Einfluss derselben durch andere Mittel aufzuheben (Salz, Kreosot u. dgl.). Wir wollen die gebräuchlichsten Methoden einzeln besprechen:

I. Abhalten der Luft.

Das einfachste Mittel zur Abhaltung der Luft, welches wahrscheinlich schon die Pfahlbauern gekannt haben, sind — die Stöpsel. So einfach die Sache auch klingt, es dürfte doch die Mahnung nicht überflüssig sein, zur Aufbewahrung von Nahrungsmitteln häufiger Gläser mit eingeriebenen Stöpseln zu verwenden. Bis jetzt sieht man solche Gläser fast nur in den Apotheken; in den Küchen stehen alte Häfen u. dgl. herum, welche höchstens mit einem Deckel zugedeckt oder mit einer Schweinsblase zugebunden sind, so dass die Luft beikommen kann, wie sie will.

Apicius meldet, dass die Alten das Fleisch durch eine Honigdecke vor dem Einflusse der Luft zu schützen gesucht. Das gleiche Princip wird jetzt noch befolgt, wenn man gemästete Gänse, Enten, halbfettes Schweinefleisch, grössere Fische (Lachs, Stör, Hausen) in gesäuertem und gewürztem Gelée einkocht und Alles mit einander unter der Fettdecke lässt.

Das berühmte Appert'sche Verfahren zur Conservirung von Nahrungsmitteln besteht darin, dass man die Speisen abkocht und nachher in luftdicht zugelöthete Blechbüchsen einschliesst. Die Sache wird zwar im Grossen, fabrikmässig, betrieben und es sind derartige Nahrungsmittel im Handel genug zu bekommen; allein es dürfte trotzdem für manche grössere Wirthschaft gerathen sein, selbst Hand anzulegen. Man weiss dann auch, was man hat und fährt jedenfalls billiger.

Wir empfehlen folgendes Verfahren;

Das Gemüse und Obst, welches man dazu ausgelesen hat, wird in kochendes Wasser gelegt und so lange gekocht, bis es genügend weich ist. Dann wird es in die Blechbüchsen gegeben; die Brühe randvoll, das Feste einen halben Zoll unter dem Rande. Noch bevor es kalt geworden, müssen die Büchsen vom Flaschner hermetisch zugelöthet werden. Wenn dies geschehen, kommen sie wieder ins siedende Wasser und es wird nochmals 2 Stunden gekocht.

Die Grösse der Büchsen richtet sich nach der Haushaltung; der Inhalt einer Büchse soll für einen Tag reichen. Das Auflöthen besorgt man selbst, schafft sich also einen Löthkolben an. Die Sauce in der Büchse wird weggeschüttet, das Gemüse nur flüchtig aufgekocht, entsprechend gewürzt und zu Tische gegeben. Es schmeckt fast so gut wie frisches, selbst wenn es Jahr und Tag aufbewahrt wurde; auch behält es die Farbe bei. Nur wenn eine Büchse nicht gut verlöthet wird, verdirbt der Inhalt und bekommt einen so üblen Geruch, dass sich schwerlich mehr Jemand daran versündigt.

II. Das Austrocknen.

Diese Conservirungsmethode ist alt, einfach und gut. Die Nahrungsmittel behalten den Nährwerth, den arthaften Geschmach und die beliebte Farbe so ziemlich bei. Die Sache wird auf 3 Arten gemacht: durch Dörren im Ofen, durch Aufhängen an der Zugluft und durch Auspressen des Wassers. Auf die eine oder die andere Art werden Aepfel, Birnen, Zwetschgen, Kirschen, Pflaumen, viele Gemüse und selbst Fleisch haltbar gemacht.

Aepfel und Birnen werden gewöhnlich in Schnitze zerschnitten und im Ofen gedörrt. Zwetschgen, Kirschen und Pflaumen werden theils ganz, theils entsteint gedörrt, in gewöhnlichen Backöfen, auf Blechen oder auf Hürden, welche aus Weiden geflochten sind. Bevor man gedörrtes Obst verpackt, muss es längere Zeit an der Luft gelegen haben, da es sonst leicht schimmelig wird. Aus Frankreich kommen getrocknete Pflaumen in den Handel, die zum Delicatesten gehören, was man in diesem Artikel haben kann. Bohnen, Erbsen etc. werden gewöhnlich nur an der Luft getrocknet.

Bekannt sind die comprimirten Gemüse. Der Wassergehalt ist einfach durch Pressen entfernt. Auf diese Art conservirt bekommt man im Handel: Kohl, Spinat, die Kräuter zur französischen Suppe und noch viele andere Gemüse. Alle haben Nährwerth. Wohlgeschmack und sogar die Farbe fast unversehrt. Die Fabrikation eignet sich nicht für Privathäuser, da grosse Pressen, complicirte Trockenräume etc. nothwendig sind.

Ein ganz wichtiger Handelsartikel ist das luftgetrocknete Fleisch. In Amerika trifft man solches Fleisch ungemein häufig, sogar in den Gegenden, in welchen das frische Fleisch kaum 3 — 5 Cts. kostet. Hierlands ist dasselbe nur in einigen hochgelegenen Alpenthälern (Engadin, Davos) ziemlich allgemein bekannt. Da es die Schattenseiten nicht hat, welche das Pöckelfleisch öfters zu einer ungesunden Speise machen, so gebührt ihm eine weit grössere Verbreitung.

Streng genommen muss hier auch die condensirte Milch und das Fleischextract genannt werden; beiden ist der Gehalt an Wasser entzogen — durch Eindampfen, Pressen etc. Vide Cap. 1 und 3.

III. Abhalten der Wärme.

Dass sich eine Menge von Nahrungsmitteln an kühlen Orten länger halten, ist eine allbekannte Sache; Milch, verschiedene Gemüse namentlich aber das Fleisch wird desshalb alsbald in den Keller gethan. Glücklich das Haus, welches einen guten Keller hat! Die meisten sind im Sommer nicht kühl genug. Etwas lässt sich dadurch nachhelfen, dass man einen Eiskasten einrichtet.

Die grösste Sorge macht die Aufbewahrung des Fleisches, namentlich der Fische. Es gehört dazu ein luftiger, trockener Raum, der nie über + 4⁰ R. kommt. Ein feines Drahtgitter muss vor Inseeten und anderem thierischen Raubgesindel schützen. Häufig legt man das Fleisch unmittelbar auf das Eis. Das ist ein grosser Fehler! Jene Stelle des Fleisches, welche das Eis berührt, gefriert und wenn sie wieder aufthaut, zeigt sie sich erweicht, verdorben. Im Sommer paradiren auf den Tischen der Gasthöfe nicht selten Fische, deren eine Fläche in Folge des directen Lagerns auf Eis eine verdächtige (braunrothe) Farbe hat. Es ergebt desshalb die Mahnung, nur den Boden des Fleischbehälters mit Eis zu belegen und das Fleisch frei darüber aufzuhängen.

IV. Einmachen.

Kochsalz, Essig und Zucker sind diejenigen Stoffe, welche am meisten zum Einmachen gebraucht werden; Gemüse, Früchte, Obst und Pilse die Stoffe, welche man gewöhnlich darin zu conserviren sucht.

a) Einmachen in Salz. Die wichtigsten der hierher gehörenden Producte sind unstreitig das Sauerkraut und die sauren Rüben. Als erste diätetische Regel gilt: Nimm eher zu wenig als zu viel Salz! Abgesehen davon, dass zu stark gesalzene Dinge überhaupt schlecht schmecken und schädlich auf den Magen wirken, hindert auch der Salzüberschuss den Vorgang des Einmachens, die s. g. schleimige Gährung, bei der sich Milch- und Buttersäure bilden. Diese Säuren sind es, welche die eingemachten Dinge leicht verdaulich und schmackhaft machen. Bei näherer Untersuchung findet man, dass sich in der Lacke des Sauerkrautes und der sauren Rüben nicht wenig von den wichtigsten Nährstoffen dieser Pflanzen vorfinden (Salze, Eiweiss, Kleber); beide haben somit an Nährwerth erheblich eingebüsst. Es ist das gleiche Verhältniss wie beim Salzfleisch, nur wird bei diesem die Lacke geradezu weggeschüttet, während beim Kraut und bei den Rüben immerhin noch ein erheblicher Theil der Lacke in das Pflanzengericht aufgesogen bleibt. Man hat also. wenn man so sagen kann, beim Sauerkraute den Braten mit der Sauce. — Weiteres über Sauerkraut und saure Rüben steht im Capitel von den Gemüsen (25).

Die Bohnen, welche man einmachen will, müssen vor dem Salzen einmal durchgekocht werden und dürfen erst dann in die Salzlacke gegeben werden, wenn sie kalt sind, weil sonst die Gährung zu stürmisch würde. Von den eingemachten Bohnen pflegt man die Lacke wegzuschütten. Auf diese Weise geht viel Nährstoff verloren. Da überdies auch der Wohlgeschmack leidet und die beliebte grüne Farbe erbleicht, so können wir diese Art Bohnen zu conserviren weniger loben als das Dörren, von dem im vorigen Capitel die Rede war.

Die Gurken, welche man einsalzen will, dürfen keine Verletzungen an der äusseren Haut haben; auch dürfen die Stiele nicht zu kurz abgebrochen sein.

b) Das Einmachen in Essig liefert lauter Dinge, welche dem Magen im höchsten Grade zusetzen; es darf desshalb in einem diätetischen Kochbuche keine Anweisung darüber zu finden sein. Der Unwille über Beizfleisch, Essiggurken, Mixed Pickles u. dgl. ist auch schon in den vorhergehenden Capiteln unverholen ausgedrückt worden.

c) Ueber das Einmachen von Früchten in Zucker ist zu bemerken: Die unreifen harten Früchte, welche man einmachen will, müssen vorher blanchirt werden, da sonst die Zuckerlösung nicht vollständig eindringt. Nimmt man zu wenig Zucker, dann fangen die Früchte bald an zu faulen; nimmt man zu viel, dann bekommen sie einen dicken Zuckerbeschlag, der ihren arthaften Geschmack ganz verdeckt. Sehr wasserreiche

Früchte müssen vorerst abgekocht werden. Durch das Abkochen bezweckt man die Entfernung von Wasser, also die Concentration des Saftes. Eine dünne Brühe ist nicht so haltbar wie eine dicke. Nach dem Abkochen müssen sie schnell mit etwa 25% ihres Gewichtes Zucker verdampft werden. So soll man Kirschen, Pflaumen, Aprikosen, Johannis- und Stachelbeeren behandeln. In manchen Häusern werden die gleichen Früchte auch in Rum oder Cognac eingemacht. Alle in Zucker eingemachten Früchte verderben rasch, wenn sie nicht an einem ganz trockenen, kühlen Orte gelagert werden. Für die diätetische Küche merke man sich ein für alle Mal, dass das Appert'sche Verfahren bei Weitem bessere Artikel liefert als diese alten gedankenlos fortgeschleppten Küchengebräuche. Alle in Zucker eingemachten Früchte sind bekannt dafür, dass sie leicht Uebersäurung des Magens bewirken. Doch gehört auch Manches auf Rechnung der grossen Quantitäten, welche von diesen Leckereien nicht selten verschluckt werden; denn es gibt in der That solche Delicatessen darunter (havaneser Ananas im eigenen Saft eingemacht, fein candirte Pomeränzchen, ächtes Livorneser Citronat), dass selbst die heiligsten Schwüre der Enthaltsamkeit gebrochen werden!

V. Salzen und Räuchern (Rauchfleischfabrikation).

Nur jenes Fleisch ist zum Salzen und Räuchern geeignet, welches mit Fett durchwachsen ist. Das magere nimmt merkwürdig viel Salz auf, dörrt im Rauche arg aus und geht bälder in Fäulniss über als das fette. Ausser dem Schweinefleisch und Speck sind noch geeignet: Junges fettes Rindfleisch, Gänsebrüste, Rinds-, Kalbs-, Schweins- etc. Zungen, verschiedene fette Fische und viele Würste.

Der Verfasser hat auch schon Versuche gemacht im Räuchern des Kalbfleisches und hat immer ein sehr zartes und wohlschmeckendes Rauchfleisch erhalten — ganz geeignet zur Nahrung für gewisse Magenkranke; allein es hatte dasselbe eine so geringe Haltbarkeit, dass er dieses Fabrikat nicht empfehlen kann.

Wenn wir die Pöckelfleisch-Fabrication näher untersuchen, so finden wir nicht wenig Schattenseiten:

1) Das Fleisch büsst nahezu die Hälfte von seinem Nährwerth ein. Beim Beizen zieht das Kochsalz Fleischsaft aus. In diesem sind Eiweisskörper und Fleischsalze enthalten. Durch solchen Verlust wird das Salzfleisch annähernd auf die niedere Stufe des ausgekochten Rindfleisches gebracht; die Salzlacke, welche man bekanntlich wegschüttet, kann so ziemlich der Fleischbrühe gleichgestellt werden. Demgemäss ist der Küchengebrauch wohlbegründet, zum Pöckelfleische die

nahrhaftesten Gemüse zu serviren; mit Recht steht neben geräuchertem Schweinefleisch oder Speck ein Bohnenpurée!

2) Die conservirenden Medien machen das Pöckelfleisch nicht zuträglich. Beim Beizen tritt in die Fleischfaser so viel Salz ein, als Fleischsaft austritt. Was übersalzene Speisen zu schaden vermögen, ist bereits an mehreren Stellen erörtert worden. Noch schlimmer sind die starken Salpeterbeizen wie man sie in den Metzgen häufig anwendet, um mit dem Beizen möglichst rasch vorwärts zu kommen. Dass stark salpetrirtes Fleisch Magen- und Darmkatarrh (Diarrhoe) verursacht, ist eine allbekannte Thatsache. In kleinen Quantitäten dagegen schadet der Salpeter nicht nur nichts, sondern bewahrt auch noch dem Pöckelfleisch die beliebte hellrothe Farbe. Ausserdem kommen in der Regel zu den Beizen noch verschiedene scharf-aromatische Würzen. Es würde zu weit führen, wollten wir alle aufzählen. Diese Würzen haben es auch wieder mit dem Magen zu thun. Am Fleische selbst machen sie nicht viel gut, da sie den arthaften Geschmack desselben oft ganz verdecken. Aromatische Würzen haben schon desshalb wenig zu bedeuten, weil das Aroma beim Räuchern davon geht. Ferner ist die brenzlige Säure des Rauches, von welcher stets etwas am Fleische hängen bleibt, eine Hauptmagenfeindin.

3) Durch das Räuchern schrumpft die Fleischfaser ein und bekommt eine festere Textur, die dem Magensaft grösseren Widerstand zu leisten vermag; Rauchfleisch ist demnach schwerer zu verdauen als frisches.

4) Im alten Pöckelfleische, namentlich im schlecht geräucherten, entwickeln sich sehr schädliche Zersetzungsproducte. Das Gährungsgift kam bis jetzt am häufigsten in schlecht geräucherten Würsten und im alten übelriechenden, auf der Schnittfläche graugrünlich gefleckten, an einigen Stellen förmlich erweichten Pöckelfleische vor. (Ausnahmsweise hat es sich auch schon in der Lacke des eingesalzenen Fleisches und selbst im frischen, in Butter gebratenem Fleische, das längere Zeit aufbewahrt wurde, gezeigt). Besonders viel Schaden haben schon alte gesalzene oder geräucherte Fische gestiftet. Das seinem Wesen nach noch ganz unbekannte Fischgift hat es in erster Reihe mit dem Magen zu thun; es bewirkt vorab einen acuten Katarrh, den fast regelmässig eine Nesselsucht complicirt. Welchen Nachtheil der einseitige Genuss von gesalzenen und geräucherten Fischen für die Gesundheit bringt, kann man am besten in den Fischerdörfern von Norwegen und zum Theil auch an der südlichen Küste der Nordsee beobachten. Da kommt eine der

grässlichsten aller Krankheiten, welche auf mangelhafter Ernährung beruhen — der Scorbut — fast das ganze Jahr vor.
Kochregel für das Rauchfleisch. Alle stark gesalzenen Stücke müssen mindestens 24 Stunden ausgewässert
und überdies mit vielem Wasser gesotten werden; nur auf diese
Weise wird das übermässige Salz entfernt. Wenn auch das
Rauchfleisch schon ziemlich weich gesotten ist, so pflegt man
namentlich altes, hartes noch mehrere Stunden über gelindem
Feuer stehen zu lassen. Als Beigabe eignet sich vorzugsweise Sauerkraut mit Kartoffel- oder Erbsenbrei.

Zum Schlusse noch einige Bemerkungen über das **Pöckelfleisch als Magenheilmittel:** Zu jenen Zeiten, wo im
Magen jegliche Eiweissnahrung, anstatt regelrecht verdaut und
resorbirt zu werden, **eine Art Fäulniss eingeht,** deren
Producte den wohlbekannten üblen Geruch aus dem Munde
verschulden, hat man **Pöckelfleisch als Hauptspeise** empfohlen. Es ist richtig, das geräucherte Fleisch fault nicht so
leicht wie frisches; allein die vielen anderen Eigenschaften
desselben, von denen soeben die Rede war, sind für Magenkranke ziemlich verhängnissvoll und gestatten jedenfalls nur
einen kurzen Versuch. Sobald sich die Erscheinungen der
Magenreizung zeigen, muss das Experiment sistirt werden.

Das Gleiche gilt vom Pöckelfleisch als **Reizmittel für
die Verdauung.** Am häufigsten wird hiezu roher Schinken
gebraucht. Wenn sich vor einer Mahlzeit eben durchaus kein
Appetit anmeldet, sind einige Schnitzchen Schinken zu verzehren. Geräucherter Rheinlachs würde die gleichen Dienste
thun, wäre feiner aber theurer! und also besonders bei hoch-
wohlgeborenen Appetitlosigkeiten zu empfehlen!

32. Capitel.

Spirituöse Getränke.

Der mässige Genuss der edlen geistigen Getränke, dieser
guten Gabe Gottes, hat etwas Erhebendes; und wenn auch
bisweilen eine Ueberschreitung vorkommt — man stirbt nicht
gleich daran. Der bei Hoch und Nieder bekannte Katzenjammer ist ebenso häufig wie Stiftungscommerse, Hochzeiten,
Kindstaufen, landesväterliche Geburtsfeste und andere wichtige
Ereignisse mehr, und dennoch hört man verhältnissmässig wenig
von Sterbfällen. Gar zu nüchterne Leute sind in der Regel
verschlagene Duckelmauser oder widerwärtige Geizkrägen.

„Wer niemals einen Rausch gehabt.
Der ist kein braver Mann."   Bürger.

So verehrungswürdig aber der Mensch dasteht, welcher mit sachkundiger Auswahl, behaglicher Ruhe und weiser Mässigung geniesst, ebenso verächtlich erscheint Derjenige, dessen erster und letzter Gedanke der Suff, dessen Magen nicht geeicht ist. — der Trinker vom Fach. Wir wollen nicht von den ewigen Strafen reden, das geht eine andere Fakultät an; wir wollen nur davon reden, wie die Trunksucht den Leib in allen Fugen zerrüttet. Alle Trinker leiden an chronischen Magenkatarrh; bei vielen kommt es sogar bis zum Krebs des Magens; sehr häufig sind ferner fettige Entartungen einzelner Organe (die englischen Aerzte nennen z. B. die Fettleber geradezu: „the gindrinkers liver"), sowie allgemeine Fettsucht. Wem schwebt nicht das unschöne Bild vor Augen, wo schlotternde dünne Beinchen eine unförmliche Kugel fortschleppen, während kraftlose Aermchen durch ihr geschäftiges Herumflankiren einen Umsturz abwehren? In der Regel dient noch eine mächtige blaurothe Masernase gleichsam als Balancirstange. In Folge der vielen Aufregungen entwickeln sich mit der Zeit Herzfehler und in der Mehrzahl der Fälle beschliesst eine langwierige Wassersucht die vielnamige Leidensgeschichte.

Das sind nun so ziemlich alle die schlimmen Folgen der Unmässigkeit. Ein Mensch, der einen reichen Tisch führt, hält's etwas länger aus. Es hat jemand herausgebracht, dass man ziemlich lange fortmachen kann, wenn das Quantum des Getränkes nicht grösser ist als das Vierfache der Eiweissnahrung. Der Betreffende ist gestorben, aber sein Andenken lebt fort — im Herzen aller Weinbergbesitzer.

Die genannten schädlichen Wirkungen vermögen die geistigen Getränke zu entfalten durch ihren Gehalt an Alkohol, durch ihre Tendenz zur sauren Gährung und durch eine zu hohe oder zu niedere Temperatur. Durch ihren Alkoholgehalt schaden namentlich die gebrannten Wasser, weniger die starken Weine; am unschädlichsten ist in dieser Beziehung das Bier, für welches der Name „geistiges Getränk" nur zu oft wie die reinste Ironie klingt. Der Alkohol trägt zur übermässigen Fettbildung, zur fettigen Entartung der Organe bei, regt das Gefässsystem auf und das Nervensystem ab, ist also Ursache am „nervösen" Herzklopfen, an den Herzfehlern, am Nervenzittern, am Säuferwahnsinn u. s. f. Eine weniger bekannte schädliche Wirkung des Alkohols geht die Verdauung an; der Alkohol ist im Stande das Pepsin (das verdauende Princip des Magens) zu zerstören. Daher die schlechte Verdauung des Trinkers, daher seine ewigen Klagen über Apetitmangel. Wenn es trotzdem Leute gibt, welche starke Rothweine als „Magenweine" empfehlen, so rührt dies davon her, dass halt nicht Alles vollständig.

kommen ist auf Erden! In der Regel finden die Kranken bald von selbst, dass mittelstarke Sorten (versteht sich solche, die nicht sauer sind) besser bekommen, als diese s. g. Magenweine. Aus dem gleichen Grunde hat die an verschiedenen Orten gebräuchliche Anstachelung des Appetits durch ein Gläschen Schweizerabsinth gewöhnlich den gewünschten Erfolg nicht, im Gegentheil kann der Betreffende an sich die Thatsache bestätigt finden, dass der Alkohol wenigstens für kurze Zeit den Appetit vollständig aufzuheben vermag. Reisende, Jäger u. dgl. pflegen nicht selten durch einen Schluck Schnaps das Hungergefühl zu beschwichtigen. —

Die Verkältung des Magens durch zu kaltes Getränk ist keine so grosse Seltenheit. Am häufigsten sind die Verkältungen durch Bier, weil dasselbe in der Regel in grösseren Schlücken getrunken wird; in vorsichtigen kleinen Schlücken bringt selbst das kälteste Getränk keinen Schaden.

Die Folgen der Verkältung des Magens sind die gleichen wie auf anderen Schleimhäuten; es ist in der Regel ein acuter Katarrh, welcher sich durch eine übermässige Schleimabsonderung auszeichnet. Die zuträglichsten Temperaturgrade sind:

für Bier nicht unter   9⁰ R.

„ geringe Weine   10⁰

„ starke Weissweine   8⁰

„ Rothweine   12⁰

Bei dieser Temperatur kann man ohne Schaden selbst Salamander reiben!

Die heissen Getränke sind ebenso nachtheilig wie die kalten. Punsch, Glühwein, Grog können ebenso leicht Magenkatarrhe hervorrufen wie Champagner in Eis.

Die Uebersäurung des Magens (Sodbrennen) ist die gewöhnlichste Folge des übermässigen Genusses geistiger Getränke. Nur kleine Mengen Alkohol gehen unverändert ins Blut über; das Uebermass verwandelt sich in Essigsäure.

Nach diesen allgemeinen Redensarten wollen wir nun zu den einzelnen Getränken übergehen und mit dem edelsten derselben beginnen:

Wein. Die Wirkungen des Weines können nur dann richtig taxirt werden, wenn man die Bestandtheile desselben kennt. Diese sind: Wasser, Alkohol, Gerbstoff, Zucker, Gummi, ein Ferment, Wein- und Apfelsäure, Salze und ein aromatisches Oel. Neue, noch gährende Weine und der Champagner enthalten ausserdem noch ziemlich viel Kohlensäure. Von diesen Bestandtheilen haben namentlich der Alkohol, der Gerbstoff und die Säuren einen besonderen Einfluss auf die Gesundheit. Weine mit mehr als 10% Alkohol werden

„starke" genannt. Solche Weine regen auf, erwärmen, erheitern: lauter Dinge, welche selbst der glücklichste Mensch bisweilen brauchen kann. In grösseren Portionen und bei fortgesetzter Uebung treten die Nachtheile ein, welche Seite 193 aufgezählt sind.

Gerbstoffreich sind vorab die meisten Rothweine; man kennt sie am herben, zusammenziehenden Geschmacke. Solche Weine werden nicht selten als Heilmittel verordnet bei chronischen Magenkatarrhen. Die Auflockerung der Magenschleimhaut und die vermehrte Schleimabsonderung rechtfertigen den Gebrauch adstringirender Mittel. Das angenehmste Mittel der Art ist sicherlich ein gerbstoffreicher Rothwein. Man findet fast unter allen Weingattungen derartige Sorten und hat also (nach dem Seite 193 über den Alkohol Gesagten) nur einen solchen Rothwein auszusuchen, welcher nicht gar zu stark ist. Bekanntlich ist der Rothwein auch ein beliebtes Hausmittel gegen Diarrhoe. Am sichersten ist seine dessfallsige Heilwirkung, wenn er, wie eine Mixtur, „stündlich 1 Esslöffel voll," genommen wird!

Die sauren Weine, zu welchen namentlich auch alle geringeren Seeweine zu rechnen sind, haben es in erster Reihe mit dem Magen zu thun. Ein Dorfpfarrer am See hat einmal öffentlich behauptet, es sei in seiner ganzen Gemeinde kein guter Magen mehr zu finden, ausser dem seinigen. Possierlich ist es, wenn die Verehrer des Seeweines denselben immer noch als das gesündeste Getränk taxiren, obgleich sie bereits Leibbinden tragen, nie ohne Magnesia-Pfefferminzzeltchen ausgehen und jedes Jahr ein Paar Monate an der Gicht darnieder liegen. Der Seewein ist überhaupt ein ganz eigenthümlicher Kamerad; neben seinem grosen Gehalt an Säure hat er doch auch ziemlich viel Alkohol. Demgemäss ist auch seine Wirkung eine ganz besondere: Oben (im Kopfe) brennt der Alkohol, in der Mitte (im Magen) die Säure. Darob sind alle weiter unten gelegenen Organe so erbost, dass sie ihren Dienst versagen; namentlich happerts am Pedal. Die Heiterkeit, welche sonst der Wein verursacht, ist hier immer gemischt mit einer gereizten Unzufriedenheit, offenbar hervorgerufen von der Säure im Magen!

Es gibt ein gutes Mittel, sauren Wein etwas zu verbessern — einfach weinsaures Kali. Dieses Salz bildet mit der überschüssigen Weinsäure doppelt weinsaures Kali (Weinstein), welches unlöslich ausfällt.

Der Gehalt an Kohlensäure verleiht dem neuen (noch gährenden) Weine den angenehm prickelnden Geschmack. Grössere Quantitäten dieses Gases dehnen den Magen übermässig aus.

Die anderen Bestandtheile des neuen Weines verursachen leicht Magen- und Darmkatarrh (Diarrhoe). Viele nehmen ihn desshalb als Remedium. Vollsaftigen Leuten schadet dies weniger, als wenn etwa, wie es leider nur zu häufig vorkommt, auch ein Schwindsüchtiger auf solche Weise „sein Blut reinigt."

Das „Schmieren" des Weines, unter welchem das Publikum sowohl die Mischungen als auch die Verfälschungen und die künstliche Weinfabrikation versteht, kommt ungemein häufig vor. Je mehr man die Sache ans Tageslicht zieht, desto schwieriger wird der Standpunkt der Schmierer. Sehr gebräuchlich ist das Färben der Rothweine — mit Heidelbeeren, Kirschen, Klatschrosen, Fernambuck, Blauholz, Attichbeeren, Fliederbeeren, Ligusterbeeren, Lackmus. Ferner wird Rothwein mit Alaun versetzt, um ihn adstringirender zu machen.

Eine unerhörte Gewissenlosigkeit ist der Zusatz von Bleizucker — um dem Wein einen süsseren Geschmack zu geben. Wenn Derjenige, welcher dies thut, etwa diese Stelle zu lesen bekommt, mag er sich merken, dass diese Fälschung chemisch sehr leicht bewiesen werden kann, dass die Presse ein fatales Gericht und die Feder des Verfassers schon gespitzt ist!

Die künstlich gemachten Weine sind Mischungen von Wasser, Weingeist, Weinstein, einem Farbstoff u. s. f. Auch Rosinen und Korinthen werden zur Weinfabrikation benutzt. Gerechtfertigte Mittel zur Weinverbesserung sind: Traubenzucker für den geringen (zückerarmen) Most, welchen schlechte Weinjahre liefern und die Verdünnung der sauren Weine mit Wasser.

Der Wein ist verschiedenen s. g. Krankheiten unterworfen:
1) dem Sauerwerden — wird geheilt durch Kreidepulver;
2) dem Schwer- oder Langwerden — wird geheilt durch Schütteln, Peitschen, oder Zusatz von Gerbstoff;
3) dem Trübwerden — wird geheilt durch Abziehen oder durch das Schönen mit Hausenblase.

Aechter Wein macht, selbst wenn auch des Guten zuviel geschah, nicht so schlecht; die „geschmierten" Weine dagegen verursachen schon in kleinen Quantitäten Kopfweh, Schwindel, Herzklopfen und verderben den Magen auf's Gründlichste. Stark geschwefelter Wein verursacht Sodbrennen.

Anwendung des Weines in der Küche. Am zuträglichsten und schmackhaftesten ist der Wein in natura. Dessenungeachtet geht die Küche darüber her, macht verschiedene Sorten warme Weine, Glühwein, Wein mit Eiern u. s. f. Nichts für Kranke! Ausserdem kommt Wein zu Klösen- und Backwerkteigen. Endlich nimmt die Krankenküche zu den

Saucen gewöhnlich Wein statt Essig. Von den Weinsuppen ist schon im 2. Capitel die Rede gewesen.

Beim Abfüllen des Weines in Flaschen werden manchmal gebrauchte Kork und unreine Flaschen verwendet und so der Grund gelegt zur raschen Verderbniss des Weines. Schon einmal gebrauchte Kork müssen durch Auskochen gereinigt werden, weil sie Hefe oder Säure eingesogen haben. Am sichersten geht Derjenige. welcher jedesmal neue Kork benutzt. Die Flaschen müssen mit warmem Wasser gründlich ausgespült werden (ohne Anwendung von Schrot, weil dieses Arsenik enthalten kann); endlich vergesse man nicht, dieselben gut austrocknen zu lassen. Die gefüllten Flaschen müssen gelegt werden, damit der Kork immer feucht bleibt; andernfalls trocknet dieser aus und schliesst nicht mehr gut.

Obstwein. Der Obstwein (Cider, Most) wird aus verschiedenen, meist geringeren, wässrigen Birnen oder Aepfeln bereitet. Er hat weniger Alkohol als die Weine, dagegen viel Säure und ist desshalb mehr ein kühlendes als aufregendes Getränk. Frischer, gesunder Obstwein eignet sich in manchen Fällen als Heiltrank, ist namentlich für jene Fieberkranke, welche in gesunden Tagen ziemlich etc. — ein wahres Labsal.

Es gibt viel im Keller verdorbener Obstwein. Mancher lässt ihn einfach im Fasse liegen. wie er liegt; und da macht er alle jene Krankheiten durch, welche wir eben beim Wein aufgezählt haben. Verdorbener Obstwein ist mindestens ebenso schädlich wie verdorbener Wein. Durch fleissiges Ablassen, das am Ende nicht so viel Mühe macht, wäre fast immer abzuhelfen.

Bier. Das Bier enthält Wasser (Hauptbestandtheil), Alkohol, Kohlensäure, Hopfenbitter und Hopfenaroma, Zucker, Gummi. etwas Eiweiss und Salze. — Der Alkoholgehalt ist sehr variabel. gewöhnlich zum Erstaunen gering (1—3%). — Man unterscheidet hauptsächlich 2 Sorten: Winter- (Schenk-, Jung-) Bier und Sommer- (Lager-) Bier. Die Winterbiere werden in der Regel nach 2—3 Wochen verzapft; das Lagerbier soll halten den Sommer durch. Für besondere Festlichkeiten wird auch Bock, Salvator etc. gebraut. Beide sind stärker an Malz. ersteres schwach, letzteres stark gehopft. Die englischen Biere (Porter und Ale) sind sehr stark (7 bis 10% Alkohol. also wohl so stark. wie unsere hierländischen besten Weine). Porter ist dunkelbraun und hat wegen des stark gedörrten Malzes einen brenzligen Geschmack. Das Ale ist hellbraun, stark moussirend. Die Winterbiere. welche gut gegohren haben, sind entschieden gesünder als alte Lagerbiere, denen oft mit allerlei Zusätzen das bittere Dasein bis spät in den Herbst hinein gefristet werden muss.

Im Allgemeinen ist malzreiches Bier zuträglicher als hopfenreiches. Das malzreiche Bier erfüllt ruhig seinen Dienst als lösendes Mittel, macht fett und erwärmt. Die stark gehopften Biere sind dem Magen nicht besonders Freund. Dagegen wird — und zwar mit Recht — dem Hopfengehalte des Bieres eine schmerzlindernde Wirkung bei beschwerlicher, tropfenförmiger Harnentleerung zugeschrieben. (Deutlicher ist aber in diesen Fällen die Heilwirkung von warmen Sitzbädern, denen Hopfen beigesetzt wurde). Am schlimmsten wirken Biere, welche mit Wasser verdünnt wurden, da sich darin das sonst chemisch gebundene ätherische Oel des Hopfens frei gemacht hat. Solche Biere schmecken auffallend bitter und machen leicht Kopfweh. Sauer gewordenes Bier kommt im Spätsommer nicht so selten vor; man sagt hierlands gewöhnlich: „es hat einen Stich." Die Bierbrauer suchen die Essigsäure, welche sich gebildet hat, durch Zusatz von doppelt kohlensaurem Natron zu binden und gehen desshalb fast alle Spätjahr mit Apothekern und Drogisten sub rosa merkantilische Verbindungen ein.

Ueber die Bierverfälschungen ist zu bemerken: In unserer Gegend kommen höchstens Surrogate in Anwendung und zwar für Malz — Syrup und Dextrin; für Hopfen — Weiden- und Buchenrinde. Letztere wird auch oft zur Klärung von Winterbieren gebraucht. Mit Glycerin wird ein wässerig schmeckendes Bier „vollmundiger" zu machen gesucht. Der Fälschung mit Colchicumsamen geht die Sanitätspolizei jetzt scharf auf die Socken. Aloe oder Kockelskörner werden hierlands kaum gebraucht; dagegen sollen schon Wermuth, Gewürznelken, Pomeranzenschalen benützt worden sein, um das Bier berauschender zu machen. Der Verfasser hat in neuester Zeit entdeckt, dass auch Lignum Sassafras (Fenchelholz) als aromatisches und das Trifolium fibrinum als bitteres Restaurationsmittel gebraucht werden. — Die verfälschten Biere verursachen leicht Kopfweh, Magen- und Darmkatarrh (Diarrhoe).

Für die Küche hat das Bier eine sehr untergeordnete Bedeutung: das Eierbier und die Biersuppe sind zwei Machwerke, welche weder dem Gaumen schmeicheln, noch jene Heilwirkung haben, die man ihnen andichtet. Näheres über die Biersuppen findest Du im 2. Capitel.

Ueber das Auszapfen ist zu bemerken: Das Bier bleibt am besten, wenn es direct aus den Fässchen verzapft wird, durch einen gewöhnlichen Holzhahnen. Verflucht seien — alle Spritzhahnen, verflucht alle Pressionen! Bei allen Pressionen, seien sie durch Luft oder durch Kohlensäure bewirkt. steht immer ein gewisses Quantum Bier (das nächste am Hahnen) in der Metallröhre und kann von derselben schädliche Stoffe aufnehmen. Die Kohlensäurepression hat noch einen weitern Nachtheil: In der Regel benützt man die wohlfeile Salzsäure zur Entwicklung dieses Gases aus Marmorstücken. Diese Säure ist flüchtig und kann eben so gut ins Bier übergehen wie die Kohlensäure. Sachkenner riechen diese schädliche Säure aus dem Biere heraus. Die Kohlensäurepression hat ferner die Schattenseite, dass in der Regel zu viel Kohlensäure ins Bier hineingedrückt wird; dasselbe sprudelt wie Sodawasser und bei grossen Schlücken dehnt es den Magen zu sehr aus.

Für das Abziehen des Bieres in Flaschen gelten die gleichen Regeln, welche oben Seite 197 beim Wein angegeben wurden.

Branntweine. Von diesem „edeln" Getränke gibt es hierlands ungefähr folgende Sorten: Kirschen-, Zwetschgen-Wasser, Himbeer-, Brombeer-, Heidelbeer-Geist, Wachholderschnaps, Cognac (das Edelste aus diesem Artikel, aus Wein gemacht), Trester- und Hefebranntwein, Kartoffelschnaps, Kornbranntwein (Whisky, aus Getreide gebrannt), Arac (Reisbranntwein), Rüben- und Molasse-Sprit, Rum (Tafia, aus den Nebenprodukten der Zuckerrohrverarbeitung). Der für viele feine Saucen besonders beliebte Maraschino wird aus Weichselkirschen bereitet.

Nicht wahr, es ist Auswahl vorhanden?!

Die gewöhnlichen Sorten Branntwein sind so zu sagen der Wein des Proletariates; der arme Teufel will eben auch bisweilen seinen Zustand haben und da sein Geld zum Weine nicht reicht, so kauft er sich einen Schnaps. Bei besseren Leuten steht der Branntwein in keinem besonderen Ansehen: sie trinken ihn meistens nur verstohlen — angeblich als Arznei. In kalten Gegenden schluckt man ohne Schaden grosse Quantitäten; auch bei uns wird im Winter manchmal mit einem Gläschen Kirschenwasser eingeheizt.

Die Branntweine sind die stärksten von den alkoholhaltigen Getränken. Im Durchschnitt haben sie 40—60%. Es gilt demnach von ihnen ganz besonders Dasjenige, was oben (Seite 194) über den Einfluss des Alkohols gesagt wurde. — Bessere Sorten Branntwein werden oft als Hausmittel gebraucht. Mit besonderer Verehrung wird ein gutes altes Kirschenwasser behandelt. Würde man das Remedium, wie noch viele andere, immer nur mit dem Esslöffel nehmen, so hätte es in manchen Fällen sicherlich einen guten Erfolg. Nur zu oft werden aber — Schnellkuren gemacht und diesen unterliegt der Kranke.

Die Küche macht einen ziemlich ausgedehnten Gebrauch

vom Branntwein. Da aber alle diese Speisen für den diätetischen Tisch nicht passen, so brauchen wir hier nicht weiter darauf einzugehen.

33. Capitel.

Wasser.

Das Wasser hat für die Küche eine so hohe Bedeutung, dass es am Platze sein wird, über die verschiedenen Arten desselben mit ihren guten und bösen Eigenschaften sich insoweit auszulassen, als es für das Küchenpersonal verständlich ist.

Gutes Trinkwasser ist krystallhell, hat keine Spur von Färbung, perlt beim Stehen an der Luft und hat im Sommer und Winter fast die gleiche Temperatur. Schlimme Zeichen sind ein Salz-, oder Metall-, oder Modergoût. In jedem Orte schenkt man der Wasserfrage grosse Aufmerksamkeit und zwar mit Recht; da wo man schlechtes Trinkwasser hat, kommen das ganze Jahr hindurch die schlimmsten Krankheiten (Typhen, Wechselfieber, chronische Magenkatarrhe u. dgl.) vor.

Der Verfasser hat Jahre lang in einer Gegend practicirt, wo mehrere Ortschaften sehr schlechtes Trinkwasser haben. Trotz der hohen Lage und der gesunden Luft hörte dort der Typhus nie auf.

Bestandtheile des Wassers. Chemisch reines Wasser besteht aus 8 Gewichtstheilen Sauerstoff und 1 Gewichtstheil Wasserstoff. Solches Wasser findet sich aber nirgends in der Natur. Gewöhnlich sind im Wasser einige von den nachbenannten Stoffen enthalten: Kalk, Magnesia, Eisen, Kochsalz, Kieselerde, Kohlensäure, athmosphärische Luft, organische Substanzen.

Praktisch wichtig ist besonders der Kalkgehalt des Wassers. Im alltäglichen Leben nennt man ein Wasser mit grossem Kalkgehalt hart. Solches Wasser eignet sich nicht zum Kochen. Man kennt es an Folgendem: Beim Sieden gibt es einen Niederschlag und einen Ring am Kochgefäss. Seife löst sich darin nicht vollständig auf. Seifenspiritus (ein beliebtes Mittel zur Entfernung von Flecken aus den Kleidern) lässt sich nicht ohne Trübung damit vermischen. Dem kalkhaltigen Wasser wird nachgesagt, dass es verschiedene Krankheiten der Harnorgane (Harnsteine) verursache und — Kröpfe. Hartes Wasser kann man auf zweifache Art verbessern: Durch Kochen. wobei sich der Kalk zum grössten Theile ausscheidet. oder durch einen Zusatz von doppelt-kohlensaurem Natron. Durchschnittlich braucht man auf eine Mass Wasser eine Messerspitze voll von diesem Salze.

Die Kohlensäure ist ein wichtiger Nebenbestandtheil des Wassers; sie verleiht demselben den angenehm prickelnden Geschmack und macht es zuträglicher für den Magen. Nur das frisch vom Brunnen geholte Wasser hat seinen Gehalt an Kohlensäure noch ganz; ein Wasser, welches längere Zeit in einem offenen Gefäss und im warmen Zimmer gestanden, „über-schlagen" ist, hat diese Säure grösstentheil verloren. Auch beim Kochen entweicht alle Kohlensäure. Gefrorenes Wasser (Schnee, Eis) hat nicht nur alle Kohlensäure, sondern auch die Salze eingebüsst. Solches Wasser schmeckt desshalb fade und liegt schwer im Magen.

Der wohlthätige Einfluss, welchen die Kohlensäure auf das Geschmacksorgan und auf den Magen übt, führte auf den Gedanken, dem Wasser künstlich noch mehr Kohlensäure ein-zupressen. Ueberall entstunden Sodawasserfabriken. Morgens nüchtern, ungefähr eine halbe Stunde vor dem Frühstück, schmeckt ein Glas Sodawasser ausgezeichnet und bekommt in der Regel auch gut, ja es ist das Sodawasser für viele Fälle ein trefflich schmeckendes Heilmittel. Fürs Erste bekämpft es eine etwa vorhandene Brechneigung und spornt den Magen zu erneuter Thätigkeit an. Selbst bei den schlimmsten Arten von Erbrechen. bei der Cholera und bei dem Erbrechen n Folge eines eingeklemmten Bruches leistet Sodawasser noch vorzügliche Dienste. Ferner lindert es Magenschmerzen aller Art und zwar in der Regel fast augenblicklich. Nur zu oft werden aber wahrhaft scandalöse Mengen auf einen Sitz getrunken. Die Kohlensäure löst sich bei der höheren Temperatur, die im Magen besteht, rasch vom Wasser los und lehnt ihn ungebührlich aus, selbst wenn auch ein Theil les Gases nach oben entleert wird. Ausserdem übt so viel Kohlensäure einen nachtheiligen Reiz auf die Schleimhaut les Magens, stachelt diese zu vermehrter Absonderung an, bewirkt mit einem Worte „Verschleimung" und verursacht ausserdem noch in anderen Organen Molesten: im Gehirn, in len Nieren etc. Um dem Sodawasser einen pikanteren Ge-schmack zu geben, setzen gewisse Fabrikanten Kochsalz zu. Da die Absicht erreicht ist und die Sache durchaus keinen Nachtheil stiftet, so wird mit der Zeit jeder Fabrikant diesen Zusatz machen.

Von besonderer Bedeutung ist die Prüfung des Wassers auf den Gehalt an organischen Substanzen. da einige davon der Gesundheit sehr nachtheilig sind. Die

exactere Probe bleibt Vorwurf der Chemie; für den Laien
genügt es, zu wissen, dass alle Wasser, welche beim Verdampfen
im Porcellanschälchen einen braun gefärbten Rückstand hinterlassen, verdächtig sind. Am häufigsten enthalten jene Wässer,
welche auf der Erdoberfläche stehen oder fliessen (also das
Fluss-, See- und Meerwasser) organische Substanzen. Besonders
verhängnissvoll ist schon öfters das überall vorkommende s. g.
Grundwasser gewesen. Manche Krankheitskeime (Cholera) sind
nur auf diese Weise verschleppt worden. Das sicherste Mittel
zur Reinigung des Wassers von organischen Stoffen ist das
Kochen oder das Filtriren durch Kohle. Die Filtrirbälle finden
immer weitere Verbreitung und es wäre zu wünschen, dass sie,
namentlich zur Zeit einer Epidemie, in jeder Haushaltung eingeführt würden.

Ueber die einzelnen Arten von Wasser, wie sie in
der Natur vorkommen, ist zu bemerken:

Quellwasser enthält immer etwas von der Erdart, aus
welcher es entspringt; am häufigsten ist es hart (kalkreich).
Nur jenes Quellwasser, welches aus Gneis- oder Granitgebirgen
entspringt, ist frei hievon; besonders klar sind die Quellen,
welche aus sandigem Boden hervorrieseln. Im allgemeinen hat
das Quellwasser weniger atmosphärische Luft als z. B. das
Fluss- und Regenwasser, dagegen mehr Kohlensäure; es eignet
sich desshalb ganz besonders zum Trinkwasser. Manche Brunnen
fliessen nach jedem Regen trüb. Da handelt es sich meistens
nur um eine Verbesserung der Fassung und Brunnenleitung.
Wenn die Holzdeichel faul geworden, dann fängt das Wasser
an zu st . . . . . und erhält, mirabile dictu, nicht selten einen
Ruf als — Heilquelle! Gewisse Schwefelbäder hätten keine so
schwefelwasserstoff-reichen Analysen, wenn statt der hölzernen
eine bessere Wasserleitung da wäre. Die grosse Wandelbarkeit des Gehaltes an Schwefelwasserstoff kennzeichnet diese
Wässer.

Flusswasser ist in der Regel ärmer an Salzen, namentlich
an Kalk, als Quellwasser; es ist mit anderen Worten ein weiches
Wasser — ganz geeignet zum Kochen und Waschen. Dagegen
schmeckt es meistens so fade, dass es sich als Trinkwasser
kaum eignet. Das Flusswasser ist selten rein; es nimmt auf
seiner Wanderschaft allerei auf (ertränkte Katzen, Charpie,
den Abgang aus Schlächtereien und andere Feinheiten mehr).
Nur jene Flüsse, welche starken Fall und ein sandiges Bett
haben und nicht in der Nähe menschlicher Wohnungen fliessen,
haben ein ziemlich reines Wasser.

Regenwasser ist das reinste von allen Wässern, welche
in der Natur vorkommen, und so weich, dass es zum Kochen
und Waschen ganz besonders gesucht wird. Das Regenwasser,

welches zum Kochen gebraucht wird, muss aber auf eine besondere Art aufgefangen werden. Von den Dachrinnen läuft ein Wasser ab, welches allerlei schädliche Stoffe enthalten kann. z. B. Bleizucker (von Bleiröhren), allerlei Dachkehricht u. dgl. Am besten eignet sich ein unter freiem Himmel (etwa in einem Garten) stehendes Holzgefäss.

Meerwasser ist bekanntlich nicht trinkbar; es hat einen zu grossen Gehalt an Salzen (Kochsalz, Glaubersalz und Bittersalz). Leute, welche davon trinken, bekommen Magen- und Darmkatarrh. Erst wenn ihm durch eine Destillation der Salzgehalt grösstentheils entzogen wurde, eignet es sich als Trinkwasser. Auch das Eis vom Meerwasser enthält keine Salze mehr.

---

34. Capitel.

Die hausgemachten Heiltränke.

Wer das Nachfolgende liest, wird bald merken, dass es sich hier nicht um eine Erweiterung des volksthümlichen Heiltrödels handelt; ganz andere Anschauungen schwebten vor Augen. Bekanntlich werden die Hausthee sehr häufig von den Aerzten selbst verordnet. In der Regel geschieht dies ohne besondere Anweisung über die Zubereitung der Thee, und so kommt es vor, dass manchmal Gebräue geliefert werden, welche gerade das Gegentheil von Dem sind, was sie heissen. Unter solchen Umständen dürfte es einem Kochbuche, welches die Kranken-küche mit Vorliebe behandelt, gut anstehen, wenn es Auskunft ertheilt über die Zubereitung wenigstens der gebräuchlichsten Hausthee. Wenn dann noch gelegentlich da und dort Etwas über die Heilkraft der einzelnen Heilkräuter eingeflochten wird, so kann dies nur dazu beitragen, das an und für sich ziemlich trockene Capitel — saftiger zu machen.

Die Heiltränke werden auf 3 Arten zubereitet: a) durch Abbrühen; b) durch Abkochen; c) durch Maceriren.

Für den A u f g u s s eignen sich alle jene Stoffe, welche ein flüchtiges Aroma haben, d. h. r i e c h e n. Gewöhnlich sind es zarte Pflanzentheile, z. B. Blüthen, junge Blätter u. dgl. Der Aufguss wird auf folgende Art gemacht: In einem mit gutem Deckel versehenen irdenen Gefässe werden die Pflanzentheile mit der nöthigen Menge kochendem Wasser übergossen und eine Viertelstunde lang unter gutem Verschlusse stehen gelassen. Hierauf wird das Gefäss zum Erkalten bei Seite gestellt und schliesslich der Thee durch ein Tuch geseiht.

Für die Abkochung eignen sich hauptsächlich jene Stoffe, welche keine flüchtigen Bestandtheile enthalten, denn diese würden beim Kochen davon gehen. Im Allgemeinen sind es gröbere Pflanzentheile (Rinden, Wurzeln, Hölzer), welche gekocht werden müssen. Das Verfahren ist folgendes: Die betreffenden Stoffe kommen in kaltes Wasser, dann wird erwärmt, in der Regel eine halbe Stunde lang unter fleissigem Umrühren gekocht und schliesslich noch warm durch ein Tuch geseiht.

Einige Stoffe eignen sich weder für das Abbrühen noch für das Abkochen; diese werden einfach mit kaltem Wasser ausgezogen, macerirt.

Nicht bei allen Kräutern, welche in Nachfolgendem zusammengestellt wurden, ist eine besondere Dosis angegeben; die Erfahrung hat für die meisten ein Durchschnittsquantum normirt. Dieses beträgt ungefähr 50 Grm. auf $\frac{1}{2}$ Liter Wasser pro 1 Tag. Uebrigens wird ein denkender Kranker schliesslich Alles darnach bemessen, wie ihm der Haustrank bekömmt und denselben nach Bedarf stärker oder schwächer machen; immerhin dürfte es gut sein, stets mit den kleinsten Gaben zu beginnen und nur nach Bedarf zu steigen.

In Nachfolgendem sind, mit wenig Ausnahmen, nur einheimische Heilkräuter genannt; nur diese werden vorzugsweise zu Hausträuken verwendet, die ausländischen kommen mehr in die Mixturen. Wenn hiebei jene einheimischen Heilkräuter gar keine Erwähnung fanden, welche zu den Giftpflanzen gehören, so wird dies leicht zu verantworten sein; laienmässige Experimente mit solchen Dingen könnten nur Unheil stiften!

In vielen Häusern sammelt man die Lieblingskräuter selbst und behält sie an einem beliebigen Orte eine beliebig lange Zeit auf. Man trifft desshalb oft eine Waare, die auch gar alle Fehler hat: altes vermodertes Zeug, das allen Geruch verloren, mit Staub verunreinigt und von Würmern zerfressen ist. Da ausserdem der landläufige Grad botanischer Einsicht vielfach unter dem Nullpunkte steht, so sind Verwechslungen an der Tagesordnung und zwar oft sogar mit Giftpflanzen. Unter solchen Umständen dürfte es rathsam sein, von der hausmütterlich dirigirten Heilkräutersammlung abzustehen und im vorkommenden Falle die ärztlich verordneten Kräuter aus der Apotheke zu beziehen.

I. Erregende Heiltränke.

Die erregende Heilwirkung rührt von den ätherischen Oelen her, welche diese Heilkräuter enthalten. Bei weitem die meisten der hierher gehörigen Stoffe werden häufiger als Gewürz denn als Heilmittel gebraucht und sind desshalb schon im 29. Capitel aufgezählt worden. Es erübrigt nur noch folgende zu erwähnen:

Kamillenblüthen. Der Kamillenthee (Aufguss) wird getrunken bei allen Arten von Schmerzen und Krämpfen im Unterleib, namentlich vom Frauengeschlechte. Man merke sich wohl, dass grosse Mengen leicht übel machen und zum Brechen reizen. Fast noch häufiger wird das Mittel äusserlich gebraucht als Gurgelwasser, als warme Umschläge auf schmerzhafte Geschwülste, zu Einspritzungen und Klystieren. Auch die trockenen Kräuter werden häufig in der Form von Kräutersäckchen zum Ueberwärmen namentlich bei rheumatischen Schmerzen gebraucht. Endlich werden Kamillen nicht selten localen und allgemeinen krampf- und schmerzstillenden Bädern zugesetzt.

Baldrianwurzel. Der Aufguss wird insbesondere bei hysterischen Anfällen viel gebraucht, sonst wohl auch bei Magenkrämpfen, bei den bekannten epilepsieartigen Krämpfen der Kinder, welche Würmer haben, und selbst bei Lähmungen. — Häufig wird darin gefehlt, dass man den Aufguss mit kochendem Wasser ansetzt, da hiebei das wirksame Princip davongeht; zweckmässiger ist der kalte Ansatz. Rathsam bleibt immer, mit einer kleinen Dosis (5 Grm. auf 200 Grm. Wasser) zu beginnen und auch diese nicht auf einmal zu schlucken, sondern stündlich einen Esslöffel voll!

Wohlverleihblüthen. Der Aufguss wird bisweilen als Mittel gegen Lähmungen nach Hirn- und Rückenmarksschlägen, dann gegen die Fallsucht! (daher der Beiname „Fallkraut") gebraucht. Für die volksthümliche Verwendung sind die Umschläge mehr zu empfehlen, als der innerliche Gebrauch, und zwar nicht nur in genannten Krankheiten, sondern namentlich bei Quetschungen und Verstauchungen.

Pfeffermünzblätter. Der Aufguss wird ungemein häufig gebraucht gegen Magenkrämpfe, als Mittel gegen „versessene Winde", sowie bei Menstruationsbeschwerden.

Krausemünzblätter. Wie die vorigen gebraucht, haben aber einen weniger angenehmen Geruch.

Melissenblätter. Wie die Münzen gebraucht. In der Regel werden noch ebensoviel Pomeranzenblätter dazu genommen.

Sadebaumspitzen. Die Abkochung macht Magenkrämpfe, Erbrechen, Diarrhoe, Blutharnen und Blasenkrampf. Dieses

Mittel wird volksthümlich am häufigsten als Abtreibmittel benützt und hat schon grässlich viel Unheil angerichtet, ohne
das gewünschte verbrecherische Ziel erreichen zu lassen.

II. Beruhigende Heiltränke.

Eine beruhigende Heilkraft haben erstens gewisse Samen,
welche durch Zerreiben und unter Zusatz von Wasser milch-
artige Flüssigkeiten geben, z. B. Mandeln, Leinsamen etc.;
ferner die fetten Oele und drittens viele schleim- und gummi-
haltige Pflanzentheile. Diese Stoffe bilden für kranke Stellen
des Körpers eine Art Decke, welche die Nerven vor reizenden
Secreten u. dgl. schützt; daher die Benennung „einhüllende
Mittel." Ausserdem machen sie jene Theile, welche durch den
Entzündungsprocess geschwollen, hart und schmerzhaft sind,
weicher und lindern dadurch die Schmerzen. Daher der weitere
Name: „erweichende Mittel." Diese Wirkung ist in jenen
Fällen leicht zu erklären, wo das Mittel direkt auf die kranke
Fläche applicirt werden kann, also auf der äusseren Haut und
im Verdauungskanal. Wie aber diese Heilwirkung bei Lungenleiden und bei den Krankheiten der Harnorgane vor sich geht,
wurde bis jetzt noch nicht erklärt; dass diese Stoffe als solche
in den Kreislauf übergehen und bei dieser Gelegenheit an die
kranke Stelle kommen, ist zwar behauptet, aber nicht bewiesen
worden. Immerhin wird man unter besagten Umständen daran
denken, auch in letzteren Krankheiten, wo immer möglich, den
Arzneistoff direct auf die kranke Stelle zu bringen. Es müssen
und werden desshalb die Inhalationscuren immer mehr in Aufnahme kommen, und bei den Leiden der Harnorgane wird man
mehr mit Einspritzungen operiren als mit der innerlichen Dar-
reichung dieser Arzneien.

Ein grosser Theil der hierher gehörigen Mittel, die s c h l e i -
m i g e n M e h l s t o f f e , sind schon im 21. Capitel erwähnt und
die O e l f r ü c h t e (Mandeln, Mohnsamen, Leinsamen, Hanf-
körner) stehen im 27. Capitel. Ausserdem gehören noch in
diese Classe von Heilmitteln:

Bärlappsamen — mitunter als Volksmittel bei schmerzhaften Harnlassen sowohl als auch bei Katarrhen der Athmungswege und des Verdauungskanals gebraucht. (Wichtiger ist das
Lycopodium als Streupulver beim Frattsein. bei nässenden
Stellen, die sich berühren, hauptsächlich beim s. g. Wolf).

Eibischwurzel. Der Eibischthee ist eines der ältesten
Volksmittel bei Katarrhen der Athmungswege. Für den inner-
lichen Gebrauch eignet sich der kalte Auszug besser als die
Abkochung, da diese wegen ausgezogener Stärke ziemlich dick

wird. 10—20 Grm. werden mit $^1/_4$ Liter kaltem Wasser etwa eine halbe Stunde lang ausgezogen. Aeusserlich wird sowohl dieser Auszug als die Abkochung häufig benützt als Mund- und Gurgelwasser, Einspritzung und Klystier.

Eibischblätter. Aufguss und Abkochung wie die vorigen gebraucht.

Brustthee, Species pectorales (Eibisch-, Süssholz-, Veil-chen-Wurzel, Huflattichblätter, Wollblumen und Sternanis geben die gebräuchlichste Mischung der Art). Mehr als Linderung des Hustenreizes und Förderung des Auswurfes darf man von den verschiedenen, mit dem Namen „Brustthee" belegten Heil-tränken nicht erwarten. Für diesen Zweck sind sie aber vor-treffliche Hausmittel. Die geeignete Zeit für ihre Anwendung ist in der Regel der Morgen. Nachts über hat sich der Schleim angehäuft und soll nun herausbefördert werden. Daher der Husten. Eine Tasse Brustthee löst vortrefflich. Bei diesem Thee ist ein Zusatz von Zucker am Platze.

III. Zusammenziehende Heiltränke.

Diese Mittel ziehen die contractilen Gewebe, welche er-schlaffen wollen, zusammen und vermindern die übermässige Secretion der Schleimhäute, indem sie das in den Secreten enthaltene Eiweiss erstarren machen.

Hierher gehören:

Eichenrinde. Die Abkochung sollte nicht mehr innerlich gebraucht werden, da sie den Magen ungemein belästigt. Aeusserlich dagegen ist sie ein kräftiges Adstringens nament-lich als Mund- und Gurgelwasser, als Einspritzung beim weissen Fluss, als Verbandwasser bei schlaffen, leicht blutenden Ge-schwüren.

Salbeiblätter — sind schon unter den einheimischen Ge-würzkräutern Seite 182 erwähnt.

Bärentraubenblätter. Die Abkochung wird mitunter bei Katarrhen und Blutungen der Harnorgane gebraucht.

Ausserdem enthalten noch viele Nahrungsmittel aus dem Pflanzenreiche als Haupt- oder Nebenbestandtheil Tannin und gehören also auch zu den adstringirenden Heil-mitteln. Musst eben hierüber das 18, 19, 20, 25, 26 und 27 Capitel nachschlagen!

IV. Bittere Heiltränke.

Die meisten Bitterstoffe sind vielfach gebrauchte Haus-mittel bei Leiden des Magens und Darmkanals. In kleinen Gaben und längere Zeit gereicht, erregen sie die Organe, machen

Appetit, vermehren die Absonderung des Speichels und der übrigen Verdauungssäfte, hemmen die Bildung von Zersetzungsprodukten, welche die Schleimhaut schädigen könnten, hemmen also hauptsächlich die Uebersäurung des Magens und die Bildung und Anhäufung verschiedener zweckwidriger Gase. Werden die Bitterstoffe jemals in einer zu grossen Dosis genommen, so verursachen sie Krämpfe, Erbrechen und Diarrhoe.

Die meisten der hierher gehörenden Heilmittel fanden bereits bei den Gewürzen, einige auch bei den Gemüsen ihre Stelle; es restiren nur noch:

Enzianwurzel. Sowohl der Aufguss als auch die Abkochung sind gebräuchliche Magenmittel. Die Tagesportion soll nicht über 10 Grm. betragen. Da die frische Wurzel narkotisch wirkt und leicht Uebelkeit und Erbrechen verursacht, so wird nur die getrocknete heilkundig gebraucht. Die meisten der marktschreierisch in Umlauf gesetzten s. g. „Magenbitter" enthalten Enzian als Hauptbestandtheil.

Wermuthkraut. Eines der volksthümlichsten Magenmittel! Besonderes Ansehen hat der Wermuthschnaps. von welchem man ein Gläschen, mit Wasser verdünnt. als Appetitreizer kurz vor der Mahlzeit zu trinken pflegt. Nachtheilig! Fast alle s. g. „Magenbitter" enthalten Wermuth. Am reellsten und jedenfalls viel billiger ist die in jeder Apotheke zu habende Wermuthtinctur. Viele Geheimmittel sind nichts Anderes als Verdünnungen derselben.

Wallnussblätter. Die Abkochung (Grm. 10 bis 15 auf ¼ Liter) wird sehr häufig von Skrophelkranken gebraucht. Aeusserlich dient sie zu Einspritzungen gegen Schleimflüsse und Fistelgeschwüre sowie als Zusatz zu Bädern.

Grüne Wallnussschaalen. Die Abkochung ist ein vielfach gebrauchtes Volksmittel gegen „schwache Verdauung," Würmer, Skropheln. Aeusserlich wird sie angewandt zu Umschlägen bei schlaffen, unreinen, namentlich skrophulösen Geschwüren. (Der weingeistige Auszug wird benützt, um grau werdende Haare wieder schwarz zu färben. Jüdische Rosshändler machen hiervon häufig Gebrauch.)

V. Abführtränke.

Es wird wohl nicht nöthig sein, eine Definition von einem Abführtrank zu geben; wer das nicht weiss. ist überhaupt keines Abführmittels würdig.

Von den vielen „gelinde eröffnenden" oder „stärker abführenden" Haustränken sind allenfalls folgende von besonderem Werthe:

Sennesblätter kommen zwar nicht von einer einheimischen Heilpflanze, sind aber überall so eingebürgert und so volksthümlich als Abführmittel gebraucht, dass sie hier wohl genannt zu werden verdienen. Gewöhnlich wird ein Aufguss (5—15 Grm. auf 200 Grm. Wasser) gebraucht; stündlich 1 Esslöffel voll bis zur Wirkung.

St. Germain-Thee (Sennablätter, Hollunderblüthen, Fenchel, Anis und gereinigter Weinstein) 1 Theelöffel voll mit 1 Tasse Wasser abgebrüht.

Die vielen säuerlichen Früchte, welche mitunter auch zu Abführ- oder blutreinigenden Heiltränken verwendet werden, fanden bereits im 27. Capitel Erwähnung; ebenso stecken manche derartige Mittel unter den Gemüsepflanzen im 25. Capitel.

Auch die Molken (Seite 21) gehören zu den eröffnenden Mitteln — von zweifelhaftem Erfolg!

VI. Harntreibende Heiltränke.

Wenn der Ernährungsprocess darniederliegt, fehlt es auch an der Harnausscheidung. Desshalb sind alle Mittel, welche die Verdauung verbessern, so z. B. die bitteren Magenkräuter, quasi auch harntreibende Mittel. In vielen Wassersuchten haben diese Mittel, im Vereine mit China und Eisen, namentlich aber im Vereine mit einem leicht verdaulichen, kräftigen Essen, mehr genützt, als jene Heilmittel, denen man eine Wirkung auf die Harnorgane, also eine rein diuretische Kraft zuschreibt. Wenn diese Mittel — und es geschieht dies nicht so selten — bei Entzündungen oder bei unheilbaren Entartungen (Krebs, Tuberkeln) im Bereiche der Harnorgane, oder bei Harnsteinen gebraucht werden, können sie ungeheuren Rumor und Schaden verursachen. Nur bei den reinen Lähmungen der Harnblase mögen damit Versuche gemacht werden. — Von den vielen, ehedem im Arzneischatze aufgeführten Mitteln der Art finden heut zu Tage nur noch wenige volksthümliche Anwendung: **Wachholderbeeren, Petersiliensamen, spanischer Pfeffer, Meerrettig** u. s. w. Da diese Stoffe als Küchengewürz wichtiger sind, so wurden sie bereits im 29. Capitel erwähnt. Ausserdem gibt namentlich der **Holzthee** (Franzosenholz, Sassafrasholz, Hauhechel- und Klettenwurzel mit einem Zusatz von Süssholzwurzel, damit das Gebräu besser schmeckt!) ein viel gebrauchter „harntreibender" und zugleich „blutreinigender" Haustrank. Man lässt 2 Esslöffel voll mit 6 Tassen Wasser auf 4 Tassen einkochen. Nicht selten werden noch Sennesblätter zugesetzt, damit das Gebräu besser wirkt!

VII. Schwitzthee.

Flüssigkeit und Wärme sind es hauptsächlich, welche zum

14*

Schweisse treiben. Desshalb kannst Du Dir, so zu sagen, von allen bisher genannten Kräutern Schwitzthee machen; Du brauchst nur recht warm und recht viel davon zu trinken, und kommst dann gewiss in Schweiss. Sonst werden allerdings die **Hollunder-** (Flieder-) **blüthen** und die **Lindenblüthen** am häufigsten zu Schweisstränken abgebrüht und in zwei verschiedenen Fällen davon Gebrauch gemacht: erstens bei Verkältungskrankheiten und zweitens bei einigen acuten Hautkrankheiten (Scharlach, Masern, Blattern) „damit der Ausschlag recht herauskommt." Im ersteren Falle leisten die Schwitzthee sichtlich gute Dienste, im zweiten Falle dagegen können sie nur die Fieberhitze auf eine oft bedenkliche Höhe treiben!

Hoffentlich sind jetzt die wichtigsten der gegenwärtig noch gebräuchlichen einheimischen Heilkräuter aufgezählt! Es wäre Jammer und Schade, wenn man eines vergessen hätte! Vor Altem waren es wohl drei Mal soviel. Die neueste Zeit, namentlich die neue deutsche Pharmacopoe, hat zwar wieder viel Unkraut ausgerottet, aber — noch lange nicht alles. Der Mensch ist in Nichts so conservativ, wie in Sachen der Heilkunde. Obwohl hier gewiss noch eine recht ansehnliche Zahl von Kräutern und Wurzeln beisammen steht, wird doch noch Mancher stutzen, wenn er sein geliebtes Privatkraut nicht findet. Er mag beruhigt sein; die milde Wissenschaft hat jahrelang zugesehen, bis sie den Strich des anerkannt Nutzlosen oder gar Nachtheiligen zu bewilligen vermochte!

III.

Speise-Zettel für Kranke.

Bei sehr vielen Krankheiten nützen gute deutsche Küchenzettel entschieden mehr als ganze Bündel von lateinischen, welche nichts als Mixturen, Pflaster, Salben u. dgl. zur Folge haben. So ist z. B. die Regulirung der Diät oft allein ausreichend und jedenfalls die Hauptsache bei allen hitzigen Fiebern, dann selbstverständlich bei allen jenen Krankheiten, welche durch fehlerhafte Ernährung entstanden sind und bei sehr vielen Magenleiden, endlich schützt eine rationel gewählte Diät im Wochenbett und bei Neugebornen vor vielen Erkrankungen. Der Verfasser hat desshalb die nachbenannten Speisezettel ausgedacht:

1. **Speisezettel für Fieberkranke.** Bei jedem Fieber besteht eine Störung in der Verdauung; die Absonderung des Magensaftes ist vermindert und damit auch das Verdauungsvermögen. Die Kranken haben oft nicht den geringsten Appetit, dagegen Durst, viel Durst! Nur zu oft kommt dann die zweckwidrige Sorgfalt der alten Tante oder einer ähnlichen Erscheinung mit ihrem Unsinnigen: „gebt ihm ja kein frisches Wasser, sonst verkältet er sich!" Für einen Menschen, welcher in der Fiebergluth daliegt, gibt es kaum eine grössere Wohlthat als ein kühlender Trunk; ungescheut gebe man ihm Wasser, frisch vom Brunnen, unter Umständen sogar noch mit Eis versetzt, so oft er darnach verlangt, — versteht sich — immer nur in kleinen Schlücken. Zuckerwasser ist lange nicht so zweckmässig, weil der Zucker bekanntlich zu den Wärmeproducenten gehört. Zuträglicher sind am Ende noch mild säuerliche Getränke; doch können sie nicht so lange ohne Nachtheil für den Magen gegeben werden wie frisches Wasser. Ein angenehm kühlendes Getränk der Art ist das s. g. Oxykrat, bestehend aus Weinessig Grm. 50,0 verdünnt mit 1 Kilo Wasser und versüsst mit der nöthigen Menge Zucker. In manchen Gegenden wird auch der Apfelmost (Cider) als Fiebertrank benützt. Wenn derselbe gut gehalten ist und noch ein wenig moussirt, leistet er sehr gute Dienste und kann längere Zeit fortgegeben werden. Am besten kühlt Limonade; dieselbe hat aber die grosse Schattenseite, dass sie bald den Magen verdirbt.

Was nun den Appetitmangel anbelangt, so behandle man denselben unbedingt eine Zeit lang mit — Fasten. Hiebei befindet sich der Kranke am besten. Nicht selten bemüht sich der zärtliche Unverstand, irgend eine Speise aufzuschwatzen: eine Suppe, einen Thee oder etwas Aehnliches. Geniesst das der Kranke gegen seinen Willen, so wird dadurch nicht er, sondern die Krankheit gespeist. Manchmal bekommen solche Kranke Gelüste und zwar meistens nach Dingen, die ihnen nicht zuträglich sind. Auch da kommt wieder das alte Weib und sagt: „solchen Gelüsten muss man Rechnung tragen, das ist ein Fingerzeig des unerforschlichen — nisus formativus!" Jeder Arzt weiss davon zu erzählen, was solche Räthe für Schaden stiften.

Wenn sich jemals ein ächtes Verlangen nach Nahrung einstellt, dann treffe man eine sachgemässe Wahl. In der Regel ist die Zunge trocken; also eignen sich nur flüssige Speisen: Suppen. Vielfach wird mit einer Wassersuppe aus verkochtem Brod der Anfang gemacht. Da beim Fieber die Speichelabsonderung mangelhaft ist, so darf während der ganzen Krankheit keine stärkemehlhaltige Nahrung gegeben werden, denn bekanntlich ist es ja gerade der Speichel, welcher das Stärkemehl zu verdauen vermag. Fort mit Brodsuppen! Weit besser sind die Suppen mit saurem Rahm; mit Recht werden dieselben hierlands allgemein verordnet bei Scharlach-, Masern-, Katarrh- u. a. Fiebern. Sehr angenehm kühlend sind ferner die weniger bekannten Obstsuppen (Kirschen-, Pflaumen-, Heidelbeer-, Himbeer-, Apfel-, Birnen-, Hagebutten-, Hollunderbeeren-Suppen).

Zur Abwechslung können dienen die s. g. Kaltschalen von den gleichen Früchten und das Gefrorene, namentlich von Citronen, Apfelsinen, Ananas. Aber wohlverstanden, nur kleine Portionen!

Später gebe man dem Kranken einmal im Tage, etwa Mittags, einen kleinen (halbpfündigen) Fisch. Die hier geeigneten Arten sind im Speisezettel für Gichtkranke Seite 227 zusammengestellt. Der Fisch darf weder panirt gebacken, noch gebraten, sondern muss einfach blau abgesotten werden. Am besten bekommt er kalt servirt, mit einem Citronenscheibchen.

Zur Abwechslung eignen sich schwach angesäuerte Leimstoffspeisen (siehe 15. Capitel). Manche schmeicheln dem Gaumen so sehr, dass die Kranken oft die Mixturen darob vergessen!

Kaum als Fieberspeise gekannt und desshalb viel zu wenig als solche verordnet ist mageres Pöckelfleisch. Nach Dem, was im 31. Capitel über das Rauchfleisch gesagt wurde,

ist dasselbe nicht so übertrieben nahrhaft und das will man
ja beim Fieber; ferner wirkt sein Gehalt an Salz ebenso gut
als kühlendes Mittel wie eine Salpetermixtur. Besonders wohlschmeckend und zweckmässig sind Rädchen von schwach geräucherter Kalbszunge in gesäuertes Gelée eingelegt.

Wenn das Fieber nachlässt, wenn der Appetit wieder
kommt, dann gehe man zu etwas Kräftigerem über, reite aber
nicht im Galopp, sondern suche einen zweckmässigen Uebergang. Für diesen eignen sich namentlich die Fleischhäcksel-
suppen (2. Capitel), nachher allenfalls jene Braten, welche auf
dem Speisezettel für Gichtkranke zusammengestellt sind.

Noch ist der Eigenthümlichkeit zu gedenken, welche das
Wundfieber bei Jenen zeigt, die vordem reich getafelt
haben. Werden solche Leute mit einem Schlag auf eine ganz
strenge Diät gesetzt, so fallen sie rasch und so bedenklich zusammen, dass selbst das Schlimmste zu befürchten steht. Cha-
racteristisch bleibt das eigenthümliche Schwächedelirium, welches
nicht wenig Aehnlichkeit hat mit einem Delirium tremens. Da
sind die Fiebersuppen nicht am Platze; da muss man zu den
letztgenannten kühlenden Fleischspeisen greifen, unter Umständen sogar zu kleinen Portionen von einem leichten, kühl
gestellten Weissweine.

Schliesslich ist noch darauf hinzuweisen, dass bei jenen
Fiebern, welche mit einer Entzündung irgend eines Organes
zusammenhängen, alle jene Stoffe strenge zu meiden sind, von
welchen man weiss, dass sie auf dieses Organ einen besonderen
Reiz zu üben vermögen. So sind z. B. bei einer Entzündung
der Nieren alle gesalzenen und sauren Speisen, bei einer Hoden-
entzündung alle Gewürze mit einem scharfen ätherischen Oele
zu meiden u. s. w.

Als Ergänzung zu dieser allgemeinen Fieberdiät sollen
noch folgende besondere Speisezettel für die häufiger vorkommenden fieberhaften Hautkrankheiten dienen:

a) Speisezettel für Masernkranke. Wer den natürlichen
Verlauf dieser Krankheit nicht stören will durch Medicamente,
deren Wirkungsweise ungewiss ist, wird in der Diät sein Heil
suchen und — finden. Wie ehedem die Arzneibehandlung sich
nach den zwei Stadien dieser Krankheit gerichtet hat, so soll
s auch die diätetische Behandlung thun.

Für das Fieberstadium passt der sub 1 zusammengestellte
Speisezettel; für die Zwischenfälle, welche bei dieser Krank-
eit auftreten können, gelten folgende Rathschläge:

Die Beschwerden der „Halsentzündung" werden bedeutend gemindert, wenn der Kranke öfters im Tage kleine
Portionen Thee trinkt und ausserdem mit Thee gurgelt. Leider
lasst da der wohlschmeckende chinesische Thee wegen seiner

aufregenden Eigenschaft weniger als z. B. der Lindenblüthen-oder der Wollblumenthee.

Auch wenn die Sache weiter abwärts geht, wenn die Lunge angegriffen wird, leistet der Thee gute Dienste; er löst und mildert den Hustenreiz. Einmal im Tage, am besten Morgens, wenn es sich um die Herausbeförderung des in der Nacht angesammelten Schleimes handelt, muss der Kranke auch eine Viertelstunde lang die Dämpfe des heissen Thee's einathmen. Wenn alle diese schlimmen Zufälle glücklich über-standen sind, so bleibt nicht selten noch Heiserkeit zu-rück. Ausser der Einathmung von Salzwasserdämpfen (1 Mal im Tag, am besten Morgens nüchtern, je $\frac{1}{4}$ Stunde lang) soll der Kranke warmes Oel in den Hals einreiben. Das Essen muss einmal im Tage (Mittags) aus magerem, gut geräuchertem Speck (angenehmer Ersatz für den Fischthran!) mit Brodrinde bestehen; das Frühstück aus Milch mit Selterswasser, das Nachtessen aus einer Milchsuppe. Wenn die Halsentzündung einen brandigen Geruch zu verbreiten anfängt oder wenn an anderen Theilen des Körpers brandige Entzündungen auftreten, dann ist ein reiner gerbstoffreicher Rothwein (Affen-thaler, Veltliner u. dgl.) das beste Remedium und die geeig-netste Zeit, dasselbe einzunehmen, je eine Viertelstunde nach denjenigen Mahlzeiten, welche aus Fleischspeisen bestunden. Die Dosis richtet sich nach dem Alter des Individuum, man soll nur nicht gar zu ängstlich sein.

b) **Speisezettel beim Scharlach.** Wenn der Verlauf des Scharlachs regelmässig, das Fieber mässig, die Halsbeschwer-den gering, braucht man kein Recept, da genügt das Einhalten folgender Diät:

Aeltere Kranke nehmen täglich 3 Mal dünne Fleischbrühe, nicht zu warm, nicht wärmer als 30° R.; in der Zwischenzeit nach Belieben milde, leicht verdauliche Compote von säuer-lichen Früchten, am besten kalt, mit Spuren von Zucker. Kinder bekommen 3 Mal täglich dünne Milchsuppen oder mit Selterswasser verdünnte Milch, in der Zwischenzeit hie und da einige Löffel voll Sauermilch ohne Rahm.

Als Getränk gib reichlich und, so oft es die Kranken ver-langen, frisches Wasser, frisch vom Brunnen weg; zur Ab-wechslung mag allenfalls eine Limonade dienen. Kleinen Kindern muss man das Wasser anbieten und so oft als möglich die Lippen feucht machen. Grosse Wohlthat für die Kinder!

Ist die Krankheit gebrochen, ist längere Zeit keine Fieber-bewegung mehr aufgetreten und keine von den nachbenannten Complicationen zugegen, dann gebe man dem Kranken (anstatt roborirende Medicinen), roborirende Braten, d. h. Braten von

rothfaserigem Fleische, kurz und gut, der Kranke setze sich
an den Reconvalescententisch (Nr. 5).

So verfährt man, wenn Alles regelmässig verläuft. Wenn
aber Zwischenfälle eintreten, und diese sind beim Scharlach
häufiger als bei den Masern (der Scharlach ist ja überhaupt
eine viel schwerere Krankheit, in Wahrheit eine Steigerung
des gleichen Processes), so kommen folgende Abweichungen
in der Diät:

Das „Halsweh" wird am meisten gemindert durch Eis-
pillen. Letztere lasse man Tag und Nacht so lange reichen,
bis das Schlingen besser geht.

Bei der brandigen Halsentzündung, welche sich
unter Anderem durch einen üblen Geruch aus dem Munde bemerklich macht, muss der Kranke mit gerbstoffreichem Rothweine gurgeln — kalt oder lauwarm, was am besten thut —
nicht schlucken; das etwa losgelöste brandige Zeug muss aus-
gespuckt werden! Ausserdem soll er etwa eine Viertelstunde
nach jedem Essen ein wenig von einem solchen Weine trinken.

Folgt Wassersucht und deutet schmerzhaftes Wasser-
lassen auf einen Reizzustand in den Harnorganen, so hat
die Nahrung nur aus schleimigen Suppen, das Getränk nur
aus Mandel- oder Hanfsamenmilch zu bestehen. Verliert sich
der Reizzustand in den Harnorganen, dann muss der Kranke
durch reichliches Trinken von, mit Wasser stark verdünntem,
Weisswein die Urinausscheidung fördern. Auch ein Versuch
mit einem Thee von Wachholderbeeren wäre am Platze. Wichtiger aber als alldies bleibt die Verbesserung der Blutmischung
auf diätetischem Wege. Kräftige Braten von rothfaserigem
Fleische sind ebenso liebliche als wirksame Mittel hierzu; 3 Mal
im Tage hat das Essen zu bestehen entweder aus Beefsteaks
oder aus Schafs- oder Wildbraten.

Vor noch nicht langer Zeit kam eine Behandlung des
Scharlachs auf, die darin besteht, dass man den Kranken mit
Speck einreibt und zwar gleich beim Beginne der Krankheit,
Morgens und Abends am ganzen Körper, nur den Kopf nicht.
Selbst wenn schon am 10. Tage die Fieberhitze gebrochen ist,
soll man die Einreibungen noch 3 Wochen lang fortsetzen.
Soviel ist sicher, dass die Speckeinreibungen manche Erleich-
terung gewähren, das Brennen und Jucken der Haut und die
trockene Hitze lassen nach; die Haut wird befähigter zur
Transpiration. Trotzdem stehen die Speckcur-Macher heut zu
Tage ziemlich vereinzelt da; am meisten Verehrer hat die
rein diätetische Behandlung behalten.

Schliesslich noch eine Bemerkung, die sonst nicht auf
einen Speisezettel gehört: Um wie viel leichter wird diese
Krankheit durchgemacht, wenn das Krankenzimmer nie mehr

als 15° R. hat, einige Mal im Tage gelüftet wird; wenn der Kranke unter einer einfachen Wolldecke liegt und täglich ein frisches Hemd (erwärmt) anzieht. Damit ist ja noch lange nicht gesagt, dass man sich leichtsinnig dem Luftzug aussetzen soll. Der Kranke muss unter allen Umständen so lange im Bette bleiben als Fieber vorhanden ist. — Wenn man aber so in eine Stube eintritt, in welcher ein Scharlachkranker liegt und sieht, wie 1) alle Fenster hermetisch geschlossen, 2) der Ofen glühend heiss, 3) das Krankenbett hart daneben, 4) den Kranken unter einem centnerschweren Deckbett, 5) noch immer mit demjenigen Hemde bekleidet, das er schon beim Beginne der Krankheit auf dem Leibe gehabt, dann muss man sich eben sagen, dass doch eigentlich viel dazu gehört, einen Menschen umzubringen!

c) **Speisezettel für Blatternkranke.** Bei weitem die meisten Blatternkranken werden ohne jede Arzneibehandlung, nur bei Beobachtung einer gewissen Diät wieder gesund. In der ersten Zeit, d. h. so lange Fieber vorhanden, passt der Speisezettel Nr. 1.

Der grosse Verlust an Säften, welcher diese Krankheit besonders auszeichnet und bei den meist massenhaften Ausscheidungen auf der Haut leicht zu erklären ist, gebietet, in thunlichster Bälde an einen Wiederersatz durch kräftige Speisen zu denken. Bei normalem Verlaufe beginnt nach dem 12. Tage die Abtrocknung der Blattern, das Fieber hört auf, der Kranke schläft gut und es stellt sich ein recht gesegneter Appetit ein. Sobald dies der Fall ist, darf man ungescheut, wenigstens einmal im Tage, am besten Mittags, eine leichte Fleischspeise, einen Braten von weissfaserigem Fleische (junges Geflügel, Kälbernes) geben und dazu einen Apfelbrei oder gekochte Birnen und Aehnliches. Zum Frühstück eignet sich eine Fleischbrühsuppe besser als Kaffee, weil dieser weniger nahrhaft ist und dazu noch aufregend wirkt. Abends kommt ausser einer kräftigen Fleischbrühsuppe noch eine kleine, blau abgesottene Forelle, Aesche, Hecht, am besten ohne alle Beigabe, nur mit einem Citronenscheibchen. Wer überhaupt eine solche Delicatesse werth ist, wird soviel Einsicht haben, dass der Genuss grösser ist, wenn der Fisch vor der Suppe verspeist wird. Auf diese Weise wird aber nur ein Paar Tage gekocht. Es wäre diese Diät selbst dann nicht nachtheilig, wenn noch etwas Fieber vorhanden. Sobald dieses aber vollständig aufgehört hat, muss man alsbald zu den kräftigsten Stoffersatzmitteln übergehen, zu den Braten aus rothfaserigem Fleische, mit einem Worte zum Speisezettel Nr. 5.

Obwohl es die Küche eigentlich nichts angeht, dürfte es doch verdienstlich sein, hier auch noch etwas über die sonstige

Behandlung der Blatternkranken zu sagen. Der Unwille, den wir über die Misshandlung der Scharlachkranken oben Seite 219 ausgesprochen haben, zuckt auch hier; auch die Blatternkranken werden häufig so maltraitirt, dass man sich nur wundern muss, wie sie es aushalten.

Lüftet doch, wir bitten sehr, das Krankenzimmer häufiger! Die frische Luft bringt Niemanden um; sie ist im Gegentheil ein wahres Labsal für einen Kranken, welcher so in der Fieberglut daliegt. Das Zurücktreten der Blattern ist eben ein fluchwürdiges Hirngespinnst, das nicht einmal der Teufel aus den alten Weibern herauszutreiben vermag. — Gib dem Kranken häufiger frische Leib- und Bettwäsche, Du schadest ihm damit weniger, als wenn Du ihn — nach dem alten absurden Brauche — im D... liegen lässt. Am 12. Tage beginnt, bei regelmässigem Verlaufe, die Abtrocknung. Um diese Zeit darf der Kranke das Bett verlassen, hat aber noch so lange das Zimmer zu hüten, bis das Stadium der Abtrocknung vorüber ist. Durchschnittlich haben sich nach 4 Wochen sämmtliche Krusten abgelöst.

2. Speisezettel für Fettsüchtige (neue Banting's-Cur). An mehreren Stellen dieser Schrift, so namentlich bei den Milchcuren, ist auf die Gefahr hingewiesen worden, welche eine plötzliche Umwandlung der ganzen Lebensweise an sich hat. Das soll auch bei diesem und allen anderen hier aufgestellten Speisezetteln voran stehen; alle sollen mit dem Mahnrufe beginnen: lasse das Zweckmässige nur allmählig an die Stelle des Zweckwidrigen treten.

Die Fettleibigkeit wäre leicht zu curiren, wenn man zu jedem derartigen Patienten eine zuverlässige Schildwache stellen könnte; Leute, deren Mund schon so viele Genüsse gehabt, sind ungemein nachsichtig gegen sich selber und schwer dazu zu bringen, dass sie längere Zeit consequent eine gewisse Diät einhalten. Am Ende wird es uns noch am schnellsten gelingen, Folgsamkeit zu erwecken, wenn wir im Stande sind, einen sehr reichhaltigen Speisezettel vorzulegen! Folgende Speisen und Getränke haben wenig oder gar keine Fettbildner:

Suppen. Fleischbrühsuppen a) mit Einlagen aus dem Thierreiche: Fleischextract, Fleischhäcksel von Wild und magerem Geflügel, ferner die Froschschenkel- und die Austernsuppe; b) mit Einlagen aus dem Pflanzenreiche: die verschiedenen Kräutersuppen (Julienne, Printanière). — Dass zu all diesen Suppen nur eine gründlich entfettete Fleischbrühe genommen werden darf, ist ohne Weiteres klar.

Fleischspeisen. Vom Rind folgende Braten: Beefsteaks, Rost- und Spiessbraten, boeuf à la mode — die Saucen gründlich entfettet und, wo thunlich, angesäuert; alle Kalbsbraten, mit Ausnahme des Nierenstücks; vom Haarwild: Hase, Reh. Edelhirsch; vom Federwild: Feld-, Hasel-, Schneehuhn. Birkhahn. Wildtaube, Waldschnepfe, Beckasine, Riesenschnepfe. Was das zahme Geflügel anbelangt, merke man sich wohl, dass ausgewachsenes und gemästetes hier weniger am Platze ist als junges, leimstoffreiches. Sehr geeignet sind die kleinen Frühlingshühner. Die Wasservögel sind ausgeschlossen. Vom niederen Gethier sind erlaubt: Fluss und Seekrebse, Schnecken. Austern, Muscheln und Froschschenkel; von den Eingeweiden: Kalbsbriesle, Nieren, Kutteln, Herz (nicht geröstet, sondern in saurer Bratensauce).

Als Beigabe zum Fleisch eignen sich Salate besser als Gemüse, weil diese meistens in ziemlich viel Butter verdämpft werden. In der weiblichen Haute-noblesse pflegt man unglaublich viel stark sauren Salat zu verzehren, wenn das Embonpoint zum Gegenstand der heiteren Bewunderung geworden. Geeignete Salate sind: Endivien, Gurken, Lattich, Kopfsalat, Gartenkresse, Rettig, Tomate, Capern.

Von gewissen Früchten und Obst soll ein umfassender Gebrauch gemacht werden: Die Kürbisfrüchte, die Agrumen, endlich alle säuerlichen Arten vom Kern-, Stein- und Beerenobst sind sehr geeignet; dagegen ist das Schalenobst verboten.

Im gewöhnlichen Leben hält man die Eier nicht für ein fettes Nahrungsmittel. Die nähere Untersuchung ergibt aber, dass sie nicht weit hinter dem Mastochsenfleische stehen! Wenn also Eierspeisen für solche Curgäste gekocht werden, darf man nur das Weisse verwenden, den fettreichen Dotter nicht.

Von den Käsen sind zuträglich (d. h. wenn's der Magen erlaubt): der Roquefort, der Kräuterkäse, der Parmesan; schon weniger geeignet, obwohl leichter zu verdauen, sind: der Emmenthaler, Chester, Edamer et Cons.; verboten sind: Fromage de Brie, Strachino di Milano. Bondons de Neufchatel und andere fette Käse mehr. Sehr zuträglich ist dagegen der hausgemachte s. g. Kuhkäse, zu dessen Bereitung die Anweisung Seite 109 gegeben wurde.

Kaffee und Thee sind zuträglich, aber ohne Milch und nur wenig oder gar nicht versüsst. An den schwarzen Kaffee ohne Zucker gewöhnt man sich bald; dagegen ist Thee ohne Zucker — keine Delicatesse. — Choclade verboten. — Alles was im 21., 22., 23. und 24. Capitel steht, ist verboten. — Von den conservirten Nahrungsmitteln sind mehrere sehr zu empfehlen, so z. B. die in Salz oder Essig eingemachten Pflanzenstoffe und mageres Pöckelfleisch.

Am schärfsten proscribirt sind: Milch, Butter, Eigelb, fette Fische, die stärkemehlreichen einheimischen und fremden Cerealien (Reis, Sago, Tapioca), die Kartoffeln, — Bier.

Als Getränk eignen sich nur leichte Weine, ganz besonders die Seeweine mittleren Schlags, welche meistens so wenig Alkohol haben, dass keine Fettbildung zu fürchten ist, dagegen so viel Säure, dass der Mann davon eher zusammengezogen, als ausgedehnt wird!

Nach dem Gesagten wird nunmehr folgendes Tischreglement aufgestellt:

8 Uhr Frühstück: Beefsteak à la Wiel mit 1 Tasse Peccoe-Thee ohne Milch.

12 Uhr Lunsch: Magere Käse, mageres Pöckelfleisch, Austern. Ein Glas Seewein Nr. 0.

4 Uhr Diner: Einen Teller voll von einer der genannten Suppen; der Fleichbraten mit einem Salat. Eine halbe Stunde darauf 1 Glas Seewein.

8 Uhr Nachtessen: Kalter Fleischbraten, dazu Peccoe ohne Milch.

Als Gesellschaftsgetränk: Ein Schoppen „neuen Achter" wiederum vom See!

Diese Diät wird Dir um so bälder nützen, wenn Du nicht immer auf der faulen Haut liegst. Mache öfters Spaziergänge. aber nicht blos von der Stube in die Kirche oder in's Wirthshaus, sondern stundenweit! Ein grosses Verdienst hat sich Jener erworben, der das Holzsägen als Heilmittel erdacht hat. Von dem edlen Zeitvertreib empfiehlt sich — anstatt Whist, Tarok, Piquet und anderer Hockspiele — im Winter das Billard, im Sommer das unübertroffene Kegelspiel.

3. Speisezettel für Magere. Die Magerheit kann sehr verschiedene Ursachen haben. Es sei desshalb ausdrücklich bemerkt. dass bei der Aufstellung dieses Speisezettels nur an jene Magerheit gedacht wurde. welche einzig und allein von einer fehlerhaften Auswahl der Speisen und Getränke herrührt.

Das beste Mittel zum „Mästen" ist und bleibt die Milch.

Aus dem Capitel der Suppen eignen sich die Fleischbrühsuppen, welche stärkemehlreiche Einlagen haben: Gerste, Reis, Sago, Tapioca, Brod, Gries, Eiernudeln. Knöpfle. Hülsenfrüchte, Kartoffeln. Eine besondere Empfehlung verdient die delicate Suppe von grünen Körnern. Fast noch schneller als die Fleischsuppen machen jene Milchsuppen fett, welche Reis, Sago, Zwieback, Brod u. dgl. zur Einlage haben.

Von den Fleischspeisen eignen sich alle fetten Braten mit saftigen Buttersaucen. besonders zu nennen sind: Schweins-Braten und -Cotcletten. Hammels-Braten und -Cotcletten, gemästete Wasservögel (Gänse, Enten), Poularden aus der Bresse!

Sollten diese fetten Braten einmal Rumor im Magen verursachen (Sodbrennen), dann musst Du abwechseln. Zur Abwechslung sind geeignet: Kalbsnierenbraten, Wachteln, Leipziger Lerchen, die Fettammer.

Von den Fischen sind gerade die besten, unter Anderm auch die Fischaristokratie der Salmoniden, auf diese Speisezettel zu setzen, im Besonderen: Schill, Kaulquappe, Barbe, Schleihe, Wels, Lachs, Lachsforelle, Rothforelle, Saibling, Huchen, Häring, Sprotte, Sardine, Anchovis, Trische, Aal, Muräne, Lamprete, Pricke (dies die fetteren Fische; die mageren findest Du zusammengestellt im Speisezettel für Gichtkranke).

Von den Eingeweiden sind geeignet: Hirn — gebraten, Gans-, Enten-, Fisch- und Kalbslebern.

Von den Würsten passen: die frischen Blut- und Leberwürste, sowie jene Bratwürste, zu welchen mehr Schweine- als Kalbsfleisch verhackt wurde. Schwach räuchern!

Von den Eierspeisen sind zu empfehlen: die delicate Fondue, die milden Omeletten au jus, die pikanten Omeletten mit Bücklingen oder Sprotten, endlich die Rühreier mit Lachs- oder Schinkenschnitten. Was willst Du noch mehr?

Von den Käsen wähle: Fromage de Brie, Schachtelkäse, Stilton, Strachino di Milano, Gorgonzola, Bondons de Neufchatel, Münsterkäse, Limburger.

Kaffe und Thee musst Du immer mit Rahm und Zucker nehmen; noch mehr trägt die Chocolade mit Rahm und Eiern zur Fettbildung bei.

Alles was in den Capiteln 21, 22, 23 und 24 beschrieben wurde, macht fett; namentlich sind die Milchmehlspeisen von fabelhaftem Erfolge. Man sehe nur die kleinen Posaunenengel auf dem Lande, die nichts als Milchbrei bekommen!

Von den Gemüsen eignen sich nur die stärkemehlreichen Knollen- und Wurzelgemüse.

Von den Früchten passen nur die Schalenfrüchte: Mandeln, Kastanien, Nüsse, weil sie einen bedeutenden Gehalt an fettem Oel und Stärkemehl haben.

Was die Speisezusätze anbelangt, so bedarf es wohl keiner weiteren Auseinandersetzung, dass alle Speisen reichlich zu fetten sind. Ebenso wenig darf bei den Honig-, Zucker- u. dgl. Speisen mit diesen Versüssungsmitteln gespart werden. Alle diese Dinge sind aber sogleich auszusetzen, wenn Sodbrennen entsteht.

Zum Getränke eignet sich namentlich malzreiches Bier. Schau nur die fetten Bierbrauer an! Auch die stark geistigen Rothweine von Bordeaux, Ungarn, Veltlin enthalten das Zeug zum Fettmachen; endlich könnte man auch — wenn es überhaupt anständig wäre — den Schnaps anempfehlen.

Ueber die sonstige Lebensweise nur die kurze, aber wichtige Bemerkung: „ein guter Hahn wird nie fett!

4. Speisezettel für Vollblütige, d. h. für wohlgenährte Leute mit blaurothen Köpfen, vollem Pulsschlag, Kopfcongestionen, Schwindel; für Leute, die gegründete Ursache haben, sich vor einem „Schlag" zu fürchten.

Fürs Erste ist die Menge der Nahrung überhaupt zu beschneiden. Wie viel es leiden mag, ist leicht zu bestimmen; einen sicheren Anhaltspunkt gibt das Gefühl des Sattseins, bis zu diesem Gefühle sollten es solche Leute gar nie kommen lassen. Ja man hat ihnen von mehreren Seiten her geradezu anbefohlen, jeweils den andern Tag zu fasten. Das ist doch ein Bischen zu stark! Um die Reduction der Nahrungsmittel in Zahlen auszudrücken, wird folgende Rechnung gemacht: Im Durchschnitt geniesst ein erwachsener Mensch täglich ungefähr $1\frac{1}{2}$ Kilo feste Nahrung, wovon annähernd $\frac{1}{2}$ Kilo Fleischspeisen, das Uebrige Vegetabilien sind. Bei fraglichen Patienten wäre die Hälfte genug. Ausserdem sollte die Fleischnahrung mehr in den Hintergrund treten; denn diese ist es ja hauptsächlich, welche Blut gibt und, wenn man so sagen darf, das Blut concentrirter macht. Halte Dich also hauptsächlich an Vegetabilien, werde einmal eine Zeit lang (wenigstens halbwegs) ein — Vegetarianer!

Fürs Zweite gilt es eine Zusammenstellung zu machen von lauter Speisen, welche wenig zur Blutbildung beitragen und keine Blutwallungen verursachen können. Diese Eigenschaften haben ungefähr folgende Artikel:

Suppen: dünne Fleischbrühsuppen mit Einlagen aus der Classe der Suppenkräuter. Die Wassersuppen gehörten auch hierher, wenn sie überhaupt irgend wohin zu gehören würdig wären!

Fleisch: Je jünger das Thier ist, desto mehr Leimstoff enthält das Fleisch, desto weniger trägt es zur Blutfülle bei. Durchschnittlich hat solches Fleisch eine weisse Faser. Im Speciellen sind gestattet: Junges Kalbfleisch, nicht älter als 14 Tage, und junges Geflügel. Es ist besser, diese Fleischsorten in feinen milden Saucen zu geben, anstatt als Braten. Ganz besonders geeignet ist die Tomatesauce, zu welcher im 30. Capitel ein Recept gegeben wurde.

Verboten sind alle Fleischsorten, welche auf dem Speisezettel für Bleichsüchtige stehen.

Jene Fische, welche diesen Kranken zuträglich sind, siehst Du im Speisezettel für Gichtkranke zusammengestellt. Auch alle dort genannten Leimstoffspeisen eignen sich hierher.

Kaffee und Thee regen zu sehr auf, mehren somit die

Gefahr des Schlagflusses. An ihre Stelle lasse desshalb Suppen treten.

Chocolade ist weniger aufregend; doch gibt es viele Speisen, die besser hierher passen.

Von den Mehlspeisen sind nur jene erlaubt, welche kühlende Früchte zu Einlagen haben. Besonders zu empfehlen sind die frischen Obstkuchen.

Gemüse ist vielen von diesen Kranken fast lieber als Fleisch. Mit Ausnahme der Hülsenfrüchte und Kartoffeln sind alle erlaubt. Besonders zuträglich sind: gelbe Rüben, Schwarzwurzeln, Spargeln, Spinat, Löwenzahn, Butterkraut, Kohl. Alle diese Gemüse sollen gründlich gekocht, fein verwiegt und in Butter verdämpft werden ohne Zusatz von Mehl.

Mit Ausnahme des Bohnen- und des Kartoffelsalats sind alle Pflanzensalate zuträglich; von den Fleischsalaten eignen sich: der Ochsenmaul-, der Schnecken- und der Fischsalat.

Von Früchten und Obst verdienen ganz besondere Empfehlung: Melone, Ananas „so man hat", Orangen, Aepfel, Birnen, sämmtliches Stein- und Beerenobst (Schalenobst taugt nichts).

Zum Getränk eignet sich leichtes Bier, ein Artikel, der bekanntlich überall zu haben ist, ferner die leichteren Weissweine, versteht sich, in mässiger Menge. Starke Getränke, namentlich in Festquantitäten, sind gefährlich, weil sie das Blut zu sehr in Wallung bringen.

„Um das Blut zu verdünnen", mögen sich solche Kranke auch angewöhnen, viel Wasser zu trinken. Am besten ist jener Brunnen, — zu welchem sie mindestens eine Stunde weit zu gehen haben!

5. Speisezettel für Blutarme (für bleichsüchtige Mädchen — für Wöchnerinnen, welche grosse Blutverluste gehabt haben — für Kranke mit langwierigen Eiterungen und anderen Säfte-Verlusten, für Reconvalescenten).

Bei diesen Zuständen hat sich die rein diätetische Behandlung den grössten Ruf erworben. Schon manche Bleichsucht, bei welcher alle möglichen Arzneicuren erfolglos waren, ist schliesslich noch auf diesem Wege geheilt worden.

Das Wesen der Bleichsucht und der damit verwandten Krankheiten besteht im Mangel an gutem Blute, Verminderung der zelligen Elemente bei normalem Gehalt an Eiweiss und Salzen. In manchen Fällen ist auch der Eiweissgehalt vermindert, so dass der Gehalt an Salzen vermehrt erscheint. Theils Ursache, theils Folge davon sind: Schwäche der Verdauung, Nervenschwäche, blutarme Hautfarbe etc.

Von diesem Gesichtspunkte ausgehend, ist nun unsere

Aufgabe: eine Zusammenstellung von Speisen zu machen, welche die Fehler der Blutmischung ausgleichen, dabei leicht verdaulich und ohne aufregende Nebenwirkung sind. Demgemäss muss die Nahrung reich sein an Eiweisskörpern, arm an Fettbildnern, arm an Leimstoff und Salzen.

Ueber die Milch sind die meisten dieser Kranken im Unklaren; sie halten dieselbe wegen ihres anerkannt hohen Nährwerthes für passend. Die Milch enthält allerdings viel Eiweisskörper, aber auch so viel Fett, dass sie eher geeignet ist, ein reichliches Fettpolster zu schaffen als besseres Blut. Nicht wenige von den bleichsüchtigen Mädchen besitzen ohnehin schon einen so respectabeln Umfang, dass sie keine Fettbildner mehr nöthig haben. Solche Figuren lassen ebenso oft diagnotische Täuschungen aufkommen, wie jene Sorten von „Bleichsucht", welche nach neun Monaten zu schreien anfängt.

Suppen. Am meisten nützen die kräftig ausgekochten, gründlich entfetteten Fleischbrühsuppen mit Einlagen von Gehäcksel aus rothfaserigem Fleische (Haarwild). Ganz besonders zu empfehlen ist die bekannte Soupe à la reine, vorausgesetzt, dass sie nicht zu fett und nicht so übermässig gewürzt ist, wie es die Kochbücher vorschreiben.

Fleisch. Geeignet sind hier nur die Fleisch-Sorten mit rother (blutreicher) Faser und zwar in der Form von Braten, also: Beefsteaks, Rost- und Spiessbraten, Hammelsbraten, (mager), Haarwild und etliche wilde Vögel. (Siehe Cap. 10.) Saucen sind wegen ihres Gehaltes an Fett und Leim nicht geeignet; Siedfleisch desshalb nicht, weil es Saft und Kraft eingebüsst hat.

Fleisch muss überhaupt die erste Nahrung für diese Kranken sein! Es gehört ihnen nicht nur Mittags ein Braten, sondern auch zum Morgenessen ein Beefsteak, vor dem Nachmittagskaffee ein Stückchen kaltes Geflügel und auch das Nachtessen muss einen Braten zum Hauptgange haben.

Verboten ist alles Fleisch mit weisser Faser: Schweinefleisch, Kalbfleisch, Fische. Ungeeignet sind ferner sämmtliche Leimstoffspeisen. Die Käse erträgt der schwache Magen nicht.

Est ist schon mehrfach darauf hingewiesen worden, dass die Eier kein mageres Nahrungsmittel sind, dass ferner die Eierspeisen, in welchen das Albumin geronnen ist, sehr schwer im Magen liegen. Desshalb gehören Eier nicht hierher.

Kaffee und Thee sind wegen ihrer aufregenden Wirkung nicht besonders zuträglich und jedenfalls dürfen keine so grossen Tassen genommen werden, dass schon das Ansehen Herzklopfen macht. Am wenigsten zeigt sich die aufregende Wirkung, wenn vorher mit einem Stückchen Braten ein Boden gelegt wurde.

15*

Chocolade besser.

Gemüse. Wegen seines merkwürdig grossen Eisengehaltes wäre allenfalls der Spinat zu empfehlen; doch gilt auch vom Spinat Dasjenige, was von den Gemüsen überhaupt zu sagen ist: Dinge mit so geringem Nährwerthe gehören in den Hintergrund gestellt, dürfen höchstens als Beigabe zum Fleische dienen. Jedenfalls müssen sie gut blanchirt sein.

Noch weniger als die Gemüse passen die Salate. Die meisten Pflanzentheile werden roh zu Salaten angemacht und sind so jedenfalls schwerer zu verdauen als gekocht (Gemüse). Zudem werden in der Regel saure Speisen schlecht ertragen.

Alle geistigen Getränke sind verboten, weil sie das Gefäss- und Nervensystem aufregen und höchstens zur Fettbildung, dagegen nichts zur Verbesserung der Blutmasse beitragen. Das gilt auch von den Rothweinen, obgleich sie von manchem hohen Rosse herab andictirt werden. Man darf nur die chemischen Bestandtheile der geistigen Getränke und ihr Verhalten im Stoffwechsel vor Augen haben, um die Nichtsnutzigkeit eines solchen Rathes einzusehen!

6. Speisezettel für Hämorrhoidarier. Bei der Hämorrhoidalkrankheit sind vorhanden: Ueberfüllung der Unterleibsgefässe, namentlich jener am Mastdarm (Hämorrhoidalknoten), Anschoppung der Leber, Trägheit der Darmbewegungen. Die meisten Hämorrhoidarier sind vollblütig.

Nach dem Gesagten steht dieser Speisezettel den sub Nr. 4 und 15 aufgestellten am nächsten. Ausserdem müssen aber noch jene Speisen ausgeschieden werden, welche viel Abgang bilden (die Mehlspeisen und manche Gemüse).

Jene seltene Varietät von Hämorrhoidariern, welche eher zu wenig als zu viel Blut haben, wo die Erweiterung der Blutgefässe des Mastdarms nicht Folge von Ueberfüllung, sondern von Schlaffheit der Gefässwandungen ist, fährt besser, wenn sie sich an den Speisezettel Nr. 5 hält. Der ächte Hämorrhoidarier aber, der Hämorrhoidarius communis, erhält folgenden Speisezettel:

Suppen. Zuträglich sind alle mageren Fleischbrühsuppen mit folgenden Einlagen aus dem Thierreiche: Fleischhäcksel, Froschschenkel, Kalbsbriesle; von den Suppen mit Einlagen aus dem Pflanzenreich ist nur gestattet die (delicate) Suppe von grünen Körnern.

Das Fleisch-Quantum muss beschnitten werden. In kleinen Portionen und mit milden Saucen sind alle zarten Fleischgattungen des 5. und 11. Capitels erlaubt; dazu als Beilage ein Mus von säuerlichen Früchten, weil dieses den Stuhl fördert.

Eierspeisen und Käse passen nicht.

Kaffee und Thee sind desshalb nicht ungeeignet, weil sie ein wenig zur Förderung des Stuhlganges beitragen. Die aufregende Wirkung, welche man hier nicht brauchen kann, wird verdeckt, wenn man Milch dazu nimmt.

Chocolade nicht geeignet, weil sie verstopft.

Brod, Backwerk, Mehlspeisen nicht geeignet, weil sie viel Abgang machen, welcher dann unter allerhand Blähungen träge abgeht.

Gemüse. Im Allgemeinen sind alle jene Gemüse gestattet, welche auf dem Speisezettel für Vollblütige stehen. Dabei ist aber wohl zu beachten, dass bei der hier regelmässig vorhandenen Trägheit in den Darmbewegungen nur kleine Quantitäten gut thun. Diese tragen zur Verflüssigung des Darminhaltes und zum Weitertransport desselben bei. Grosse Haufen verursachen Anschoppungen, namentlich im Mastdarm; und dies will man ja gerade vermeiden. Kohlgemüse sind wegen ihrer blähenden Eigenschaft ganz verboten; ebenso Hülsenfrüchte und Kartoffeln.

Salat ist weniger geeignet, weil dazu die Pflanzentheile gewöhnlich ungekocht angemacht werden.

Früchte und Obst. Mit Ausnahme des fett- und stärkemehlreichen Schalenobstes sind alle hierher gehörigen Artikel zuträglich; einige davon werden sogar als Heilmittel gebraucht. Die Traubencuren haben schon manchen vollsaftigen Hämorrhoidarier wieder in Ordnung gebracht.

Gewürze sind nachtheilig, theils wegen des Reizes, welchen sie auf den Verdauungscanal üben, theils wegen der aufregenden Wirkung auf das Gefässsystem.

Getränk. Unzureichender Genuss von Wasser ist ebenso häufig Ursache an „dickem Blut" und Hämmorrhoidalanschoppung, wie Mangel an Muskelübung mit kräftigem Athmen. Diese Kranken sollen nicht nur nach jedem Essen ein Glas Wasser trinken, sondern auch unter Tags sich häufiger auf diesen Artikel einlassen. Leichte Weissweine können zur Abwechslung seine Stelle vertreten, ebenso das gewöhliche Bier, das ja bekanntlich neben dem Wasser feil hat.

Als besonders zuträgliche Muskelübungen gelten Holzsägen und Reiten. Aus einem gewissen, jedenfalls sehr triftigen Grunde ist ersteres viel häufiger im Gebrauche.

7. Speisezettel für Gichtkranke. Für Gichtkranke sind zweierlei Speisezettel zu machen: einer für die Zeit des Gichtanfalls, der andere gegen die Dyskrasie. Für den ersten Fall passt der Fieberspeisezettel (Nr. 1); für die Aufstellung des letzteren sind folgende Punkte ins Auge zu fassen:

1) Dem Ausbruche der Gicht geht immer eine Störung in der Verdauung voraus, bei welcher die U e b e r s ä u r u n g des Magens besonders zu Tage tritt.

2) In der Gicht hat das Blut viel Harnsäure; es kommt häufig zur Ablagerung dieser Säure in die Gelenke und an andere Orte.

3) Der Harnsäure-Ueberschuss bildet sich hauptsächlich bei einer reichlichen Stickstoffnahrung und bei Mangel an Körperbewegung.

Nach dem Gesagten ergibt sich nun folgender Speisezettel:

S u p p e n : Dünne Fleischbrühsuppen mit leimstoffreichen Einlagen (falsche und wahre Schildkrötensuppe, Fisch - und Schneckensuppe), die Kräutersuppen (Julienne, Printanière, Kerbelsuppe).

Ueber die F l e i s c h s p e i s e n ist zu bemerken: Abgesehen davon, dass die Portionen überhaupt beschnitten werden müssen, sind alle kräftigeren Sorten ganz zu streichen. Diese Fleischsorten stehen beisammen im Speisezettel für Blutarme. F i s c h e sollten — im Vereine mit einigen L e i m s t o f f s p e i s e n — die Stelle des Fleisches vertreten. Die beste Form ist au naturel, kalt, in Gelée. Im Besonderen sind erlaubt: Fluss k a r p f e n , H e c h t , F l u s s b a r s c h , F o r e l l e , A e s c h e , F e l c h e n , K i l - c h e n (Renke), K a b e l j a u (Laberdan), S c h e l l f i s c h , W i t t - l i n g , S c h o l l e , S e e z u n g e , die Rochen. — Am geeignetsten sind h a l b p f ü n d i g e Hechte, Forellen, Kretzer (Flussbarsch), Felchen: immerhin eine schöne Entschädigung für das auferlegte „Entsagen!"

Wenn die Sache wieder etwas besser steht, mag das Fleisch junger Thiere (Kalbfleisch, Spanferkel, Lamm, ganz junges Geflügel) die Abwechslung bilden.

Von den L e i m s t o f f s p e i s e n eignen sich: die Fischgallerten, die schwach sauren Kalbssulzen. Kalbskopf au naturel, eingesulztes Ochsenmaul, junges Geflügel in Gelée.

K a f f e e taugt nichts, weil er zur Bildung von Harnsäure beiträgt. Das Gleiche gilt auch vom Thee.

C h o c o l a d e ist aus mehreren Gründen hier nicht am Platz, insbesondere ist ihre stopfende Wirkung nicht erwünscht.

Ueber die G e m ü s e lies den Speisezettel für Vollblütige.

Die S a l a t e sind, wie alle sauren Speisen, ohne Ausnahme verboten.

F r ü c h t e und O b s t. Alle säuerlichen Arten sind im Stande, die Harnsäure im Blute zu vermehren. Demnach sind zu meiden: die Agrumen, die säuerlichen Birnen und Aepfel, das saure Steinobst und fast alles Beerenobst. Zu gestatten sind: die süssen Birnen und Aepfel, die Trauben, etliche süsse

Arten vom Steinobst und die Kürbisfrüchte. Alles am besten frisch (ungekocht), zum Dessert — aber in mässigen Quantitäten! Getränk. Es ist bekannt, dass jene Menschen, welche weder Wein noch Bier trinken, keine Gicht bekommen. Also weisst Du, was Du zu thun hast! Dagegen ist den Gichtkranken die Liebe zum Wasser sehr zuträglich. Nichts vermag der übermässigen Harnsäurebildung mehr zu steuern als reichliches Wassertrinken. Die schönen Erfolge der von Cadet de Vaux empfohlenen Curmethode, welche darin besteht, dass der Kranke, anstatt stündlich einen Esslöffel voll Medicin, stündlich oder sogar halbstündlich ein Glas warmes Wasser zu nehmen hat, sprechen deutlich hiefür.

In den meisten Bädern wird den Curgästen reichlicher Zuspruch bei den Quellen anempfohlen. Nur jene Kranken, welche bereits Jahr und Tag an Gicht leiden und in Folge dessen sehr heruntergekommen sind, eignen sich nicht mehr für solche heroische Trinkcuren.

Die Mineralwässer, welche bei der Gicht verordnet zu werden pflegen, sind: Kissingen, Wiesbaden, Homburg, Ems, Karlsbad, Vichy etc.

Schliesslich sei noch bemerkt, dass die Gichtkranken, insofern ihr Pedal nicht gar zu schadhaft ist, möglichst viel Bewegung machen sollten.

8. Speisezettel in der Harnsteinkrankheit. Gewisse Nahrungsmittel vermögen im Urin gewisse Stoffe in grösserer Menge auszuscheiden, welche dann in der Harnblase, oder wohl auch schon weiter oben, sich zu verschieden grossen Concrementen vereinigen, so die Harnsäure, die harnsauren Salze, der kleesaure Kalk und die phosphorsauren Erden. Es hat also bei den Steinkrankheiten die Regulirung der Diät einen ganz besonderen Werth. Um hiebei auf den rechten Weg zu kommen, ist vor Allem nöthig, die Harnconcremente, welche von einem Kranken abgehen, chemisch zu untersuchen; nach dem chemischen Befunde richtet sich dann die Wahl der Speisen.

A. Harnsaure Steinbildung. Im vorigen Speisezettel ist bereits hervorgehoben worden, dass bei Gichtkranken das Blut überreich ist an Harnsäure und dass davon eine grössere Menge nicht blos in die Gelenke abgelagert wird, sondern auch in verschiedene Excrete übergeht, namentlich in den Urin. Für diese Sorte von Steinkrankheit passt also auch der Speisezettel für Gichtkranke — mit einer Abänderung: Der Thee ist erlaubt! Seine harntreibende Wirkung trägt zur Ausscheidung verschiedener Harnconcremente bei; ja es vermag sogar der Thee, wenn er in grösserer Menge getrunken wird, zur Auflösung von Harnsteinen beizutragen.

B. Bei Steinen aus kleesaurem Kalk ist im Allgemeinen

auch der Speisezettel für Gichtkranke mit der eben erwähnten Abänderung aufzustellen, im Besonderen aber noch jene Nahrungsmittel zu streichen, welche kleesauren Kalk enthalten: die Rumexarten und die Beeren des Sauerdorns. Mit Recht wird bei der Steinkrankheit auch Bedacht auf das Trinkwasser genommen und das s. g. harte (kalkreiche) besonders gemieden.

C. Bei der Steinbildung aus phosphorsauren Erden (phosphorsaurer Kalk, phosphorsaure Ammoniak - Magnesia, kohlensaurer Kalk u. s. w.) ist ebenfalls der Speisezettel für Gichtkranke zu empfehlen, jedoch mit einer ganz erheblichen Modification: Die Essigsäure kann obengenannte Salze auflösen; Essigspeisen sind demnach wichtige Heilmittel bei dieser Sorte von Steinkrankheit. Aus dem gleichen Grunde gehören auch auf diesen Speisezettel alle Früchte und Obstgattungen, welche viel freie Säure haben. Es passt also von diesem Artikel gerade Dasjenige, was oben sub A verboten wurde: das saure Beeren- und Steinobst und die Agrumen. Ingleichen ist hier auch Wein erlaubt; ganz besonders wird auf den Seewein aufmerksam gemacht. Wenn dieser Wein die Kalksteine nicht auflöst, welcher soll es dann thun?

9. Speisezettel für Skrophulöse, passt sowohl für die Drüsenkrankheit im Allgemeinen, als auch für ihre vielnamigen Folgeübel: skrophulöse Gelenkkrankheiten, skrophulöse Augenentzündungen etc.

In der ersten Lebensperiode ist der s. g. Kindsbrei (Milchmehlbrei) diejenige Nahrung, welche die nach allen Richtungen so verderbliche Skrophelkrankheit verursacht; später ist es namentlich die einseitige Kartoffel- und Mehlnahrung, welche diese Krankheit unterhält. Wer demnach das vortreffliche Mittel gegen die Skropheln, den Leberthran, verordnet, ohne zugleich die Mehlspeisen und die Kartoffeln zu verbieten, kann dazu kommen, dass er über den Leberthran schimpft, während er selbst den Schimpf verdient hat.

Nach dem Gesagten ergibt sich folgende Speisen-Karte für diese Kranken:

Milch ist wohl die zuträglichste Speise. Damit keine Fehler gemacht werden, ist im ersten Capitel S. 20 die Belehrung über die Milchcuren nachzulesen.

Der Eichelkaffee wird sehr oft als diätetisches Mittel in der Skrophelkrankheit gebraucht. Näheres darüber Seite 118. Ebenso wird aus Nussblättern ein Heiltrank gemacht. Näheres hierüber Seite 110.

Von den Fleischbrühsuppen sind nur jene gut, welche Einlagen aus dem Thierreiche haben. Die Milchsuppen sind

.sshalb nicht geeignet, weil man nur Einlagen dazu nehmen
inn, welche für diesen Fall nicht passen (Cerealien u. dgl.).

Alles Fleisch von Säugethieren und Vögeln ist zuträglich;
:i jeder Mahlzeit sollte ein derartiges Gericht kommen. Als
:igabe zum Fleisch eignen sich die zarten Gemüsekräuter,
ie sie im Speisezettel Nr. 4 zusammengestellt sind. Sehr nach-
eilig sind die Kartoffeln. — Salate erträgt der Magen
cht. — Früchte und Obst sind (mit Ausnahme der stärke-
ehlreichen Schalenfrüchte) geeignete Beigabe zum Fleisch.
Weiche Eierspeisen sehr zuträglich! Käse dessgleichen,
mentlich die leichtverdaulichen, fetten.

Eine Hauptspeise, die sogar von mehreren Seiten als Heil-
ittel empfohlen wird, ist der geräucherte Speck. Der-
lbe ist namentlich dann zu verordnen, wenn man weiss, dass
:r Leberthran doch nicht genommen oder, wenn er genommen,
cht ertragen wird.

Da die Kranken so sehr geneigt sind, unbequeme ärztliche
erordnungen zu drehen und zu wenden, so sei nochmals aus-
ücklich bemerkt, dass nicht nur Brod, Backwerk und
ehlspeisen schaden, sondern auch alle Suppen mit
ärkemehlreichen Einlagen.

Ausser der bezeichneten Diät sind es namentlich der Ge-
auch der Soolbäder und der Aufenthalt in gesunder Luft,
elche zum Heile führen. — Dagegen ist der Tokayer, der
alaga u. dgl. auch wieder eine von jenen ärztlichen Ordina-
nen, welche von gewissen Kathedern herab gepredigt und
n gläubigen Jungen gedankenlos fortgeleiert werden.

10. Speisezettel bei der Rhachitis und Osteomalacie.
e Knochen sind in diesen beiden Krankheiten auf die gleiche
:t und Weise erweicht, es fehlt ihnen an der nöthigen
enge unorganischer Stoffe (Kalk), durch welchen eben die
nochen ihre Festigkeit erhalten. In hochgradigen Fällen
ikt die Menge der unorganischen Bestandtheile der Knochen
ter $\frac{1}{3}$ der Norm herab.

Sehr nahe würde die Annahme liegen, welche früher auch
lgemein galt, dass diese Krankheit durch eine Nahrung her-
igeführt werde, in welcher die genannten Stoffe fehlen oder
r spärlich vorhanden sind. Diese Ansicht hat sich aber als falsch
wiesen; genauere Forschungen haben den Fehler anderswo
funden — in zu reichlicher Bildung von Milchsäure, welche
ure im Stande ist, die Knochensalze aufzulösen. Die Bil-
ngsstätte der Milchsäure ist der Magen; die Erkrankung der
agenschleimhaut führt bekanntlich bei weitem in den meisten
illen zur Bildung von sauren Producten (darunter hauptsäch-
h Milchsäure). Diese Säure bildet sich namentlich gerne
s einer stärkemehlreichen Nahrung (Mehlspeisen, Kartoffeln

u. dgl.). So beobachtet man auch den bekannten weichen Hinterkopf namentlich bei denjenigen Kindern, welche mit dickem Mehlbrei aufgefüttert werden. Die Milchsäure geht aus dem Magen in das Blut über, hält dort die Kalksalze in Lösung, so dass sie sich nicht in die Knochen ablagern und diese hart machen können, sondern vielmehr wieder durch den Urin aus dem Körper ausgeschieden werden.

Auf eben besagte Art ist die Entstehung der Rhachitis in den meisten Fällen zu erklären. Doch darf nicht verschwiegen werden, dass sich auch schon Rhachitis entwickelt hat ohne vorangegangene Verdauungsstörung. Für diese Entstehungsart hat die Wissenschaft bis jetzt noch keine Erklärung gefunden. Wenn wir also den Speisezettel machen, so haben wir nur die erstgenannten Fälle, allerdings die häufigsten, vor Augen.

Nach dem angedeuteten Gesichtspunkte müssen wir auf diesen Speisezettel jene Nahrungsmittel setzen, welche a) die genannten unorganischen Salze enthalten, aber auch b) kein Material zur Bildung von Milchsäure liefern. Die Milch, das Brod, die Mehlspeisen und die Hülsenfrüchte würden die unorganischen Salze zwar genügend enthalten, aber — zugleich auch das Material zur Milchsäure, welche sich, wie gesagt, aus Stärkemehl, aus Dextrin, aus Zucker bilden kann. Ungemein häufig wird desshalb darin gefehlt, dass man solchen Kranken ohne Weiteres die Milchdiät vorschreibt. Es gibt für diese Kranke nur Eine zuträgliche Gattung von Speisen, die Fleischspeisen. Das Fleisch muss aber immer von ausgewachsenen Thieren gewählt werden, weil dieses reicher ist an phosphorsaurem Kalk als junges. Die besten Speisen sind also: Beefsteaks, das Roastbeef, die Hammelscoteletten, kurz die Fleischspeisen und die Suppen, welche im Speisezettel Nr. 5 zusammengestellt sind. Bei kleinen Kindern macht man mit fein geschabtem rohem Fleisch oft gute Geschäfte, grosse Kinder ekelt diese Speise an. Ausdrücklich verbieten wir das Kalbfleisch und überhaupt das Fleisch junger Thiere, weil dasselbe, wie bemerkt, ärmer an phosphorsaurem Kalk ist als ausgewachsenes Fleisch. Aus der chemischen Analyse der Eier geht hervor, dass der Eidotter sehr reich ist an phosphorsaurem Kalk; somit sind in diesem Fall Eierspeisen am Platze. Am besten eignet sich der Eidotter roh eingerührt in eine sachgemäss zubereitete Fleischhäckselsuppe.

Zum Schlusse sei noch darauf hingewiesen, dass die Rhachitis sehr häufig auf skrophulösem Boden ruht, dass somit auch mit wenigen Abweichungen der Speisezettel Nr. 9 versucht werden kann. In der Osteomalacie ist der Fettgehalt der Knochen bedeutend vermehrt; demnach müssten aus dem

genannten Speisezettel einige wichtige Speisen (roher Speck,
Leberthran) gestrichen werden, wenn er für diese Kranken
passen soll.

11. Speisezettel bei der Lungenschwindsucht, Lungentuberculose. (Auch die Kranken welche am chron. Bronchial-
catarrh, am Asthma, am Lungenemphysem etc. leiden,
mögen sich an diesen Speisezettel halten). An verschiedenen
Stellen dieses Buches war Gelegenheit geboten, auf diätetische
Mittel zur Verhütung dieser so häufigen und so gefährlichen
Krankheit hinzuweisen. Schon oft war auch zur Rettung von Gesundheit und Leben sogar nöthig, einen Beruf oder ein Hand-
werk aufzugeben. Berufsarten, wo die Lunge arg angestrengt
wird durch vieles Reden, Singen u. dgl. sind ebenso verpönt,
wie jene Handwerke, wo die Lunge durch Staub verunreinigt
wird, wie z B. bei den Steinhauern, Müllern. (In Wien sterben
wegen des vielen Staubes auf den Strassen so viele Leute an der
Lungentuberculose, dass man dieser Krankheit den Beinamen:
„morbus viennensis" aufgebracht hat). Ist die Lungenschwindsucht einmal da, so verfallen die Kranken in der Regel einem
ewigen Hin- und Herwogen zwischen Arzneimitteln und Cur-
methoden, bis sie endlich in der Diät vorzugsweise ihr Heil
suchen.

Von den verschiedenen, zum Theil marktschreierisch aus-
gebeuteten, einseitigen diätetischen Mitteln ist man alsgemach abgekommen. Ueber die Molken ist schon oben Seite 20
ausführlicher gesprochen. Vom Kumys, dem Steppen-Nah-
rungsmittel der Kirgisen, (o. S. 22) steht in den Zeitungen,
dass er die Lungenschwindsucht, selbst im vorgerücktesten
Stadium! zu heilen vermöge. Wer's nicht glaubt, wende sich
an die Fabrikanten und Kirgisen!

Suppen aus grobgemahlenem Roggen-, Linsen-
oder Bohnenmehl (Revalenta arabica) sind zwar nicht ohne
Nährwerth, aber so schwer zu verdauen. dass nur die Geheim-
mittelkräuter dabei gedeihen; die Kranken dagegen, namentlich am Magen, sehr erheblich beschädigt werden. Schnecken-
brühen und Isländisch-Moos-Gallerten werden geschluckt, weil sie für „lösend" und „nährend" zugleich gelten.
Wer Ersteres gerade nöthig hat, mag zu diesen Dingen greifen;
wegen des Nährwerthes aber wende man sich an die Schätze
der Fleischkammer.

Der Hauptgesichtspunkt, an welchem bei Aufstellung eines
vollständigen Speisezettels für Lungenschwindsüchtige festzuhalten ist, lautet: Nimm solche leicht verdauliche und kräftig
nährende Speisen, welche von jeder Reizwirkung auf die
Lunge frei sind! Im Allgemeinen passt so ziemlich Alles,
was im Speisezettel für Skrophulöse zusammengestellt wurde;

Skrophulose und Tuberculose sind ja auch die nächsten Vettern! Im Besonderen wird folgende Tischordnung für Tuberculöse anbefohlen: (Ueber die Modificationen je nach dem Stadium der Krankheit oder dem gerade prävalirenden Symptome später!

1 Stunde vor dem Frühstück (um 7 Uhr trinkt der Kranke das ihm etwa verordnete Mineralwasser.

Frühstück (8 Uhr): frische Ziegen- oder Eselinnen-Milch, warm vom Thiere weg, mit Brodrinde. Näheres über die Milch als Curmittel siehe Seite 19.

Der Mittagstisch (12 Uhr) ist, wenn gerade kein Fieber vorhanden. aus dem sub 9 erwähnten Speisen zusammen zu stellen, andernfalls gebietet die Vorsicht den Speisezettel Nr. 1.

Das Abendessen (4 Uhr) besteht aus rohem Speck (anstatt Leberthran) mit Brodrinde. Der Salzgehalt macht den Speck sogar für jene Fälle geeignet, wo leichte Fieberbewegungen vorhanden sind.

Das Nachtessen (8 Uhr) sollte nur aus einer einfachen Fleischbrühsuppe bestehen. Bekanntlich legt gegen Abend das Fieber zu, bekanntlich sind es vorzugsweise die Nächte, welche an diesen Kranken zehren, nur der regelmässig auftretenden Morgenschweisse zu gedenken. Diese schlimmen Dinger kommen viel stärker, wenn der Kranke zuviel zu Nacht isst oder bald nach dem Nachtessen zu Bette geht.

Wir halten es nicht für gut, wenn diese Kranken auch noch Abends Milch trinken. Das viele Zeug, welches Mittags, Nachmittags etc. verzehrt zu werden pflegt, kann solche Zersetzungsproducte im Magen hinterlassen, dass auch die Abendmilch alsbald zersetzt wird. Diese Zersetzungsproducte verursachen gewaltigen Rumor im Magen und in Folge dessen qualvolle Nächte.

Betrachten wir nun weiter, was bei den verschiedenen Zwischenfällen der Krankheit zu thun ist!

Vor allem hat man es mit den häufigen Recidiven der Katarrhe zu thun; Schnupfen, Heiserkeit, Bronchialrasseln treten alle Augenblicke auf. Vermeide desshalb rauhe Luft, starke Temperaturwechsel, Luftzug. Wer's machen kann, geht im Winter in eine mildere Gegend, z. B. nach Montreux, Meran u. s. w. Wenn aber auch da Katarrhe sich einstellen, so muss man gleich einen von den Seite 208 als passend bezeichneten Thee trinken und das Zimmer hüten oder gar die Bettwärme suchen.

Bei den chronischen Katarrhen wechseln zwei verschiedene Stadien miteinander ab; bald ist der Auswurf reichlich und dünnflüssig, bald spärlich und zähe und wird nur durch heftigen Husten herausgebracht. Für den erstern Fall werden vorzugsweise terpentinhaltige Inhalationen oder, was jetzt von diesem Artikel das Feinste ist, Kiefernadelwaldcuren, namentlich auf dem Schwarzwalde, gemacht; im zweiten Falle Isländisch-Moos-Gallerte, Schnekenbrühe und andere schleimige Mittel, z. B. Brustthee geschluckt, oder Brustbonbons geschlotzt. Man hüte sich wohl, diese Sachen längere Zeit fort zu gebrauchen; sie versäuren den Magen und bewirken auf der Brust gerade das Gegentheil von Dem, was man will. Viel ersprieslicher sind die warmen Inhaltionen von diesem Thee — gerade zu jener Zeit gebraucht, wo man fühlt, dass zähe Secrete in den oberen Athmungswegen stecken. Jedenfalls ist die schablonenmässige Verordnung schleimiger Thee. z. B. „alle Stund ein Löffel voll" oder „Morgends und Abends eine Tasse zu nehmen", gelinde gesagt, gedankenlos; man soll nur zu der Zeit helfen, wo Hilfe nöthig ist, dann aber recht.

Das Peinlichste für die Lungensüchtigen ist die von Zeit zu Zeit eintretende Athemnoth. Zu solcher Zeit soll der Kranke nur kleine Mahlzeiten halten, namentlich Abends. Der wichtigste Inspirationsmuskel, das Zwerchfell, wird in seiner Function gehemmt, wenn der Bauch voll ist. Wenn nöthig, soll, ausser der Beschneidung der Mahlzeiten, auch für regelmässige Leibesöffnung gesorgt werden — durch mildsaure Früchtecompote. Die Bleifarbe des kalten schweissbedeckten Gesichtes deutet auf Retension der Kohlensäure im Blute in Folge mangelhafter Exspiration hin; der Kranke ist halbbetäubt und könnte sich sehr schädigen, wenn er auch zu solcher Zeit die narkotischen Pulver oder Tropfen, welche ihm zur „Beruhigung" verschrieben sind, vorschriftsmässig schlucken würde.

Am meisten ist das Blut im Auswurfe, der Bluthusten oder gar der Blutsturz gefürchtet! Wenn sich je ein „Aederchen" im Auswurfe zeigt, soll nicht blos die strengste körperliche und geistige Ruhe beobachtet, sondern auch gar nicht gesprochen werden. Ausser den guten einfachen Mitteln, den kalten Umschlägen auf die Brust, hat auch die Küche mit zu helfen. Kälte, Kochsalz und Säuren sind bekanntlich die hier gebrauchten Mittel zur Blutstillung. Die Küche hat diese Mittel in sehr angenehmen Formen: Als kaltes Mittel empfehlen wir irgend ein Fruchteis; von den salzreichen Mitteln stehen in erster Reihe: Salzsardellen, Häringsmilchen, dann folgen: roher Speck, Schinken. Von den säuerlichen Speisen eignen sich namentlich die Obst- oder Früchtecompote.

12. Speisezettel beim Scorbut. Es gibt keine Krankheit, bei welcher die Diät so viel und so schnell nützt, wie beim Scorbut; selbst bei den schlimmsten Fällen tritt auf die richtige Diät eine rasche Wendung zum Besseren ein, und leichtere Fälle heilen in ein Paar Tagen.

Feuchte Wohnungen, gedrückte Gemüthsstimmung, in erster Reihe aber mangelhafte Nahrung werden als die Ursachen dieser grässlichen Krankheit betrachtet. Sie entwickelt sich erstens bei langen Seereisen, wo Pöckelfleisch und Schiffszwieback fast die einzige Nahrung sind; zweitens auf dem Lande, in nordischen Gegenden, wo die armen Leute fast nichts zu essen haben als Kartoffeln, und drittens in Zucht- und Armenhäusern, seltener in Garnisonen.

Im Allgemeinen hört man in neurer Zeit überhaupt weniger von dieser Krankheit. Der Seescorbut wurde seltener, nachdem eine strengere Aufsicht über die Verproviantirung der Schiffe eingeführt war; auch kommen die neueren Methoden zur Conservirung der Nahrungsmittel sehr zu Gute. Dem Landscorbut steuerten die Verkehrsverhältnisse und der Aufschwung, welchen die Landwirthschaft genommen.

Zur Verhütung der Krankheit in Garnisonen, Zucht- und Armenhäusern geschieht alles Mögliche. Allein es liegt in den Verhältnissen, dass man hier nicht alle jene Heilfactoren anwenden kann, welche die Wissenschaft als solche aufgestellt hat. Immerhin lässt sich aber noch Manches thun, was „wenig kostet" und „was sich mit einer Zuchthauseinrichtung verträgt". Eine Hauptsache bleibt die Beschaffung guter Gemüse. Man kaufe vor Allem nur solche, welche sich durch einen hohen Nährwerth auszeichnen, also Hülsenfrüchte. Ein anderes, sehr werthvolles und zuträgliches Gemüse ist das Sauerkraut, das sich wegen seines Gehaltes an Milchsäure namentlich als Beilage zum Fleisch eignet. Wer das Sauerkraut als schwer verdaulich bezeichnet, und es gibt Solche, ist nicht werth, dass ihn ein Schweinsbraten erquickt.

Eine ganz miserable und trotzdem nicht seltene Combination ist Rindfleisch mit gesottenen Kartoffeln. Zum Fleische gehört ein leicht säuerliches Gemüse oder ein Salat, weil die leichten Pflanzensäuren die Verdauung der Eiweisskörper fördern. Auch Rettige, Meerrettig. Senf sind die richtige Beigabe zum Rindfleisch; alle diese Dinge gelten ja bekanntlich als Volksmittel gegen den Scorbut. Sind in einer Anstalt bereits Scorbutkranke, so gebe man auch jedem Gesunden — als Vorbauungsmittel — Vormittags und Nachmittags einmal entweder einen Apfel oder eine Handvoll ungekochtes Sauerkraut.

Für die Kranken wird folgender Küchenzettel gemacht: Jeder erhält täglich 3 Mal frischen Braten, etwa 100 Grm. dazu reichlich folgende Gemüse: Meerrettig, Sauerampfer. Brunnenkresse, Kohl- und Kraut-Arten (Sauerkraut sehr gut!), Löwenzahn, oder folgende Salate: Rettig, Lattich, Brunnenkresse, Löffelkraut. Endlich passt recht gut alles säuerliche Kernobst; vom Steinobste wähle die Sauerkirschen, vom Beerenobste die Johannisbeeren. Vorzügliche Dienste würden auch die Agrumen leisten, allein diese sind hier zu theuer!

13. Speisezettel in der Zuckerharn-Ruhr. In dieser Krankheit wird mit dem Urin eine grosse Menge Zucker (bis zu einem halben Kilo innerhalb 24 Stunden) entleert; dabei ist die Menge des Urin's selbst ungemein gesteigert. Der nähere Hergang über die enorme Zuckerbereitung im Körper ist noch nicht aufgeklärt. Desshalb sind auch die therapeutischen Vorschläge schwankend, und viele Kranken suchen ihr Heil nur in der Diät. Es sind nicht wenig Fälle bekannt, wo allein durch eine Nahrung. bei welcher Zucker und Stärkemehl fehlten, Heilung erzielt wurde. Demgemäss wird folgender Küchenzettel gemacht:

Milchspeisen. Sowohl reine Milch wie namentlich die Milchmehlspeisen sind verboten; dagegen ist süsser Rahm erlaubt.

Suppen. Nur die Fleischbrühsuppen sind erlaubt und von diesen wieder nur folgende Arten: Fleischhäckselsuppe (beste!), Wildpret-, Froschschenkel-, Fisch-, Krebs-, Austern-, Kalbsbriesle- und Eiersuppen. — Sehr zu meiden sind alle Suppen mit Einlagen aus dem Pflanzenreiche.

Fleisch. Alle Arten von gesottenem Fleische und von Braten sind erlaubt. Dass zu letzteren keine Mehlsaucen kommen dürfen, versteht sich von selbst.

Eier. Von den Eierspeisen sind alle jene erlaubt, zu welchen weder Zucker noch Mehl genommen wird.

Kaffee und Thee erlaubt, aber ohne Zucker, dagegen mit Rahm. Chocolade verboten!

Käse wären gerade nicht schädlich, werden aber gewöhnlich nicht gut ertragen.

Brod. Dem unwiderstehlichen Verlangen nach Brod kann dadurch etwas entsprochen werden, dass man für diese Kranken besonderes Kleienbrod backen lässt; dieses enthält viel weniger Material zur Zuckerbildung als das gewöhnliche Brod.

Gemüse. Erlaubt sind: Spargeln, Hopfensprossen, Spinat, alle Kohl- und Krautarten, Löwenzahn, Blumen- und Rosenkohl, Artischocke.

Salate. Zuträglich sind: alle einfachen Fleischsalate; von den Pflanzensalaten der Lattich- (Kopf-). Endivien-, Brunnenkresse-, Gartenkresse-, Valerianella-Salat.

Früchte und Obst. Erlaubt das Beerenobst, vom Steinobste nur die säuerlichen, endlich die Agrumen.

Getränke. Es gab einmal eine Zeit, wo man diesen Kranken zumuthete, den grässlichen Durst, welchen sie meistens haben,

nicht zu stillen; man rechnete, dass auf diese Weise die grosse
Menge Urin doch zuletzt abnehmen müsste. Nachdem die
Kranken aber das Experiment nicht aushielten, nachdem sich
ihr Allgemeinbefinden bedenklich verschlimmerte, kam man
davon ab und suchte nach Getränken, welche arm sind an
Zuckerbildnern: Schwache Bothweine und malzarmes Bier.

Zum Schlusse noch folgende Bemerkung über die Quantität: Starke Mahlzeiten und reichliches Trinken vermehren
alsbald die Zuckerausscheidung durch den Urin; Hungern und
Dursten vermindern dieselbe. Du wirst also wohl merken, was
Du zu thun hast!

14. Speisezettel bei trägem Stuhl. Wer an trägem Stuhle
leidet, muss vor allem der Quelle des Leidens nachforschen;
ungeeignete Mittel, also auch eine ungeeignete Zusammenstellung von „eröffnenden" Speisen, können grossen Schaden
anrichten. Dass die Stuhlverstopfung eine Menge, zum Theil
höchst verschiedener Ursachen haben kann, weiss wohl Jedermann. Mangelnde Bewegung des Darms, verminderte Secretion
des Darminhaltes sind die gewöhnlichsten; Darmverschlingungen,
eingeklemmte Brüche die schlimmsten. Diesen näheren Ursachen
des trägen Stuhlganges können wieder eine Menge entferntere
Ursachen zu Grunde liegen. Die Darmbewegungen und Se-
cretionen werden mangelhaft bei verschiedenen Krankheiten
des Darmkanals, namentlich bei den Katarrhen. Mitunter ist
auch der übermässige Genuss der Tafelfreuden, eine fehlerhafte
Combination der Speisen, der einseitige Genuss von Cerealien,
Kartoffeln, Hülsenfrüchten daran Schuld. Herber Rothwein
und Arzneistoffe können ebenfalls dazu beitragen.

Es gibt gar nicht wenige, sonst ganz gesunde Menschen, die
eben immer nur alle zwei oder drei Tage einen Stuhlgang haben,
sich dabei aber vollkommen wohl fühlen. So lange dies
der Fall ist, wäre es überflüssig, etwas an der Lebensweise zu
ändern. Wenn aber einmal ein unbehagliches Gefühl von Völle
im Leib entsteht, wenn ein meist resultatloser Drang zum
Stuhle vorhanden, verbunden mit der bekannten widerlichen
Stimmung eines Vollbluthämorrhoidariers, wenn sich endlich
die Folgen des Druckes grosser Kothmassen auf die Blutgefässe
der Unterleibsorgane bemerklich machen durch ödematöse Anschwellung der Füsse, durch Krampfadern, durch ständiges
Kaltwerden der Füsse, durch Vergrösserung der Hämorrhoidalknoten mit Blutungen oder Austritt einer wässerigen Flüssigkeit und Jucken am After, ferner durch häufige Erectionen
und Pollutionen, bei Frauen durch weissen Fluss, wenn endlich auch noch in Folge von Gallenstauung ein gelblicher Teint
entsteht, — dann muss etwas geschehen!

Die meisten Magenkranken, welche bei mir eine fast rein diätetische Be-

andlung durchmachen, kommen einmal mit der Klage, dass es oft 2 bis
3 Tage anstehe, bis wieder einmal ein Stuhlgang erfolge und dass die
Menge des Abgegangenen ganz ungewöhnlich klein sei. Dabei machen sie
dann allerdings die nicht unwichtige Nebenbemerkung, dass es ihnen sonst
wohl sei, dass sie durchaus keine Beschwerden im Leibe verspüren. In
diesen Fällen liegt nun Alles in der Diät; die Kranken bekommen lauter
solche Speisen, welche leicht verdaut werden und fast ganz in den Stoffwechsel übergehen, also wenig Abgang machen. Früher waren unter den
Speisen auch solche gewesen, die grosse Kothmassen bildeten (stärkemehlreiche Dinge, Mehlspeisen, Gemüse, Kartoffeln).

Für gewisse Leser sei noch bemerkt, dass sie nicht auf
diesen Speisezettel bauen dürfen, wenn der Stuhlgang nur
einmal angehalten bleibt, wie z. B. dann, wenn die Darmthätig-
keit durch eine acute Entzündung des Darms plötzlich unter-
drückt ist oder wenn sich ein Leistenbruch einklemmt u. s. w.
Wer in solchen Fällen mit diätetischen Mitteln die Zeit ver-
geudet, bringt den Kranken in Lebensgefahr!

Nun zum Speisezettel selbst! Vorab sei bemerkt, dass alle
Speisen, welche im nachfolgenden Speisezettel aufgezählt sind,
strenge gemieden werden müssen. Hier sind erlaubt:

Molken sind ein unsicheres Mittel zur Regulirung des
Stuhls; dem Einen machen sie Verstopfung, dem Anderen
Diarrhoe. Für Erstere würden allenfalls Tamarindenmolken
besser passen. (Näheres über die Molken S. 20).

Suppen. Flüssige Nahrung taugt hier überhaupt mehr
als feste; somit sind die Suppen sehr am Platze, mit Ausnahme
derjenigen Arten, welche Cerealien zur Einlage haben.

Fleisch. Das gebratene Fleisch soll immer mit den
Saucen verspeist werden. Junges Fleisch wirkt mehr auf den
Stuhl als altes, gebeiztes mehr als ungebeiztes.

Eier. Die harten Eier gelten als verstopfend, alle andern
sollen den Stuhl eher fördern als träge machen.

Nur der Aufgusskaffee hat einen merkbaren Einfluss
auf den Stuhl; der abgekochte enthält Tannin und bewirkt
also eher das Gegentheil. Ueber den Kathartinkaffee lies
Seite 118.

Ein Thee, der nicht länger als 5 Minuten infundirt wurde,
fördert die Stuhlentleerung; steht der Thee länger am Wasser,
so nimmt er Tannin auf und verstopft.

Brod ist im Allgemeinen verboten. Nur das „brown
bread" (Seite 127) gilt als Mittel gegen habituelle Stuhlverstopfung.

Gemüse und Salate. Der Gehalt an organischen Säuren
macht manche Pflanzen zu Mitteln gegen trägen Stuhl; bei
vielen hilft auch noch der grosse Gehalt an Wasser mit. In

besagter Weise wirken z. B. die Wurzelgemüse, die Sprossen, die Kräuter, die Blumen- und Blüthenstände; namentlich werden die säuerlichen Früchte und das Obst häufig als Hausmittel gegen habituelle Stuhlverstopfung gebraucht.

Speisezusätze. Ueber die eröffnende Wirkung der Fette ist bereits Seite 170 gesprochen. Kochsalz ist auch nicht ohne Einfluss; iss also die wohl gefetteten und kräftig gesalzenen Speisen ohne Bedenken.

Getränke. Leichte Weissweine und Bier geeignet. Es würde zu weit führen, wollten wir alle jene Mineralwasser aufzählen, welche zu „eröffnenden" Curen dienen; nur soviel sei bemerkt, dass kein Mittel angenehmer schmeckt und bessere Dienste leistet, als ein abführendes Mineralwasser, dessen tägliche Dosis man einmal genau erprobt hat. Es soll eben nicht weiter gehen als bis zur täglich-einmaligen, regelmässigen Entleerung. Die beste Zeit zum Trinken des Mineralwassers ist etwa eine Stunde vor dem Frühstück. Noch andere Abführtränke sind im 34. Capitel nahmhaft gemacht.

Ausser der genannten Diät sollen noch folgende Unterstützungsmittel gebraucht werden:

Klystiere. Die Klystiere reizen weder den Magen noch das obere Gedärm, was bekanntlich von den geschluckten Abführmitteln durchaus nicht behauptet werden kann. Da die Klystiere nur durch Verflüssigung des Mastdarminhaltes wirken, so muss auch noch von oben herab etwas geschehen. Hiezu dient allerdings die eben verordnete Diät, so dass nur in ganz halsstarrigen Fällen noch von einem medicinischen Abführmittel Gebrauch gemacht werden muss. Für die meisten Klystiere genügt lauwarmes Wasser; sonst sind die Klystiere von Kamillenthee mit etwas Salz, Oel und Seife am gebräuchlichsten. Die Quantität anlangend, so genügt in den meisten Fällen $1/4 - 1/2$ Liter Flüssigkeit für ein Klystier. Wie es für diese Kranken überhaupt rathsam ist, die ersehnte Verrichtung auf eine bestimmte Morgenstunde zu dressiren, so soll auch das Klystier regelmässig zu dieser Zeit applicirt werden.

Schliesslich sei noch darauf hingewiesen, dass die Körperbewegung auch zur Förderung des Stuhles beiträgt. Du musst also namentlich Morgens, d. h. zu der Zeit, wo eben von Rechtswegen das erwünschteste Naturereigniss eintreten soll, spazieren gehen. Dies merke sich namentlich der Mann von der Feder, der Schneider und der Schuster, die gnädige Frau und die Näthcrin, kurz alles Personal, welches mit Recht behaupten kann, dass es das Gesäss nicht umsonst habe. (Les fesses n'appartient qu'à l'espece humaine. Buffon.).

15. Speisezettel bei Diarrhoe. Es gibt keine Diarrhoe, welche ganz allein nur durch im Uebermass aufgenommene

Flüssigkeiten erzeugt wäre, ohne krankhafte Veränderungen im Darmkanal. Die vermehrte Secretion der Darmschleimhaut ist ein untrügliches Symptom wenigstens der Hyperämie und wenn auch einmal bei einer Section diese Hyperämie nicht mehr gefunden wird, so ist man doch noch lange nicht des Rechtes beraubt, dieselbe als zu Lebzeiten bestanden anzunehmen; man weiss ja, wie bald sich in den Leichen die Erscheinungen der Hyperämie verwischen. Ohne dass von aussen Mittel aufgenommen wurden, welche Rumor im Gedärm und Abweichen erregen können (wässriges Obst, Trauben, Gurken, Laxiermittel aus der Apotheke), stellt sich bei Magenkranken oft von selbst Diarrhoe ein. Meistens sind Zersetzungsproducte von Speisen, welche bei der gestörten Verdauung so oft entstehen, daran Schuld. Diese gehen vom Magen in den Darm über, erzeugen dort Katarrhe, welche eine Verflüssigung des Darminhaltes zur Folge haben.

Die Symptome, welche eine Diarrhoe ankündigen oder begleiten, sind: Leibschneiden, Kollern, Schmerz beim Druck auf den Leib; die Folgen sind: eine Art Erleichterung, aber auch eine Mattigkeit und Schwäche in den Füssen. Wegen der grossen Menge Wassers, das dabei dem Körper entzogen wird, entsteht ausserdem regelmässig viel Durst.

Auf eine Diarrhoe folgt immer eine mehrtägige Verstopfung. Es ist eine bekannte Thatsache, dass der Laie leichte Diarrhoen lieber hat als Verstopfung; in diesem Punkte ist selbst der geizigste Mensch freigebig. Und doch ist eine Diarrhoe durchschnittlich verhängnissvoller als eine gewöhnliche Verstopfung. Man sehe nur auf die kleinen Kinder; jene mit trägem Stuhle gedeihen, jene mit Diarrhoen gehen meistens zu Grunde.

Unter den Mitteln zur Bekämpfung der Diarrhoe stehen die diätetischen oben an. Der dessfallsige Speisezettel lautet: (Die hier nicht zuträglichen Speisen stehen im vorigen Speisezettel beisammen!)

Suppen. Die Fleischbrühsuppen mit Einlagen von stärkemehlreichen Cerealien sind in der ganzen Welt bekannt als Diät bei Reizzuständen des Darmkanals, bei der Diarrhoe. Ueber den Gebrauch des Gerstenschleims als Krankenspeise ist oben Seite 30. ausführlicher verhandelt.

Chocolade. Die entölte Cacao mit Milch gekocht ist die zweite Cardinalspeise in besagten Fällen.

Mehlspeisen. Das Nähere über ihre Verwendung als Krankenspeise ist in den betreffenden Capiteln 21, 22, 23 und 24 mitgetheilt worden; im Besonderen wird auf die sehr zuträglichen Milchmehlspeisen aufmerksam gemacht.

Schalenobst. Ueber die Mandel-, Hanfsamen- etc. Milch, diese allbekannten Hausmittel gegen Diarrhoe, lies im

16 *

34. Capitel nach. Zwei andere Hausmittel, aus dem 27. Capitel — die gedörrten Birnen und Heidelbeeren sind nicht zu empfehlen; ihre Kerne und Bälge können der gereizten Darmschleimhaut nur noch mehr Beschädigungen zufügen.

Getränke. Es ist durchaus nicht am Platze, solchen Kranken das Wassertrinken ganz zu verbieten; man hat blos zu befehlen, dass es nur in kleinen Schlücken geschehen soll. Sonst ersetzt das Wasser die gehabte Mehrausgabe, wirkt kühlend und verdünnt die scharfen Secrete der kranken Schleimhaut so, dass sie weniger reizend wirken.

Ueberall und mit Recht gelten tanninreiche Rothweine als Mittel gegen Diarrhoe. Nimm kleine Dosen, am besten unmittelbar auf eine schleimige Suppe.

Als Unterstützungsmittel für diese Diät sind zu nennen: Reiswasser oder dünne Tapiocabrühe geben sehr geeignete Klystiere für diese Kranken, sind namentlich in der Kinderpraxis hoch geschätzt.

Das Warmhalten des Leibes ist schon gut, wenn es vermittelst Leibbinden geschieht; warme Bäder sind niemals zuträglich für solche Kranken, sie erschlaffen und nehmen den Appetit noch mehr. Die anderen, die medicamentösen Hausmittel gegen die Diarrhoe sehe man stets nur mit Misstrauen an, denn schon oft hat ihre ungeschickte Verwendung Schaden gestiftet. Dann ist auch noch wohl zu erwägen, dass eine Diarrhoe unter Umständen sogar eine wohlthätige Entleerung schädlicher Stoffe sein kann, die, wenn sie nicht zu hartnäckig wird, durchaus nicht gleich im Beginne gestopft werden darf.

Als Anhang zu dieser Sammlung von Speisezetteln für Kranke folgen hier noch zwei für Gesunde eigenthümlicher Art.

16. Speisezettel für Wöchnerinnen. Die Hebammen finden in ihren Lehrbüchern genügende Anweisung über die Behandlung des Wochenbettes; es ist darin Alles zu lesen, was die Lagerung, die Bekleidung der Neuentbundenen, die Pflege der Brüste, die Einrichtung des Wochenzimmers anbelangt; nur über die Hauptsache, über die Diät der Wöchnerinnen, sind die Belehrungen in der Regel sehr dünn. Es dürfte desshalb diesem Buche wohl anstehen, wenn es auf dieses wichtige Thema näher eingeht, zumal da, namentlich auf dem Lande, wirklich noch recht verzwickte und zum Theil sehr nachtheilige Gebräuche regieren. So werden z. B. hierlands alle Wöchnerinnen regelmässig 9 Tage lang mit nichts Anderem gespeist als mit den „Kindsbettsuppen" (armselige Wassersuppen!). Wenngleich schon nach dem 3. Tage ein entschiedenes Verlangen nach etwas Besserem eintritt, wenn sich die Wöchnerin sonst ganz wohl fühlt, wenn sich sogar schon die grosse Aus-

gabe des Stillens bemerkbar macht, gleichviel: es müssen die
9 Tage bei den Wassersuppen ausgehalten sein, die Wöchnerin
mag abgeschwächt werden wie sie will! Am 10. Tage wird
dann so zu sagen, mit dem Schlage der Uhr, auf einmal
Alles umgemodelt, im Sprunge geht es von den magern Wassersuppen zu den krätigsten Fleischspeisen über. Wer begreift
nicht, dass zuerst das Aushungern, dann dieser rasche Uebergang Gefahren in sich schliessen? Wenn man auch zugibt,
dass der neunte Tag den ungefähren Abschluss des Wochenbettes ausmacht, so richtet sich eben doch die Diät immer nur
nach dem jeweiligen Befinden der Wöchnerin und, wenn sonst
Alles regelmässig verläuft, wird etwa Folgendes der Speisezettel für das Wochenbett sein müssen:

Für die ersten 3 Tage genügen allerdings Wasser- und
Rahmsuppen. Ueber die Aufbesserung in der Nahrung gibt
der Appetit ganz richtigen Aufschluss; ein ganz ächtes Hungergefühl lässt nach Umfluss des 3. Tages sicherlich nicht mehr
lange auf sich warten, namentlich bei einer Wöchnerin, welche
die heiligste aller Mutterpflichten erfüllt, welche ihr Kind selbst
stillt. Da genügen die Wassersuppen nicht mehr; die Erfahrung
hat hinreichend dargethan, dass dabei die Milchsecretion
quantitativ und qualitativ minder wird, was dann natürlich
auch einen nachtheiligen Einfluss auf den Säugling übt. Als
Speisen, welche jetzt folgen müssen, sind vorab die Milchmehlspeisen und die Milchsuppen zu bezeichnen. Einige
Tage später können dann die als Kindbettspeisen berühmten
Hühnersuppen folgen, aber nur mit Einlagen aus dem
Reiche der Cerealien. Besonders zu empfehlen sind:
Tapioca-, Reis-, Röstbrod- und Knöpflesuppen. Noch ein Paar
Tage und es müssen, wenigstens einmal im Tage (am besten
Mittags), Kalbsbriesle, eingemachtes Kalbfleisch,
Geflügel-, oder auch nur Kalbs-Braten auf den Speise-
zettel gesetzt werden. Als Beigaben zum Fleische eignen sich
junge Hülsenfrüchte, Kartoffeln und die süssen Wurzelgemüse.
Als unschädliche Naschereien sind allenfalls die Schalenfrüchte
(Mandeln, Nüsse, Kastanien) zu bezeichnen. Zum Morgenessen
ist, da es ja doch eine Frauensperson ohne Kaffee nicht lange
aushalten kann, ein Aufgusskaffce, reichlich mit Milch
und Zucker gemischt, zu wählen. Sonst wäre allerdings
Cacao mit Milch zehnmal besser. Zum Nachtessen eignen
sich die Eiermehlspeisen. (17. Cap.)

Ueber die Verwendung der Speisezusätze zu den Speisen
für Wöchnerinnen bleibt zu bemerken, dass mit allen Würzen
sparsam zu verfahren ist, da diese der Muttermilch Eigenschaften verleihen, welche dem kindlichen Magen übel bekommen.

Das beste Getränk für stillende Frauen ist ein gut ge-
gohrenes, malzreiches Bier, z. B. das Münchener Export-
bier, aber, wohlverstanden, nicht in Münchener Quantitäten!
Gewisse Vorkommnisse gebieten gewisse Abänderungen
von diesem allgemeinen Speisezettel für Wöchnerinnen. So
erheischt z. B. die Stuhlverstopfung, mit welcher die meisten
Neuentbundenen in den ersten Tagen des Wochenbettes ge-
plagt sind, nach Umfluss des 3. Tages eine gelind eröffnende
Diät. Wenigstens einmal im Tage, am besten zum Mittagessen, gebe man gutgekochte, zarte Gemüse oder süsse Obst-
muse zu mildem Saucenfleische. Diese Diät fördert auch die
Entleerung des Urins, welche bei Neuentbundenen in den ersten
Tagen bekanntlich ebenfalls ziemlich schwer von Statten geht.
Da beides, die Trägheit im Stuhl und die Beschwerden beim
Uriniren, von der beim Geburtsacte vorgekommenen Quet-
schung der betreffenden Organe herrührt, so dürfen natürlich
nur milde Reizmittel in Anwendung kommen. Demnach ist die
sonst allgemein gebräuchliche Verordnung von Sennathee für's
Eine und von Wachholderthee fürs Andere verwerflich! Dagegen sind einfache Wasserklystiere für beide Fälle sehr
empfehlenswerthe Unterstützungsmittel, und die Hebammen
könnten da viel Gutes stiften, wenn sie das, was man ihnen
hierüber in der Schule so vielmal gesagt hat, mit mehr Energie
durchsetzen wollten. Allein es gibt eben, namentlich auf dem
Lande, noch immer Hebammen genug, welchen das Einschmuggeln einer Laxiermixtur den Kamm höher treibt, als
die Application eines Klysma, die in Folge dessen ihre Klistier-
spritzen nur noch als nutzlosen Ballast des Requisitenkäst-
chens betrachten.

17. Speisezettel für Neugeborene. Die Sterblichkeit der
Kinder im ersten Lebensjahre ist in vielen Gegenden, nament-
lich auf dem Lande, ausserordentlich gross. Bei weitem in
den meisten Fällen sind fehlerhafte Gebräuche in Betreff der
Ernährung daran Schuld. Es haben sich desshalb viele Kinder-
freunde die Aufgabe gestellt, bessere Anschauungen über diesen
Punkt zu verbreiten. Auch dieses Buch möchte hiemit das
Seinige hiezu beitragen:

Die beste Nahrung für ein neugeborenes Kind ist und
bleibt die Milch der eigenen Mutter, und auch für diese
hat das Stillen soviel Gutes, dass man jede Hebamme steinigen
sollte, welche noch gegen dasselbe wirkt. Statistische Notizen
haben gezeigt, dass von 100 Kindern, welche von der eigenen
Mutter gestillt werden, 8 Procent, von den anderen dagegen
30 Procent sterben!

Für das Stillen gelten folgende Regeln: 1) das Kind wird
6 Stunden nach der Geburt erstmals an die Brust gelegt. 2)

In den ersten zwei Monaten wird dasselbe angelegt so oft und so lang es will, später alle 3 Stunden. 3) Die Mutter darf nie unmittelbar auf eine gehabte Gemüthsbewegung oder gleich nach einer Mahlzeit stillen. 4) Wenn eine Brust nicht ausreicht, wird auch die zweite gegeben und überhaupt mit beiden gleichmässig gestillt. 5) Die Brüste sind vor Stoss, Druck und Verkältung zu schützen. 6) Nach jedem Stillen sind die Brustwarzen mit frischem Wasser zu reinigen. 7) Selbst bei vollkommener Gesundheit soll eine Mutter nicht länger als zehn Monate stillen.

Schwächliche Mütter dürfen gar nicht stillen noch vielweniger solche, welche an Lungenschwindsucht, Skropheln, Syphilis leiden. Es können auch Fälle eintreten, welche die Fortsetzung des Stillens verbieten. Ist die Muttermilch aussergewöhnlich fett oder enthält sie noch Colostrumkörperchen, dann ist eine Erkrankung des Säuglings (Diarrhoe) die gewöhnliche Folge. Mit der Zeit wird die Frauenmilch reicher an Käse und ärmer an Zucker. Es kann dies in einem so hohen Grade kommen, dass das Kind die Milch nicht mehr erträgt; so oft es getrunken hat, muss es sich erbrechen und bekommt ausserdem noch Diarrhoe. Die Milch säugender Frauen kann ferner in Folge von Misshandlungen, Gemüthsaffecten, Zorn, eine solche Veränderung erleiden, dass der Säugling davon krank wird. Die Gelegenheit, dies zu beobachten, ist durchaus nicht selten; es sollen sogar schon Sterbefälle vorgekommen sein. Ferner ist zu berücksichtigen, dass manche Arzneistoffe, welche eine stillende Mutter einnimmt, in die Milch übergehen und auch am Säugling ihre Wirkung zeigen. Besonders empfindlich sind die Kinder für Opium; sie schlafen bedenklich lange, wenn sie auf besagte Weise davon bekommen haben. Sollte sich eine stillende Mutter aus Versehen oder sonst mit geistigen Getränken allzu gründlich versorgt haben, so bekommt auch der Säugling einen Dusel. Dass bei einer Eiterung in der Brust Eiter in die Milch übergehen, dass der Säugling etwas von Salben bekommen kann, welche in die Brust eingerieben wurden, ist ohne Weiteres klar.

Ist aus diesem oder jenem Grunde das Selbststillen nicht möglich, dann suche eine Amme. Bei der Wahl der Amme prüfe, ob dieselbe körperlich und geistig gesund; ob sie im Alter und in der Zeit ihrer Niederkunft nicht zu weit abweicht von der Mutter, ob die Brüste zum Stillen geeignet und namentlich ob die Milch qualitativ und quantitativ genügt.

Ist keine Amme zu finden, dann muss Kuhmilch genügen. (Wo es recht arm hergeht, wird der kleine Proletarier mit Ziegenmilch zufrieden gestellt). Sonst wäre die Stuten- und Eselinnenmilch die besten, weil sie in allen ihren Eigen-

schaften, namentlich auch in Betreff des Caseins, der Fauen-
milch am nächsten stehen.

Am zuträglichsten ist frisch gemolkene, naturwarme
Milch. Da diese aber nicht immer zu haben ist, so sorge
man wenigstens dafür, dass die Milch gut aufbewahrt wird.
Die Milch soll immer von der nämlichen, gesunden
und gut gehaltenen Kuh sein. Man halte sich nur an eine
zuverlässige Bezugsquelle, wo möglich an ein Haus, wo man
auch Kinder hat und — ein Herz für Kinder. Da wird wohl
keine zusammengeschüttete Milch hergegeben.

Jeder Wechsel im Futter hat seine Folgen; so bekommen
Kuh und Kind Diarrhoe, wenn der Kuh einmal Rüben- oder
Grünfutter (statt Heu) gegeben wurde.

So wenig eine Frau stillen darf, welche an Lungenschwindsucht, an Scropheln oder an Syphilis leidet, ebensowenig darf
eine kranke Kuh Ammenstelle versehen. Auch die Milch
von einer hochträchtigen oder ganz frischmelkigen Kuh
bekommt den Kindern nicht gut.

Die Kuhmilch muss mit Zuckerwasser verdünnt werden.
(Nimm 20 Grm. Zucker auf 1 Liter Wasser). Die Verdünnung
beträgt im ersten Monat $^2/_3$, im zweiten und dritten Monat
$^1/_2$, im vierten und fünften Monat $^1/_3$ Zuckerwasser; nach
Umfluss dieser Zeit gibt man die Milch, wie sie ist.

Sehr zweckmässig sind die englischen Saugfläschchen.

Die Frage: Wie oft? und wie viel? man einem Kinde zu
trinken geben dürfe, ist nicht so schwer zu beantworten, wie
man vielfach glaubt. Man gebe einem Kinde so oft es schreit,
und so viel es mag!

So lange die auf besagte Weise verdünnte Milch dem
Kinde gut bekommt, sind alle anderen Zusätze überflüssig;
treten aber Uebersäurung des Magens, Erbrechen und Diarrhoe
auf, dann mische der Milch (und zwar für die Tagesration)
einen Kaffeelöffel voll von folgendem Pulver bei:

Doppelt kohlensaures Natron,
Gummi arabicum,
Milchzucker, aa 20 Grm.

Auf dem Lande gelingt es fast immer, gute Milch zu bekommen; in grösseren Städten dagegen hält dies für viele
schwer. Da muss man an Ersatzmittel für die Milch
denken. Diese sind:

Die condensirte Milch, die Liebig'sche Suppe, Löfflund's
Kindernahrung und Nestle's Kindermehl. Da aber bei der
Darmerkrankung gewöhnlich die Speichelsecretion mangelhaft
ist, so werden die Versuche mit den stärkemehlhaltigen Er-
satzmitteln oft fehlschlagen. Jedenfalls ist immer nur ein kurzer
Versuch gestattet, und wenn sich dann die Ernährung nicht

sofort bessert, so gebe man dem Kinde gequirltes Eiweiss mit Wasser verdünnt, mit einem Zusatze von condensirter Milch. In solchen Fällen mag auch ein Versuch gemacht werden mit kräftiger aber gründlich entfetteter Fleischbrühe.

Hat endlich der kleine Weltbürger glücklich sein erstes Lebensjahr überstanden, so wird er in einem für alle Vorkommnisse eingerichteten, hohen Stuhle an den Familientisch gesetzt. Milchsuppen und Fleischsuppen mit Einlagen aus dem Reiche der Cerealien bilden den Uebergang zum gewöhnlichen Familienessen.

Schluss.

Material zu Tischgesprächen.

Anstatt bei Tisch Leute zu verhecheln und sich und Andere damit so zu ärgern, dass am Ende die Verdauung gestört wird, sollte ein ganz gemüthliches Material zu Tischgesprächen gewählt werden. Nichts eignet sich hiezu besser als

Betrachtungen über den Verdauungsprozess und über die wichtigsten Ess- und Trinkregeln.

Was zum Munde hinein geht, unterliegt einer mehr oder weniger strengen Controle; der Geschmacksinn stellt den Grenzwächter vor. Alle Speisen und Getränke, welche gut schmecken, sind in der Regel auch gesund und können weiter passiren; andernfalls werden sie zurücktransportirt (d. h. erbrochen. Da aber die menschliche Zunge nicht so gross ist, wie sie ein Feinschmecker wünscht, so kommen nicht selten Schmuggeleien vor; manche ungesunde Leckerbissen drücken sich durch und stiften allerlei Unheil.

Nachdem die Speisen im Munde gekaut und eingespeichelt worden sind, wandern sie weiter in den Magen. Dort geht der wichtigste Theil des Verdauungsprocesses vor sich.

Es brauchen zur Verdauung:	ungefähr:	
Kaldaunen (Kutteln) und Schweinsfüsse	1	St.
Fische und Wildpret	$1^1/_2$	„
Brod, Milch, gekochter Stockfisch	2	„
Wildgans und Schweinefleisch	$2^1/_2$	„
Rohe Austern	$2^1/_2$	„
Gebratenes Rindfleisch	3	„
Gebratenes Schweinefleisch	$3^1/_4$	„
Trockenes Brod	$3^3/_4$	„
Gesottenes Rindfleisch	4	„
Kalbsbraten	4	„
Butterbrod mit Kaffee	$4^1/_4$	„
Hammelsbraten	$4^1/_2$	„
Weichgesottene Eier	$4^1/_2$	„
Harte Eier	5	„
Eingesalzenes Rindfleisch	$5^1/_2$	„
Eingesalzenes Schweinefleisch	6	„

(NB. Diese Scala ist von Dr. Beaumont, welcher die seltene Gelegenheit hatte, an einem Menschen mit einer Magenfistel die Sache zu beobachten. Die Verdauung hängt aber von so vielen Umständen ab, dass diese Zahlen nur annähernd zu nehmen sind).

Was vom Magen aus nicht in's Blut übergeführt wird, geht weiter in den Darmkanal. Dort macht die Verdauung noch weitere Fortschritte Selbst noch im Dickdarm geht die Verdauung weiter vor sich, namentlich an der (schwer verdaulichen) Pflanzennahrung. Hier beginnt aber schon die faulige Zersetzung, bei welcher sich jene bekannten übelriechenden Gase entwickeln, die nicht immer nach Wunsch abgehen.

Die unverdaulichen Stoffe brauchen etwa einen Tag und eine Nacht, bis sie (gemengt mit verschiedenen anderen Ausscheidungen des Darmkanals) als Koth abgehen.

Von den Säften, welche bei diesem Vorgange mitgemacht haben, sind zu nennen

der gemischte Speichel im Munde;

der Magensaft im Magen;

der Darmsaft, die Galle, der Bauchspeichel im Darmkanal.

Der Speichel verdaut die stärkemehlhaltige Nahrung; das Stärkemehl verwandelt sich dabei in Zucker und Gummi (Dextrin).

Der Bauchspeichel machts ebenso — im Magen, hauptsächlich aber erst im Darmkanal.

Der Magen- und der Darmsaft verdauen die wichtigsten Nährstoffe, die Eiweisskörper.

Die Galle (und der Darmsaft) verdauen die Fette, indem sie eine Art Emulsion daraus machen.

Ohne Alles gehen die aufgelösten Salze, das Wasser und der aufgelöste Zucker direct vom Magen aus ins Blut über.

Um eine so complicirte Maschine, wie unser Körper ist, in Ordnung zu halten, müssen in der Nahrung sämmtliche Stoffe sein, aus denen der Körper selbst besteht oder die er dazu umwandeln kann; Einseitigkeit in der Nahrung bringt Unheil.

Die einseitige Fleischnahrung macht vollblütig, gibt Veranlassung zu Congestionen, namentlich nach dem Kopfe, macht geneigt zu Entzündungskrankheiten, bringt Stockungen im Pfortadersystem, Hämorrhoiden und vermehrt die Harnsäure im Blute so, dass sich davon in die Gelenke absetzt und Gicht erzeugt. Damit sei aber noch lange nicht gesagt, dass man sich ausschliesslich an Wurzeln und Kräuter laben soll wie ein Vegetarianer. Hat uns ja der allgütige Schöpfer zwischen die Schneide- und Mahlzähne auch Spitzzähne eingesetzt, das untrügliche Merkmal der Carnivoren!

Einseitige Pflanzennahrung richtet noch mehr Unheil an. Die Aerzte auf dem Lande haben besonders viel Gelegenheit dies zu beobachten. Auf dem Lande bekommen viele Menschen nichts als Mehlspeisen und Gemüse.

Wer nicht auf dem Lande bekannt ist, hat keine Ahnung davon, wie häufig dort Magenkraukheiten vorkommen. Ist aber einmal der Magen ruinirt, dann folgen die Störungen in der Säftemischung, uamentlich die gefürchtete Skrophulose mit all ihren vielnamigen Folgeübeln. Näheres über diesen Gegenstand steht im Capitel von den Gemüsen, Seite 138.

Ueber die Menge der Nahrung. Vor allem hat sich die Quantität der Nahrung nach dem Zustande des Magens zu richten. Da gilt folgende Regel:

Die Magenkranken sollen sich niemals ganz satt essen und sollen sich nicht an die üblichen drei Mahlzeiten halten, sondern öfters im Tage etwas geniessen. Dass grosse Mengen von Speisen den Magen belästigen, bedarf keiner weiteren Auseinandersetzung; der Magen ist wie gelähmt, die Bewegung verlangsamt und es wird, trotz der grösseren Menge von Speisen, eher weniger Magensaft secernirt als sonst. Von den Speisen bleibt daher der grösste Theil unverändert längere Zeit liegen, bis er endlich Zersetzungen eingeht, welche dann unter allerhand Rumor im Gedärme weiter gehen.

„On ne vit pas de ce qu'on mange, mais de ce qu'on digère" bemerkt der erste Gastrosoph Brillat-Savarin sehr bezeichnend.

Nicht allein desshalb, weil bei Magenkrankheiten überhaupt weniger Magensaft secernirt wird, können nur geringere Quantitäten verspeist werden; jeder Katarrh hat bekanntlich auch eine vermehrte Schleimsecretion zur Folge. Ein Theil des Genossenen wird von diesem Sehleim überzogen und dadurch so eingehüllt, dass der Magensaft auf denselben nicht mehr einwirken kann.

Da die Verdauung derjenigen Nahrungsmittel, welche für Magenkranke überhaupt erlaubt sind, in der Regel in 3 Stunden vorüber ist, so sollen solche Kranken alle 4 Stunden etwas Weniges geniessen.

Die Menge der Nahrung hat sieh ferner nach der äusseren Temperatur zu richten. Zur warmen Jahreszeit ist der Appetit geringer und mehr auf solche Nahrungsmittel gerichtet, die wenig Nährwerth haben (Gemüse, Obst). Im Winter entwickelt sich von selbst ein grösserer Appetit und eine Neigung zu kräftiger Nahrung sowohl, wie zu den Nahrungsmitteln mit Kohlenhydráten, d. h. Fett und Wärmebildnern. Für den Winter passen manche fette Fleischarten ganz gut und werden viel besser ertragen als im Sommer. Desshalb sehlachte im Dezember Dein Schwein ins Haus, desshalb esse Schöpsenbraten im Herbst und Winter. Man muss in der Körperküche einheizen. Gutes Heizmaterial ist Fett, namentlich in Verbindung mit Capuzinerholz!

Es ist nicht zuträglich, auf eine starke, körperliche oder geistige Anstrengung gleich zu Tische zu gehen. Geschieht dies dennoch, so bekundet der Stirnkopfsehmerz, welcher sieh bald nach dem Essen einstellt, dass die Verdauung gestört sei.

Deprimirende Gemüthsaffecte (Sorgen, Schreck, Furcht) hemmen die Absonderung des Magensaftes, „können den besten Appetit verderben." Es ist eine alte Regel, dass man in solcher Stimmung am besten thut, wenn man geradezu fastet. — Auch der körperliche Schmerz übt einen nachtheiligen Einfluss auf die Verdauung; wenn irgend eine Neuralgie in Rebellion ist oder wenn eine Wunde brennt etc., so stellt sich alsbald vollständige Appetitlosigkeit ein, ja es kann sogar vorkommen, dass das schon Genossene wieder heraus muss. Dessbalb ergeht auch für diese Fälle der Rath: Warte mit dem Essen bis der Schmerz nachgelassen, Du machst Dir mit dem Essen nur übel und musst am Ende doch nur wieder hergeben, was Du eingenommen hast.

Das Ueberhungern ist ein so bekannter Zustand, dass keine weitere Beschreibung nöthig fällt; wir wollen uns desshalb darauf beschränken, die Art und Weise anzugeben, wie dieser Zustand entsteht. Die Absonderung des Verdauungssaftes geht allerdings dann am stärksten vor sich, wenn Speisen im Magen sind; doch steht sie auch sonst niemals ganz stille. Sammelt sich Magensaft im nüchternen Magen an, so entsteht das Hungergefühl. Wird dieses Gefühl nicht gestillt, so geht der abgesonderte Magensaft alsgemach aus dem Magen weiter in den Darmkanal und das Hungergefühl erlischt. Zu solcher Zeit ist es nicht zuträglich, rasch und viel zu essen. Geschieht dies trotzdem, trotz des vollständigen Mangels an Appetit, lediglich weil die Essenszeit längst vorüber ist, so beobachtet man die sonderbarsten Erscheinungen, nur keine angenehmen. Während sonst die Mahlzeit einen behaglichen Zustand erzeugt, tritt hier das Gegentheil auf — Eingenommenheit des Kopfes, mürrischer Sinn, Uebelkeiten und selbst Ohnmachten.

Diesen Unannehmlichkeiten kann man ausweichen, wenn man das Mahl mit einer dünnen Suppe beginnt und diese recht langsam verzehrt. So kommt nach und nach wieder der rechte Appetit.

„L'appetit vient en mangeant." Brillat-Savarin.

Man sollte viel mehr auf die Temperatur der Speisen und Getränke achten. Auf jeden Tisch gehört ein Thermometer. Das hat sich namentlich der Magenkranke zu merken! Wenn die Speisen eine Temperatur haben, welche der Körperwärme ziemlich gleich kommt (28^0 R.), so geht die Verdauung am besten von Statten und die Magenschleimhaut erfährt keinen nachtheiligen Reiz.

Heisse Suppen, heisser Kaffee und Thee, Punsch, Glühwein verderben mehr am Magen, als man gewöhnlich glaubt; nicht minder nachtheilig ist Gefrorenes, kaltes Trinkwasser, kaltes Getränk überhaupt, namentlich wenn bei erhitztem Körper grosse Schlücke genommen werden. Die gewöhnlichsten Folgen sind Magenkatarrhe; es ist aber auch schon zu Magenkrämpfen und selbst zu Ohnmachten gekommen. Trotzdem wird nicht selten eine heisse Suppe, ein dampfender Kaffee, ein desgleicher Punsch quasi als Remedium gegeben. Der Mensch denkt in keinem Zweige des Wissens so dumm, wie in Sachen der Heilkunde! Auch ein greller Wechsel in der Temperatur der Speisen und Getränke übt einen nachtheiligen Reiz auf die Mundschleimhaut, auf die Zähne und auf den Magen aus.

Wenn man eine Verkältung des Magens nicht riskiren will, so muss das Getränk annähernd folgende Temperatur haben:

Trinkwasser zwischen $+$ 8 und 10^0 R.

Bier nicht unter 9^0 R.

Geringe Weine 10^0 R.

Starke Weissweine (Rheinweine) verkälten selbst bei 8^0 R. nicht; munden überhaupt nur bei niederer Temperatur.

Für Rothweine (Bordeaux, Burgunder) eignet sich eine höhere Temperatur, ca. 12^0 R.

Aufregende Getränke (Kaffee, Thee) sollen nicht über 28^0 R. haben; dagegen dürfen die Suppen gegen 36^0 erreichen.

Man schütze die Magengegend vor Druck, namentlich während des Essens. Die Regel, dass man langsam essen und gut kauen soll, ist bekannt und wird meistens auch — nicht befolgt; ebenso achten nur wenige darauf, dass der Magen sich ungehindert ausdehnen kann. Wenn der Magen gefüllt wird, dreht er sich so, dass sein unterer Rand nach vorne zu stehen kommt; die Ausdehnung geschieht also hauptsächlich in der Richtung nach vornen. Da mag es also keinen Druck leiden durch eng schliessende Hosen, Corsetten u. dgl.

Was beengende Kleidungsstücke anstiften können, lehrt folgender Fall: Grenzcontroleur K. von M. litt jahrelang an Verdauungsstörungen. Von Zeit zu Zeit stellte sich auch katarrhalische Gelbsucht ein, die in der Regel nach einigen Wochen wieder verschwand. K. hielt allein Erkältungen, denen er in seinem Dienste häufig ausgesetzt war, für die Ursache seiner Krankheit. Diätfehler beging er keine. Bei der ersten Consultation musste sich K. auskleiden. Die physikalische Untersuchung ergab am Magen und an der Leber nichts Abnormes; dagegen fiel eine starke Zusammenschnürung des Leibes auf, welche von nichts Anderem herrührte, als von der Säbelkuppel. Man verordnete, dass K. durch einen unter dem Rock befestigten, starken Pappdeckel die Gegend des Magens und der Leber vor dem Druck durch die Säbelkuppel schützen solle. Dies geschah; K. wurde gesund und ist es seitdem geblieben.

Die Geschichte von dem Grenzcontroleur und dem Pappendeckel wird hoffentlich einen solchen Eindruck gemacht haben, dass sogleich alle Leibriemen, engen Hosen, engen Corsetten, und was sonst noch in dieses Fach gehört, abgeschafft werden!

Schütte von Zeit zu Zeit etwas daran! Wir haben gesehen, dass es sich beim Verdauungsprozess unter Anderem namentlich auch um Verflüssigung des Speisebreies handelt. Die Nährstoffe sind nur in Lösung zu verwerthen. Das geeignetste Lösemittel ist Wasser; die Menge bestimmt der Durst. Geht man weiter, so wird nicht nur der Magen ungebührlich ausgedehnt, sondern auch der Verdauungssaft so verdünnt, dass seine verdauende Kraft erlischt. Nur wenn die Säuren des Magens eine gewisse Stärke haben, vermögen sie die Speisen aufzulösen. Besonders nachtheilig ist eine Verdünnung des Magensaftes kurz vor dem Essen;

schaffe also den „Frühschoppen" ab! Wenn ein Frühschöppler nur einmal ein Paar Tage zu „entsagen" vermag, so wird er gewahr, dass das Mittagessen besser schmeckt und dass es ihm nach dem Essen behaglicher ist. Auch während des Essens soll man nur wenig trinken. Erst wenn die Verdauung so weit vorgeschritten ist, dass der Inhalt des Magens einen dicken Brei darstellt, schütte daran, um ihn zu verflüssigen. Am besten bekommt der Tischwein, wenn er erst eine Viertelstunde nach dem Essen getrunken wird.

Eine dünne Suppe, namentlich in grösseren Quantitäten, ist als schädliche Einleitung zu den Mahlzeiten zu bezeichnen, da sie dem Magensaft den zur Verdauung nöthigen Concentrationsgrad nimmt, ihn so zu sagen abschwächt. Desshalb beginnen in manchen Häusern die Mahlzeiten nicht mehr mit Suppen.

Man sollte ernstlich an eine bessere Eintheilung der Tageszeit denken. Physiologische Untersuchungen haben ergeben, dass in der Magenthätigkeit eine gewisse Periodicität herrscht, dass nur zu gewissen Zeiten Magensaft secernirt wird, dass zu jeder anderen Zeit die Verdauung mangelhaft ist. Die Geschichte hängt offenbar mit den angewöhnten Essenszeiten zusammen und lehrt uns daran festzuhalten. An vielen Orten sind sie aber ganz fehlerhaft eingetheilt. Es fällt z. B. die Hauptmahlzeit in die Mitte des Tages; mit vollem Magen geht es nochmals an die Arbeit. Das ist nicht zuträglich, „das mus anders werden"! Die Thatsache, dass in England und Amerika die Magenkrankheiten seltener sind als bei uns, wird wohl hinreichen, unsere Aufmerksamkeit auf die dortige Lebensweise hinzulenken und diese nach und nach auch bei uns einzuführen. In England und Amerika, jetzt auch in einem grossen Theile von Norddeutschland und sonst in vielen besseren Häusern hat man 4 Mahlzeiten: Morgens 8 Uhr das Morgenessen, Mittags 12 Uhr den Lunsch, um 4 Uhr das Mittagessen und Abends 8 Uhr das Nachtessen. So ist Alles besser vertheilt. Mit dem Mittagessen ist das Tagwerk geschlossen.

Das Morgenessen (breakfast, dejeûner) besteht hierlands in der Regel nur aus Milchkaffee mit Brod und Butter. Das ist entschieden zu wenig; das Morgenessen muss erheblich vermehrt und verbessert werden. Vor dem Kaffee muss noch irgend ein Braten kommen; am besten eignet sich ein Beefsteak mit einem Spiegelei. Nur so ist der Mann für die Tagesarbeit gründlich vorbereitet.

Der Lunsch (dejeûner à la fourchette) wäre also hierlands neu einzuführen und etwa auf 12 Uhr zu verlegen. Für den Lunsch eignen sich: roher Schinken, ein hübsches Gelée mit Einlagen, geräucherter Rheinlachs, Austern. Nie soll der Käse fehlen; der geeignetste Hauskäse ist der Edamer. Als Lunschgetränk geht ein gutes Münchener Bier; ältere Leute nehmen einen Schluck Bordeaux.

Das Mittagessen (Diner) ist auf Nachmittags 4 Uhr zu verlegen. Es ist schon gesagt worden, dass bei uns die Mittagstafel meistens zu reichhaltig ist (glücklich Derjenige, der da sagen kann: „diesmal hat er nicht gelogen"!) und dass aus diesem Missverhältniss manche Magenleiden ihren Ursprung schöpfen. Wir wollen uns nicht damit befassen, näher auseinander zu setzen, aus was bei uns ein nobleres Diner besteht, wir wollen nur sagen, aus was es von jetzt an zu bestehen hat: Ein Diner ist nur dann zuträglich, wenn es aus nichts Anderem besteht als aus einer Suppe und aus einem Braten mit Salat. Da steht aber schon so eine rothe Schlemmernase und schreit: Das soll ein Diner sein! Komm' her, frommer Dulder, edler Leidensgefährte! schau' auf die andern Mahlzeiten; da hast Du ja ein besseres Frühstück und am Lunsch eine ganze Mahlzeit mehr bekommen! Wenn Du Alldies zusammenrechnest, so wirst Du finden, dass Du bei der neuen Einrichtung nicht zu kurz kommst.

Gegen den Kaffee nach Tische wäre nichts einzuwenden, wenn er immer richtig zubereitet wäre. Der Kaffee dient als Lösungsmittel für das vorher Gegessene und als Reizmittel für die Verdauung. Für diesen Zweck eignet sich aber nur der Aufgusskaffee; die Abkochung enthält zuviel Gerbstoff, und dieser hemmt die Verdauung durch seine Eigenschaft, die Eiweisskörper zu gerinnen. Der Zusatz von Milch zu einem Kaffee nach Tisch ist unter allen Umständen ungeeignet, weil der Gerbstoff des Kaffee's mit den Eiweisskörpern der Milch eine schwer lösliche Verbindung eingeht.

Die Siesta ist so zu sagen von der Natur anbefohlen. Einem gesunden Menschen fallen eben nach dem Mittagessen die Augen zu, und wenn Du auf das liebe Vieh siehst; es macht's ebenso. Die gesunde Siesta dauert höchstens eine Stunde; nacher erwacht man frisch und munter. Bei Magenkranken verhält sich die Sache anders. Manche fühlen sich, wenn sie es überhaupt zu einem Mittagsschläfchen bringen, nicht erfrischt, sondern eher erschlafft und sind verstimmt. In der Regel bringen sie es aber gar nicht zum Schlafe. Am wenigsten können sie dann schlafen, wenn gerade Uebersäurung des Magens besteht. Für solche Kranke gilt nun die alte Regel: „Nach dem Essen sollst Du steh'n, oder Tausend Schritte geh'n."

Das Nachtessen (Souper, Abends 8 Uhr) soll nur bestehen aus irgend einem kalten Braten und Thee. Es wird sehr gefehlt, wenn man Backwerk gibt; Mehlspeisen belästigen auf die Nacht den Magen. Auch ist hier Salat (zum Braten) ungeeignet, namentlich der Kartoffelsalat. Dieser liegt zentnerschwer im Magen, stört den Schlaf und wirkt wie — Trüffeln!

Nach dem Nachtessen darf man nicht gleich zu Bette gehen. Die Einen nehmen ihre Zuflucht zu einem ästhetischen Thee, Andere sitzen ins Theater und wieder Andere geniessen eine Biergesellschaft.

Nachdem die Welt auf solch' rechtmässige Weise wieder um einen Tag älter geworden, wünscht man sich:

„allerseits gut' Nacht!"

Zusatz zum 12. Capitel.

Die berühmte **Züricher Fischereiordnung** vom Jahre 1709 ist im Vorsaale des Rathhauses zu sehen; sie lautet wie folgt: „Eygentliche Abbildung aller im Zürich-See und der Limmat sich befindenden Gattung Fischen, in welchen Monaten selbige, wie hier verzeichnet, wegen dess Leichs und Fasels zufangen, zukauffen und zu verkauffen verbotten sind: Jenner: 0. Hornung: 0. Merz: Esch, Hasle, Schwahl. April: Bambeli, Barbe, Brachsme, Esch, Egli, Gropp, Hasle, Hecht, Laugeli, Reeling. Schwahl. Mey: Bambeli, Barbe, Brachsme, Egli, Esch, Gropp, Hasle, Hecht. Laugeli, Reeling, Schwahl, Alat, Barbe, Brachsme, Gropp, Hegling, Karpf. Brachmonat: Laugeli, Schley. Heumonat: Alat, Barbe. Blik, Gropp, Hegling, Karpf, Laugeli, Röttelen, Schley. Augstmonat: Gropp, Karpf. Herbstmonat: Forelle, Gropp. Weinmonat: Albule, Forelle, Gropp, Rötheli. Wintermonat: Albule, Blauwling, Forelle, Rötheli. Christmonat: Blauwling.

NB. Es soll kein Fisch so nit nach der Einung das gesetzte Maas hat verkaufft werden.

Fisch so niemohl verbotten: Aali, Gressling, Grundeli, Lachs, Naas, Neunaug, Rysling, Selmling, Trüsch. —"

Zusatz zum 31. Capitel.

Das neueste Heft vom **Journal f. pract. Chemie von H. Kolbe** (ausgegeben 15. Febr. 1876, Seite 106) bringt chemische Winke für pract. Verwendungen der Salicylsäure von Kolbe, die für das Haus- und Wirthschaftswesen von hohem Werthe sind:

Conservirung des Fleisches: Das Einreiben des Fleisches mit Salicylsäurepulver schützt zwar mehrere Wochen vor Fäulniss, allein dieses Einreiben ist umständlich und das so behandelte Fleisch gibt eine reichliche Menge Fleischflüssigkeit aus und wird zähe. Es genügt ferner die Behandlung des Fleisches blos mit Salicylsäure auch nicht, um dasselbe längere Zeit vor dem Verderben zu schützen. Mit der Salicylsäure muss zugleich eine passende Substanz zugeführt werden, welche ohne dasselbe zu verändern und ohne auf den Geschmack zu influiren, sich vorweg der Stoffe bemächtigt, welche die saure Reaction aufheben und damit die Wirkung der Salicylsäure vernichten. Statt hier Schwefelsäure oder Salzsäure anzuwenden, zog Kolbe vor, saures schwefelsaures Kali und Chlorkalium, welche beide zusammen langsam Salzsäure liefern, mit der Salicylsäure in heissem Wasser zu lösen, und liess in diese heisse Lösung das Fleisch eine Zeit lang eintauchen. Solches Fleisch conservirte sich in der That überraschend lange in einem mit Papier überbundenen Becherglase bei Sommertemperatur; es blieb zart und wohlschmeckend, nachdem es

vor dem Kochen resp. Braten mit heissem Wasser abgewaschen war, um die adhärirenden Salze und die Salicylsäure zu entfernen. — Die mit grösseren Mengen Fleisches angestellten derartigen Versuche ergaben kein so günstiges Resultat.
Conservirung des Brodes. — Kolbe versuchte (am 28. Juni) Brode, deren Teig mit Salciylsäure vermengt gewesen war, noch heiss, so wie sie aus dem Ofen kamen, die einen mit einer warm gesättigten wässrigen Lösung von Salicylsäure allein, die andern mit einer ebensolchen Lösung, welche ausserdem saures schwefelsaures Kali beigemengt enthielt, zu bestreichen, was mit jeder der beiden Sorten nach dem völligen Erkalten wiederholt wurde. Nachdem die Brode an der Luft wieder trocken geworden waren, wurden sie in vorher mit Salicylwasser ausgewaschenen hölzernen Kisten aufbewahrt. Am 24. Juli, also am 27. Tage, waren beide Sorten noch ohne Schimmel, im Innern saftig und wohlschmeckend. Am 10. August, also am 44. Tage waren die mit blosser Salicylsäurelösung bestrichenen Brode dick mit Schimmel bedeckt, der sich tief ins Innere erstreckte. Bei den anderen Broden, welche mit einer Lösung von Salicylsäure und saurem schwefelsaurem Kali bestrichen waren, zeigte sich geringe Schimmelbildung nur an den Stellen, wo die Brode gegen einander gelegen hatten. Im Innern waren diese Brode frei von Schimmel und wohlschmeckend, natürlich etwas trockener als früher.

Als erprobte Mengenverhältnisse, in denen die zur Conservirung des Brodes dienenden Stoffe anzuwenden sind, gibt K. folgende an: Auf 1 Kilo fertiges Brod genügt 0,4 Grm. Salicylsäure, welche als Pulver in den Teig geknettet wird. Die zum Bestreichen der gebackenen Brode dienende Flüssigkeit wird durch Auflösen von 36 Grm. Salicylsäure, 72 Grm. gepulvertem saurem schwefelsaurem Kali und 28 Grm. Chlorkalium in 3 Liter siedendem Wasser bereitet.

Conservirung vom Wein. Weiters wurden Versuche gemacht über Aufhebung der Gährung und Abtödtung der Hefe im Wein. Die Menge der Salicylsäure muss sich natürlich nach der Menge von Hefe richten, die im Wein enthalten ist. Kolbe verwendete für einen Wein ein Gemisch von 0,1 Grm. Salicylsäure und 0,1 Grm. saures schwefelsaures Kali auf eine Flasche mit $3/4$ Liter jungen Weines. Diese geringe Menge genügte zur Verhinderung der Nachgährung. Wenn chemisch reine durch Umkrystallisiren gewonnen Salicylsäure verwendet wird, merkt der Geschmackssinn durchaus nichts. — Die Salicylsäure hebt ferner auch die Wirkung derjenigen Stoffe im Weine auf, welche ihn beim Stehen in halbgefüllten Flaschen kahnig, schaal und sauer werden lassen. Salicylsäure, fertigen Weinen in kleinen Mengen zu der Zeit hinzugefügt, wo sie am besten schmecken und bleiben sollen wie sie sind, dürfte demnach geeignet sein, die Weine auf dieser Höhe dauernd zu erhalten.

Aehnliches ergab sich beim Bier. Hier soll aber eine Nachgährung stattfinden; desshalb darf man nicht soviel Salicylsäure zusetzen, dass die Hefe getödtet wird. Kolbe hat im Juni 1874 gutes Leipziger Bier auf Flaschen gefüllt und diese verkorkt aufrecht in seinen Keller gestellt, nachdem die Hälfte derselben (6) jede mit 0,03 Grm. Salicylsäure versetzt worden war. Im Dezember 1874 war das Bier in den Flaschen, welche keine Salicylsäure bekommen hatten, trübe, kahnig und abgestanden, das salicyrte dagegen noch klar und wohlschmeckend. Erst im Herbst 1875 war auch dieses unschmackhaft geworden.

Auch im Grossen, in Bierbrauereien, wird bereits die Salicylsäure als conservirendes Mittel verwendet und zwar mit dem besten Erfolge.

Register.